FELIX HOLTERMANN

# GENIALE BETRÜGER

Wie Wirecard
Politik und Finanzsystem
bloßstellt

**WESTEND**

Mehr über unsere Autoren und Bücher:
www.westendverlag.de


Die Deutsche Nationalbibliothek verzeichnet diese Publikation in
der Deutschen Nationalbibliografie; detaillierte bibliografische Daten
sind im Internet über http://dnb.d-nb.de abrufbar.

ISBN: 978-3-86489-119-9
© Westend Verlag GmbH, Frankfurt/Main 2021
Umschlaggestaltung: Buchgut, Berlin
Satz: Publikations Atelier, Dreieich
Druck und Bindung: CPI – Clausen & Bosse, Leck
Printed in Germany

# Inhalt

Das Namensregister und weiterführende Informationen zum Buch finden Sie unter www.westendverlag.de/wirecard

# 1. Auf der Flucht

Es sind die Worte eines Entlaufenen. »Die Alternative wäre gewesen, dass ich ins Gefängnis gehe«, schreibt Richard Dabrowski am 27. Juli 2020 an einen Vertrauten. »Meine aktuelle Situation ist schwierig. Ich bin in meinem Handlungsspielraum deutlich eingeschränkt.«

Einschränkung. Was für ein Wort, was für ein Gefühl für diesen Mann. Jahrelang kannte sein Leben keine Grenzen. Die Eckpunkte seines Schaffens waren München, Dubai, Singapur. Er flog im Privatjet, nächtigte in Fünf-Sterne-Hotels wie dem Marina Bay Sands oder Mandarin Oriental. Zu seinen Freunden zählten Oligarchen, Politiker, Spione. Wenn ihm danach war, legte Dabrowski ein paar Tage auf der ostafrikanischen Trauminsel Benguerra vor der Küste Mosambiks ein. Zum Zahlen zückte er seine Visa-Kreditkarte aus echtem Gold, Nummer 4596 0332 6126 2060.

Es gab keine Regeln in Dabrowskis Welt. Mochten gewöhnliche Menschen an Einnahmen und Ausnahmen denken, an Vorschriften oder gar Moral, Dabrowski tat, was er wollte. Er bestimmte, er protzte, er genoss. Bis seine Welt – und sein Arbeitgeber – implodierte. Als Dabrowski seine Telegram-Nachricht absetzte, war er schon seit fünf Wochen auf der Flucht. Sein Gesicht sollte bald auf internationalen Fahndungsplakaten prangen.

Richard Dabrowski ist ein Deckname, ein Alias. Der echte Richard Dabrowski ist Lehrbeauftragter für Sicherheitsstudien am Joint Forces Staff College in Virginia, der Eliteschmiede der US-Streitkräfte. Der Mann, der ihm seine Identität klaute, nutzte im Telegram-Chat Dabrowskis echtes Bild – ein Porträt in Uniform. Getroffen hat der Dieb Dabrowski wahrscheinlich nie. Er hat ihn nur benutzt – so wie er die ganze Welt benutzte.

Die Rede ist von Jan Marsalek. Im Sommer 2020 ist der gebürtige Wiener 40 Jahre alt. Bis zum 18. Juni war er Chief Operating Officer (COO) beim Zahlungsdienstleister Wirecard aus Aschheim bei München. Als COO kümmerte sich Marsalek zehn lange Jahre um den Vertrieb und das Asiengeschäft, das dem Konzern Jahr für Jahr angeblich traumhafte Wachstumsraten bescherte und die fantastischen Börsenziele von Vorstandschef Markus Braun ermöglichte.

Braun sitzt Ende Juli 2020 in Untersuchungshaft wegen des Verdachts des gewerbsmäßigen Bandenbetrugs in Milliardenhöhe, der Untreue und anderer schwerer Wirtschaftsvergehen. Wirecard teilte am 18. Juni 2020 mit, dass ein Konzernvermögen von 1,9 Milliarden Euro in Asien, ein Viertel der Bilanzsumme, nicht aufzufinden wäre. Höchstwahrscheinlich gab es das Geld nie. Nun gibt es Konsequenzen.[1]

Braun muss ins Gefängnis, Marsalek flüchtet. Kollegen erzählt Marsalek noch, er wolle auf den Philippinen nach dem verschwundenen Milliardenvermögen suchen. Tatsächlich reist er einen Tag nach seinem Rauswurf bei Wirecard per Privatjet ins weißrussische Minsk, später weiter in die Nähe von Moskau. Der russische Auslandsgeheimdienst hilft ihm dabei.

In Deutschland weiß man davon nichts, man kann es sich auch nicht vorstellen. Zwar hat es schon Vorstände gegeben, die von einem Tag auf den anderen ihren Job verloren. Aber kein Dax-Vorsteher ist je über Nacht einfach verschwunden. Ein paar Wochen später steht Marsalek auf der »Most Wanted«-Liste der europäischen Polizeibehörde Europol. Trotzdem schmiedet Marsalek schon Pläne mit einstigen Vertrauten.

Einer von ihnen ist Goran Cudnovic*, Geschäftsmann, ehemaliger Tourismusmanager und Start-up-Investor. Er kennt Marsalek seit gemeinsamen Partynächten im Münchner Edelclub »Pacha« um die Jahrtausendwende. Cudnovic arbeitet für Marsalek erst als Berater, 2017 tritt er ganz in seine Dienste. Die beiden wollen gemeinsam Internetfirmen aufbauen und an die Börse bringen.[2]

---

\* Name geändert

Cudnovic bringt das unternehmerische Geschick und seine Kontakte in die Firma ein, Marsalek das Geld. So ist der Deal. Am Bilanzbetrug bei Wirecard ist Cudnovic nicht beteiligt.

Dafür weiß er viel über Marsaleks Nebengeschäfte. Nach dem Untergang des Konzerns ist Cudnovic einer der letzten Vertrauten Marsaleks. Der Mann, nach dem international gefahndet wird, kontaktiert Cudnovic per Telefon und Chat. Der Austausch gibt Einblick in sein Schattenreich – und legt offen, welche Pläne Marsalek für die Zukunft hatte.

Wie eng die Beziehung der beiden Männer ist, zeigen ihre Nachrichten bei Telegram. Marsalek agiert unter den Decknamen Richard Dabrowski und Karim Gasmi. Cudnovic nennt sich Daniel Craig. So heißt der Hauptdarsteller der James-Bond-Filme seit 2005.

»Sag Bescheid, falls Du reden willst«, schreibt Marsalek am 23. Juli 2020, vier Wochen nach seiner Flucht. »Gerne«, antwortet Cudnovic, »aber unsere Themen dezimieren sich gerade selbst.«

Es gab einmal viele davon. Von ihrer Gründerzeitvilla in der Prinzregentenstraße 61 in München aus bauten die beiden Männer ein kleines Firmenimperium. Im Zentrum steht die Beteiligungsgesellschaft IMS.

Marsalek arbeitet in den letzten zwei Jahren vor seinem Verschwinden fast jeden Tag in der Villa. Zum Lunch geht es zum Nobelrestaurant »Käfer« um die Ecke, nur noch selten per Taxi in die zehn Minuten entfernte Wirecard-Zentrale in Aschheim. Dort werden die erfundenen Geschäfte in Ostasien verbucht. Die realen Deals steuert Marsalek aus der Villa heraus.

Im Sommer 2020, so scheint es, hat Marsalek in seinem Leben zwischen Schein und Sein die Orientierung verloren.

»Guten Morgen! Gib mir bitte Bescheid, wie wir jetzt weiter vorgehen und was ich tun soll/kann. Wollen wir mal telefonieren?«, fragt Marsalek am 24. Juli. Cudnovic schlägt den späteren Nachmittag vor. Marsaleks Antwort um 15:50 Uhr: »Bei mir ist es leider schon etwas spät.«

Vier Uhr nachmittags in Deutschland entspricht 23 Uhr auf den Philippinen: Selbst gegenüber seinem Vertrauten hält Marsalek die

Scharade aufrecht, sich in einer entfernten Zeitzone aufzuhalten. Der Wirecard-Vorstand zog bei seiner Flucht alle Register. Bestochene philippinische Grenzbeamte fälschten für ihn die Einreisedatenbank des Landes, sie zeigte seine Ankunft am 23. Juni 2020. Erst durch Videoaufnahmen am Airport fiel der Schwindel auf.

Wo immer er jetzt sein mag – Marsalek wiegt sich in Sicherheit und plant seine Zukunft. Seine Chats mit Cudnovic zeigen ein Duo, das ernsthaft glaubt, etwas aus dem Trümmerhaufen zu sichern, der Wirecard nun ist. »Ich denke es wäre schon wichtig heute zu klären wie es weitergeht«, schreibt Cudnovic am 27. Juli. »Ich bin dabei alles aufzulösen und zu retten was zu retten ist. Ohne Funds wird das schwierig.«

Mit Funds ist Geld gemeint: Eine Reihe an Start-ups, in die beide Männer investierten, braucht frische Mittel. Gelingt es Marsalek und Cudnovic, die mutmaßlich mit abgezweigten Wirecard-Geldern hochgezogenen Firmen an die Börse zu bringen, könnten sie große Kasse machen.

»Es fehlen folgende Beträge für einen reibungslosen Ablauf«, schreibt Cudnovic. Er rechnet vor: 5,0 Millionen Euro schulde IMS mehreren Start-ups, 3,0 Millionen dem Vermieter der Villa, 1,4 Millionen der Wirecard Bank, 3,4 Millionen schließlich Marsalek selbst. Und 1,0 Millionen Euro werden für Betriebsausgaben gebraucht. Das Problem: Die IMS hat kein Geld mehr. Bisher sorgte Marsalek für regelmäßige Zahlungseingänge. Doch auf der Flucht versiegt die Quelle.

»Wenn du das kurzfristig schickst, ist alles ok… gerne auch in Bitcoins… die kann ich sofort convertieren«, schreibt Cudnovic.

Der flüchtige Marsalek, der angeheitert einmal damit prahlte, 300 Millionen Euro schwer zu sein, stellt sich quer: Erst einmal müsse eine neue Struktur her, die ihm auch auf der Flucht einen Durchgriff auf seine Firmen erlaube. »Es geht meines Erachtens nicht nur um Geld sondern auch ein paar strukturelle Fragestellungen, die es zu klären gilt«, referiert er. Es mag ein gewaltiger Druck auf ihm lasten, seine gewählte Ausdrucksweise behält der Österreicher bei.

Cudnovic ist nach Wochen des Wartens ungeduldig: »Sicherlich. Aber als erstes geht es um Geld und darum, alles von meinen Schultern zu nehmen, und dann können wir an die Struktur ran.« Marsalek: »Ich fürchte, das sollte Hand-in-Hand gehen.« Cudnovic: »Ich fürchte der Zug ist abgefahren.«

Marsalek versucht, den aufgebrachten Vertrauten zu beruhigen: Dieser solle doch als Geschäftsführer und Eigentümer der IMS zurücktreten. »Dann hast Du keine Risiken.« Er könne ja als Prokurist und Gesellschafter an Bord bleiben.

Jan Marsalek ist einer der meistgesuchten Männer Europas – sein Geschäftssinn ist weiter hellwach. Was er vorschlägt, ist nichts weniger als eine kalte Enteignung. Cudnovic gehören laut Handelsregister 100 Prozent der IMS. Daneben gibt es eine geheime Absprache: Ein zwischen beiden Männern geschlossener Treuhandvertrag spricht Marsalek einen »Anteil am Unternehmen IMS Capital Partners GmbH in Höhe von 75 %« zu. Dieser werde durch Cudnovic treuhänderisch verwaltet. Marsalek lehnt ab, den Vertrag beim Notar zu hinterlegen. So kann er aus dem Schatten heraus Geschäfte machen.

Die Staatsanwaltschaft glaubt, Marsalek habe im Laufe der Zeit einen dreistelligen Millionenbetrag aus Wirecard herausgeschleust. Ein kleiner Teil davon floss direkt in die Start-ups der IMS, ein anderer über den Umweg zweier türkischer Firmen. Zusätzlich erhielten Marsaleks Start-ups von der Wirecard Bank Millionen als Kredit und für angebliche Beratungsleistungen.

So fein austariert das Netzwerk gewesen sein mag: Mit dem Zusammenbruch Wirecards und dem Abtauchen Marsaleks steht es im Sommer 2020 vor dem Kollaps.

»Mich hast du hier zurückgelassen und im Prinzip am langen Arm verhungern mit mehr als 10 [Millionen Euro] Verpflichtungen … das ist nicht lustig«, beschwert sich Cudnovic am 27. Juli. Marsalek verweist auf die Alternative: den Gang ins Gefängnis. »Wie hätte das die Situation besser gemacht? Ich verstehe nicht ganz, was Dein Vorschlag ist.«

Cudnovic platzt der Kragen. »Ihr habt die letzten Jahre Milliarden geklaut mit Hilfe von James und Co«, schreibt er in Anspielung auf einen weiteren Marsalek-Vertrauten, James Henry O'Sullivan. Mit diesem hatte Marsalek große Wirecard-Deals eingefädelt – und den Konzern ausgesaugt.[3]

»Die Marionetten wie ich haben euch einen offiziellen Touch gegeben. Und jetzt lasst ihr alle fallen«, schimpft Cudnovic.

»Mein Name steht hier überall drauf … Also brauch ich 10 [Millionen Euro] Kapital jetzt. Dann gehe ich den Verpflichtungen nach und dann reden wir über Struktur. Andere Option ist, ich löse das in den kommenden Monaten alleine und schaue was übrig bleibt und welche Schäden ich abbekomme dadurch. Also ziemlich einfach…«

Nicht für Marsalek. Versucht Cudnovic, ihn auszubooten? Der Ex-Vorstand verliert zum ersten Mal die Contenance: »Es kann nicht sein, dass Du zuerst von mir Geld willst und dann erst mit mir über die Strukturen der Zukunft reden willst. Ich bitte um Verständnis, dass wir das zeitgleich lösen müssen.«

Marsalek beginnt nun seinerseits zu drohen: »Außerdem finde ich es befremdlich, dass Du Dich als ›Marionette‹ bezeichnest. Du warst der Erste, der gerne Consulting Fees von Wirecard angenommen hat, der an Geldwäsche-Lösungen gebastelt hat, etc. Von der Finanzierung deines Hauses mal ganz zu schweigen (Smiley).«

Mit der Hausfinanzierung spielt Marsalek auf eine IMS-Sonderausschüttung an Cudnovic an, mit den »Consulting Fees« auf die abgerechneten Beratungsdienste. Tatsächlich hatte Cudnovic zwischen März 2019 und Juni 2020 insgesamt 160 000 Euro für Kundenakquise und Geschäftsentwicklung von Wirecard erhalten. Eine Beteiligung an Geldwäsche bestritt er gegenüber der Staatsanwaltschaft.

»Ich würde wirklich gerne Getnow & Co. retten – die Firmen verdienen das. Aber wir können das nur gemeinsam machen«, schreibt Marsalek. Sein Tonfall wird wieder versöhnlicher: »Ich habe Dir doch immer geholfen, wenn ich konnte … Ich bin für jeden Lösungsweg zu haben, aber bitte nimm Rücksicht darauf, dass wir einfach eine Governance-Struktur brauchen, die nicht auf Vertrauen beruh – ich glaube, das haben wir beide aktuell nicht (mehr).« Der Flüchtige beschwört sein Gegenüber: »Lass uns doch bitte morgen mal in Ruhe telefonieren. Dann besprechen wir das und ich bin optimistisch, dass wir eine Lösung finden werden!«

Die Lösung wird nicht gefunden. Auch im August bleiben die versprochenen Zahlungen aus. Gleichzeitig fordern die türkischen Gesellschaften, die mit Marsalek verbandelt sind, knapp 20 Millionen Euro von der IMS zurück. Versucht der Flüchtige etwa, an frisches Geld zu kommen?[4]

Im Spätsommer verklagen die türkischen Firmen Cudnovic und erstatten Strafanzeige. Sein Privatvermögen wird arrestiert – ein Zustand, der sich erst im März 2021 durch einen Aufhebungsbeschluss des Landgerichts München ändert. Vorher, Ende Oktober 2020, kommt Cudnovic 18 Tage in Haft.

Während Marsaleks Geschäftspartner hinter Gittern sitzt, durchsucht die Staatsanwaltschaft ihre ehemals gemeinsame Villa. Wichtiges findet sie nicht. Wochen zuvor, Ende August, wird in die Prinzregentenstraße 61 eingebrochen, Marsaleks Büro ausgeräumt. Einbruchsspuren gibt es nicht, die Täter kommen per Schlüssel durch den Keller ins Gebäude.

Cudnovic wirft Marsalek am 31. August vor, er und seine Geheimdienstfreunde steckten dahinter. Der Flüchtige geht nicht darauf ein. »Die sind über den Keller rein?«, fragt er treuherzig. Dann schickt er seinem ehemaligen Vertrauten die letzte Nachricht, bevor der Chat-Account »Richard Dabrowski« gelöscht wird. Sie ist kurz: »Alles sehr seltsam.«


## Der größte Wirtschaftsskandal der Nachkriegszeit

Seltsam ist vieles im Fall Wirecard: Seltsam ist der geheimnisvolle Einbruch in Marsaleks Villa. Seltsam ist das ungeheuerliche Treiben der Manager und ihrer Helfer in Deutschland und am Ende der Welt. Und seltsam ist auch die gesamte fantastische Firmengeschichte des einst so hofierten Hoffnungsträgers.

Wirecard ist der größte Wirtschaftsskandal der deutschen Nachkriegszeit. In 20 Jahren wächst der Zahlungsabwickler aus Aschheim bei München vom dubiosen Finanz-Start-up zum internationalen Technologieriesen, wirft die Commerzbank aus dem Dax, ist mehr wert als die Deutsche Bank. Anleger lieben die Aktie, Banker hofieren das Management, die Politik gibt Schützenhilfe. Und dann ist binnen sieben Tagen und sieben Nächten alles aus.

Der Ex-Chef sitzt mit weiteren Topmanagern in Untersuchungshaft, andere sind auf der Flucht oder überraschend verstorben, Geheimdienste mischen mit. Die Staatsanwaltschaft ermittelt intensiv, in der zweiten Jahreshälfte 2021 soll Anklage erhoben werden. Was wir bereits wissen: Wirecard hat die Hälfte seiner Kunden erfunden und ein Viertel seiner Bilanzsumme gefälscht. Ein Börsenwert von bis zu 24 Milliarden Euro hat sich in Luft aufgelöst. Viele Kleinanleger stehen vor dem Verlust ihrer Lebensersparnisse.

Wie ist das möglich? Der Kampf um die Deutungshoheit ist bereits entbrannt, wird von interessierten Kreisen geführt, wobei sich zwei Erzählungen gegenüberstehen.

Die erste beruhigt die Nerven: Wirecard ist demnach ein Betriebsunfall der Marktwirtschaft. Eine Bande von Betrügern kapert ein New-Economy-Start-up aus dem Vorzeigefreistaat Bayern. Zunächst setzt das Management auf Zahlungsabwicklung und Geldwäsche für Trading, Gambling, Porno von legal bis illegal. Bald merkt es, dass es noch einfacher Geld verdienen kann: Statt in reales Geschäft zu investieren, befeuern die Manager die große Börsen-Story, erhalten frisches Geld von Aktionären, Banken, Fonds. Damit stopfen sie Finanzierungslöcher, schaufeln sich Hunderte Millionen Euro in die eigene Tasche. Am Ende täuschen die Gangster mit hoher krimineller Energie alle Aufpasser, Anleger und Politiker – und sehen nun ihrer gerechten Strafe entgegen. Case closed.

Die zweite Erzählung ist beunruhigender, dafür deutlich näher an der Wahrheit: Wirecard ist kein Kriminalfall aus dem Aschheimer Gewerbegebiet, wo zwischen Bahngleisen und Autokino eine Gangsterbande ihr Unwesen trieb. Der größte Betrugsfall der Nachkriegszeit steht für mehr: Wirecards Absturz legt pars pro toto die

Abgründe unseres Wirtschaftssystems offen, rüttelt an den Grundfesten des Finanzkapitalismus und entlarvt vermeintliche deutsche Gewissheiten als Selbstbetrug. Der Fall ist damit nicht weniger als ein Lehrstück über Technologiegläubigkeit, Investorengier und Korruption, ein Sittengemälde über die Abgründe der Hochfinanz – und ein Weckruf für den Zustand unseres politischen Systems.

Aber der Reihe nach. Was macht Wirecard eigentlich? Ganz einfach: Das Geschäftsmodell besteht darin, digitales Geld von A nach B zu schicken. Das ist ein Markt mit Zukunft, weil das Bargeld verschwindet und die gläserne Zahlung per Karte und App auf dem Vormarsch ist. Die Banken könnten dieses Geschäft auch selbst betreiben, doch weil die Spitzen der Finanzwelt, allen voran Visa und Mastercard, früh entschieden haben, sich nicht die Finger in den Untiefen des Zahlungsverkehrs schmutzig zu machen, sind Spezialisten entstanden. Spezialisten für Daten, für vermeintlich saubere Zahlungsströme, Spezialisten wie Wirecard, eine Art Paypal für Unternehmen. Die teutonische Antwort auf das Silicon Valley stand kurz vor dem Sprung zur Weltgeltung. Und Manager, Anleger, Aufseher, Banker, Börsen, Politiker, ja, auch viele Journalisten träumten fröhlich mit.

Dabei hatte es früh Warnungen gegeben: Bereits 2008 zweifelten Hobbyanalysten die Wirecard-Zahlen an, 2015 zeigten kritische Investoren Unregelmäßigkeiten in der Bilanz auf, 2019 warnte die renommierte Zeitung *Financial Times (FT)*. Doch kaum einer hörte zu. Kritiker bedrohte der Konzern offen durch Klageorgien, Rufmord, Beschattung, Gewalt. Und Jasager, Wegseher und Möglichmacher entlohnte er auf vielfältige Art und Weise. 20 Jahre ging das gut: Die deutsche Öffentlichkeit hofierte ein Betrugsgebilde, das nicht erst 2015 entstand, wie die Münchner Staatsanwaltschaft glaubt, sondern schon in den Nullerjahren.

Fast alle machten mit: Die zuständige Aufsicht Bafin stellte sich schützend vor den Konzern, ihre Beamten verdienten mit Aktienspekulation auf Insiderwissen. Die Wirtschaftsprüfer von Ernst & Young (EY) und Co. setzten zehn lange Jahre ihre Unterschrift unter erfundene Zahlen und verdienten schnelles Geld mit Beratungsdiensten. Die Rating-Agentur Moody's vergab wie üblich eine positive Bewertung, 15 Großbanken gaben bereitwillig Millionenkredite. Die Deutsche Börse öffnete ihren Leitindex Dax, die Anlegermagazine trommelten zum Aktienkauf. Und Kleinsparer wie Großinvestoren gierten nach ihrem Anteil am fantastischen 30-Prozent-Wachstum, das Wirecard Jahr für Jahr auswies. Sogar die Geheimdienste sahen vor allem den Datenschatz aus Deutschland.

Betrogen wurde ein System, das betrogen werden wollte. Ins Verderben geführt hat Wirecard nicht nur die Gier nach Geld, Macht und Größe, sondern die simple Überzeugung, alle in der Tasche zu haben. Am Ende schauten die Entscheider weg, hielten die Hand auf oder taten beides. Der Betrug war kein Betriebsunfall, der Betrug war Kern des Geschäftsmodells. Der Markt reinigte sich nicht selbst, sondern suchte im Aschheimer Schlamm nach neuen Profiten. Und die Politik, die Hüterin der öffentlichen Sache? Über ihre Rolle wird gesondert zu sprechen sein.

Schon heute ist klar: Der Fall Wirecard beschädigt die wichtigsten politischen Ämter. In Wien ließ sich der konservative Jungkanzler Sebastian Kurz von CEO Markus Braun beraten, rechtsextreme Politiker und Spione kungelten mit Wirecards Asienvorstand Jan Marsalek. Und auch in München und Berlin gab es keine Berührungsängste. Ein Ex-Polizeipräsident diente sich dem Konzern an, ein Staatssekretär traf Braun an dessen 50. Geburtstag, Ministerialreferenten erfüllten hinter den Kulissen Wirecards Wünsche. Ein früherer Geheimdienstchef lobbyierte im Kanzleramt, Ex-Minister Karl-Theodor zu Guttenberg bei Angela Merkel. Die Bundeskanzlerin selbst warb beim Pekinger Staatsbesuch für den Konzern. Und der zuständige Finanzminister Olaf Scholz schaute, wieder einmal, weg.

Die Old Economy Deutschland, das Land der Autobauer und Schraubenhändler, gierte nach einem globalen, digitalen Finanzwunder – und schien es mit Wirecard gefunden zu haben. Sein Untergang könnte nun zum Menetekel werden für das bundesrepublikanische Laisser-faire gegenüber mächtigen Finanzkonzernen und vermeintlichen Digitalvorreitern.

Es geht – ja – ums System. Wird die Macht der Skrupellosen, des Geldes und seiner Lakaien nicht durch den Rechtsstaat gebrochen,

## Aktienkurs Wirecard 2002–2020

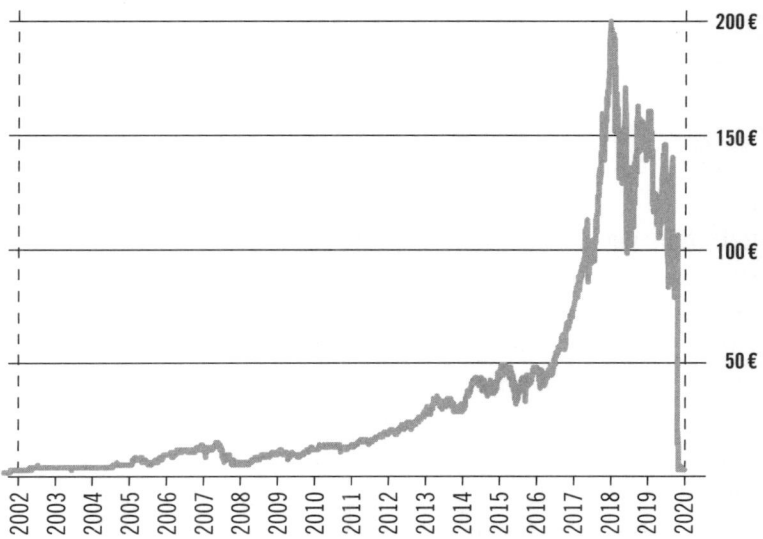

Nach einem Kurshoch von 198 Euro im September 2018 stürzte die Aktie im Juni 2020 ins Bodenlose. Heute kostet sie weniger als einen Euro. (Quelle: Reuters)

dann droht der nächste Fall Wirecard oder Schlimmeres. Warum, das steht in diesem Buch.

Bevor wir uns der Analyse der systemischen Faktoren des Falls zuwenden, rekapitulieren wir die wichtigsten Ereignisse der Wirecard-Geschichte. Denn so unglaublich der kometenhafte Aufstieg des Konzerns heute erscheint, so beschämend sollte sein Untergang für Deutschland werden.

Wichtig ist: Noch sind viele Fragen offen, die Ermittlungen laufen. Noch ist niemand verurteilt, für alle Beteiligten gilt die Unschuldsvermutung. Aber schon jetzt lässt sich mithilfe von Zeitzeugen, anonymen Informanten, internen E-Mails und anderen Quellen erzählen, was wir über Wirecards Geschichte wissen. Die folgenden Kapitel basieren auf jahrelanger Recherche, erheben aber keinen Anspruch auf Vollständigkeit. Weitere überraschende Erkenntnisse sind – wie immer im Fall Wirecard – alles andere als ausgeschlossen.

# 2 Aufstieg und Absturz der Wirecard AG

## 2.1 Aufstieg aus dem Nichts – Sex, Lügen und die frühen Jahre

Für fünf Minuten verliert Markus Braun die Nerven. Seine Hände zittern. Alles Blut weicht aus dem Gesicht des Wirecard-Chefs, als er hört, wie viele Mitarbeiter sich vor seinem Büro versammelt haben. In Gruppen stehen sie an diesem 18. Juni 2020 vor den Türen des Vorstandsflurs im vierten Stock der Firmenzentrale in Aschheim bei München.

Um 10:43 Uhr hat Wirecard vermeldet, den Jahresabschluss 2019 nicht vorlegen zu können. In der Bilanz klafft ein Loch von 1,9 Milliarden Euro. Die Mitarbeiter wollen Antworten vom Chef – und Braun hat keine. Der Aktienkurs befindet sich im freien Fall. Binnen einer Woche wird der Konzern untergehen. Ein Augenzeuge: »Es herrschte Lynchstimmung.«

Brauns engste Mitarbeiter verbarrikadieren ihn in seinem Büro. Sicherheitsleute und Angestellte des Hausmeister-Dienstleisters verschließen die Feuerschutztüren zum Treppenhaus und den Aufzügen. Ein Leibwächter weicht Braun nicht mehr von der Seite. Susanne Steidl, die Produktvorständin, bricht in Tränen aus.

Doch Braun wäre nicht Braun, wenn er sich nicht schnell wieder fangen würde. Das Ganze sei ein großes Missverständnis, erklärt er Vertrauten. Am späten Abend gibt er eine Erklärung ab, auf Youtube. »Es kann derzeit nicht ausgeschlossen werden, dass die Wirecard AG in einem Betrugsfall erheblichen Ausmaßes zum Geschädigten geworden ist«, sagt Braun. Dann fährt ihn sein Chauffeur nach Hause. Es ist fast Mitternacht, als der Maybach vor Brauns Wohnung im Münchner Nobelstadtteil Bogenhausen ausrollt.

Einen Tag später, es ist Freitag, tritt Braun zurück. Es ist keine frei-
willige Entscheidung. Sein Aufsichtsrat hat ihm nur eine Alternative
genannt: Rausschmiss. Trotzdem scheint er nicht ganz zu begreifen,
was gerade passiert. »Ich komme nicht mehr ins System, rufen Sie
die IT«, herrscht Braun seine Sekretärin an. Da wissen alle auf der
Vorstandsetage: Es ist aus. Schließlich begleitet ihn der Compliance-
Chef in die Tiefgarage, im abgesperrten Teil wartet Brauns Fahrer.
Dieser fährt ihn ein letztes Mal nach Hause, die Zentrale wird Braun
nicht mehr betreten.

Nach 20 Jahren an der Spitze ist seine Zeit abgelaufen. Nur
Braun selbst will das nicht akzeptieren. Noch am Nachmittag
ruft er Geschäftsfreunde an. Sein Anliegen überrascht die meisten: Er wolle sich Geld leihen, sagt der gefallene Chef, dem sieben Prozent am Konzern gehören. Sein Plan: Er wolle Wirecard
ganz übernehmen. Der Kurs sei deutlich gesunken, der Konzern
günstig zu haben. Unter seiner Ägide werde es wieder nach oben
gehen. »Und dann«, so verkündet Braun, »dann starten wir richtig
durch!«

Es kommt anders. Drei Tage später stellt sich Markus Braun der
Staatsanwaltschaft München und kommt in Untersuchungshaft.
Tags darauf darf er gegen eine Kaution von fünf Millionen Euro auf
freien Fuß. Aber schon am 22. Juli 2020 wird er aufgrund eines
erweiterten Haftbefehls erneut festgenommen. Ein Kronzeuge hat
ausgepackt, die Staatsanwälte werfen Braun nun ein ganzes Sam-
melsurium von Wirtschaftsstraftaten vor: gewerbsmäßigen Bandenbetrug, Untreue und Marktmanipulation.

Bereits am 25. Juni 2020 ist Wirecard nur noch ein Trümmer-
haufen. Der Aktienkurs liegt unter drei Euro – 98 Prozent weniger
als beim Höchstkurs im Herbst 2018. Aktionäre haben mehr als 20
Milliarden Euro verloren. Am selben Tag muss der Finanzkonzern
Insolvenz anmelden – es ist das erste Dax-Unternehmen, dem das
je widerfuhr. Die halbe Republik fragt sich: Was genau ist da bei
Wirecard eigentlich passiert? Und wie? Wer war in diesem größten
Betrugsfall in der Geschichte der Bundesrepublik Täter, wer Opfer?
Wer war nützlicher Idiot und wer unverzichtbarer Helfer?

Wirecard – in den Augen seiner führenden Vertreter war das immer mehr als ein schnöder Zahlungsdienstleister. Wirecard war eine Idee, ein Versprechen: den Markt für Zahlungsdienste zu revolutionieren – durch Technologie, vor allem aber durch Größe. »Eigentlich war es eine riesige Wette«, sagt ein hochrangiger Manager. Die Führung habe zwei Dekaden lang nach einer Devise agiert: »Fake it till you make it«, der Silicon-Valley-Devise aus den wilden Jahren der Jahrtausendwende. Und genau dort, in der Ursuppe der New Economy, muss die Spurensuche beginnen, die nötig ist, um den größten Wirtschaftsskandal der Nachkriegszeit zu verstehen.

## Geld verdienen im Informationszeitalter

1998 ist ein Jahr des Übergangs. Nach 16 Jahren endet die Ära Helmut Kohl. Seine christliberale Koalition, gestartet mit dem Postulat der »geistig-moralischen Wende«, hatte die Wiedervereinigung gestemmt, war an den »blühenden Landschaften« gescheitert und ist am Ende in Agonie versunken. Der rot-grüne Wahlsieg Gerhard Schröders setzt ein deutliches Zeichen, dass nun alles anders wird. Erstmals soll Deutschland die »Chancen der Informationsgesellschaft« nutzen, wie es im SPD-Wahlprogramm 1998 heißt: »Alle Schulen ans Netz«, Vorfahrt für »neue Medien« und »neue Informations- und Kommunikationstechnologien«. Verabschiedet wird das Programm am 17. April in Leipzig.

Rund 360 Kilometer weiter südlich macht sich zur selben Zeit eine Münchner Firma daran, aus dem kommenden Informationszeitalter Kapital zu schlagen – und einen wichtigen Baustein zu verwirklichen. Das noch neue Internet dient zunächst nur der Übertragung von Information. Doch die Securitas Internet Systems GmbH denkt weiter: Die Münchner wollen mithilfe der neuen Kommunikationstechnologie die Übertragung von Werten verwirklichen.

So verworren, wie sich Wirecards Bilanzen zwei Dekaden später darstellen, ist die Frühgeschichte des Konzerns. Das gilt bereits für das Gründungsdatum: Wirecard gab auf seiner Homepage 1999 an, der eigentliche Geburtstag der Wirecard-Idee ist jedoch der 3. Juli 1998. An diesem Tag stellt Securitas Internet Systems die Vorzüge einer Plattform vor. »Anwenderunternehmen, die schon heute einen sicheren Zahlungsverkehr anbieten wollen, können auf ›Wire Card‹ zurückgreifen«, heißt es in der Pressemitteilung. Ziel sei ein »sicheres Bezahlen im Internet per Kreditkarte«, und zwar mithilfe einer Technik, die bisher »allenfalls in Pilotprojekten eingesetzt« werde. Wire Card, hier noch mit Leerzeichen geschrieben, ist ein Kunstbegriff der New-Economy-Zeit, der Internetwirtschaft. Doch er umreißt den Kern der Geschäftsidee erstaunlich klar: Kreditkartenzahlungen über eine Fernleitung, das Internet, zu ermöglichen.

Die Gründer in der Dotcom-Szene Münchens kurz vor der Jahrtausendwende haben einen guten Riecher: Das Internet ist da, Geld verdienen dort aber nur MSN und AOL, die Türsteher der digitalen Zukunft. Kleine Anbieter haben es schwer, vor allem das sichere Bezahlen im Web ist das Problem. Genau dafür soll Wire Card die Lösung bieten.

Markus Braun wird sich später gern als Gründer der Wirecard beschreiben, aber auch das stimmt nicht. Tatsächlich entsteht die heutige Wirecard AG aus zwei Vorgängerunternehmen. Beide starten 1998 und beide gehen auf zwei sehr unterschiedliche Männer zurück.

Gründer Nummer eins ist Detlev Hoppenrath. Er vertreibt heute Campingkocher, Ende der 1990er-Jahre ist er jedoch als Programmierer tätig und entwickelt Technologien für sichere Informationsübertragung im Internet.[1] Unter dem Dach der Securitas Internet Systems programmiert er eine Software, die Online-Händler, Kunden und Kreditkartennetzwerke verknüpft, der Kern von Wire Card. Das zugehörige Patent DE10008280C1 findet sich bis heute im Patentregister und auch der Name Wire Card geht auf Hoppenrath zurück.

1999 wird aus der Software schließlich eine eigene Firma: Die Wire Card AG startet als Ableger der Securitas Internet Systems, Hoppenrath wird Vorstandschef.[2] Hoppenrath ist es auch, der die beiden wichtigsten Männer der Wirecard-Geschichte einstellt: Jan Marsalek und Markus Braun, in dieser Reihenfolge. Marsalek ist Ende der 1990er-Jahre noch Schüler am Bundesgymnasium Klosterneuburg bei Wien, aber bereits ein begnadeter Programmierer.

Statt für die Schule interessiert er sich für Programmcode, arbeitet die Nächte in der Wiener Start-up-Szene durch, wie er dem Autor dieses Buches später erzählen wird. Hoppenrath holt Marsalek, der Streit mit seinen Eltern hat, nach München. Die Matura, das österreichische Abitur, wird Marsalek nie ablegen.

Zu den ersten Kunden der Wire Card AG um die Jahrtausendwende gehören die Supermarktkette Spar und der Ticketdienst CTS Eventim. Kunden aus der Pornobranche und anderen zwielichtigen Milieus lehnt Hoppenrath ab. Doch die Weiterentwicklung der Software verschlingt Millionen – Kosten, die aus dem laufenden Geschäft nicht bezahlt werden können. Auf Druck seiner Investoren, darunter der Technikgigant Sony, holt sich Hoppenrath Hilfe: Markus Braun soll es richten.

## Ein Lehrersohn mit großen Plänen

1998 ist der gebürtige Wiener 29 Jahre alt. Der Sohn eines Volkshochschuldirektors und einer Lehrerin kommt aus soliden Verhältnissen, besucht das altehrwürdige Gymnasium Fichtnergasse im 13. Bezirk. Seine Schwester ist dort lange im Elternverein aktiv. Sein Studium der Wirtschaftsinformatik an der Universität Wien schließt Braun 1998 ab.

Im selben Jahr tritt er einen neuen Job als Berater für KPMG in München an. Kollegen, die ihn damals erlebten, beschreiben ihn als unauffällig. »Er war ein kleines Licht. Besonders hervorgetan hat er sich nicht«, sagt eine ehemalige Wirtschaftsprüferin. Zweierlei sei ihr dennoch aufgefallen: Brauns Ruhe selbst in stressigen Phasen und seine Bereitschaft, groß zu denken.

Braun beginnt berufsbegleitend zu promovieren, das Thema lautet »Graph Based Characterization of Parallel Programs«. Gabriele Kotsis, die Betreuerin seiner Doktorarbeit, nennt ihn »beeindruckend ehrgeizig«. »Es war ein sehr anspruchsvolles Thema, Braun suchte die Herausforderung«, erinnert sich Kotsis, heute Professorin in Linz. Sie beschreibt ihn als angenehmen, zurückhaltenden Kollegen, der sehr auf seine Arbeit fixiert gewesen sei. Seine Dissertation schließt Braun im Januar 2000 ab.

Im Oktober 2000 schickt KPMG Braun zu Hoppenraths Unternehmen, dem die Investoren gerade den Geldhahn zudrehen. Braun beeindruckt durch Arbeitswillen und Fachwissen, und er rettet die Weiterentwicklung der Software. Hoppenrath, der froh ist, einen resoluten Manager an Bord zu haben, ernennt den introvertierten Österreicher zum Vorstand. Braun setzt ein Sparprogramm durch, viele Mitarbeiter werden entlassen. Mit einem versteht er sich jedoch prächtig: Jan Marsalek. Der schlaksige Junge, zehn Jahre jünger als Braun, wird bald zu seiner rechten Hand.

Als 2001 die Internetblase platzt und viele Start-ups pleitegehen, kämpft auch die Wire Card AG abermals ums Überleben. Zum Retter wird jetzt ein weiterer Vordenker aus dem Münchner Speckgürtel: Paul Bauer-Schlichtegroll. Der Unternehmer hatte zeitgleich mit Hoppenrath die Idee, eine Firma rund um digitale Zahlungslösungen aufzubauen. 1998 gründet er die Entertainment Print Media AG, bald darauf in Electronic Billing Systems AG (EBS) umbenannt. Auch die EBS entwickelt digitale Zahlungslösungen, aber im Unterschied zu Hoppenrath hat Bauer-Schlichtegroll kein Problem damit, die lukrativsten Kunden des frühen Internets anzusprechen und auf der Jagd nach Umsatz auch zwielichtige Pfade einzuschlagen.

Bauer-Schlichtegroll hatte erkannt, dass vor allem eine Branche dringend Zahlungslösungen braucht, die im jungen Internet am schnellsten wächst: die Pornobranche. Für sie bedeutet das World Wide Web eine Revolution: Statt verschämt Schmuddelheftchen am Kiosk zu kaufen, kann sich die vor allem männliche Kundschaft von nun an ganz bequem vom heimischen PC aus bedienen. Die Bezahlung erfolgt zuvorderst nicht über die Kreditkarte, die zu diesem Zeitpunkt in Deutschland nicht weit verbreitet ist. Bauer-Schlichtegrolls Team setzt auf das Bezahlen per Telefonrechnung, über einen sogenannten Web-Dialer. Diese kleinen Programme leiten die Interneteinwahl des Routers auf andere, teurere Rufnummern um, etwa auf 0190er-Nummern. Statt weniger Pfennige kostet die Minute nun drei Mark oder mehr. Viele Kunden installieren sich die Dialer, ohne die Kosten zu kennen, und erfahren davon erst beim Blick auf die Telefonrechnung. Aus reiner Scham bezahlen sie meist trotzdem. Das Geschäft, das am Rande der Legalität stattfindet (oder sogar darüber hinaus), ist für EBS extrem lukrativ.

Unter Bauer-Schlichtegroll kommt ein weiterer leitender Manager ins Boot. Oliver B., ein junger Banker Anfang zwanzig, kommt 2005 von der genossenschaftlichen DZ Bank und soll Ordnung bringen in das Finanzchaos bei EBS. B. arbeitet sich ein und wird zum Problemlöser, zum Mann für die schwierigen Fälle – eine Rolle, die er bis zu Wirecards Untergang beibehalten wird. Heute sitzt er wie Markus Braun in Untersuchungshaft.

Früh hat EBS ein Problem, denn die Dialer geraten schon bald ins Visier der Verbraucherschützer und der Politik, negative Medienberichte häufen sich. Bauer-Schlichtegroll sucht nach alternativen Zahlungsmethoden. Sein Blick fällt auf eine Konkurrenzfirma im Münchner Speckgürtel, die zwar keine lukrativen Kunden hat, dafür aber die bessere Technik: Hoppenraths Wire Card AG.

2001 macht Bauer-Schlichtegroll der Wire Card AG ein Übernahmeangebot. Hoppenrath lehnt ab, er will sich nicht von seiner Firma trennen. Aber Braun verhandelt hinter dessen Rücken mit Bauer-Schlichtegroll, so gibt es der Gründer zumindest zu Protokoll.

Die genauen Hintergründe bleiben ungeklärt, Fakt ist: Es wird dubios. Das Management votiert für kontroverse Softwarelizenzverkäufe. Im November 2001 verschwinden bei einem angeblichen Einbruch in die Geschäftsräume der Wire Card AG die Laptops von Braun und Marsalek mitsamt wichtiger Firmendaten. Einbruchsspuren gibt es sonderbarerweise keine – Gerüchte über einen Inside Job machen die Runde. Kurz darauf muss die Wire Card AG Insolvenz anmelden. Gut für Bauer-Schlichtegroll: Im Januar 2002 kann EBS die Konkurrenzfirma billig übernehmen.

Die Rolle Brauns in der Insolvenz ist umstritten. Ex-Manager werfen ihm später im Nachrichtenmagazin *Spiegel* vor, die Firma ausgehöhlt und übernahmereif gemacht zu haben. Braun bezeichnet das als »Unsinn«. Hoppenrath erstattet sogar Strafanzeige gegen den Vorstand um Braun, doch die Ermittlungen der Staatsanwaltschaft werden nach wenigen Monaten eingestellt. »Unsere Technologie von damals war eine Goldmine für die spätere Wirecard. Eine Schlüsseltechnologie, die hohe Umsätze garantiert, wenn sie mit dubiosen Kunden in Kontakt kommt, die hohe Gebühren bezahlen«, sagt Hoppenrath viele Jahre später den *WirtschaftsWoche*-Journalisten Melanie Bergermann und Volker ter Haseborg.

Markus Braun jedenfalls geht aus den Wirren des Anfangs als Sieger hervor. Er wird 2002 CEO des neu gebildeten Unternehmens. Im Januar 2005 kommt Wire Card mithilfe eines »Reverse-IPO«, eines »Börsengangs durch die Hintertür«, an die Börse. Genutzt wird die Hülle des Telefondienstanbieters Infogenie AG, einer der vielen gescheiterten Unternehmungen nach der »New Economy«-Euphorie. Infogenie wird aufgekauft und in Wire Card umbenannt: Nach dem Platzen der Internetblase ist das ein einfacher Weg, an die Börse zu kommen.

Nach dem Börsengang wechselt Bauer-Schlichtegroll in den Aufsichtsrat, später scheidet er ganz aus. Nach einem Streit mit Braun, der mit dem Rücktritt als CEO droht, gibt er ihm zudem ein großes Aktienpaket zum Vorzugspreis ab. Ab jetzt kann Braun durchregieren, bis zum Schluss wird er sieben Prozent an Wirecard halten.

### Schöner Schein und reale Expansion

Offiziell geht es bei Wirecard ab Mitte der Nullerjahre immer nur aufwärts – eine Kommunikationsstrategie, die der Konzern bis zum Ende durchzieht. Im Juni 2006 entfällt das Leerzeichen im Firmennamen, die neue Wirecard AG steigt in den Technologiewerte-Index TecDax der Deutschen Börse auf.

Der Wille zum schönen Schein zeigt sich schon zur Jahrtausendwende. 2000 verzeichnet die Firma einen Jahresumsatz von drei Millionen Euro. Das ist nicht viel Geld, aber die eigenen Pläne fliegen hoch. In Pressemitteilungen ist man längst weiter: »Wire Card, einer der führenden Finanzdienstleister, gründet seine erste Niederlassung in Asien«, heißt es damals. Standort: Hongkong. »Von dort wird Wire Card seine Produkte und Dienstleistungen im stark expandierenden asiatischen Markt direkt vertreiben.« Die Erschließung Koreas, Chinas und Japans werde »konkret« vorbereitet, Wirecard habe »einen strategischen Vorteil im Hinblick auf die Marktführerschaft im asiatischen Raum«, heißt es hochtrabend.

In Wirklichkeit sollte Wirecard Korea, China und Japan bis zum Untergang 2020 nie erobern, bleibt die Expansion auf Südostasien beschränkt. Aber das Beispiel zeigt ein wiederkehrendes Muster auf: Die offizielle Selbstdarstellung Wirecards fällt fast durchgehend bombastischer aus, als die bescheidene geschäftliche Wirklichkeit des Konzerns hergibt.

Dafür baut Wirecard schon früh eine Dependance in Dubai auf und arbeitet dort ab 2004 mit der Firma Cardsystems FZ-LLC zusammen, die später noch eine gewichtige Rolle spielen sollte. In Deutschland, an der Börse, geht es rasant aufwärts: 2002 steht die Wirecard-Aktie bei 41 Cent. Zehn Jahre später liegt sie bei knapp 19 Euro.

Eine Zutat des Erfolgsrezeptes: Wirecard bietet früh all jenen seine Dienste an, die von den etablierten Banken gemieden werden. Zunächst sind das die Pornoanbieter. Doch 2003 werden die deutschen Gesetze für die Internet-Dialer verschärft, Anbieter müssen ihre Kunden nun besser über die Kosten aufklären. Zudem sperren die beiden großen Kreditkartennetzwerke Visa und Mastercard Zahlungen für die Schmuddelbranche.

Wirecard bringt das an den Rand des Ruins, der Umsatz fällt 2003 um 40 Prozent. Doch »Kundenakquisitionen in anderen Nischenbereichen«, wie es in einer Mitteilung heißt, retten die Firma. Diesen Kunden zu Diensten zu sein, erfordert ein neues System der Verschleierung. Und dessen Aufbau legt den Grundstein für den späteren Untergang.

## 2.2 Lukrative Geschäfte – Riskantes Wachstum mit dubiosen Partnern

»Hörst du das? Hörst du das?!« Sean, der Anlageberater am Telefon, ist aus dem Häuschen. Im Hintergrund klatschen und jubeln Menschen. »Da macht jemand einen schönen Profit. Und du bist nicht dabei, Peter!« Der Kunde am anderen Ende der Leitung weiß noch genau, was das in ihm auslöste: »Ich hatte das Gefühl, wenn ich nicht zuschlage, verpasse ich die große Chance«, erinnert sich Peter Ahler[*].

80 000 Euro, seine gesamten Ersparnisse, hatte er bei der Online-Plattform »PrestigeFM« investiert, außerdem einen Kredit über 30 000 Euro aufgenommen. Die Worte seines Beraters hat er noch im Ohr. »Die Trades sind absolut todsicher! Und wenn etwas schiefgeht, nehm' ich das auf meine Kappe.« Der angebliche Börsenprofi am Telefon ruft aus London an, kennt sich aus in der Finanzwelt, wie er täglich betont. Doch dann geht etwas schief.

Nachdem sich Ahler gegen die Aufforderung seines »Beraters« weigert, weitere 90 000 Euro einzubezahlen, passiert das Unfassbare: Seine Positionen auf der Anlageseite verlieren plötzlich und rapide an Wert, am Ende ist das ganze Geld weg. Heute weiß der 61-jährige Berliner, dass sein Verlust kein Börsenpech war. Ahler ist einer von mehr als 100 000 Europäern, die Opfer eines internationalen Betrügerrings wurden.

Ihre Spezialität ist der Betrug per Telefon und Internet mit fingierten Verkäufen von binären Optionen, Bitcoins und anderen Finanzprodukten. Tatsächlich wird auf diesen Trading-Seiten überhaupt nicht gehandelt, die Opfer werden mit gefälschten Berichten lediglich zu weiteren Einzahlungen überredet. Über 100 Millionen Euro im Monat erbeuteten die Cyberkriminellen laut Schätzungen.

Im Februar 2019 wurde das Ausmaß des Netzwerks bekannt, seitdem versuchen Fahnder, das Bild zu vervollständigen. In Deutschland, Österreich, Bulgarien und Tschechien durchsuchten sie Wohnungen, nahmen Verdächtige fest und sperrten Konten. Einer der mutmaßlichen Hintermänner wurde in der Justizvollzugsanstalt Saarbrücken tot aufgefunden.

Doch nicht nur die Köpfe hinter dem Betrug in Wien und Sofia sind ins Visier der Ermittler geraten, sondern auch deren Zahlungsabwickler. Denn Banken und Finanzdienstleister leiteten über Jahre

---

[*] Name geändert

hinweg die Gelder der Opfer weiter und kassierten dafür Gebühren. Haben sie einfach nur weggeschaut oder den Betrug billigend in Kauf genommen? In jedem Fall hielten sie das System am Laufen. Vor allem ein bekannter Name fällt im Rahmen der Ermittlungen immer wieder: der des Dax-Konzerns Wirecard, wie *Handelsblatt*-Recherchen zeigten.[3] Mehrere Staatsanwälte bestätigten die Rolle des Zahlungsabwicklers, doch erst nach dem Zusammenbruch des Konzerns durchsuchten deutsche Ermittler auf eigene Initiative hin die Zentrale. Vorläufiges Ergebnis: Das Unternehmen war ein zentraler Zahlungsabwickler für das betrügerische Netzwerk.

Thomas Merian* aus Hamburg erinnert sich, dass von den 40 000 Euro, die er der Seite »Option888« überließ, zunächst 6 000 Euro per Kreditkarte abgebucht wurden. Als das Limit der Karte ausgeschöpft war, riet man ihm, die Zahlungsart zu ändern: »Schick uns das Geld doch per Banküberweisung. Das ist sowieso besser, mit dem Girokonto kannst du schneller handeln«, so die ›Empfehlung‹ des Beraters, auf die sich Merian schließlich einließ. Am 3. Mai 2016 zahlte Merian 5 000 Euro per Überweisung ein, am 18. Mai 3 000 Euro, am 27. Mai 12 500 Euro und am 9. Juni 10 000 Euro. Die Empfängerin war immer die Altair Entertainment N. V. mit Sitz in 0000 Willemstad, Curaçao, Karibik. Auch die kontoführende Stelle geht aus den Überweisungsbelegen hervor: »Wirecard Bank, Einsteinring 35, DE-85609 Aschheim«. Merian sollte sein Geld nie wiedersehen – und ist damit eines von vielen Opfern der kriminellen Geschäftspartner der Wirecard. Publik wird das erst im Jahr vor dem Untergang.

### Verborgene Glücksspielzahlungen

Nach außen ist im Wirecard-Universum Mitte der Nullerjahre alles in bester Ordnung. Unter der Leitung von Markus Braun gewinnt Wirecard 2005 laut eigener Aussage über 2 000 Geschäftskunden,

---

* Name geändert

darunter Größen wie den Technologiekonzern Sony, den Sportwettenanbieter Betandwin und das Medienunternehmen ProSieben-Sat.1. Diese nutzten die Wirecard-Plattform für Zahlungsabwicklung und Bonitätsprüfung, heißt es in einer Mitteilung. Doch intern ist klar: Das große Geld wird nicht mit Sony und Co. verdient, dort sind die Margen gering. Wirklich lukrative Kunden sind zu diesem Zeitpunkt eher in der Glücksspielindustrie zu gewinnen, die Anfang der Nullerjahre stark wächst. Auch dieser Branche mangelt es an sicheren Zahlungslösungen – und auch ihr sind die Politiker und Aufsichtsbehörden auf den Fersen. Wirecard wird eine »Lösung« erschaffen, die Jahre später den Milliarden-Bilanzbetrug erst möglich machen wird.

Die Glücksspielindustrie teilt in den Nullerjahren manche Eigenschaften mit der Pornobranche: Auch für sie ist das Internet ein Katalysator für immer größere Geschäfte. Ihre Angebote verlassen die schummrigen Spielhallen und staatlichen Casinos und landen per Mausklick direkt auf dem heimischen Rechner. Laut Schätzungen steigt der weltweite Umsatz mit dem Online-Glücksspiel zwischen 2006 und 2011 von zwölf Milliarden auf 20 Milliarden Dollar.[4] Rund die Hälfte davon entfällt auf die USA. Das Problem ist, dass Online-Glücksspiel den großen Kreditkartennetzwerken Visa und Mastercard als »Hochrisikogeschäft« gilt. Der Grund ist simpel: In vielen Staaten existiert ein staatliches Glücksspielmonopol, private Casinos sind verboten oder nur unter strengen Auflagen erlaubt. Virtuelle Angebote bleiben zunächst ohne eigenes Regelwerk, daher agieren viele Unternehmen in den Anfangsjahren in einer rechtlichen Grauzone.

Ein weiteres Problem sehen Visa und Mastercard in den hohen Chargeback-Raten. Darunter versteht man in der Zahlungsdienstleisterbranche die Wahrscheinlichkeit, dass ein Kunde seine Kreditkartenzahlung rückgängig macht. Bei traditionellen Geschäften kommen derlei Stornobuchungen selten vor – zufriedene Käufer von Büchern, Kinderkleidung oder Blumensträußen haben keine Veranlassung, eine Zahlung zu monieren. Anders sieht das bei riskanten Internetangeboten aus: Vor allem im Glücksspielbereich ist die Versuchung groß, bei Verlust des Einsatzes die Einzahlung zurückzufordern.

Für Visa und Mastercard ist eine hohe Rate solcher Rückabwicklungen ein Alarmsignal, denn sie kosten die Netzwerke Geld. Kommt es bei einem Anbieter zu häufigen Rückbuchungen, muss er Strafen bezahlen und verliert im schlimmsten Fall seine Lizenz. Viele klassische Banken bieten in den Nullerjahren riskanten Firmenkunden im Online-Geschäft daher gar keine Zahlungsabwicklung an – eine Lücke, in die Wirecard vorstößt.

Um die Chargeback-Rate zu senken, mischt der Konzern einfach riskante Glücksspielzahlungen mit einer großen Anzahl unproblematischer Transaktionen – etwa aus dem Online-Handel mit Sportschuhen oder Blumensträußen. Die niedrige Rate erlaubt es den Hochrisikokunden, fortan wieder Abbuchungen per Visa und Mastercard anzubieten. Seine Dienste lässt sich Wirecard fürstlich entlohnen: Während normale Einzelhändler für die Abwicklung einer Zahlung meist eine Gebühr im niedrigen einstelligen Prozentbereich berappen, kann der Konzern von seinen Glücksspielkunden teils bis zu einem Drittel einfordern. Heißt im Klartext: Von 100 Dollar, die ein Spieler auf einer Glücksspielseite einzahlt, landen bis zu 33 Dollar bei Wirecard – eine absolute Traummarge.

Problematisch ist nur, dass sich Wirecard mit seinen Diensten auf rechtlich dünnes Eis begibt, wie sich 2006 zeigt. Vor allem die hohe Abhängigkeit vom US-Markt wird plötzlich zum Problem. Der US-Kongress verabschiedet im Oktober den »Unlawful Internet Gambling Enforcement Act«, der es Banken und Zahlungsdienstleistern verbietet, Transaktionen für Online-Glücksspiel in den USA abzuwickeln. Anfang 2007 verhaftet die Bundespolizei FBI verantwortliche Manager, um ihren Ernst zu demonstrieren. Jan Marsalek wird ab da aus Angst vor Verhaftung nicht mehr in die USA reisen.

Eigentlich müsste Wirecard in der Folge wie viele Konkurrenten einen deutlichen Geschäftseinbruch vermelden. Dass der Konzern vom US-Vorgehen gegen die Glücksspielbranche hart getroffen wird, zeigt sich am Cashflow, den Einnahmen aus dem operativen Geschäft: Dieser beläuft sich 2007 auf 96 Millionen, im ersten Quartal 2008 dann auf minus 27 Millionen Euro. Für das Gesamtjahr sinkt der Cashflow im Vergleich zum Vorjahr um die Hälfte auf rund 41 Millionen Euro.[5] In der Gewinn- und Verlustrechnung dieses Jahres schlägt sich der Schwund allerdings nicht nieder, im Gegenteil: Braun erwartet laut offizieller Mitteilung vielmehr einen weiteren Anstieg des Profits von mehr als 50 Prozent. Und tatsächlich, das EBIT, der Gewinn vor Zinsen und Steuern, steigt von rund 33 Millionen Euro in 2007 auf ganze 49 Millionen Euro in 2008.

Wie kann Braun trotz aller Probleme an seinen Wachstums- und Gewinnversprechen festhalten? Möglich wird das durch ein ausgeklügeltes System transnationaler Zahlungsabwicklungen, das Wirecard in diesen Jahren aufbaut. Zu diesem Zweck gründet Wirecard zahlreiche Auslandsgesellschaften, unter anderem in Gibraltar und auf den Jungferninseln, über die die halbseidenen Geschäfte abgewickelt werden. Zudem verlegt sich der Konzern darauf, Zahlungen für seine Hochrisikokunden nicht mehr mit dem von Visa und Mastercard im Zusammenhang mit Glücksspiel eingeführten Zahlungscode 7995 zu versehen. Stattdessen laufen sie über unverdächtigere Scheinfirmen, etwa über eigens gegründete angebliche Blumengeschäfte, wie mehrere Insider berichten. Der deutsche Immobilienmakler Michael S., der unter anderem für Wirecard tätig ist, wird 2010 deshalb in Florida verhaftet.

Auf Branchenmessen tritt in diesen Jahren ein Wirecard-Vorstand schon mal im T-Shirt auf mit der Aufschrift »Re-Code«, der Chiffre für unter falscher Flagge gebuchte Zahlungen. So bekannt ist das dubiose Geschäftsgebaren des Konzerns, dass 2008 die *Frankfurter Allgemeine Sonntagszeitung (FAS)* Braun kritisch fragt: »Sie verdienen viel Geld in Gibraltar und auf den Jungferninseln. Sitzen da seriöse Firmen?« Brauns Antwort: »Wir machen rund 30 Prozent unseres Gewinns in Deutschland und rund 70 Prozent im Rest von Europa und einen kleineren Anteil in Asien.« Insbesondere Irland und Gibraltar seien »ein gesuchter Standort«.[6] Die *FAS* fragt weiter: »Es heißt, Ihr Gewinn hängt von Online-Casinos ab, weil Sie von denen hohe Gebühren verlangen können. Ist das nicht riskant?« Braun antwortet darauf: »Konkret setzt sich das Abwicklungsvolumen unserer Händler aus folgenden Branchen zusammen: etwa 45 Prozent Konsumgüter, etwa 35 Prozent digitale Güter (rund 20 bis 25 Prozent Online-Spiele, 10 Prozent Online-Dating, 5 Prozent Videospiele) und etwa 20 Prozent Reise.« Selbst wenn diese Zahlen stimmen, ist damit noch nicht gesagt, mit wem Wirecard sein Geld verdient. Doch laut Braun sind »die Margen in den verschiedenen Branchen gleich« – eine glatte Lüge, wie Insider heute berichten.

Die Kreditkartennetzwerke Visa und Mastercard belegen Wirecard seinerzeit mit Vertragsstrafen für die umdeklarierten Geschäfte. Wirecard zahlt eine zweistellige Millionensumme. Das ist damals viel Geld für Wirecard, der Gewinn liegt 2009 bei 60 Millionen Euro. Noch problematischer: Die zentrale Geschäftsbeziehung zu den Kreditkartennetzwerken war in Gefahr, wie Brandbriefe von Visa und Mastercard zeigen. Ohne den Anschluss an ihre Netzwerke wäre Wirecards Geschichte damals schon vorbei gewesen. Doch die Öffentlichkeit erfährt vom Ausmaß der Probleme nichts. Braun spielt sie auf der Bilanzpressekonferenz 2010 herunter. Und Wirecard findet ein neues Vehikel, mit dem sich die schmutzigen Geschäfte noch besser verbergen lassen.

### Erfolgsgeheimnis Drittpartner

Die Auslandstöchter sind der eine Teil des Wirecard-Erfolgsgeheimnisses. Der andere sind die ausländischen Partner. Ohne diese sogenannten Drittpartner, auch »Third-Party Acquirer« (TPAs) genannt, ist die Wirecard-Story nicht zu verstehen. Ihre wahre Bedeutung hatte der Konzern lange geheim gehalten. Recherchen zeigen nun, wie sich die Gestaltung des Drittpartnernetzwerks seit den Nullerjahren entwickelt hat.

Den ersten Partner hatte Wirecard in Dubai gefunden, dem Standort seiner ersten Auslandsgesellschaft. 2009 gründet der Konzern seinen für die weitere Geschichte wichtigsten Ableger in Singapur, von wo aus der asiatisch-pazifische Raum betreut werden soll. Und auch hier findet sich ein wichtiger Drittpartner.

Offiziell gilt: In Regionen, in denen Wirecard über eigene Lizenzen verfügt, etwa in Europa, ist der Konzern nicht auf Drittpartner angewiesen. Einzelhändler und Online-Shops sind dort direkt an das »Wirecard Gateway« angebunden, eine IT-Plattform, über die die Umsätze verbucht werden und das Geld vom Kunden zum Verkäufer geleitet wird. Hierfür werden die nötigen Zahlungsdaten zwischen der Hausbank des Kunden und der Geschäftsbank des Händlers ausgetauscht. Für diesen Service bezahlen die Händler Gebühren an Wirecard.

In Regionen, in denen Wirecard nicht über eigene Lizenzen verfügt, kommen Drittpartner ins Spiel, die zwischen die Einzelhändler und die Wirecard-Plattform geschaltet sind. Ihr Einsatz ist in der Payment-Branche nicht ungewöhnlich: Wirecards niederländischer Konkurrent Adyen setzt in Asien, Afrika und Lateinamerika, wo er nicht über eigene Lizenzen verfügt, ebenfalls auf solche Partner. Nur ist Wirecard auf dem Papier viermal so profitabel wie Adyen. Wie generiert der Konzern aus Aschheim seine Traum-Marge? Viele Mitarbeiter glauben, die Quelle zu kennen: Es sind die ungewöhnlichen Zwecke, für die Wirecard seine Drittpartner zusätzlich in Anspruch nimmt.[7]

Wie Insider berichten, dient das Drittpartnergeschäft zunächst vor allem zur Verschleierung problematischer Zahlungsströme. »Das ganze Geschäft wurde vom Vorstand sehr autark aufgesetzt«, sagt ein hochrangiger Manager. »Manche Geschäfte sollten nicht mit Wirecard in Verbindung gebracht werden.« Dazu zählen etwa die Bereiche Online-Casinos, Trading- und Pornoseiten inklusive ihrer im Grau- bis Schwarzbereich agierenden Pendants, ergänzt ein anderer Manager.

Aufgebaut wird das Geschäft von Asienvorstand Jan Marsalek. »Im Konzern waren alle froh, dass sich Marsalek um die schmutzigen Geschäfte kümmert. Man wusste, sie waren hochprofitabel, aber man wollte nichts damit zu tun haben«, berichtet ein Insider. Das Vorgehen ist dabei immer gleich. Die dubiosen Online-Plattformen und -händler werden Drittpartnern zugeteilt: Al Alam in Dubai, Senjo in Singapur, PayEasy auf den Philippinen und andere Partner halten von da an den Kontakt zu den Hochrisikokunden und leiten die Zahlungsdaten gefiltert an Wirecards Systeme weiter. Eine detaillierte Verfolgung einzelner Zahlungen ist so nur noch bedingt möglich. Auch die Gebühren zahlen die Händler nicht mehr direkt an Wirecard, sondern an die Drittpartner. Diese wiederum zahlen Provisionen an den Konzern aus Aschheim. Das Reputations- und Ausfallrisiko der schmutzigen Geschäfte ist so aus Sicht des Managements beherrschbar geworden. Mithilfe der Drittpartner expandiert der Konzern ab 2010 vor allem in Asien und wächst durch die Übernahme lokaler Anbieter rasant.

### Fatale Wachstumsgier

Die verhängnisvolle Jagd nach Größe: Sie ist spätestens seit dem Börsengang eröffnet, und Markus Braun agiert als ihr unnachgiebiger Treiber. Da weltweit immer noch mehr als 80 Prozent der Einkäufe in bar bezahlt werden, bestünden unglaubliche Wachstumschancen, fantasiert er bereits früh nach seinem Antritt als CEO. Weitere Einnahmequellen sieht er in zusätzlichen Dienstleistungen für Händler, wie etwa Versicherungen, Kreditvergabe und Datenauswertung. 2008 betont er in einem *FAS*-Interview, das operative Geschäft entwickele sich »hervorragend«: »Übrigens hat Wirecard in drei Jahren Börsengeschichte nicht einmal seine Ziele verfehlt«, hebt der CEO hervor. Rückschläge gibt es offiziell keine mehr. »Was honoriert der Markt heute? Wachstum. Das ist der entscheidende Punkt«, sagt Braun. Intern gibt er die jährliche Vorgabe von mindestens 30 Prozent aus: 30 Prozent mehr Transaktionsvolumen, mehr Umsatz, mehr Gewinn.

Doch die Konkurrenz ist hart: Die Margen in der Zahlungsabwicklung sind gering und Gewinne können nur über große Volumen erwirtschaftet werden. Es gewinnt, wer am schnellsten wächst. Unter Brauns Leitung wird Wirecard zum Wachstumskönig – mit Porno- und Glücksspielkunden, aber auch mit Tausenden kleinen Online-Shops, Einzelhändlern in der Fußgängerzone und Großkunden wie Aldi, die an Wirecard angebunden werden. Dazu kommen Innovationen wie biometrische Terminals, bei denen per Gesichtserkennung bezahlt werden soll, und volldigitalisierte Supermärkte, in denen Kameras den Einkauf verbuchen. Brauns Lieblingsbeispiel bei Vorträgen ist die teure Handtasche, die auf einer Urlaubsreise erworben wird, sogleich finanziert und versichert werden kann und von deren Kauf dann andere Händler erfahren, damit sie die Vorlieben des Kunden kennen.

Seine Fans, darunter viele Privatanleger, begeistert Braun mit seinen Visionen. Dem spröden Österreicher gelingt es, ein bisschen vom Geist des Silicon Valley nach Deutschland zu holen. Immer geht es bei Wirecard ums große Ganze, um Daten, Künstliche Intelligenz, das Internet der Dinge und die Welt von morgen. Und wie die US-Tech-Genies, die er sich zum Vorbild nimmt, hat auch Braun eine dunkle Seite: Langjährige Weggefährten schreiben ihm einen »autistischen Zug« zu, Mitarbeiter erleben ihn als unnahbar. In der Wirecard-Zentrale ist er nur montags bis donnerstags. Seine Frau hat er im Konzern kennengelernt, doch sie werden nur selten zusammen gesehen. Braun pendelt zwischen München und Wien, Kitzbühel und Saint-Tropez, wo er stattliche Anwesen besitzt und diverse Kontakte.

Als Dienstwagen lässt sich Braun im Maybach chauffieren. Der CEO fliegt ungern, unter den vielen Leuten im Linienflieger fühlt er sich unwohl. Wenn, dann nimmt er den Privatjet. Mit schwarzem Sakko und schwarzem Rollkragenpullover geriert sich Braun als eine Art deutscher Steve Jobs. Doch während der Apple-Gründer in seinen Sternstunden sympathisch wirkt, etwa bei der Vorstellung neuer Produkte, bevorzugt Braun eine distanzierte technokratische Sprache. Sein Menschenbild ist libertär: Jeder ist selbst seines Glückes Schmied. Angeblich weint er vor Rührung in der Oper, wie seine Berater Journalisten auf Nachfrage erzählen. Wer Braun einmal getroffen hat, zweifelt an dieser Geschichte. »Ehrliche Herzlichkeit habe ich von ihm nie erlebt. Er ist absolut gefühlskalt«, sagt ein Angestellter. Geburtstage von engen Mitarbeitern habe er meist vergessen, Geschenke gab es nie. Auf die Frage, wie es ihm gehe, habe Braun immer mit einem Wort geantwortet: »Hervorragend!« Der vermeintliche Erfolg von Wirecard: Er war der ganze Stolz des über die Jahre immer launischer auftretenden Konzernchefs.

Ist der ehemalige Wirecard-Chef Opfer dunkler Mächte geworden, wie er kurz vor seinem Rücktritt behauptet hatte? Insider halten es für praktisch ausgeschlossen, dass er von den vielen dubiosen Geschäften in den knapp zwei Jahrzehnten an der Spitze nichts mitbekommen hat. Vertraute spekulieren, dass sogar seine Aktienkäufe kurz vor dem Crash »ein letztes Täuschungsmanöver« gewesen sein könnten. Aber dazu später mehr.

»Ich kenne niemanden, der über einen so langen Zeitraum ein so lineares Wachstum gezeigt hat wie Wirecard«, sagt ein ehemaliger Vorstand des Unternehmens. Er meint das nicht als Kompliment. Niemand habe die ständigen Anstiege bei Umsatz und Ergebnis erklären können. Je größer Wirecard wird, desto rastloser wird Braun. Ein langjähriger Mitarbeiter erinnert sich: »Er hat immer an neuen Ideen gesponnen, Leute angerufen, gesagt: ›Wir könnten doch noch Versicherungen anbieten, dies und das, macht euch Gedanken!‹ Dann hat er aufgelegt – und nach zehn Minuten wieder angerufen: ›Na, habt ihr schon ein Ergebnis?‹«

Solch unbändiger Vorwärtsdrang ist ein Kennzeichen vieler Unternehmer. Mitarbeitern allerdings fällt bei Braun ein Widerspruch zwischen Anspruch und Wirklichkeit auf. Während er Wirecard nach außen als hochinnovatives Unternehmen darstellt, basiert das zentrale IT-System der Wirecard Bank etwa bis zum Schluss auf einer jahrzehntealten Lösung des früheren Volksbankendienstleisters GAD. »Fürs Tagesgeschäft war er schon lange nicht mehr relevant«, sagt ein Topmanager über Braun. Schon in den Nullerjahren habe der Chef einzelnen Abteilungen viel zu viel Freiraum gelassen. »Die Vertriebsseite hat zu Kundenfragen nie Nein gesagt. Die ganzen Sonderwünsche haben die Programmierer völlig überfordert.« Wie seine Ideen technisch umgesetzt werden sollten, habe Braun eigentlich nie gekümmert.

Der promovierte Wirtschaftsinformatiker zeigt in seinem Managementstil eine seltsame Unwucht: Operatives Geschäft, Technologie und Produktentwicklung interessieren ihn kaum. Geradezu obsessiv kümmert er sich stattdessen ums Finanzielle und um die Außendarstellung. Ein Mitarbeiter: »Regelmäßig rief Braun durchs Vorzimmer, Stephan E. solle kommen. 30 Sekunden später stürmte der Chefbuchhalter mit aufgeklapptem Laptop in sein Büro. Dann haben sie sich stundenlang zurückgezogen und sind die Zahlen durchgegangen.« E. sitzt heute ebenfalls in Untersuchungshaft.

Ein Insider über Braun: »Wir haben immer gesagt, der hört, wenn in der Firma ein Bleistift runterfällt.« Ähnlich detailverliebt sei er bei der Imagepflege gewesen. »Pressemeldungen waren ihm wahnsinnig wichtig«, berichtet ein ehemals hochrangiger Angestellter. »Selbst bei kleinsten positiven Nachrichten hakte er nach: Ist schon eine Pressemitteilung fertig?« Er habe diese Meldungen selbst dann veröffentlichen wollen, wenn etwa neue Geschäftspartner mit den geschlossenen Verträgen eigentlich gar nicht an die Öffentlichkeit wollten. Ein Ex-Vorstand sagt: »Im Grunde war alles darauf ausgerichtet, eine Story für die Kapitalmärkte zu produzieren.«

Dass bei seinem Konzern vieles im Argen liegt, sogar in den Jahren, als die Bilanz im Groben noch stimmte, muss Braun früh klar gewesen sein. Denn es gibt noch einen weiteren Grund, warum Wirecard den Einbruch des Glücksspielmarkts Ende der Nullerjahre kompensieren kann: Wirecard hat im zweiten Jahrzehnt seines Bestehens etliche höchst profitable Trading-Portale im Kundenportfolio, und viele von ihnen sind eindeutig betrügerisch. Denn während die Nutzer bei den umstrittenen Porno- und Glücksspielseiten für ihr Geld zumindest etwas Spaß bekommen, können sie im Fall der Trading-Portale nur verlieren. Braun weiß von ihrer Bedeutung für Wirecard, doch spielt er sie immer wieder herunter.

## In den Fängen der Cybermafia

Aufgedeckt hat die dubiosen Geschäfte die Wiener Anlegerschutzorganisation »European Funds Recovery Initiative« (EFRI), die den Zahlungsdienstleister aus Aschheim früh ins Visier nimmt. EFRI vertritt nach eigenen Angaben mit Anwälten aus mehreren Ländern gut 780 Opfer betrügerischer Trading-Portale. EFRI stellt schließlich Anfang 2020 eine Strafanzeige wegen Geldwäsche gegen Wirecard, die zur Durchsuchung durch die Staatsanwaltschaft führt – allerdings erst nach der Insolvenz.

Akribisch haben die Anlegerschützer darin das Treiben des Konzerns aufgearbeitet. Dieser habe »Finanztransfers in Zusammenhang mit mutmaßlich betrügerischen Online-Trading-Webseiten sowie für illegale Online-Gambling-Webseiten in beträchtlichem Ausmaß« abgewickelt, und das »seit vielen Jahren ungehindert und ungestraft«.[8] Den Schaden ihrer Mandanten bezifferte EFRI auf mehr als 28 Millionen Euro. Der Markt für betrügerische Trading-Portale ist jedoch noch sehr viel größer. Eine zentrale Rolle spielt laut EFRI »die in Deutschland mit einer Bankkonzession ausgestattete Wirecard Bank AG«. Diese habe »den mutmaßlichen Betrug an Tausenden europäischen Kleinanlegern« ermöglicht.

»Wir haben den Verdacht auf Geldwäsche gegenüber der Bundesanstalt für Finanzdienstleistungsaufsicht, der Staatsanwaltschaft München und der Europäischen Zentralbank angezeigt«, erklärt EFRI-Mitgründerin Elfriede Sixt. »Der seit Jahren andauernde Betrug wird von europäischen Finanzdienstleistungsunternehmen ermöglicht. Deutsche Banken wie Wirecard dienen vermehrt als Kapitalsammelstellen oder Zahlungsabwickler. Nur wenn sie zur Verantwortung gezogen werden, kann diese Art von Internetkriminalität beendet werden.«

Die Anzeige aus Wien listet zahlreiche problematische Geschäftsbeziehungen auf. Wirecard hat »Betreibern von mutmaßlich betrügerischen Online-Trading-Seiten« Bankkonten zur Verfügung gestellt. Über diese konnten die Anbieter Gelder entgegennehmen und weiterleiten. Auch hat Wirecard es unlizenzierten oder betrügerischen Portalen ermöglicht, »Kreditkartenzahlungen entgegenzunehmen und somit Vermögenswerte aus illegalen Quellen in den legalen Wirtschaftskreislauf« einzuschleusen.

Die Geschäfte laufen schon lange. Öffentlich bekannt wurde das internationale Betrugsnetzwerk mit Trading-Portalen im Februar

2019, als das österreichische Innenministerium über die Erfolge europäischer Ermittler informierte. Der genaue Schaden ist bislang ungeklärt: Staatsanwälte schätzen ihn heute auf über 100 Millionen Euro pro Monat, bis zu 200 000 Deutsche könnten Opfer geworden sein – Opfer wie Peter Ahler, der 61-jährige Berliner.

Die Portale firmieren unter wechselnden Namen, zu den bekanntesten zählen Banc De Binary, 24option, Option888, HandelFX, XTraderFX und weitere. Offiziell verkaufen sie Finanzprodukte wie Aktien, Devisen und Kryptowährungen, versprechen hohe Renditen. Die Staatsanwaltschaft Saarbrücken ermittelt unter anderem gegen die Hintermänner von Option888, andere Verfahren liegen bei der bayerischen Zentralstelle für Cybercrime in Bamberg, in Koblenz und in Köln. Einige der Hintermänner sitzen bereits in Untersuchungshaft, andere machen weiter.

»Der Wirecard-Konzern war in vielfältiger Weise für diverse Plattformen tätig – und sicher auch durch die deutsche Banklizenz ein bevorzugter Partner«, erklärt Sixt. Zu den mutmaßlich betrügerischen Finanzportalen, für die Wirecard zwischen 2012 und 2019 Konten bereitstellte, zählen Banc De Binary, Option888, HandelFX und 24option. Kreditkartenzahlungen hat der Konzern für die Seiten Algotechs, Bealgo, Any-Option und EZ Invest abgewickelt. Unverständlich ist aus heutiger Sicht, warum dem Treiben nicht früher nachgegangen wurde – denn die Spur des Geldes ist schon lange offensichtlich: EFRI sammelte Überweisungsbelege, Angaben auf den Webseiten der Portale sowie Kontoführungsunterlagen der Wirecard Bank.

Als das *Handelsblatt* 2019 und 2020 über die seit vielen Jahren laufenden Geschäfte berichtet, reagiert der Konzern scharf. »Wirecard unterstützt in keiner Weise unlizenzierte Online-Trading- oder Gambling-Seiten. Wirecard lässt in diesen Bereichen ausschließlich Unternehmen mit gültiger, staatlicher Lizenz auf ihrer Plattform zu. Zudem führt die Wirecard Bank AG bei Annahme solcher Kunden eine Hintergrundrecherche durch mit dem Ziel, unseriöse Trading-Plattformen zu identifizieren und von der Annahme auszuschließen«, heißt es aus Aschheim. Heute ist klar: Auch dies ist eine Lüge.

Die mutmaßlichen Betrüger gingen geschickt vor, sagt Sixt: »Offiziell boten die Online-Trading-Plattformen Wertpapierdienstleistungen für Kleinanleger an.« Nur ein Teil hätte jedoch über eine EU-Lizenz aus Malta oder Zypern verfügt – und praktisch alle Anbieter hatte unlautere Absichten. »Es handelt sich bei 99 Prozent der Online-Trading-Webseiten um reine Betrugsorganisationen«, sagt Sixt. Die Wirtschaftsprüferin und frühere Ernst-&-Young-Partnerin beobachtet seit Jahren die wachsende Finanzkriminalität im Netz.

Thomas Mohrmann* ist ein weiteres Opfer. Der Unternehmer aus Franken hat einen Großteil seines Firmenvermögens an das Portal HandelFX verloren. Über Monate hatte ihn ein vermeintlicher Börsenhändler bearbeitet. Am Ende überweist Mohrmann in mehreren Tranchen 2,4 Millionen Euro, angeblich für Aktien und Devisenpapiere. Das Geld ist weg, seine Firma steht vor dem Ruin. Wie viele Betrugsopfer kann er es nicht fassen, dass er auf die Betrüger hereinfiel: »Ich bin eigentlich ein misstrauischer Mensch.« Doch das Finanzportal sah seriös aus. Und dessen Bank signalisierte Sicherheit: die deutsche Wirecard. »Hätte ich mein Geld nach Portugal oder Zypern schicken sollen, wäre ich nie eingestiegen«, sagt er.

Die Verantwortung von Wirecard ist eigentlich klar: »Banken und Zahlungsdienstleister müssen geeignete Monitoring-Systeme vorhalten, um auffällige Transaktionen auf Geldwäsche und Terrorismusfinanzierung zu identifizieren«, erklärt die Finanzdienstleistungsaufsicht Bafin. Ergäben sich Verdachtsmomente, seien sie verpflichtet, diese an die Geldwäsche-Zentralstelle FIU zu melden und die Transaktionen im Zweifel zu stoppen.

Passiert ist das bei Wirecard oft nicht: »Das gehäufte Auftreten von Wirecard in all diesen Betrugsfällen ist unseres Erachtens nach ein starkes Indiz dafür, dass die gesetzlich wie auch regulatorisch erforderlichen Risikomanagementsysteme beziehungsweise Fraud-Detection-Systeme entweder nicht vorhanden sind oder nicht ordnungsgemäß angewandt werden«, stellt EFRI fest.

---

* Name geändert

EFRI hat neun Wirecard-Konten ermittelt, die für illegale Geschäfte genutzt wurden. Weitere Transaktionen wurden per Kreditkarte abgewickelt, was schwerer zurückzuverfolgen ist. Wirecard war gewarnt: Betrugswarnungen gibt es im Internet zuhauf, zahlreiche Portale stehen im Fokus der Behörden. 2013, 2016 und 2019 warnen Aufsichtsbehörden in Kanada, Frankreich und Italien vor 24option. Das dahinterstehende zypriotische Unternehmen wird jedoch weiter von Wirecard als Kunde geführt. Im Oktober 2019 warnt die österreichische Finanzmarktaufsicht vor dem Portal HandelFX. Zahlungen über das Wirecard-Konto einer verbundenen Firma fließen dennoch weiter. Erst mit dem Untergang des Konzerns endet das Geschäft – und erst seitdem gehen die deutschen Strafverfolger konsequent gegen den Geldwaschsalon Wirecard vor.

In der Öffentlichkeit stellte Markus Braun seinen Konzern stets in ein vollkommen anderes Licht. In der Frühphase hätten Porno- und Glücksspielanbieter rund 90 Prozent der Geschäfte ausgemacht, am Ende sei ihr Anteil auf unter zehn Prozent gesunken, erklärte Braun 2019 in einem *Handelsblatt*-Interview. Doch selbst diese – höchstwahrscheinlich falschen – Zahlen deuten auf ein bis zuletzt hohes Engagement im Hochrisikobereich hin, wie ein einfaches Rechenbeispiel zeigt: 2008 wickelte Wirecard Transaktionen in Höhe von insgesamt 8,4 Milliarden Euro ab. Der Porno- und Glücksspielanteil von 90 Prozent belief sich also auf 7,5 Milliarden Euro. In den ersten neun Monaten 2019 betrug das gesamte ausgewiesene Transaktionsvolumen 124,2 Milliarden Euro – damit ergibt sich ein Zehn-Prozent-Anteil von 12,4 Milliarden Euro.

Das real abgewickelte Volumen der Hochrisikokunden ist demnach in den 2010er-Jahren selbst nach Brauns Rechnung gestiegen, nicht gesunken – trotz des starken Ausbaus anderer Geschäftsfelder. Und da die inzwischen werbefinanzierte Online-Pornobranche laut Insidern am Ende keine große Rolle mehr spielte, waren die Glücksspiel- und Trading-Seiten in den 2010er-Jahren für Wirecard wichtiger denn je.

Extern schauten jedoch die meisten Beobachter weg – mit einigen wenigen Ausnahmen. Volker Brühl, Geschäftsführer des Center for Financial Studies der Frankfurter Goethe-Universität, sagte öffentlich: »Hier geht es nicht um moralische Fragen. Jeder Zahlungsdienstleister ist verpflichtet zu überprüfen, mit wem er Geschäfte macht«, insbesondere bei illegalen Plattformen. »Es fehlt an einer detaillierten Aufschlüsselung von Umsatz und Ergebnis auf Segmente und Kundengruppen. Vor allem stellt sich die Frage, wie hoch der Anteil von Risikokunden am Gesamtergebnis ist«, mahnte er 2019.

Nach der Insolvenz lässt sich der Anteil der Hochrisikobereiche am Geschäft nun erstmals valide beziffern: Wie interne Transaktionsübersichten zeigen, war er noch einmal sehr viel höher als von Braun behauptet. Wirecard ist demnach selbst in seinen augenscheinlich besten Jahren nicht von den Problemkunden weggekommen. Die dubiosen Geschäfte, die früh aufgefallen sind, hätten Beobachtern ein deutliches Warnsignal sein können – wenn genauer hingeschaut worden wäre.

## 2.3 Bruch im System – Betrug als Geschäftsmodell

Jan Marsalek ist nervös. Er trifft praktisch nie Journalisten, hält sich lieber im Hintergrund. Der laut Pass 1,80 Meter große Manager wirkt real etwas kleiner und wartet am Beginn der Freitreppe zur Lobby. Es ist ein kalter Wintertag, doch auf Schal und Handschuhe verzichtet Marsalek. Dafür trägt er einen gut geschnittenen dunklen Anzug, einen taillierten Mantel und die Haare wie immer raspelkurz geschoren.

Sein Gesprächspartner ist der Autor dieses Buches, das Datum des Treffens: ein Februartag 2020, vier Monate vor dem Untergang. Eigentlich soll es nur ein Kaffeetermin werden im Münchner Luxushotel Bayerischer Hof. Doch am Ende geht das Gespräch bis spät in den Abend. Marsalek hat viel zu erzählen.

In angenehmem Wienerisch erklärt er seine Herkunft und seine Sicht aufs Geschäft. Marsalek kommt aus kleinbürgerlichen Verhältnissen. Er wird am 15. März 1980 in Wien geboren, die Familie seines Vaters stammt aus Tschechien. Das Verhältnis zu den Eltern ist nicht das beste: Wenn Marsalek in Wien zu Besuch ist, wohnt er im Hotel. Auf die Frage, ob er sich »Marsalek« oder »Marschaalek« ausspricht, antwortet er: »Ganz wie Sie möchten.« Einer Mitarbeiterin schreibt er noch am selben Abend: »Traue keinem Journalisten!«

In der Nähe von Wien besucht Marsalek das Gymnasium, schmeißt fünf Monate vor der Matura hin. Er hat kein Abitur, wie er eingesteht – es ist ihm selbst jetzt, 20 Jahre später als scheinbar erfolgreicher Dax-Vorstand, peinlich. Marsalek beschreibt sich im Gespräch als aufmüpfig, er habe lieber programmiert und für Tech-Start-ups gearbeitet als Schulstoff gepaukt. Einen Führerschein macht er nicht. Die Nächte arbeitet er durch, ernährt sich von Pizza. Dann kommt Wirecard.

Wenig in Marsaleks Lebenslauf sprach für eine kriminelle Karriere. An Vorbildern mangelte es in der Familie nicht. Sein Vater war Geschäftsführer, sein Großvater Gesetzeshüter. Marsalek ist stolz darauf, dass seine Familie auf der richtigen Seite gestanden hätte – damals, als es darauf ankam. Unter den Nazis flüchtete Großvater Hans Marsalek vor der Einberufung zur Wehrmacht nach Prag, schloss sich dem kommunistischen Widerstand an. 1941 verhaftete ihn die Gestapo, steckte Marsalek ins Konzentrationslager Mauthausen. Er überlebte, wurde später Ehrenvorsitzender des Bundesverbands österreichischer AntifaschistInnen – und Polizist.

Auf seinen Enkel färbte das nicht ab. Gescheit war der junge Marsalek durchaus, mit einer besonderen Begabung fürs Programmieren. Aber er war eben auch »präpotent«, sagt seine Mutter bei einem Telefonat nach dem Untergang. In Österreich ist damit gemeint: »aufdringlich, frech und überheblich«. Nach seinem Auszug hörte die Familie nichts mehr von ihm – nur von seinen Gläubigern.

Marsalek gab mehr Geld aus, als er hatte. Als Rechnungsadresse nannte er dabei sein elterliches Zuhause – sodass dort regelmäßig Mahnungen eintrafen. Sie distanziere sich »millionenfach von seinen Machenschaften«, sagt die Mutter. Sie habe Marsalek seit Jahren nicht gesehen. Es sei nicht schön, so einen Sohn zu haben.

Im Jahr 2000 begann Marsalek seine Karriere bei Wirecard. Zehn Jahre später, mit 30, ist er dort Vorstand und verantwortlich für das operative Geschäft. Bis zu seinem Rücktritt im Juni 2020 ist er zwei Dekaden im Konzern, länger als Vorstandschef Markus Braun, wie er gern betont. Nein, er würde sich nicht als Freund »vom Markus« bezeichnen, sagt er im Bayerischen Hof. Privat seien sie »vor Jahren« das letzte Mal aus gewesen. Der Vorstandsvorsitzende und seine rechte Hand: Geschäftlich sind sie fast zwei Jahrzehnte Partner, aber Braun lässt Marsalek regelmäßig spüren, wer der Chef ist.

Privat genießt er seinen Aufstieg: Der junge Vorstand gibt das Geld aus, als könne er es selbst drucken. Im Münchner Nachtklub »P1« feiert er mit den Söhnen des libyschen Diktators Muammar al-Gaddafi, zahlt mit einer Kreditkarte aus echtem Gold. Marsalek ist Stammgast im »Tantris«: In Münchens teuerstem Restaurant zahlt er pro Abend Tausende von Euro allein für Champagner. Auf der Münchner Maximilianstraße legt er 20 000 Euro als Anzahlung für einen Hermelinmantel auf den Tisch. Um ein russisches Grippemittel zu beschaffen, schickt er einen Mitarbeiter per Privatjet nach Moskau.

Marsalek hat keine Kinder, dafür eine langjährige Freundin in München. Mit ihr speist er gern im Nobelrestaurant »Käfer«, das natürlich Wirecard-Kunde ist. In seiner Freizeit studiert er Militärtaktiken und probiert Drogen aus, die er im Darknet bestellt, wie ein Vertrauter erzählt. Seine Vorliebe: Substanzen, die ihn selbst in einer durchzechten Nacht nüchtern bleiben lassen – im Unterschied zu seinen Begleitern.

Als Leiter des operativen Geschäfts bei Wirecard sorgt er dafür, dass Brauns fantastische Visionen Wirklichkeit werden – zumindest auf dem Papier. Über alle Konjunktureinbrüche hinweg wächst Wirecard rund 30 Prozent pro Jahr. Und wenn es in Europa nicht gut läuft, ist Marsaleks Asienbereich zur Stelle, steigert Umsatz, Gewinn und Cashflow. Ein Manager berichtet, der halbe Konzern habe Angst vor Marsalek gehabt. Eine Kollegin beschreibt ihn als charmant. Ein anderer nennt ihn »das Phantom«, das man nie gesehen habe.

Seine betrügerischen Geschäfte verschweigt Marsalek im Bayerischen Hof selbstverständlich. Allerdings berichtet er offen von den Hochrisikokunden, die Wirecard unter seiner Ägide groß gemacht haben. Er behauptet: »Wir diskutieren alle sechs Monate, uns von Hochrisikobereichen zu trennen.« Das sei aber nicht so einfach. »Ohne manche Kunden, die seit 18 Jahren bei uns sind, weiß ich nicht, ob es uns noch gäbe«, erklärt er erstaunlich offenherzig. Diese Kunden nun einfach abzuschießen erschiene ihm als »machiavellistisch«.

Und: »Wenn Sie es durchrechnen, sehen Sie, dass ein Ersatz nicht so einfach ist.« Der Grund: Mit den Hochrisikokunden lassen sich deutlich höhere Margen erzielen. Offiziell betonte Marsalek: »Wir haben nie mit Absicht illegales Geschäft betrieben. 99 Prozent unserer Kunden sind sauber.« Auch das ist laut Insidern eine Lüge.

Marsalek wirkt undurchsichtig, nicht authentisch. Ihn als unsympathisch zu beschreiben, als unangenehm, wäre jedoch falsch. Der Vorstand tritt ausgesucht höflich auf, erklärt verständlich auch die Abgründe des Hochrisikogeschäfts, die neue Plattform, die »Elastic Engine«, an der man arbeite, und die Probleme im Asiengeschäft, die dem Konzern wenige Monate später das Genick brechen sollten.

Deutlich wird: Marsalek spiegelt sein Gegenüber, versucht, ihm das Gefühl zu vermitteln, auf derselben Ebene zu sein – vermutlich ganz gleich, ob es sich um einen Finanzjournalisten oder um russische Oligarchen handelt, mit denen der Vorstand gern verkehrt. Dieses Mimikri zeichnet Rechtspsychologen zufolge viele der bekannten Hochstapler der Kriminalgeschichte aus. Schlussendlich bleibt Marsalek trotz eines viele Stunden dauernden Austausches im Bayerischen Hof rätselhaft.


## Drei Warnzeichen

Es gibt viele Mysterien bei Wirecard. Eine zentrale Frage ist bis heute unbeantwortet: Wenn der Konzern mit seinen Hochrisikokunden gutes Geld verdient und mit seriösen Partnern wie dem Discounter Aldi, der Österreichischen Bundesbahn und dem Küchenartikelhersteller WMF auch nach außen glänzend dasteht: Warum genau kommt es dann ab 2015, wie die Staatsanwaltschaft vermutet, wahrscheinlich sogar schon früher, zum milliardenschweren Bilanzbetrug, der den Konzern in den Abgrund reißt?

Zwischen 2010 und 2018 steigen die Umsätze von 271 Millionen auf 2,0 Milliarden Euro, die Gewinne von 73 auf 560 Millionen Euro. Doch Brauns Gier nach Größe befriedigt das nicht: Intern gibt er mit seiner »Strategie 2025« das Ziel aus, im Jahr 2025 zwölf Milliarden Euro Umsatz und 3,8 Milliarden Euro Gewinn zu erwirtschaften.[9] Im Vorstand regt sich Kritik, schon allein, weil der Konzern mit der Übernahme mehrerer Kundenportfolien der US-Großbank Citi überfordert ist und das Hochrisikogeschäft zunehmend schwieriger wird. »Wirecard ist mit dem Zusammenbruch des US-Pokermarkts Geschäft weggebrochen. Gleichzeitig mussten sie auch noch 30 Prozent pro Jahr wachsen«, sagt Tobias Bosler. »Das konnte nicht gutgehen.« Bosler ist einer der ersten Kritiker des Konzerns – und Shortseller. Das sind Investoren, die auf den Absturz einer Aktie spekulieren. Wirecard baut sie als Feindbild auf. Doch oft sind Shortseller die ersten, die vor Problemen warnen.

Es gibt drei Warnzeichen, die zeigen, dass der Konzern spätestens im zweiten Jahrzehnt seines Bestehens auf eine abschüssige Bahn gerät: Die US-Aufseher schreiten ein, die Forderungen in der Bilanz steigen und die Schulden explodieren. Wie Wirecard diese Alarmsignale neutralisiert, ist ein Meisterstück eigener Art.

Dass die wilden Geschäfte mit Glücksspiel, Trading und Co. immer komplizierter werden, zeigt ein Vorgang aus dem Dezember 2015: Nachdem US-Beamte bei den Ermittlungen gegen die betrügerische Trading-Seite Banc De Binary um Amtshilfe geben haben, durchsucht die Staatsanwaltschaft München erstmals Wirecards Zentrale.[10] Auch die Finanzaufsicht Bafin schaut – im begrenzten Umfang – genauer hin. Der Konzern stößt damit immer öfter an die Grenzen seiner hochriskanten Geschäfte. Doch noch bleibt das der Presse und der Börse verborgen. Der Vorstand entscheidet sich dagegen, die Anleger über die Durchsuchung zu informieren.

Nicht verbergen lässt sich ein zweites Warnzeichen: Die Schulden des Konzerns explodieren, wie Hannes Leitner, Analyst bei der Schweizer Großbank UBS schon vor dem Absturz heraushebt: »Obwohl Wirecard Jahr für Jahr höhere Umsätze, Gewinne und Cashflows ausweist, steigt die Verschuldung rasant. Den Grund konnte mir der Vorstand nie wirklich erklären.« Zwischen 2010 und 2018 klettern die Gesamtverbindlichkeiten von 260 Millionen auf 3,9 Milliarden Euro. In sechs der neun Jahre steigen die Schulden stärker als die Umsätze, Wirecard agiert zunehmend auf Pump. Nach außen wiegelt der Vorstand ab: Ein Wachstumsunternehmen müsse Kredite aufnehmen, um Innovationen zu finanzieren. Und überhaupt: Man habe ein komfortables Finanzpolster und wirtschafte hoch erfolgreich.

Tatsächlich wachsen die Kenngrößen der Wirecard-Bilanz zwischen 2010 und 2015 Jahr für Jahr zweistellig. Aber auch eine andere Größe wächst: die der Forderungen an »Drittbanken« in Asien – Warnzeichen Nummer drei. Der Finanzjournalist Heinz-Roger Dohms deckt diese mithilfe des Analysten Thomas Borgwerth in einem nahezu prophetischen Artikel für das *Manager-Magazin* auf. Mit Bezug auf die Jahresbilanz 2015 schreibt Dohms vom »250-Millionen-Euro-Rätsel des Zahlungsdienstleisters«: »Irgendwo in der weit verzweigten Wirecard-Gruppe muss es (…) üppige Forderungen geben, die zwar laut Bilanz einen ›durchlaufenden Charakter‹ haben, denen aber keine entsprechenden Verbindlichkeiten gegenüberstanden.«[11]

Dohms fällt auf, dass Wirecards Umsatz und Gewinn mit den Forderungen zwar mit einer Ebenmäßigkeit wachsen, »als fahre das Unternehmen eine Skisprungschanze hinauf«, der Cash-Bestand, das real eingenommene Geld, damit aber nicht Schritt hält: »Dabei kann der Zufluss an Barmitteln mit der Entwicklung des Rohgewinns nicht mithalten. In 15 der 19 letzten ausgewiesenen Quartale blieb der operative Cashflow hinter dem Ebitda zurück. (…) Hat Wirecard womöglich Probleme, seinen üppigen Forderungsbestand in Cash zu verwandeln?«, fragt Dohms und nennt Wirecard folgerichtig eine »Blackbox«.

Wahrscheinlich ist aus heutiger Sicht, dass diese hohen Forderungsposten bereits fiktiv, also größtenteils erfunden waren: Der eigentliche Bilanzbetrug hätte damit schon weit vor 2015 begonnen. Wirecard kann die Widersprüche damals nicht aufklären, schafft es jedoch durch großen Druck unter anderem seiner Presseanwälte, der Kritik einiges an Schärfe zu nehmen und ihre Verbreitung zu behindern. Die »Blackbox« bleibt geschlossen.

## Die Herren über das Zahlenreich

Auch innerhalb des Konzerns gibt es immer wieder Kritik an Brauns bombastischen Wachstumszielen. Doch regelmäßig fügen sich die Skeptiker: Marsaleks Asienbereich liefert schließlich immer das nötige Wachstum, wenn die Zahlen in Europa schwächeln. Und dass die in Asien verbuchten Zahlen zu großen Teilen fiktiv sein könnten, daran glauben die Angestellten nicht. Schließlich buchen sie honorige Leute in die Bilanz ein: die Finanzvorstände der Wirecard.

Intern verantworten zwei Männer die verschachtelte Bilanz – und geben die gefälschten Zahlen frei, wissentlich oder unwissentlich. Der erste heißt Burkhard Ley. Zu seinen Schwerpunkten zählen die vielen ausländischen Übernahmen, die Wirecard tätigt. Der 60-Jährige saß in Untersuchungshaft, ist inzwischen wieder auf freiem Fuß, aber nicht aus dem Schneider. Es wird weiter gegen ihn ermittelt. Ley führte zwölf Jahre das Finanzressort, ehe er Ende 2017 ausschied. Zwischenzeitlich stand er sogar an der Spitze der Wirecard Bank. Nach seinem Abschied kehrt er als selbstständiger Berater in seine Heimatstadt Solingen zurück, ist aber weiter für Wirecard tätig.

Ley gilt über viele Jahre hinweg als der seriöse, konservative Gegenpart zum Visionär Braun und Geheimniskrämer Marsalek. Er trägt keine eng geschnittenen Anzüge, sondern bequemere Modelle. Das Bankgeschäft hat er von der Pike auf gelernt: Bei der Stadtsparkasse Solingen macht er eine klassische Bankausbildung. 1988 geht er zur Privatbank Sal. Oppenheim, die er 2000 als Direktor verlässt. Anschließend wird er Finanzvorstand des Münchner Medienunternehmens Kirch New Media. Als er 2006 zu Wirecard kommt, wird er schnell zum wichtigsten Ansprechpartner der Investoren. Finanzmarktakteure, die schon damals an Wirecard zweifeln, kann Ley nicht überzeugen. Der Deutschlandchef einer großen US-Bank, der früh eine Zusammenarbeit seines Hauses mit Wirecard unterbunden hat, nennt Ley einen »Blender«, der seinen Aufgaben nicht gewachsen gewesen sei. Er erinnert sich noch gut an ein längeres Gespräch mit dem Solinger: »Sein Wissen war begrenzt, ich konnte mir überhaupt nicht vorstellen, dass er Finanzvorstand eines Großkonzerns ist.« Doch von Wirecard überzeugte Investoren halten große Stücke auf Ley. Vielen, die Brauns technokratisches Gerede überfordert, halten sich an den seriösen Banker. 2016 gibt Ley dem Branchenmagazin *Finance* ein Interview. »Bei uns werden keine illegalen Geschäfte gemacht«, betont er. Wirecard habe ein Risikomanagement, das so etwas verhindere.[12] Was Ley verschweigt: Bei vielen fragwürdigen Deals ist er eng eingebunden, wie interne E-Mails zeigen.[13]

Zentral sind Leys Tätigkeiten beim Aufbau des Auslandsgeschäfts, das heute im Fokus der Staatsanwälte steht, und der vielleicht dubiosesten Transaktion der Wirecard-Geschichte: 2015 kauft der Konzern eine indische Firmengruppe um das Unternehmen Hermes i Tickets. Dafür überweist er über 320 Millionen Euro an den »Emerging Markets Investment Fund 1A«, kurz »EMIF« in der Steueroase Mauritius. Dieser hatte die Firmen erst Wochen vorher für einen Bruchteil der Summe, 35 Millionen Euro, übernommen. Das Geschäft mutet schon damals mehr als fragwürdig an. Bei Wirecard heißt es dazu stets, man wisse nicht, wer hinter dem Fonds stehe. Dass man die Hintermänner nicht ausreichend geprüft habe, sei »ein großes Versäumnis« gewesen, behauptet Marsalek im Bayerischen Hof. Auch Braun bedauert im Nachhinein öffentlich, dass man damals nicht näher nachgeforscht habe. Tatsächlich steht der dringende Verdacht im Raum, dass sich im Zuge der Übernahme führende Wirecard-Manager privat bereichert haben. Burkhard Ley weist dies auf Nachfrage zurück. »Mein Mandant hat sich dem Verfahren gestellt und tut dies weiterhin. Er weist gegen ihn gerichtete Vorwürfe zurück«, kommentierte sein Verteidiger.[14]

Ley wird für den Konzern auch nach seinem Ausscheiden Ende 2017 noch wichtig sein. Wirecard stellt ihn als Berater an, sichert ihm ein Jahresbrutto von 900 000 Euro zu, plus Dienstwagen und

Bonus. Ley behält ein Büro und eine persönliche Assistentin in der Zentrale. Er nimmt Gespräche im Kanzleramt wahr, hält den Kontakt zu wichtigen Politikern – und unterstützt bei der Übernahme des deutschen Waffenherstellers Heckler & Koch durch einen umstrittenen ausländischen Investor (siehe Kapitel 5.3).[15]

Sein Nachfolger als Finanzvorstand verdient deutlich weniger. Auch gegen ihn ermittelt die Staatsanwaltschaft, in Haft kommt er jedoch nicht. Der großgewachsene Berkeley-Absolvent Alexander von Knoop ist ein Wirecard-Eigengewächs. Bis zum Untergang ist der Mann mit dem aristokratischen Auftreten 15 Jahre beim Konzern. Braun schätzt ihn – wohl auch, weil er keine Ambitionen hegt, ihm seine Position streitig zu machen. Angefangen hatte von Knoop seine Karriere bei der Wirtschaftsprüfungsgesellschaft PwC als Berater. Im Anschluss war er knapp zehn Jahre interner Revisor bei Wirecard und vier Jahre Chef der Wirecard Bank. Dort arbeiten zwar nur rund 150 der etwa 5 000 Mitarbeiter, sie bildet aber das Herz der Gruppe. Übernommen hatte Wirecard die frühere XCom-Bank bereits Anfang 2006 und mit ihr jene Lizenzen, die eine Teilhabe am Visa- und Mastercard-Netzwerk möglich machen.

Als 2018 von Knoop zum Finanzvorstand im Konzern aufsteigt, ist er bemüht, Licht in die verschlossenen Bereiche der Wirecard-Bilanz zu bringen, zumindest wird das von einigen Wirecard-Managern so wahrgenommen. Andere beschreiben von Knoops Buchhaltung hingegen als »chaotisch«. Die Bilanz zu ordnen wird ihm jedenfalls nicht gelingen: Nach übereinstimmenden Berichten von Insidern erhält von Knoop zum heiklen Asiengeschäft bis zuletzt nur die aggregierten Zahlen von seinem Vorstandskollegen Marsalek und baut diese dann in die Bilanz ein.

## Genialer »Bilanzbetrug 2.0«

Beobachter zweifeln, dass die massiven Manipulationen an der Bilanz ohne Wissen oder zumindest Ahnung der Finanzvorstände geschahen. Wirecard stürzte, als sich angebliche Treuhandguthaben in

Höhe von 1,9 Milliarden Euro auf den Philippinen als Luftbuchung herausstellten. Die Geschichte, wie sich diese Summen überhaupt auftürmen konnten, führt uns zum Kern des Betrugssystems.

2015 werden die 250-Millionen-Euro-Forderungen aus der Jahresbilanz zum Problem. Nicht nur spießt sie später das *Manager-Magazin* auf: Auch der eigene Bilanzprüfer EY ist unglücklich. Seine Prüfer warnen, dass die sich immer weiter auftürmenden Forderungsposten zunehmend schwerer zu durchleuchten und zu belegen sind. Die Lösung, die Finanzvorstand Burkhard Ley und die EY-Prüfer ausbaldowern, geht so: Die Forderungen sollen im Cash umgewandelt werden, in Konzernvermögen. Das klingt nach betriebswirtschaftlicher Alchemie – tatsächlich ist es ein genialer Schachzug. Wirecard gelingt eine Art »Bilanzbetrug 2.0«.

Um den einzigartigen Kniff zu verstehen, hilft ein Blick in die Wirtschaftsgeschichte. Bilanzbetrug selbst ist nicht schwer anzustellen. Die Täter gründen zum Beispiel eine mit dem eigenen Konzern verbandelte Firma X. Dieser verkauft der Konzern angeblich Produkte und schreibt gefälschte Rechnungen. Diese Scheinumsätze und die daraus folgenden Gewinne schreibt sich der Konzern in die Bilanz – fertig sind die aufgeblähten Geschäftszahlen. Nun gibt es jedoch ein Problem: Bei Scheingeschäften fließt naturgemäß kein Geld. Die Firma X bezahlt den Konzern für seine angeblichen Produkte nicht, am Ende fehlt das angeblich verdiente Geld in der Kasse. Umsätze und Gewinne sind also leicht zu erfinden – die daraus resultierenden Einnahmen aber nicht.

Wirecard ist beileibe nicht das erste Unternehmen, das seine Bilanzen aufgebläht hat. Aber im Gegensatz zu anderen Betrügern gelang es dem Konzern aus Aschheim, nicht nur Umsätze und Gewinn zu erfinden, sondern auch Vermögen, Cash. Los geht vermutlich alles mit den aufgeblähten 250 Millionen Euro schweren Forderungen im Jahr 2015.

Hinter diesen verbergen sich nach offizieller Wirecard-Lesart Sicherheitseinlagen für das Asiengeschäft bei den Drittpartnern. Letztere legen Polster für den Fall an, dass Kunden massenhaft Zahlungen zurückbuchen lassen. Gleichzeitig schulden die Drittpartner

## Wirecards Geldströme

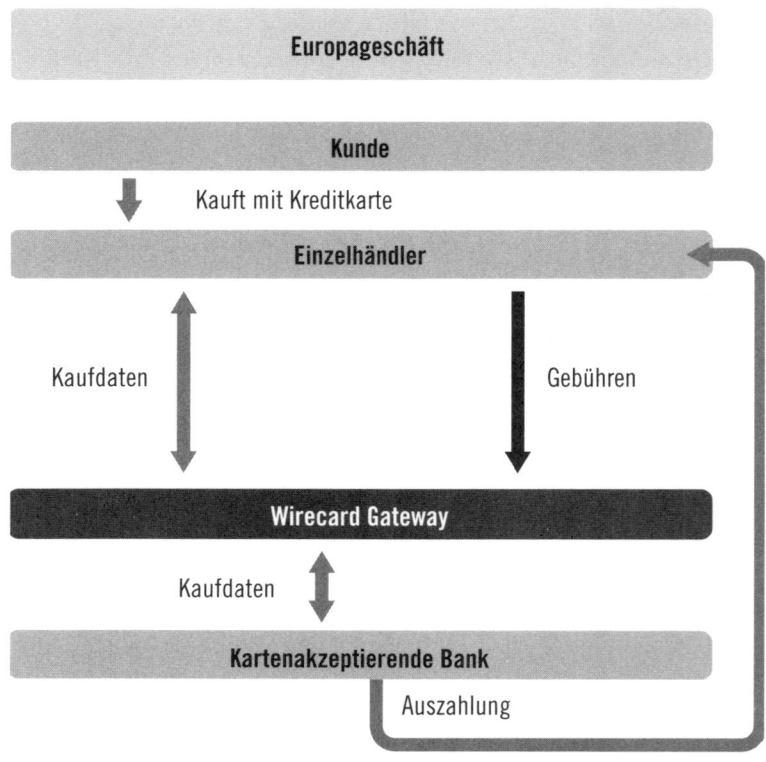

(Quelle: *Handelsblatt*)

Wirecard Provisionen. Die Idee der Bilanzexperten im Konzern und von EY ist simpel: Statt die Forderungen gegen die Drittpartner immer weiter anwachsen zu lassen, sollen diese die Sicherheitseinlagen doch einfach aus ihren Provisionszahlungen befüllen. Letztere gehören nominell ja Wirecard – und können in der Folge gleichzeitig als Sicherheiten für das Asiengeschäft dienen.

Verwaltet werden die Einlagen von Treuhändern im Auftrag Wirecards. Dadurch lassen sie sich als sogenannte »Cash-Äquivalente« dem Konzernvermögen zuordnen. EY hilft tatkräftig mit, indem es die Verbuchung der Treuhandeinlagen als Cash akzeptiert. Der

**Asiengeschäft**

**Kunde**

Kauft mit Kreditkarte

**Einzelhändler**

Kaufdaten | Gebühren

**Drittpartner**
Al Alam (Dubai)
PayEasy (Philippinen)
Senjo (Singapur)

Provision

**Treuhandkonto**
OCBC-Bank (Singapur)
BPI, BDO (Philippinen)*

**Angebliches Konzernvermögen**

Kaufdaten

**Wirecard Gateway**

Kaufdaten

**Kartenakzeptierende Bank**

Auszahlung

* Ab Dez. 2019

Coup ist damit perfekt: Aus Forderungen – einer unsicheren, höchst bewertungsabhängigen Bilanzgröße – wird Cash, also die eigentlich am schwersten zu manipulierende Kennzahl. Ein Tante-Emma-Laden kann den Bargeldbestand in seiner Kasse nicht fälschen. Doch falls Wirecard die Treuhänder in Asien in der Tasche hat, können diese gefälschte Bankbestätigungen ausstellen. Der Konzern kann damit Umsätze erfinden, Gewinne *und* Vermögen. Der »Bilanzbetrug 2.0« wird möglich.

Beim Erfolg dieses genialen Betrugs spielen drei Partner von Wirecard eine zentrale Rolle: Al Alam in Dubai, Senjo in Singapur und PayEasy auf den Philippinen. Aufgebaut wurde das Drittpartnergeschäft zunächst bekanntlich, um Transaktionen für Hochrisikokunden zu verschleiern. Irgendwann, laut Staatsanwaltschaft mindestens seit 2015, wird dann aus dem Verschleierungs- ein Betrugsmechanismus, nämlich als die Drittpartner beginnen, überhöhte Umsätze der angeschlossenen Händler auszuweisen.

Die fälligen Provisionen, die eigentlich an Wirecard hätten bezahlt werden müssen, fließen offiziell wie geplant auf Treuhandkonten in Singapur und später auf den Philippinen – auf welche die Konzernzentrale in Aschheim keinen unmittelbaren Zugriff hat. Mit dem angeblichen Boom des Asiengeschäfts wächst so auch das dort liegende vermeintliche Konzernvermögen. Im Ergebnis sind Umsätze, Gewinne und Cash-Bestände des Konzerns stetig gestiegen – und doch zu großen Teilen rein virtuell geblieben. Mit diesen gefälschten Gewinnen befeuert Wirecard seine Wachstumsstory – und organisiert gleichzeitig den bisher erfolgreichsten Bilanzbetrug des 21. Jahrhunderts.

Zuständig für die Bilanzfälschung sind mutmaßlich mehrere Stellen rund um den Globus. Eine zentrale Rolle spielt die Asienzentrale in Singapur und eine Dubai-Tochter von Wirecard in Verbindung mit den Drittpartnern.

Los geht es mit recht kleinen Beträgen, wie interne, von Whistleblowern an die britische Zeitung *Financial Times* weitergeleitete Wirecard-Tabellen zeigen: Demnach wurden am Jahresende 2015 auf dem Treuhandkonto für Al Alam 10 Millionen Euro und für Senjo 47 Millionen Euro ausgewiesen. Ende 2016 lag Al Alam bei 263 Millionen Euro, Senjo bei 84 Millionen Euro. Mitte 2017 waren es bei Al Alam dann schon 333 Millionen Euro, bei Senjo 104 Millionen Euro. Für Pay Easy ist noch kein Betrag aufgeführt.

Die interne Aufschlüsselung der Treuhandkonten in Asien zeigt ein exponentielles Wachstum: 57 Millionen Euro waren es Ende

2015 insgesamt, 347 Millionen Euro Ende 2016, 437 Millionen Euro Mitte 2017. Und das Wachstum geht weiter, wie ein vertraulicher Anhang zum Sonderprüfbericht zeigt: Ende 2018 liegt auf den Treuhandkonten in Singapur eine Milliarde Euro, Ende 2019 laut dem Bilanzprüfer EY dann auf den angeblich auf die Philippinen umgezogenen Konten schon 1,9 Milliarden Euro. 2020 stellt sich heraus, dass die Konten leer sind: Wirecard geht unter.

Wie konnte dies der Wirecard-Finanzabteilung entgehen? »Wenn ich ein Viertel meines Cash-Bestands bei einer anderen Bank hinterlege, dann kenne ich den Vornamen der Frau des Vorstands«, sagt ein Top-Banker einer deutschen Privatbank. Es sei »völlig unverständlich«, dass sich Finanzvorstand von Knoop bei den Treuhandkonten offenbar auf Saldenbestätigungen aus Marsaleks Zuständigkeitsbereich verlassen habe, statt darauf zu bestehen, unterjährige Transaktions- und Kostenaufstellungen einzusehen. »Ich kenne keinen Finanzvorstand, der akzeptiert, dass der operative Vorstand die Bilanzierung des eigenen Bereichs übernimmt. Entweder, der CFO war völlig unfähig. Oder er wusste mehr.«[16]

Klar ist: Hintergrundwissen aus den Tiefen des Konzerns hatte von Knoop zweifellos, was ihn aus Sicht der Ermittler auch verdächtig macht. Wer fast ein Jahrzehnt die internen Abläufe überprüft und anschließend den Finanzbereich leitet, in dem die Zahlungsströme zusammenkommen, der dürfte genaue Einblicke gewonnen haben. Vielleicht ist von Knoop schlicht unfähig, wie einige Beobachter vermuten. Doch Unwissenheit schützt bekanntlich vor Strafe nicht. Noch pikanter ist die Rolle seines Vorgängers Burkhard Ley, unter dessen Ägide das Treuhandkonstrukt erst aufgesetzt wurde. Die Ermittlungen laufen.

Viele Fragen stellen sich auch an den Bilanzprüfer EY (siehe Kapitel 4.2). Denn bis der Betrug schließlich auffliegt, wiegt der von den Wirtschaftsprüfern abgesegnete komfortable Cash-Bestand viele Beobachter in Sicherheit – Wirecard schreibt Börsengeschichte.

Anfang 2010 steht die Wirecard-Aktie bei rund zehn Euro. 2016 knackt der Konzernumsatz die Milliardengrenze. Im Sommer 2018

steigt die Aktie auf über 195 Euro. Wirecard erklimmt die Premiumliga der Börse, wirft die altehrwürdige Commerzbank aus dem Dax
und steht auf dem Zenit seines Erfolgs. Der Konzern ist mehr wert
als Commerzbank und Deutsche Bank zusammengenommen. Für
Fans ist Wirecard das Unternehmen, das Deutschland braucht: Die
alte Finanzwelt wird von einem neuen Digitalriesen abgelöst, der
Technik und Innovation beherrscht und es mit der US-Konkurrenz
aus dem Silicon Valley aufnehmen kann.

Viele Mitarbeiter und noch mehr Aktionäre glauben bis zuletzt
an Brauns Visionen und agieren als willige Hilfstruppen. Wirecard-
Fans jagen die Kritiker des Konzerns in Chatrooms, Börsenforen und
auf Twitter. Der Vorstandschef befeuert dies mit einem schier un-
endlichen Strom an Tweets, hinzu kommen Jubelmeldungen aus der
Presseabteilung. Als Wirecards Börsenwert bei 24 Milliarden Euro
liegt, dem Allzeithoch, sagt Braun 2018: »Wir haben sicherlich das
Potenzial, den Börsenwert in den kommenden Jahren auf mehr als
100 Milliarden Euro zu bringen.«[17]


**Verräterische Reports**


Die glänzende Fassade: nach außen hält sie fast bis zum Schluss.
Noch am 14. Februar 2020, vier Monate vor dem Untergang, verkündet Braun Zahlen, wie er sie liebt: Der Umsatz von Wirecard ist 2019
um 38 Prozent gestiegen. Der Gewinn klettert nach seinen Angaben
um 40 Prozent. Mag die Konkurrenz auch mit Gewinnmargen bei
ein paar Prozent herumkrebsen – bei seiner Wirecard AG sind es laut
Braun fast 30 Prozent. »Dies ist ein starkes Ergebnis auf unserem
Weg des profitablen Wachstums«, frohlockt Braun. »Es ist vor allem
ein sehr deutlicher Beleg für die nachhaltige Ertragsstärke unseres
Geschäftsmodells.« Dass diese Aussagen mit der Realität nichts zu
tun haben: Braun muss es wissen.

Auch intern wissen zahlreiche Angestellte von den eklatanten Ungereimtheiten in den offiziellen Zahlen. Mehr als ein Dutzend sogenannter Transaktionsübersichten der Payment- und Risikoabteilung

legen die reale Lage offen. Monatlich werden diese Berichte per E-Mail an gut 250 Mitarbeiter geschickt. Zeile um Zeile ist nachzulesen, dass das abgewickelte Transaktionsvolumen am Schluss nur halb so hoch liegt wie jenes, das von der Konzernführung offiziell ausgewiesen wird.

Unter den Mitwissern ist auch Produktvorständin Susanne Steidl.[18] Sie ist neben Braun, Marsalek und von Knoop die vierte Managerin im Wirecard-Vorstand. Wie von Knoop hat auch sie eine steile Karriere innerhalb des Konzerns hingelegt, wie Braun und Marsalek ist sie Österreicherin. Steidl studierte Betriebswirtschaftslehre und Psychologie im heimischen Innsbruck, im dänischen Aarhus und in Valparaiso in Chile, arbeitete auf den Philippinen mit sexuell missbrauchten Mädchen. Als begeisterte Skifahrerin ist ihr Wien zu weit entfernt von den Bergen, daher beginnt sie ihre Karriere in München bei der Beratungsgesellschaft Axxion. Diese entwickelt Optimierungssoftware für die Produktion und Logistik, wächst aber nicht schnell genug und wird daher zum Übernahmeziel. 2006 geht Steidl zu Wirecard und teilt sich in der alten Konzernzentrale in Grasbrunn bei München zunächst das Büro mit Marsalek.

Steidl kümmert sich vor allem um die Produktseite, speziell um die Abwicklung von Zahlungsvorgängen beim Kunden. Als 2018 der Wirecard-Vorstand von drei auf vier Personen erweitert wird, steigt sie in das Führungsgremium auf. Braun möchte eine Frau im Vorstand, lehnt externe Kandidaten ab. Ihr Fokus liegt seither unter anderem auf den USA. Für die dortige Wirecard-Tochter, die ab 2017 das Geschäft der Großbank Citi mit Prepaid-Kreditkarten übernimmt, fungiert sie als Managing Director. Das dortige Business gilt als profitabel, aber überschaubar.

Ihre große Stunde kommt, als Steidl als Vorständin zuständig wird für die gesamte Produktentwicklung und für eines der größten Wirecard-Projekte: der Integration eines Portfolios von 20 000 Händlern in Ostasien, das Wirecard ab 2017 ebenfalls von Citi übernimmt. Intern wird das Projekt »Aslan« getauft und sprengt bis zuletzt jeden Zeit- und Kostenrahmen. Nach außen gilt die zierliche Steidl als die sympathischste Wirecard-Managerin, wird gerne zu

Gesprächen mit Journalisten und Messekunden geschickt. Intern jedoch werfen ihr viele Mitarbeiter eine »Günstlingswirtschaft« vor und das Scheitern bei wesentlichen Zielen.

Steidl ist berüchtigt dafür, nur das zu sehen, was sie sehen möchte. Das Treiben des Asienbereichs von Marsalek etwa will sie nicht diskutieren. »Sie wusste, dass dort viele schmutzige Geschäfte laufen, und hat lieber nicht so genau hingeschaut«, sagt einer ihrer ehemaligen Manager. Für das Duo Braun-Marsalek an der Spitze bleibt Steidl harmlos. Dabei hätte sie eigentlich Grund für kritische Nachfragen: Sie ist verantwortlich für die Wirecard-Server und die Payment-Systeme in Aschheim, also für das technische Herz des Konzerns. Auf Basis der vertraulichen Transaktionsübersichten kann Steidl sehen, dass bei Wirecard etwas grundlegend schiefläuft.

Innerhalb des Konzerns ist das sogenannte »Payment & Risk Monthly Reporting« eine ebenso wichtige wie breit einsehbare Informationsbasis. Die Power-Point-Berichte, die immer zu Monatsbeginn erschienen, beinhalten eine zentrale Datensammlung für Transaktionszahlen und große IT-Projekte. Gut 250 Mitarbeiter, darunter viele Techniker, aber auch Manager wie Steidl, können diese echten Zahlen jederzeit mit den Jubelmeldungen vergleichen, die Braun an Investoren und Öffentlichkeit gibt.

Im »Monthly Reporting« referieren die Fachabteilungen über den Stand des Geschäfts. Die vielleicht wichtigste Übersicht ist mit »Transaction (TRX) Count And Euro Volume« überschrieben. Aufgeführt werden hier die zehn größten Händler (»Merchants«) von Wirecard, die ihnen zuzuordnende Transaktionszahl sowie das jeweils abgewickelte Volumen auf Monatssicht und in der Jahresprojektion.

Der Februar 2020 ist der letzte normale Monat für den Konzern; im März kommt die Coronakrise, später folgt die Pleite. Umso eindrücklicher ist die Monatsübersicht: Sie lässt an Transparenz nichts vermissen. Zu den volumenmäßig größten zehn Kunden (»Top Ten merchants«) gehören demnach die Fluggesellschaften Wizz Air, Oman Aviation und KLM, der Reisevermittler FTI Touristik und der Shopping-Kanal QVC. Der Vorzeigekunde ÖBB, die österreichische

Staatsbahn, taucht zwar bei der Zahl der Transaktionen unter den Top Ten auf, beim Euro-Gesamtvolumen reicht es jedoch nicht für einen Spitzenplatz. Wichtig sind dafür die Hochrisikokunden: Online-Casinos, Trading- und Pornoseiten, die sich hinter Namen wie Fenix, Direx NV, SKS365 Malta, Fortrade oder Freedom Finance Cyprus verbergen.

Auf dem ersten Platz steht ein Kunde, der mehr als 35 Prozent des Transaktionsvolumens ausmacht: die britische Online-Bank Revolut. Insgesamt wickelt Wirecard im Februar 2020 mit den zehn größten Kunden knapp 72 Prozent seines gesamten Volumens ab. Dieses »Total Transaction Volume all merchants« beträgt im Februar 8,6 Milliarden Euro. Für das Jahr 2020 prognostizieren die Wirecard-Fachabteilungen ein Gesamttransaktionsvolumen von 86,8 Milliarden Euro. Der vorausgehende Dezember-Report legt wiederum das reale Volumen im Jahr 2019 offen: 61,3 Milliarden Euro.[19]

Publik werden diese Zahlen erst nach der Pleite durch Recherchen des *Handelsblatts*. Sie zeigen drastisch den Unterschied zwischen den realen Zahlen und der geschönten Außendarstellung auf: Gemäß den offiziellen Berichten hatte der Konzern 2019 angeblich mehr als das Doppelte an Transaktionen gestemmt. So hatte Wirecard laut Quartalsmitteilung bereits in den ersten neun Monaten des Jahres angeblich ganze 124,2 Milliarden Euro abgewickelt. Legt man eine konstante Entwicklung im vierten Quartal zugrunde, für das keine offiziellen Zahlen mehr veröffentlicht werden, hätte Wirecard laut Außendarstellung 2019 mindestens 165 Milliarden Euro abwickeln müssen – und damit doppelt so viel Volumen wie intern für 2020 prognostiziert. Deutlich mehr als die Hälfte des Wirecard-Geschäfts war somit höchstwahrscheinlich gefälscht.

Wie konnte es sein, dass der Konzern nach außen doppelt so hohe Transaktionssummen auswies, wie intern gezählt wurden? »Selbst innerhalb des Wirecard-Gedankengebäudes machen diese Unterschiede keinen Sinn«, sagt ein Insider, der die Berichte kannte. »Wir wussten, dass unsere Marge ohne das Online-Gambling schlecht aussieht. Aber eigentlich hätte jedem beim Blick auf die monatlichen Transaktionsübersichten auffallen müssen, dass da etwas nicht stimmt.« Ein hochrangiger Manager verweist auf die Bedeutung des Asienbereichs von Vorstand Jan Marsalek und das dortige Drittpartnergeschäft, das sich schließlich zu großen Teilen als erfunden herausstellt. »Marsaleks Bereich war für uns immer eine Blackbox«, in die man nicht genau reingeschaut habe. »Das war ein schwerer Fehler.«

### Kartell des Schweigens

Woher rührte die Zurückhaltung, warum wurde bei Wirecards nichts hinterfragt? Laut Insidern war das eine direkte Folge der problematischen Konzernstrategie, Hochrisikozahlungen zu verschleiern (siehe Kapitel 2.2). In Aschheim war es ein offenes Geheimnis: Mithilfe der Drittpartner wurden Kunden betreut, die aus »ethischen und rechtlichen Gründen« nicht in der offiziellen Abrechnung auftauchen sollten, also die im Grau- bis Schwarzbereich agierenden Glücksspiel-, Porno- und Anlageportale. »Im Konzern wollte niemand so genau wissen, was Marsaleks Bereich macht. Er hat Umsatz und Gewinn geliefert, aber alle haben vermutet, dass es um schmutzige Geschäfte geht«, sagt ein Manager.

Die Folge: Hinterfragt wurden Marsaleks Zahlen nicht. Die Finanzkenngrößen trudelten zwar regelmäßig in Aschheim ein – aber die Zahlungsströme, die persönlichen Verbindungen und Strukturen des Asienreichs blieben im Schatten. »Das Geld, das in Asien angeblich verdient wurde, ist dort geblieben. Fragen wurden keine gestellt.« Für die Hintermänner des Bilanzbetrugs bedeutete das Narrenfreiheit. Selbst in den Monaten vor dem Untergang, als Wirecard zunehmend ins Kreuzfeuer gerät, hält das Schweigekartell.

Beispiel Monatsreports: »Steidl hätte angesichts des realen Transaktionsvolumens sehen müssen, dass die offiziellen Zahlen nicht stimmen. Sie war für die Wirecard-Plattformen verantwortlich. Und dort fehlte die Hälfte des Volumens«, kritisiert ein Manager. Das Argument, Marsalek hätte theoretisch eigene Plattformen betreiben können für das fehlende Volumen, hält er für nicht stichhaltig: Ihm hätten schlicht die technischen Ressourcen gefehlt. »Steidl hatte alle

Techniker unter sich, Marsaleks Bereich war klein. Sie hätte auf den Putz hauen und fragen müssen: Wo ist der andere Teil unseres Volumens?«

Beispiel Transaktionsumzug: Spätestens im Dezember 2019 hätte Steidl die Reißleine ziehen müssen. Der neue Aufsichtsratschef Thomas Eichelmann hatte darauf gedrängt, das Volumen aus Asien auf die Aschheim-eigenen Plattformen zu holen – freilich ohne zu wissen, dass dieses gar nicht existiert. Nach offizieller Darstellung war dies im Jahresverlauf 2019 auch geschehen: Die bisher bei den Drittpartnern gebuchten Zahlungsdaten wurden angeblich auf den Wirecard-eigenen Plattformen gespiegelt, die Wirtschaftsprüfer erhielten entsprechende Transaktionsübersichten. Allein: Wie aus den Monatsreports hervorgeht, ist das angebliche Volumen auch im Dezember 2019 nie in Aschheim angekommen.

Beispiel Corona-Pandemie: Schon lange vor der Viruskrise war Wirecard abhängig von wenigen, oft riskanten Kunden und wickelte deutlich weniger Zahlungen ab als berichtet. 2020 entfernte sich die Aschheimer Traumwelt dann immer schneller von der Realität, wie die Transaktionszahlen für März und April zeigen: Immer mehr Länder entscheiden sich damals für einen radikalen Lockdown der Wirtschaft. Konkurrenten wie Adyen und Paypal wagen keine Prognose mehr für ihr Geschäft. Wirecard-Chef Braun aber erklärt, von der Coronakrise nicht betroffen zu sein. »Wirecard geht nicht davon aus, dass die Folgen des Virus einen nachhaltigen negativen Einfluss haben werden«, heißt es Ende März. Das geplante Quartalsergebnis und die Gewinnprognose für 2020 bleiben unverändert. Intern wusste man, dass das nicht stimmt. Die Monatsreports März und April informieren unmissverständlich über die Pandemiefolgen: »Die Aufschlüsselung der Merchants zeigt große Rückgänge aufgrund der Coronakrise.«

Wer will, kann den Einbruch im Detail verfolgen. »Revolut, unser Topmerchant, zeigt einen Rückgang bei Zahlen und Volumen um rund 60 Prozent«, heißt es. »Für bestimmte Industrien sehen wir ähnliche Rückgänge, zum Beispiel in der Mobilität (MyTaxi und ÖBB minus 70 bis minus 80 Prozent).« Leichte Zuwächse gibt es im

Einzelhandel, etwa beim Kunden Aldi (»plus zehn Prozent«), größere im Bereich Online-Gambling (»Direct NV plus 70 Prozent«). Am Gesamtbild ändert das nichts: Die Wirecard-Fachabteilungen vermelden einen Geschäftseinbruch von 40 Prozent.

Anfang Juni verhängt die Wirecard-Führung einen Stopp für Einstellungen und Gehaltserhöhungen. »Ich weiß, das ist enttäuschend für uns alle, vor allem, da keine weiteren Erklärungen gegeben wurden«, schreibt ein Manager seinen Mitarbeitern, wahrscheinlich verbreiteten sich bereits »Gerüchte«. Doch noch glaubt niemand an ein existenzbedrohendes Problem. Die Aussicht auf eine ausfallende Gehaltserhöhung habe unter Kollegen ehrliche Enttäuschung ausgelöst, so ein Mitarbeiter: »Wir haben gedacht, wenn wir so gut durch die Krise kommen wie behauptet, warum braucht es das dann?«

Finanzvorstand von Knoop hatte sich wie üblich zuversichtlich gegeben. Bei der Vorlage der Jahreszahlen erklärt er noch im Februar 2020: »Zielgerichtete Investitionen mit stetem Blick auf ein aktives Kostenmanagement haben auch 2019 zu einem herausragenden EBITDA [Gewinn vor Zinsen, Steuern und Abschreibungen] geführt. Zudem erwarten wir einen starken Cashflow.« Ist das Lüge oder Verblendung? Es gibt Kollegen, die die beiden jungen Wirecard-Vorstände in Schutz nehmen: Der Asienbereich habe immer eigene Zahlen an die Finanzabteilung geliefert. Dabei habe er fiktive Vermittlungsgeschäfte der Drittpartner als reale Transaktionen deklariert, diese seien nicht in die Monatsreports eingeflossen und daher von den Fachabteilungen auch nicht hinterfragt worden. Andere Kollegen halten die Tatsache, dass von Knoop und Steidl angesichts der gravierenden Ungereimtheiten schwiegen, für unentschuldbar. Gegen beide ermittelt die Staatsanwaltschaft, sie bleiben jedoch auf freiem Fuß. Ihre Anwälte äußern sich nicht.

Das Geschäft jedenfalls brummt bei Wirecard bis zum Untergang – zumindest offiziell. Die Warnzeichen hinter den Kulissen werden beschwiegen, vom Vorstand, von Abteilungsleitern, Controllern, Aufsichtsräten und den Wirtschaftsprüfern von EY. Einem Mann spielt das besonders in die Hände.

## Ein dreifacher Raubzug

Jan Marsalek ist nicht nur der Organisator des Milliardenbetrugs rund um die Treuhandkonten in Asien. Er kümmert sich auch darum, dass er und seine Helfershelfer privat vom großen Schwindel profitieren. Die letzten fünf Jahre des Konzerns verbringt er damit, Wirecard einerseits aufzublähen, andererseits auszusaugen. Heute kann man für Fragen zu den Vorwürfen nur noch seinen Anwalt erreichen, und der will sich nicht äußern.

In den letzten Jahren ist der umtriebige Vorstand kaum noch in Aschheim, obwohl er sich dort fürstlich eingerichtet hat. Sein Vorstandsbüro ist riesig: Zusammen mit Vorzimmer und Besprechungsraum belegt es rund 110 Quadratmeter in Südostlage. Die Räume von Braun oder von Knoop sind nur halb so groß. Im Büro sammelt Marsalek Erinnerungen an seine ausländischen Freunde: eine Matroschka-Puppe mit Putin-Gesicht, russische Pelzmützen und Wodkaflaschen, ein lebensgroßer Pappaufsteller von Donald Trump.

Mit zweifelhaften Geschäften hat Marsalek keine Probleme. So sucht er in der Vergangenheit Investments in Problemstaaten wie Libyen, wo er sich laut einem Vertrauten an zwei Zementfabriken beteiligt und den Aufbau einer Sicherheitstruppe plant (siehe Kapitel 5.3). 2017 reist er mitten im Bürgerkrieg nach Syrien ins gerade mit russischer Hilfe von der Terrormiliz IS befreite Palmyra. Die russischen Soldaten lachen ihn am Flughafen erst einmal aus. Marsalek hat sich mit der neuesten Schutzausrüstung ausstaffiert: Helm, schusssichere Weste, Tarnkleidung. Der Kommentar der Russen: »So wirst du als erster erschossen. Jeder sieht, dass du hier der Wichtigste bist.« Marsalek erhält alte russische Ausrüstung und gibt später damit an, testweise eine Panzerfaust abgefeuert zu haben. Der gute Draht nach Russland ist die vielleicht wichtigste Konstante in Marsaleks Leben. So beteiligt er sich auch an der Finanzierung der russischen Messenger-App Telegram, deren Nutzung er im Konzern befördert.

Wirecard ermöglicht dem Schulabbrecher ein Leben jenseits aller Grenzen. Marsalek orchestriert die milliardenschwere Bilanzillusion und befeuert Wirecards sagenhaften Aufstieg, der viele Anleger und Kreditgeber dazu bringt, immer neues Geld in den Konzern zu investieren. Wirecard wird so zum Täter. Zugleich macht Marsalek den Konzern zum Opfer. Er und seine Helfershelfer schleusen Hunderte Millionen Euro in den Jahren vor dem Untergang aus dem Unternehmen.

Dabei kommen hauptsächlich drei Methoden zum Einsatz. Nummer eins sind überteuerte Firmenkäufe: Der Konzern befindet sich zehn Jahre lang auf Einkaufstour, tätigt Übernahmen im Wert von insgesamt 1,2 Milliarden Euro, gesteuert von Marsalek. Nummer zwei sind Kredite an die Drittpartner in Asien, die nie zurückgezahlt werden: Bis zum 31. März 2020 fließen so knapp 500 Millionen Euro aus der Kasse. Nummer drei sind Zahlungen über mehr als 125 Millionen Euro an Firmen, die angeblich Beratung und andere Dienste für Wirecard erbringen, für die sich oft jedoch nicht mal ein Vertrag findet. Alle drei Methoden sind miteinander verflochten: Los geht es mit den Übernahmen, später folgen die Darlehen und die Zahlungen ohne Gegenleistung.

Wirecard nutzt vor allem die Drittpartner Al Alam in Dubai, Senjo in Singapur und PayEasy auf den Philippinen. Kurz vor dem Untergang kommen drei neue Namen aus dem Senjo-Umfeld hinzu: OCAP, Kalixa und Ruprecht. Was nach einer bunten Mischung klingt, ist in Wirklichkeit ein kleiner Kreis: Die meisten Drittpartner stehen mit einem Mann in Verbindung: Henry O'Sullivan. Der Brite hat bei vielen dubiosen Geschäften die Fäden in der Hand. Er gilt als Schlüssel, um den Milliardenraubzug bei Wirecard zu verstehen.

O'Sullivan hat bei Wirecard keine offizielle Funktion inne. Ein Manager sagt, er sei ihm als »erfolgreicher Geschäftsmann« und »Größe im internationalen Payment-Geschäft« vorgestellt worden. Nur selten lässt er sich in Aschheim blicken. Im Wirecard-Adressbuch ist O'Sullivan mit einer externen E-Mail-Adresse für freie Mitarbeiter hinterlegt – sein Profilfoto zeigte Pablo Escobar, den kolumbianischen Drogenbaron: ein weiterer schlechter Scherz von Marsalek.

Marsalek und der sechs Jahre ältere O'Sullivan sind enge Vertraute, die fernab der Zentrale in Aschheim zu Komplizen werden.

Der bullige Brite ist bekannt für seinen ausschweifenden Lebensstil. In Singapur speist er in einem Spitzenrestaurant auf dem Dach des Hotels Marina Bay Sands, mit Blick über den Hafen. Fotos zeigen ihn mit Marsalek, dem späteren Fluchthelfer Martin W. und Marsaleks Privatassistentin bei Steaks und in der Karaokebar. Um auf Geschäftsreisen Zeit zu sparen, reist O'Sullivan auch kurze Strecken mit dem Hubschrauber, Langstrecken fliegt er im Privatjet. Zwischenzeitlich wohnt er auf einer Jacht in Monaco. In seinem Büro in Singapur, von wo aus er das angeblich riesige Senjo-Netzwerk steuert, arbeiten nur drei Leute, darunter er selbst und ein gewisser Carlos H.

Seinen 40. Geburtstag feiert O'Sullivan im Paradies. Er lädt Anwälte, Manager und hochrangige Führungskräfte von Wirecard auf die einsame Trauminsel Benguerra vor der Küste des ostafrikanischen Staates Mosambik ein. Auch Vorstand Jan Marsalek und seine Freundin sollen kommen. Als Mitbringsel wünscht sich der Gastgeber Stifte für die Schulkinder im Ort und Champagner für das Partywochenende. Das Luxus-Resort Azura Retreats, das O'Sullivan im November 2014 angemietet hat, bietet Hütten direkt am Strand, Palmen, azurblaues Meer. Bei der Anreise müssen die Gäste ein Stück durchs knietiefe Wasser waten, warnt die Assistentin des Geschäftsmanns einen Monat vor der Feier. Für Jan Marsalek ist das kein Problem. Er bevorzugt ohnehin eine Anreise per Helikopter, wie aus einer Mail seiner Sekretärin hervorgeht.

Diese Extravaganz ist ganz nach Marsaleks Geschmack: Der Vorstand lässt O'Sullivan 2014 eigens einfliegen, um mit ihm auf dem Münchner Oktoberfest zu feiern. Ein Jahr später fliegen sie im Learjet 45XR durch Südafrika. Und als der Brite den Wirecard-Vorstand 2014 in Jakarta treffen will, fragt er eine indonesische Mitarbeiterin per Mail nach einem Hotel, das ihre »Art der Spring Break Business Trips« tolerieren würde.

Fakt ist: O'Sullivan ist einer der wichtigsten Strippenzieher bei verschiedenen Wirecard-Akquisitionen. Finanzvorstand Burkhard Ley lobt ihn im Konzern: Er sei »persönlich bekannt« und von »zweifelsfreier Integrität«. Zu Beginn bringt O'Sullivan Wirecard mit wichtigen Kunden zusammen, etwa der später insolventen britischen Billigfluglinie Monarch. 2015 fliegt er mit Marsalek ins indische Chennai, um den wohl dubiosesten Kauf der Wirecard-Geschichte einzufädeln: die Übernahme der Firmengruppe um Hermes durch den »EMIF«-Fonds auf Mauritius. Marsalek-Vertraute berichten, es sei immer klar gewesen, wer hinter »EMIF« gestanden habe: O'Sullivan. Diesen Schluss legen auch interne E-Mails und Gerichtsakten nahe, laut denen O'Sullivan im Auftrag »EMIFs« verhandelte. Einem Insider gegenüber brüstet sich O'Sullivan an einem feuchtfröhlichen Abend damals mit der Aussage, er sei bald »eine Milliarde schwer«. Auch Marsalek dürfte profitiert haben, vermutet der Insider: O'Sullivan habe bei »EMIF« als eine Art Treuhänder für Marsalek agiert. Fragen kann man ihn dazu nicht. O'Sullivan ist untergetaucht, reagiert nicht auf Anfragen. In Singapur ermittelt heute die Staatsanwaltschaft gegen ihn.[20]

17 Übernahmen tätigt Wirecard allein zwischen 2011 und 2019.[21] Viele Deals sind überteuert, doch zumindest erhält Wirecard dafür echte Firmen und Lizenzen in fernen Ländern. Anders sieht die Lage bei den Krediten an die Drittpartner aus. Viele Hinweise legen nahe, dass die Darlehen nie dazu dienten, reale Geschäfte anzukurbeln, sondern vor allem dazu, noch mehr Geld aus dem Konzern herauszupressen.

Ihr Startpunkt lässt sich exakt bestimmen: auf Ende November 2018. Wirecard steht damals unter Druck. Im September war man in den Dax eingezogen, kratzte der Aktienkurs an der Marke von 200 Euro. Braun will die Marktkapitalisierung bekanntlich vervierfachen, doch die Aktie folgt diesem Ziel nicht. Ende November liegt ihr Kurs bei 130 Euro, ein Drittel weniger als bei Dax-Eintritt. Eine Idee muss her. Am 20. November 2018 trifft der vierköpfige Vorstand eine folgenreiche Entscheidung: Im Rahmen einer »strategischen Zielsetzung« soll das Programm »Merchant Cash Advance« (MCA) ausgebaut werden. Heißt: Wirecard kann künftig 500 Millionen Euro an Partner ausreichen, um das eigene Geschäft anzukurbeln. Empfänger des Geldsegens sind die Drittpartner in Asien. Offiziell agieren sie ja in Ländern, in denen Wirecard über keine Lizenzen verfügt, inoffiziell werben sie profitable Firmenkunden ein, die nicht in den Büchern erscheinen sollen. MCA soll diese Aufgabe einfacher machen, so die interne Erklärung.

Die Drittpartner nutzen die Mittel aus dem MCA-Programm, um Einzelhändler oder Online-Shops an sich zu binden. Die Drittpartner leihen den Händlern Geld. Wenn die Kunden mit Visa oder Mastercard einkaufen, müssen die Läden normalerweise eine Weile auf das Kundengeld warten – bei Wirecard erhalten sie die Auszahlung direkt. Das Kreditprogramm schlägt voll ein. 2019 wächst der offiziell ausgewiesene Wirecard-Umsatz um 38 Prozent auf 2,9 Milliarden Euro, der Gewinn um 40 Prozent auf 785 Millionen Euro.

Für Wirecard werden die Drittpartner über die Jahre immer wichtiger. Mindestens seit 2016 stammt der Konzerngewinn aus einer sehr kleinen Zahl von Wirecard-Gesellschaften. Die wiederum erwirtschaften mehr als 85 Prozent der Erlöse mit den Drittpartnern, die Wirecard auch noch selbst sponsert.

Die Drittpartner erhalten Millionen von Wirecard, um das Geschäft anzukurbeln. Und das Rad dreht sich immer schneller. »Versprach ein Drittpartner ein Transaktionsvolumen von einer Milliarde Euro, mussten wir zunächst zehn Millionen überweisen«, erinnert sich ein Wirecard-Manager. »Mit der Zeit haben wir immer größere Sicherheitszahlungen geleistet.« Es ist offenbar Sicherheit für den schönen Schein. Die Zahlungen täuschen über das Grundproblem des Konzerns hinweg: Das Geld wird nicht mehr, nur weil man es hin- und herschiebt.

»Mindestens seit Ende 2016 wurden Kredite an TPA-Gesellschaften und an das dem TPA-Partner Senjo (…) nahestehende Unternehmen OCAP (…) vergeben«, heißt es im Insolvenzbericht. 2017 und 2018 werden OCAP Darlehen über 25 Millionen Euro gewährt, außerdem fließen 2018 über 115 Millionen Euro. Insgesamt werden bis zum 31. März 2020 Kredite an TPA-Partner in Höhe von knapp 500 Millionen Euro vergeben. Noch am 27. März 2020, drei Monate vor dem Untergang, überweist Wirecard ein Darlehen von 100 Millionen Euro an OCAP. Es ist der letzte große Liquiditätsposten, wie die Finanzabteilung den vierköpfigen Vorstand warnt. Dieser stimmt dennoch zu.

Was ist das für eine Firma, der Wirecard solche Summen leiht? OCAP befasste sich bis 2018 mit dem Großhandel von Ölprodukten sowie Dienstleistungen rund um das Management von Schiffen. Dann gab es einen Eigentümerwechsel. Chef wurde Carlos H. Der langjährige Wirecard-Mitarbeiter und Marsalek-Vertraute änderte das Geschäftsmodell: Fortan widmete sich OCAP der Zwischenfinanzierung für Online-Händler. Die 115 Millionen Euro, die OCAP allein 2018 erhält, kommen nicht direkt aus Aschheim, sondern von der Wirecard-Tochter in Singapur. Deren Direktorin ist Brigitte H., die Ehefrau von Carlos. Ob OCAP je eine Leistung für Wirecard erbrachte, ist unklar, die Eheleute H. reagieren auf Anfragen nicht. Die Polizei in Singapur hat ihnen ihre deutschen Pässe abgenommen, beide stehen quasi unter einem Stadtstaat-Hausarrest.

Verträge zur Vermittlung oder Weiterleitung von Kunden zwischen Wirecard und OCAP sind Fehlanzeige. Ermittler sehen das Ehepaar H. als Teil eines großen Geldkreislaufs, der dazu diente, dass sich die Eingeweihten mal hier, mal dort bedienen konnten. Allein im dritten Quartal 2019 vergab Wirecard Kredite in Höhe von 300 Millionen Euro an fünf ausländische Töchter und Drittpartner. Einer davon: Al Alam.

Die Firma mit Sitz in Dubai ist der wohl bekannteste TPA-Partner. Medien berichteten seitenweise über die merkwürdige Firma, die im Wüstenstaat angeblich riesige Geschäfte für Wirecard anschob und über die Vorstände selbst auf drängendste Nachfragen kaum etwas sagen konnten. Statthalter war Oliver B. Seit 2005 beim Konzern, half er beim Aufbau der Wirecard Bank und steuerte in Dubai als Geschäftsführer von Card Systems Middle East das Geschäft mit Drittpartnern. Der Beitrag aus dem Nahen Osten zum offiziell ausgewiesenen Gewinn von Wirecard ist gewaltig: Die mit Card Systems Middle East verbundene Firma Al Alam steht zeitweise für mehr als die Hälfte des Unternehmensgewinns – jedenfalls auf dem Papier (siehe Kapitel 4.3). Als der laut der *WirtschaftsWoche*[22] von B. mitgesteuerte Partner Al Alam im Frühjahr 2020 den Betrieb einstellt, wird schnell für Ersatz gesorgt: die neue Firma heißt Ruprecht. »Braun sagte, er brauche Ruprecht als Ersatz für Al Alam, da man das Geschäft nicht durch eigene Lizenzen abdecken könne«, erzählt ein Aufsichtsrat.

In Wirklichkeit ist die ganze Aktion Teil des Betrugs, so berichtet es zumindest B. später. Er wird sich nach dem Zusammenbruch der Staatsanwaltschaft stellen und umfassend auspacken. Die Ermittler können sein Vermögen arrestieren, darunter eine Stiftung in Liechtenstein, deren Begünstigter B. ist. Ihr Name: Levantine, ihr Vermögen: 6,1 Millionen Euro. Die Struktur zeigt, wie Weggefährten von Marsalek offenbar seit Jahren Vorkehrungen für den »Tag X« trafen. B. und sein Anwalt äußern sich dazu auf Nachfrage nicht.

In der Spätphase des Konzerns gibt es in der Führungsspitze offenbar keine Hemmungen mehr. Es werden immer neue Methoden ersonnen, um Geld aus Aschheim zu schleusen. Wie schamlos sich die Clique um Marsalek bedient, zeigt eine interne Liste des Wirecard-Rechnungswesens. Sie listet 24 Firmen auf, die mutmaßlich alle mit dem Asienvorstand verbunden waren oder sind. Viele tragen Kunstnamen, heißen Bijlipay, Goomo und MPS Munich PS, Istratos, Getnow oder IMS. Vor allem mithilfe der 2017 gegründeten IMS steuert Marsalek viele seiner Privatinvestments. Manche dienen vermutlich dem Umleiten von Geldern, andere dem Aufbau vielversprechender Start-ups. Und oft ist Wirecard die Melkkuh: Manche Firmen der Liste sollen eine Million Euro Kredit vom Konzern erhalten haben, andere zwanzig Millionen, wobei einzelne Unternehmen das Bestehen offener Forderungen bestreiten. Insgesamt sollen laut der Liste mehr als 125 Millionen Euro ausgereicht worden sein.[23]

Über die meisten dieser Firmen findet sich wenig im Internet oder in Firmendatenbanken, ein Geschäftsbetrieb ist oft nicht ersichtlich. Die Firma Comepay stammt aus Florida und ist vor allem in Russland aktiv, dem bevorzugten Reiseziel Marsaleks. Andere Verbindungen finden sich im Personal: Der IMS-Chef etwa, ein Marsalek-Vertrauter, war in verantwortlicher Rolle auch bei der Firma Atraves tätig. Sie erhält zwischen März 2019 und Juni 2020 insgesamt 160 000 Euro für Kundenakquise und Business Development von Wirecard. Ob je Leistungen erbracht werden, ist unklar.

Der IMS-Chef taucht auch bei der Firma Acomodeo auf. Der inzwischen insolvente Apartment-Anbieter für Geschäftsreisende erhält unter anderem einen Kredit über 2,5 Millionen Euro von Wirecard, dazu rund 200 000 Euro deklariert als Entwicklungskostenzuschuss. Andere Firmen der Liste kassieren nicht per Darlehen, sondern gegen Rechnung: So erhält IMS über 1,5 Millionen Euro von Wirecard, GetNow nimmt 350 000 Euro, Goomo insgesamt 4,1 Millionen Euro.

Bei vielen Rechnungen fehlt ein Vertrag, bezahlt werden sie trotzdem. Beschwerden der Revision wischt Marsalek als Vorstand eigenhändig beiseite. Welche Unterlagen seine Mitarbeiter auch immer anfordern – Marsalek vertröstet sie und droht mit »Konsequenzen«, wenn das Geld nicht nach seinen Anweisungen fließt. Seine Dreistigkeit kennt dabei kaum Grenzen: So erhält Partyfreund O'Sullivan für seine Firma Cottisford Holdings Ltd. auf den Britischen Jungferninseln 2016 einen Kreditrahmen von zehn Millionen Euro, für die Wirecard bürgt, wie interne Mails und Dokumente belegen. Die Rückzahlung verzögert sich, der Wirecard-Bank-Vorstand Rainer Wexeler protestiert: »Aufsichtsrat hat heute den Kredit nachträglich formal genehmigt, war aber nicht ›amused‹ darüber. (…) Kannst Du bitte mir die Privatadresse von O'Sullivan geben sowie einige geschäftliche Eckdaten über seine Geschäfte, seine Verbindung zur Wirecard AG etc.?« Marsalek lässt die Fragen abperlen – kurz darauf wird der Kredit mit Zustimmung von Ley »längerfristig« angelegt.

Auch Konzernchef Markus Braun regiert bei Wirecard nach Gutsherrenart. Er besitzt rund sieben Prozent der Aktien von Wirecard. Knapp die Hälfte davon hat er 2017 an die Deutsche Bank verpfändet: 4,1 Millionen Aktien zum Gegenwert von 350 Millionen Euro. Braun erhält dafür von der Deutschen Bank einen Darlehensvertrag über 150 Millionen Euro und genießt das gute Leben. Auch Marsalek profitiert: Braun, so geht aus einer Geldwäscheverdachtsmeldung vom Februar 2019 hervor, leiht Marsalek Ende 2017 ganze 50 Millionen Euro – ohne Sicherheiten zu fordern und angeblich für ein gemeinsames Investment. Einen Bezug zu Wirecard jedenfalls bestreitet Brauns Seite.[24]

Als die Deutsche Bank zum Jahreswechsel 2019/2020 ihre Geschäftsbeziehung zu Braun kündigt, braucht dieser Geld. Anfang 2020 lässt sich Braun von der Wirecard-eigenen Banktochter einen Kredit über 35 Millionen Euro auszahlen. Den Aufsichtsrat informiert er erst im Anschluss. Dieser zwingt unter seinem neuen Chefkontrolleur Braun, das Geld zurückzuzahlen. Doch der lässt sich Zeit. Die fälligen Verzugs- und Strafzinsen, auf die der Aufsichtsrat besteht, habe er erst später beglichen, heißt es aus dem Kontrollgremium.

Ende März 2020 gewährt Wirecard dann OCAP aus Singapur den 100-Millionen-Euro-Kredit. Dies sei vom Vorstand und Aufsichtsrat so abgesegnet gewesen, sagen Brauns Anwälte auf Nachfrage. OCAP schleust laut Erkenntnissen der Staatsanwaltschaft einen Teil des Geldes an die litauische Firma Ruprecht weiter, die die Ermittler ebenfalls O'Sullivan zuordnen. Diese überweist 35 Millionen Euro an eine Holding, die den Betrag auf Marsaleks Konto bei der Unicredit-Bank weiterleitet. Letzterer soll damit den größten Teil des Privatkredits von Braun beglichen haben – und zwar laut *Süddeutscher Zeitung* just an dem Tag, an dem der CEO seinen Kredit an die Wirecard Bank zurückzahlen musste.

Das Geld, das aus den Kassen von Wirecard stammte, wäre damit letztlich in den Taschen von Braun gelandet. Seine Anwälte sagen, Braun habe nicht gewusst, woher das Geld kam. Marsalek schulde ihm inklusive Zinsen immer noch 14 Millionen Euro.[25]

»Am Ende war Wirecard wie ein Eimer«, sagt ein hochrangiger Manager, der viele Jahre für den Konzern gearbeitet hat. »An allen Seiten wurden kleine bis große Löcher hineingebohrt. Am Ende war kein Wasser mehr übrig.«


### »Projekt Panther«

Geld war das eine große Schmiermittel bei Wirecard. Das andere waren Träume. Kurz vor dem Ende, 2019, träumt die Wirecard-Führung vom ganz großen Coup: der Übernahme der Deutschen

Bank. Wirecard-Manager nehmen sogar Kontakt zu Deutsche-Bank-Chef Christian Sewing auf. Die Vorgespräche über eine Kooperation scheitern jedoch schnell: »Die Inhalte waren unkonkret und hypothetischer Natur, es wurde keine substanzielle Tiefe erreicht«, sagt Sewing später über seine Treffen mit Markus Braun.

Begraben will Wirecard den Plan laut Insidern aber nicht. Nun soll es eine feindliche Übernahme richten. »Louis XIII« heißt das Projekt zunächst, dann »Projekt Panther«. Der Ursprungsplan skizziert bereits die Kapitalvoraussetzungen, handelnden Personen und den Aufbau des neuen Finanzriesen. Ohne ihren jahrzehntelangen Auftraggeber Deutsche Bank zu informieren, erstellt McKinsey eine Machbarkeitsanalyse, laut der eine Kombination von Bank und Fintech-Unternehmen bis 2025 jährlich sechs Milliarden Euro an Gewinn einbringt.

Die vertraulichen Konzeptpapiere strotzen nur so vor Beratervokabular: »Die neue Gesellschaft muss gemäß der Logik eines Tech-Hyperscalers aufgebaut werden«, heißt es dort etwa. Unter »Tech-Hyperscaler« verstehen die McKinsey-Berater einen extrem schnell wachsenden IT-Konzern, der mit der traditionellen Deutschen Bank nicht mehr viel gemein haben soll. Fast schon prophetisch liest sich der postulierte Fokus der neuen »Wirebank«: »Die technologiegetriebene Transformation fokussiert sich auf globales Wachstum und strikte Regeln«. Zu diesen zählt laut McKinsey die »Wertkreierung durch Wachstum« – die »Profitabilität ist nur sekundärer Fokus«. Ganz wie bei der alten Wirecard.

Für letztere hätte der fantastische Plan durchaus Charme: Innerhalb der riesigen Deutsche-Bank-Bilanz ließen sich die fehlenden 1,9 Milliarden Euro in Asien ganz einfach verbergen, die Spuren des Bilanzbetrugs wären getilgt worden. Ab einem Aktienkurs von 140 Euro soll der Übernahmeplan aktiviert werden. Doch dazu wird es nicht mehr kommen.

## 2.4 Übles Erwachen – Absturz mit Flurschaden

Am Donnerstagmorgen, dem 18. Juni 2020, glaubt Florian Schwarz*
noch, dass er die richtige Wahl getroffen hat. Der Privatanleger hat
mehrere Tausend Euro in Wirecard-Aktien investiert. Noch am Vorabend war der Kurs der Aktie auf über 104 Euro gestiegen. Viele Anleger erwarten für den Donnerstag die Vorlage der Jahreszahlen und
des Testats durch den Wirtschaftsprüfer EY – und hoffen, dass der
Kurs dann durch die Decke geht.

Im Lauf des Vormittags steigt jedoch vor allem eines: Schwarz'
Anspannung. Sonderbarerweise lädt Wirecard erst für den Nachmittag zur Pressekonferenz, nicht wie üblich für 10 Uhr. Im Börsenforum im Internet berichten die ersten Kleinanleger, aus Sorge
verkauft zu haben. Schwarz schwankt, hält dann aber an seinem
Investment fest. »Meine dümmste Entscheidung. Das bereue ich bis
heute«, sagt er.

Innerhalb des Konzerns kennen Vorstand und Aufsichtsrat spätestens seit zwei Tagen die wahre Lage. Die Konzernführung um
Markus Braun ist in heftige Diskussionen mit dem Bilanzprüfer EY
verstrickt. Das Problem: EY ist – schlussendlich – misstrauisch geworden, ob es einen Betrag von 1,9 Milliarden Euro bei zwei Banken
auf den Philippinen überhaupt gibt. Dieser liegt angeblich auf vier
Treuhandkonten, so hat es der Konzern wiederholt versichert. Doch
wie aus dem vertraulichen Versagungsvermerk von EY hervorgeht,
bleiben seit Wochen die angeforderten Testüberweisungen, die die
Existenz des Guthabens belegen sollen, aus. Viermal 110 Millionen
Euro hat EY gefordert, aber das Geld kommt einfach nicht aus den
Philippinen an. Mal heißt es, dass der Treuhänder die Zahlung nicht
freigibt, mal soll die Zentralbank oder Corona schuld sein.

Am 16. Juni teilt dann die erste der beiden philippinischen Banken mit, dass die von Wirecard vorgelegten Bankauszüge gefälscht
sind, »spurious« heißt es im Original. Einen Tag später erklärt das
auch die zweite Bank. »Als die erste Bank erklärt hat, dass die Sal-

---

* Name geändert

denbestätigungen gefälscht sind, hatte ich zum ersten Mal den klaren Verdacht, dass bei Wirecard Kriminelle am Werk sind«, sagt Aufsichtsratschef Thomas Eichelmann rückblickend. EY hat keine andere Wahl: Das Testat kann nicht erteilt werden. Stattdessen informiert der Konzern die Öffentlichkeit am 18. Juni über die mögliche Fälschung.

Der Stellungnahme gehen dramatische Stunden in der Aschheimer Konzernzentrale voraus. CEO Markus Braun erklärt noch am Mittwochabend, dem 17. Juni, gegenüber Eichelmann, es komme alles ins Reine. Jan Marsalek gibt vor, E-Mails mit dem Treuhänder Mark Tolentino in Manila auszutauschen, verspricht, er arbeite unter Hochdruck an der Aufklärung. Tolentino verschickt E-Mails, darunter eine an Finanzvorstand von Knoop: »Ich verstehe, dass in der aktuellen Situation Leute einen gewissen Zweifel gegenüber uns hegen. Dennoch kann ich Ihnen versichern, dass der Kontobetrag existiert.« Auch Braun ruft noch Vertraute an, sagt, mit einer hohen Wahrscheinlichkeit tauche das Geld bis Montag wieder auf. In den entscheidenden Stunden verhandelt er laut Teilnehmern selbst mit den Prüfern. Wiederholt soll er auf schwächere Formulierungen gedrungen haben, doch EY lässt sich nicht erweichen.

Am Donnerstagvormittag, 18. Juni, reißt dem neuen Aufsichtsratschef Thomas Eichelmann der Geduldsfaden, er verlangt nach einer sofortigen Klärung. Braun will weiterhin auf eine erlösende Mitteilung aus Manila warten. Die Rechtsanwälte des Aufsichtsrats warnen jedoch, bei jeder weiteren Verzögerung der seit Dienstag überfälligen sogenannten Ad-hoc-Mitteilung, der gesetzlich vorgeschriebenen Pflichtinformation an die Anleger, mache sich der Aufsichtsrat strafbar. Als Braun erneut um mehr Zeit bittet, herrschen ihn Finanzvorstand von Knoop und Eichelmann an: »Es reicht.« Um 10:43 Uhr informiert der Konzern über die Befunde von EY. Der Kurs der Aktie fällt auf 39 Euro.

»Es kann derzeit nicht ausgeschlossen werden, dass die Wirecard AG in einem Betrugsfall erheblichen Ausmaßes zum Geschädigten geworden ist«, sagt Konzernchef Braun am späten Donnerstagabend in einem denkwürdigen Statement, das kurz darauf auf

Youtube veröffentlicht wird. Asienvorstand Jan Marsalek ist da bereits freigestellt und verschwunden. Neben Braun stehen eine wächserne Susanne Steidl und ein sichtlich angefasster Alexander von Knoop.

Außerdem ist der neue Compliance-Vorstand in der Runde vertreten, der sein Amt erst an diesem Tag angetreten hat: James Freis. Eichelmann hatte den ehemaligen Chefjuristen der Deutschen Börse als Aufräumer zu Wirecard geholt. Nun soll er retten, was nicht mehr zu retten ist: Am nächsten Tag wird Freis Braun ablösen und neuer Vorstandschef des Konzerns. Er wird der letzte sein.

Zwar windet sich Braun am darauffolgenden Freitagmorgen noch. Die Frage nach den Treuhandgeldern sei offen, ein Rücktritt »nicht zum Wohle der Gesellschaft«, behauptet er. Doch Eichelmann bleibt hart: »Ich hab' die Nase voll«, blafft er. Binnen zehn Minuten werde Braun abberufen, wenn er nicht selbst gehe. Neun Minuten später erklärt sich der Konzernchef zum Rücktritt bereit. Kurz darauf steigt er in der Tiefgarage zum letzten Mal in den Dienst-Maybach.

Als CEO ist Braun Geschichte, doch Großaktionär bleibt er bis zum Schluss – fast. Brauns kreditgebende Bank ist seit dem Frühjahr nicht mehr die Deutsche Bank, sondern die Oldenburgische Landesbank. Dort soll Braun laut *FT* die Hälfte eines 120 Millionen Euro schweren Kreditrahmens in Anspruch genommen haben.[26] Die Bank drängt Braun zum Verkauf der als Sicherheiten hinterlegten Aktien, um Verluste zu begrenzen: Braun stößt am 18. und 19. Juni mehr als fünf Millionen Wirecard-Aktien ab, erlöst damit 155 Millionen Euro. Sein Durchschnittskurs beim Verkauf liegt bei etwa 30 Euro.[27]

Am Montag, dem 22. Juni, wird Braun verhaftet. Längst tobt der Nervenkrieg um den Konzern. Eine Kreditlinie über 1,75 Milliarden Euro von 15 Großbanken droht zu platzen, wenn Wirecard nicht bis zum Freitag eine testierte Jahresbilanz vorlegen kann (siehe Kapitel 4.3). Die neue Führung um Freis verhandelt hektisch mit den Banken um einen Aufschub. Doch als die Finanzaufsicht Bafin die verbliebenen Konzerngelder bei der Wirecard Bank einfriert, sieht Freis keinen Ausweg mehr: Der Bilanzbetrug soll nicht auch noch durch eine Insolvenzverschleppung gekrönt werden. Am Donnerstag, dem 25. Juni, meldet Wirecard Insolvenz an. Die Aktie fällt auf 2,50 Euro.

Damit lösen sich mehr als zwölf Milliarden Euro an Börsenwert binnen sieben Tagen in Luft auf – auch das Investment von Florian Schwarz. »Ich hätte nie damit gerechnet«, sagt er heute. »Warum sind wieder die Kleinanleger die Dummen? Wirecard war ein Dax-Konzern, geprüft von einem der größten Wirtschaftsprüfer weltweit, unter der Aufsicht der Bafin. Wie kann so etwas passieren?«

Das fragen sich in diesen Tagen viele. Nie zuvor hat es in der Dax-Geschichte einen vergleichbaren Skandal gegeben. Lange galt Wirecard als der Hoffnungsträger des Technologiestandorts Deutschlands, sollte ein neues SAP werden. Jetzt endet die eindrucksvolle Aufstiegsgeschichte im maximalmöglichen Absturz.

Auch Großkonzerne können untergehen, wie die Wirtschaftsgeschichte zeigt. Aber dass ein Dax-Konzern binnen Tagen ins Nichts stürzt, war in Deutschland bisher unvorstellbar. Zunehmend wird klar, dass Wirecard auch nach dem Aufstieg in die Premiumliga der Börse 2018 immer noch geführt wurde wie ein kleiner Mittelständler.

Ein bestimmter Manager-Typ findet sich oft bei Wirecard: langgedient, unkritisch und dem übermächtigen Chef treu ergeben. Auch im Aufsichtsrat sind Widerworte selten (siehe Kapitel 4.1). Vorsitzender ist mehr als ein Jahrzehnt Wulf Matthias, ein Frankfurter Ex-Banker und treuer Braun-Vertrauter. Unterstützt wird Matthias von Stefan Klestil, Sohn des ehemaligen österreichischen Bundespräsidenten Thomas Klestil, und Tech-Investor. In seinen Fonds wiederum hat Markus Braun privates Geld investiert. Echte Kontrolle ist bei solchen Verflechtungen kaum möglich – und ohne die kritische Berichterstattung der Presse wäre es höchstwahrscheinlich noch lange so weitergegangen.

## Die *FT* und das »House of Wirecard«

Entscheidend für die Aufdeckung des Betrugs sind die Recherchen der britischen Wirtschaftszeitung *Financial Times* und ihres Reporters Dan McCrum. Er hatte sich bereits im Jahr 2015 kritisch mit Wirecard beschäftigt. Die zentrale Artikelserie, die schließlich die Aufklärung befeuern sollte, startet jedoch im Januar 2019 – unter dem vielsagenden Artikel »House of Wirecard«, eine Anspielung auf das Kartenhaus (»House of Cards«), das der Konzern in McCrums Augen war.

In einer Kaskade von rund 40 Artikeln hinterfragen McCrum und seine *FT*-Kollegen die Erfolgsstory Wirecards. Es geht um Betrug, Geldwäsche und Bilanzmanipulation, zunächst in der Asienzentrale in Singapur.

Auslöser der Recherchen ist die interne Whistleblower-Beschwerde eines Wirecard-Mitarbeiters in Singapur.[28] Die Vorwürfe des Compliance-Mitarbeiters, also eines Beschäftigten aus der Abteilung für die Einhaltung des gesetzlichen und geschäftlichen Regelwerks, sind so schwerwiegend, dass Wirecard eine Überprüfung durch die externe Anwaltskanzlei Rajah & Tann, eine renommierte Adresse in Singapur, in Auftrag geben muss. Über einen Zwischenbericht dieser Untersuchung berichtet die *FT*.[29]

Die Kanzlei kommt zum Ergebnis, dass Wirecard-Manager mittels gefälschter und zurückdatierter Verträge Transaktionen verschleiert und Umsätze aufgebläht hätten. In einer internen Präsentation seien die potenziell betrügerischen Geldflüsse beschrieben worden, die direkt vom Leiter Rechnungswesen der Asieneinheit, Edo Kurniawan, angeordnet worden seien. Doch Wirecard wiegelt ab. Der Abschlussbericht von Rajah & Tann habe zwar Fehlbuchungen im einstelligen Millionenbereich gefunden, diese seien jedoch leicht auszubessern. Veröffentlicht wird der Bericht nie.

Die Recherchen und Berichte zu betrügerischen Vorgängen haben auch deshalb keine weiteren Konsequenzen, weil Wirecard der Gegenseite eigene finanzielle Interessen unterstellt – eine altbekannte Abwehrstrategie (siehe Kapitel 3.1). Demnach sollen Hedgefonds,

welche über die Nachrichten vorab informiert gewesen seien, auf
fallende Kurse gewettet haben. Die Finanzaufsicht Bafin schlägt sich
nach Hinweisen der Münchner Staatsanwaltschaft auf Wirecards
Seite und verhängt ein zweimonatiges Leerverkaufsverbot – ein in
dieser Form einmaliger Vorgang in der deutschen Börsengeschichte
(siehe Kapitel 5.1).

Wieder einmal scheint der Ruf Wirecards gerettet. Angelsächsi-
sche Investoren toben zwar, der Kurs aber beruhigt sich. Die deutschen Behörden nehmen nun sogar Strafermittlungen gegen zwei
*FT*-Reporter auf. Der Verdacht: Haben die Journalisten mit Shortsellern das Erscheinen ihrer Artikel abgesprochen? Wirecard will dafür
»unwiderlegbare Beweise« besitzen, doch die Anzeige des Konzerns
gegen die *FT*, die mehrere Journalisten einsehen können, stützt sich
auf wacklige Quellen.

Kurz darauf legt Reporter Dan McCrum mit mehreren Artikeln
nach.[30] Im Oktober 2019 veröffentlicht er den vielleicht zentralen Bericht im Fall Wirecard, in dem er erstmals das für Wirecard
wichtige Geschäft mit Drittpartnern in den Fokus nimmt. McCrum
zeichnet das Bild eines Konzerns mit undurchsichtigen Bilanzen und
zweifelhaften Partnern in Asien und im arabischen Raum: 2016 soll
rund die Hälfte des Konzerngewinns über eine Partnerfirma aus Dubai namens Al Alam erzielt worden sein. Die *FT* kontaktiert 34 Kunden, deren Geschäfte laut eines internen Dokuments über Al Alam
abgewickelt wurden. Das Ergebnis der Recherche ist erschreckend:
Knapp die Hälfte hat den Namen Al Alam nie gehört, die restlichen
schweigen, sind nicht auffindbar oder haben das Geschäft längst
eingestellt. Wirecards Tochter in Dubai, inzwischen umbenannt in
Card Systems Middle East, die den Kontakt zu Al Alam gehalten hat,
soll nur einen einzigen Angestellten haben, Oliver B. – dennoch sollen über die Außenstelle monatliche Transaktionen im dreistelligen
Millionenbereich geflossen sein.[31]

Ein letztes Mal versucht es Wirecard mit einer Gegenattacke: Im
Hintergrund stünden wieder Shortseller, die Vorwürfe seien Un-
sinn. Die mehr als 300 000 Vertragskunden seien mit der eigenen
Technologie-Plattform verbunden, alle Umsätze liefen über sie. »Ich

kann Ihnen versichern: Alle unsere Geschäftsbeziehungen sind authentisch«, sagt Braun dem *Handelsblatt* Anfang November. Und Dubai würde im Rahmen der Konzernprüfung durch EY geprüft. Zu den 34 Kundennamen hat Braun eine überraschende Erklärung: Dabei handle es sich gar nicht um die Namen echter Händler. Stattdessen verbärgen sich dahinter »Kundencluster« mit je Tausenden Einzelkunden.[32]

## Softbank und Sonderprüfung

Und Braun zieht wieder ein Kaninchen aus dem Hut: den großen japanischen Technologieinvestor Softbank. Deren Investoren und Manager hatten Wirecard per Wandelanleihe 900 Millionen Euro zur Verfügung gestellt. Die Ratingagentur Moody's hatte Wirecard zuvor ein »Baa3«-Rating verpasst, also den Konzern als »durchschnittlich gute Anlage« klassifiziert.[33] Der Aktienkurs schnellt nach der Softbank-Ankündigung wie gewünscht nach oben. Die Hoffnung: Softbank kann aus seinem Portfolio an Technologieunternehmen neue Kunden vermitteln.

Aber die neuen Geldgeber üben auch Druck aus, die *FT*-Vorwürfe endlich zu klären, wie aus einem Schreiben vom 18. Oktober 2019 zu entnehmen ist. »Hallo Markus«, heißt es darin. »Der Einfachheit halber haben wir nachfolgend die Vorgehensweise aufgeführt, die Du und der Vorstand dringend prüfen müssen.« In der Folge zählt Softbank sechs Punkte auf, darunter die Benennung eines Untersuchungsgremiums, das vollen Zugang zu allen Dokumenten hat, die Berufung eines der großen vier Wirtschaftsprüfer (nicht jedoch von EY) und die Veröffentlichung der Ergebnisse. »Vorwürfe gegen das Unternehmen, die nach der Veröffentlichung der testierten Jahresbilanz 2018 weiter anhielten, sowie unser Investment haben uns dazu veranlasst, auf eine unabhängige Prüfung zu drängen«, erklärt ein Sprecher von Softbank Investment Advisers später. Druck übt auch der Aufsichtsrat unter dem neuen Vorsitzenden Thomas Eichelmann aus. Der frühere Deutsche-Börse-Vorstand ist erst im

Sommer 2019 in das Kontrollgremium eingezogen – und der erste, der dem übermächtigen Patriarchen Braun die Stirn bietet. Auch Eichelmann drängt auf eine Sonderprüfung der Vorwürfe und einen scharfen Prüfauftrag.

Der Vorstand gibt dem Druck schließlich nach und beauftragt KPMG mit einer Sonderprüfung der Jahre 2016 bis 2018. Wie nötig das ist, zeigt im November ein Bericht des *Handelsblatts*. Demnach hat EY in Singapur der wichtigen Asien-Tochter des Konzerns das Testat verweigert, unter anderem wegen fehlender Dokumente. Es sind harsche Worte, die die Prüfer wählen: »Wir können weder die Angemessenheit, Vollständigkeit und Richtigkeit des Jahresabschlusses feststellen, noch können wir den Umfang möglicher Anpassungen abschätzen, die in Bezug auf den Jahresabschluss der Gesellschaft erforderlich sein könnten.« Das Urteil ist nicht weniger als ein Menetekel, ein Vorzeichen des Kommenden.[34]

Die Sonderprüfung durch KPMG, die mit rund 40 Experten anläuft, leitet Wirecards Endspiel ein. Im Gegensatz zum langjährigen Bilanzprüfer EY prüft KPMG nun mit größter Sorgfalt und geht dabei auch gezielt Hinweisen auf Betrug, Vermögensschäden, Korruption und Bilanzmanipulation nach. Dabei werfen insbesondere die Treuhandkonten Fragen auf. Datenspezialisten durchwühlen zudem ab Oktober 2019 die Zahlungsströme. 200 Millionen Datensätze fallen bei Wirecard angeblich innerhalb eines Monats an.

»Wie tiefgehend der Prüfauftrag formuliert war, war Braun möglicherweise nicht bewusst«, sagt Aufsichtsratschef Eichelmann heute. »Ich erinnere mich, wie Braun mehrfach den Vorschlag gemacht hat, die Sonderprüfung zu unterbrechen, um den Jahresabschuss fertigzustellen, da beides zusammen die Firma zu sehr belasten würde. Für mich war das nicht diskussionswürdig.«

Der 74-seitige Prüfbericht, der im April 2020 nach mehrmaliger Verschiebung veröffentlicht wird, ist für Wirecard ein Desaster: Zwar finden die Prüfer keinen Beweis für den Vorwurf der Bilanzfälschung, aber die Umsatzerlöse zwischen Drittpartnern und Wirecard-Töchtern in Dubai, Irland und Aschheim werden infrage gestellt. Für den Zeitraum 2016 bis 2018 könnten dazu keine gesicherten Aussagen getroffen werden, vielmehr liege ein »Untersuchungshemmnis« vor. Die Existenz eines Konzernvermögens von einer Milliarde Euro, das Ende 2018 auf Treuhandkonten in Singapur liegen soll, kann KPMG ebenfalls nicht bestätigen. Darüber hinaus bemängeln die Prüfer die interne Organisation des Konzerns und die fehlende Bereitschaft von Drittpartnern, umfassend mitzuarbeiten. Transaktionsdaten für 2016 bis 2018 fehlten ebenso wie Verträge zwischen den Drittpartnern und Händlern sowie Kontoauszüge und Bankbestätigungen zu Treuhandkonten. Nach Veröffentlichung des Berichts bricht der Aktienkurs von Wirecard bis Börsenschluss um rund 26 Prozent ein.

Es beginnen die letzten Wochen von Wirecard. Die Bafin zeigt Braun und den gesamten Vorstand wegen des Verdachts auf Marktmanipulation an. Lange hatte die Behörde mit dem Unternehmen gekuschelt – jetzt argwöhnen die Aufseher, Wirecard habe im Rahmen der KPMG-Prüfung irreführende Angaben gemacht und dadurch den Börsenkurs manipuliert. Dennoch empfiehlt Braun noch im Juni den Kauf der Aktie. Viele Geschäftsfreunde und enge Mitarbeiter haben selbst in Wirecard investiert. Als sie Braun fragen, ob es Probleme gebe, winkt der ab. Die Turbulenzen seien nur vorübergehend, bald schon werde der Kurs bei 200 Euro liegen. Es kommt anders.

Recherchen von *WirtschaftsWoche* und *Handelsblatt* zeigen, dass gerade die angeblich so seriösen Treuhänder tatsächlich eher windige Gestalten sind. Der alte Treuhänder in Singapur, Citadelle, ist abgetaucht, der neue Treuhänder in Manila, Mark Tolentino, ist ein wegen Unregelmäßigkeiten geschasster Beamter mit ehemals guten Verbindungen zum schießwütigen philippinischen Präsidenten Rodrigo Duterte.

Aus den 1,0 Milliarden Euro in Singapur Ende 2018 sollen Ende 2019 bereits 1,9 Milliarden Euro geworden sein. Doch als der Jahresbilanzprüfer EY dank der Sonderprüfung von KPMG endlich aufwacht und deren Existenz verifizieren will, kommt es zum Desaster. Zwar händigen Vertreter der beiden Banken BPI und BDO bei einem Vor-Ort-Besuch in Manila im März 2020 entsprechende Bankbestätigungen aus, die Wirecard auch interessierten Journalisten vorzeigt. Aber dann geht etwas schief. Als die Testüberweisungen über jeweils 110 Millionen Euro ausbleiben und sich am Ende auch die Bankbestätigungen als gefälscht erweisen, gibt es keine Rettung mehr. Dan McCrum sollte recht behalten: Das »House of Wirecard« kollabiert. Viele Anleger verlieren ihre Ersparnisse, viele Mitarbeiter Job und Stolz, viele Fragen bleiben offen.

Gibt es eine tiefere Wahrheit im gigantischen Lügenkonstrukt Wirecard? Manche Insider glauben, es habe keinen großen Masterplan gegeben. Vielmehr seien der Konzern und seine Führung praktisch durch List und Glück die Treppe nach oben gefallen, die ihnen das System bereitet habe. Am Ende hätten sie sich die Taschen vollgemacht und seien vom plötzlichen Absturz selbst überrascht worden. Andere sehen durchaus eine Strategie am Werk, den finanzkapitalistischen Traum. Ein hochrangiger Manager erklärt, der Konzern habe seine Bilanzen aufgebläht, um bedeutender zu erscheinen – in der Hoffnung, am Ende Amazon, Uber und Co. als Kunden zu gewinnen. Wären erst einmal die Milliarden der großen Internetunternehmen über die eigene Plattform geflossen, hätte man die fehlenden 1,9 Milliarden Euro wieder auftreiben können, so seine Theorie. Um dieses Ziel zu erreichen, sei die Jagd nach schnellem Wachstum alles gewesen. »Wirecard war 20 Jahre auf ein Ziel gepolt: Wir müssen der größte Fisch im Teich werden, und zwar so schnell wie möglich«, sagt er. »Eigentlich war es eine riesige Wette.« Mit der Insolvenz im Juni 2020 ist diese Wette endgültig fehlgeschlagen. Der Kollateralschaden ist gewaltig.

### Gigantischer Kollateralschaden

»Schande«, ein »totales Desaster«, sagt Deutschlands oberster Bankenaufseher Felix Hufeld, der Chef der Bafin, nach dem Absturz. »Wir befinden uns mitten in der entsetzlichsten Situation, in der ich jemals einen Dax-Konzern gesehen habe.« Die echten, namhaften Wirecard-Kunden wie Aldi, Deutsche Telekom, Vodafone oder KLM fürchten im Sommer 2020 um ihr Geld, wechseln in Scharen, was den Untergang besiegelt.

Bis auf die Knochen blamiert ist der deutsche Finanzplatz. Die Aufsichtsbehörde Bafin nahm viele Jahre Warnungen von Short-sellern, Whistleblowern und der *Financial Times* nicht ernst (siehe Kapitel 5.1). Noch heute verteidigt sie ein 2019 erlassenes Leerver-kaufsverbot, das den Anschein erweckte, sie stehe auf der Seite von Wirecard. Finanzminister Olaf Scholz stellte sich zunächst vor die Bafin, sagte, sie hätte »ihren Job gemacht«. Dann schwenkte der SPD-Politiker aber schnell um: Fehler müssten »schleunigst identifi-ziert und abgestellt werden«.

Vielen deutschen Start-ups droht mit dem Fall Wirecard das Ver-siegen von Finanzquellen: Welcher ausländische Investor würde noch in deutsche Firmen investieren, wenn man sich weder auf die staatliche Aufsicht noch auf die Politik oder die Wirtschaftsprüfer verlassen könne, heißt es in London und New York.

Besonders im Kreuzfeuer stehen die Wirtschaftsprüfer von EY. Aufgrund des eigenen Versagens geht es für sie nun um die Existenz (siehe Kapitel 4.2). Umsatz und Gewinn lassen sich als Bilanzgröße vergleichsweise leicht manipulieren, aber Cash keineswegs. Warum vergewisserte sich EY nicht frühzeitig bei den Treuhändern, ob das Geld tatsächlich vorhanden ist? »Es gibt klare Anzeichen dafür, dass das ein aufwendiger und ausgeklügelter Betrug war, in den unter-schiedlichste Parteien rund um die Welt aus verschiedenen Institu-tionen involviert waren, mit dem Ziel der Täuschung«, verteidigt sich die Deutschland-Tochter von EY. Doch das reicht als Erklärung nicht – ihre Rolle gerät immer mehr ins Zwielicht.

Sie alle, Prüfer, Aufseher und die Politik, Banken, Anleger und das Finanzsystem als Ganzes hätten gewarnt sein können. Warum die frühen Kritiker übergangen wurden, die zentralen Akteure ver-sagt haben, kurz: wie es so weit kommen konnte, dass der größte Bilanzbetrug der Nachkriegszeit über viele Jahre hinweg unbemerkt bleibt, das klären die folgenden Kapitel.

# 3 Bananensystem Deutschland: Ein Finanzplatz will betrogen werden

## 3.1 Die Kritiker – Verdächtigt und verstummt

Es ist ein schöner Sommertag im Juli 2008, als der Angriff passiert. Tobias Bosler arbeitet in seinem Büro am Münchner Platzl. Hier, wo das berühmte Hofbräuhaus steht, Alfons Schuhbeck Gewürze verkauft und man die Glocken von St. Peter hört, ist die Welt noch in Ordnung, könnte man denken. Das Gewerbegebiet im Münchner Speckgürtel, wo Wirecard sitzt, ist weit weg. Und doch wird das, was an diesem Tag passiert, Tobias Bosler für lange Zeit prägen. Bosler ist Shortseller, das heißt, er verdient sein Geld mit Wetten auf fallende Aktienkurse. Schon als Student hat er für die Schutzgemeinschaft der Kapitalanleger (SdK) gearbeitet, kleinere Bilanzskandale aufgedeckt. »Ich habe ein Gespür dafür, wenn in Bilanzen etwas falsch läuft«, sagt Bosler.

Seit einiger Zeit hat er Wirecard auf dem Radar: Dass der Konzern das neue, harte Vorgehen der US-Behörden gegen das Geschäft mit Online-Poker und -Glücksspiel anscheinend problemlos überstanden hat, kann nach Bosler nicht stimmen. Er weiß, wie wichtig die Branche für Wirecard ist. Bosler wettet auf einen Kursverfall. Doch der Konzern bekommt Wind von seiner kritischen Haltung und den von ihm aufgebauten Short-Positionen. Und reagiert scharf.

Ein Bekannter ruft Bosler an, der Hausanwalt von Wirecard. Nach seiner Darstellung warnt er Bosler lediglich, dieser empfindet das Gespräch jedoch eher als Drohung. Er werde in Kürze Besuch bekommen, so der Anwalt. Und tatsächlich: Kurz darauf stürmen mehrere Muskelmänner die Treppe zu seinem Büro hinauf, darunter der bekannte Boxer Ö., ein Geschäftsfreund des Wirecard-Anwalts. »Die waren schwarz angezogen, hatten das Hemd aufgeknöpft und die Ärmel hochgekrempelt, Brusthaare raus, Goldkette«, erinnert sich Bosler.

Ö. drückt ihn an die Wand, Nasenspitze auf Nasenspitze. Dann schlägt er mit der Faust knapp an Boslers Gesicht vorbei in den Putz. Ö. warnt, er hätte wegen Bosler viel Geld mit Wirecard-Aktien verloren. Sein Begleiter droht:»In der Türkei macht man Leute für weniger als 1000 Euro kalt.« Als Kollegen auf Boslers Büroetage auf die Attacke aufmerksam werden, ziehen sich die Besucher zurück.

Boslers Stimme zittert bis heute, wenn er von dem Angriff erzählt.»Ich habe gedacht, ich bin im falschen Film. Ich bin ein ganz normaler Aktienanalyst, ein ganz normaler Aktieninvestor. Ich habe das zwar damals schon sehr lange gemacht, aber dass man mir einen Schlägertrupp ins Büro schickt, das war mir komplett neu.« Seine Kollegen verständigen die Polizei.»Die Polizisten haben mich dann gefragt, was da los ist. Ich habe es erläutert und die haben mich dann noch gefragt, ob ich Anzeige erstatten will. Da hab' ich gesagt: Das muss ich mir erst noch überlegen«, sagt Bosler. Er habe es sich überlegt – und davon Abstand genommen.»Ich habe keine Anzeige erstattet, weil ich einfach Angst hatte«, erzählt er heute. Das Vorstrafenregister des Boxers sei lang genug gewesen.

Bosler wird später in einem anderen Fall wegen Kursmanipulation verurteilt. Er habe nicht ausreichend darauf hingewiesen, dass er selbst mit Aktien spekulierte, über die er in Börsenbriefen schrieb, urteilte das Gericht 2012.»Es gab Risikohinweise«, verteidigt sich Bosler,»dass Mitwirkende die Aktien selbst halten. Der bestehende Hinweis ging dem Gericht allerdings nicht weit genug.«[1] Bosler ließ sich auf einen Deal mit der Justiz ein, akzeptierte eine Gefängnisstrafe, um das jahrelange Verfahren zu beenden, wie er heute sagt. Er glaubt, der Justiz sei es darum gegangen, ein Exempel zu statuieren. Und legt Wert darauf, nie wegen seiner Wetten gegen Wirecard verurteilt worden zu sein. Nach dem Besuch des Boxers lässt Bosler dennoch die Finger vom Konzern und stellt die Warnungen vor einem Wirecard-Investment ein – auch wenn er, rückblickend, auf der richtigen Spur war.

## Shortseller, Testkäufe und verschwiegene Probleme

»Ganz ehrlich, ich habe sofort gedacht, das ist Betrug«, sagt Bosler heute über Wirecards Agieren in den Nullerjahren. »Die gesamte Branche hat gewusst, dass Wirecard in den USA Poker-Webseiten abrechnet. Das war ja auch alles in Ordnung. Bis zum Oktober 2006, da war es eben verboten.« Die Folge: Eigentlich wären Wirecard »wahrscheinlich 90 Prozent des Gewinns weggebrochen«, so Bosler. »Denn in diesem Poker-Bereich wurden die höchsten Margen gezahlt.«

Doch real passierte etwas anderes. Wie sich 2008 zeigte, brach der Cashflow von Wirecard zwar ein – von 96 Millionen Euro in 2007 auf minus 27 Millionen Euro im ersten Quartal 2008. Doch der Gewinn stieg weiter, auf rund 49 Millionen Euro.

2010 sollte sich das Muster wiederholen. In diesem Jahr wird der Deutsche Michael S., der unter anderem für Wirecard tätig ist, in Florida verhaftet (siehe Kapitel 2.2). Die Zahlungsabwicklung für Online-Poker-Seiten stockt, was sich auch am Wirecard-Cashflow zeigt: Dieser bricht von rund 66 Millionen Euro im Jahr 2009 auf knapp minus 24 Millionen Euro in 2010 ein. Auch 2011 liegt er mit 45 Millionen Euro immer noch unter dem Ausgangsniveau. Ganz anders hingegen entwickelt sich erneut der Gewinn: Das ausgewiesene EBIT steigt von gut 56 Millionen Euro (2009) über 67 Millionen Euro (2010)[2] auf knapp 76 Millionen Euro (2011).[3]

Boslers Rückschluss: Wirecard musste »einen Umgehungsmechanismus« erfunden haben und die Geldströme anderweitig abwickeln – nicht mehr innerhalb der Aschheimer Systeme, sondern mit der Hilfe von Tochtergesellschaften und Drittfirmen im Ausland. Und genau dieses Vorgehen sei eben kriminell, so Bosler.

Bosler startete einen Testlauf: »Wir hatten damals einen Bekannten, der US-Bürger war. Er hätte kein Geld einzahlen dürfen auf einer Poker-Website, weil das verboten war. Wir haben es probiert, und es hat trotzdem funktioniert.« Interessant war, was auf der Kreditkartenabrechnung stand: Der Empfänger des Geldes war demnach nicht der Poker-Anbieter, sondern ein angeblicher Online-

Handy-Shop aus Frankreich, wie sich Bosler erinnert. Bei anderen Transaktionen standen plötzlich vermeintliche Blumenläden auf der Abrechnung, die massenhaft zur Abrechnung von illegalem Glücksspiel verwendet wurden. »Das heißt, Mastercard oder Visa, die großen Kreditkartenfirmen, wurden gezielt von Wirecard getäuscht«, sagt Bosler. Nur selten fiel das auf. So zahlte Wirecard eine zweistellige Millionensumme an Vertragsstrafen an Visa und Mastercard, was einem Großteil des ausgewiesenen Gewinns entsprach. Die Öffentlichkeit erfuhr davon jedoch nichts.

Bosler gab 2008 zwar keine Anzeige gegen den Boxer auf, den Wirecard vorbeigeschickt hatte. Dafür stellte er 2010 eine Strafanzeige gegen den Konzernvorstand selbst, wegen »Geldwäsche in Milliardenhöhe«. Doch die Ermittlungen in München verlaufen im Sande. Der junge, für die Geldwäscheanzeige zuständige Staatsanwalt – heute Leiter eines bayerischen Ministerbüros – tauscht sich regelmäßig mit dem Staatsanwalt aus, der gegen Bosler wegen der angeblichen Kursmanipulation in den Börsenbriefen ermittelte. Vor einem konsequenten Vorgehen gegen Wirecard schrecken die Ermittler zurück.

Im Netz, im Börsenforum *Wallstreet Online*, kursiert damals ein Mastercard-Schreiben an Wirecard, das die Vertragsstrafe wegen der Umdeklarierung von Zahlungen adressiert. Bosler bezog sich darauf in seiner Anzeige. Doch den Hintergründen nachzugehen trauen sich die Staatsanwälte nicht. »In Rücksprache (…) wurde entschieden, entgegen dem Auftrag vom 5.5.2010 nicht nur nicht an Wallstreet online heranzutreten, sondern auch nicht an Mastercard«, heißt es in einem Vermerk. »Es ist zu fürchten, dass eine Anfrage publik würde.« Bosler hält das bis heute für einen Skandal: »Statt sich ernsthaft mit den kritischen Vorwürfen auseinanderzusetzen, hockte die Staatsanwaltschaft wie das Kaninchen vor der Schlange.«

Fakt ist: Die Sorge, durch konsequente Ermittlungen am sauberen Image des deutschen Tech-Wunderkindes zu kratzen, scheint in München schwer zu wiegen. Der Konzern wird sich das lasche Vorgehen der Staatsanwaltschaft merken – und ab da noch skrupelloser agieren.

Bosler glaubt, dass Wirecard nach 2010 dazu übergegangen ist, nicht mehr nur mit schmutzigen Geschäften Geld zu verdienen, sondern Umsätze gleich ganz zu erfinden. Die Gründung von Auslandsgesellschaften, die Zusammenarbeit mit Partnern, um Zahlungen zu verschleiern: »Das ist alles ein Riesenaufwand. Viel einfacher ist es doch zu sagen: Ich habe hier eine Million Gewinn gemacht mit einer Firma, die es gar nicht gibt. Da muss ich nämlich gar nichts machen. Da muss ich nur diese Behauptung aufstellen und dann noch einen Kontoauszug fälschen«, vermutet der Shortseller. »Das war für Wirecard wesentlich einfacher.«

### Der Pädagoge und die Sex-Dialer

Über die Jahre gibt es viele Beobachter, die sich mit Wirecard anlegen: Shortseller wie Tobias Bosler. Anlegeraktivisten wie die Schutzgemeinschaft der Kapitalanleger. Anonyme Investoren, die Enthüllungsberichte veröffentlichen. Skeptische Analysten, die vom Kauf der Aktie abraten. Und kritische Journalisten wie Heinz-Roger Dohms, der im *Manager-Magazin* die Bilanz 2015 auseinandernimmt. Viele landen auf einer internen »Blacklist« des Konzerns, auf der dieser seine Kritiker sammelt. In der Summe dringen sie nicht durch.

Schuld daran ist auch ein wiederkehrendes, über die Jahre immer weiter perfektioniertes Muster, nach dem Wirecard mit kritischen Stimmen umgeht: Skeptikern wirft der Konzern unlautere Eigeninteressen vor, sich selbst stellt er als Opfer dar. Nicht jeder Kritiker erhält gleich Besuch von Schlägertrupps oder Detektiven. Aber alle bekommen scharfe Gegenwehr durch den Konzern – der dabei auch auf die Hilfe der Behörden bauen kann.

Einer der ersten Beobachter, der Wirecards Agieren kritisch unter die Lupe nimmt und an der Brandmauer um den Konzern scheitert, ist ein ungewöhnlicher Mann. Thomas Brunner* ist Pädagoge, ar-

---

\* Name geändert

beitet mit Problemkindern. In seiner Freizeit widmet er sich Problemfirmen. Brunner tauscht sich mit Gleichgesinnten in einem Verbraucherschutzforum aus. Als sein Neffe im August 2003 eine exorbitante Telefonrechnung verursacht, wird er auf das junge Unternehmen und sein Geschäft mit den Pornozahlungen aufmerksam.

Das Geschäft mit Web-Einwahlsoftware sei »Abzocke und Betrug an Verbrauchern« gewesen, sagt Brunner heute. Die sogenannten Dialer leiten Internetnutzer auch ohne ihre Zustimmung auf teure 0190er-Nummern weiter, unter anderem von »russischen Pornoseiten der widerlichsten Sorte.«

Wirecard lässt Brunner nicht mehr los – in den kommenden Jahren bleibt er am Konzern dran. Für Wirecard-kritische Journalisten ist sein Archiv an Pressemitteilungen, Konzernverlautbarungen und sonstigen Dokumenten eine wichtige Quelle. Brunner weiß oft mehr als die zuständigen Beamten der Finanzaufsicht, obwohl er den Fall Wirecard nur als Hobbyrechercheur verfolgt.

Der kritische Beobachter mit dem großen Dokumentenarchiv kauft in all den Jahren seiner Beschäftigung mit dem Konzern nur eine einzige Wirecard-Aktie – die erlaubt es ihm, die Hauptversammlung zu besuchen. Als er das Papier schließlich mit Gewinn verkauft, spendet er das Geld: »Ich wollte mit Wirecard keinen Cent verdienen«, sagt Brunner.

Es sind seine gleichgesinnten Kollegen im Verbraucherschutzforum, mit denen er kritisch auf Wirecard schaut, die den Konzern erstmals öffentlich unter Druck setzen. 2008, Wirecard verzeichnet einen Umsatz von 200 Millionen Euro, kritisiert ein Bekannter von Brunner im größten deutschen Börsenforum *Wallstreet Online* nicht nur Wirecards Geschäftsstrategie, sondern auch die Bilanzierung. So sei Wirecard in Geldwäsche für illegale US-Kasinoseiten verwickelt. Außerdem berichte der Konzern intransparent über sein Business. Geldflüsse würden falsch kategorisiert, zudem sei unklar, welcher Teil des ausgewiesenen Vermögens Wirecard gehört und welcher den Kunden.

Hinzu kommen weitere Vorwürfe: So tätige Wirecard sonderbare Transaktionen kurz vor dem Bilanzstichtag. Und warum leiht sich der Konzern wiederholt frisches Geld, obwohl die Cash-Bestände und Gewinne doch angeblich so hoch sind?

Die Folgen des Beitrags sind gravierend. Brunners Bekannter wird von der Staatsanwaltschaft München vorgeladen. Die Ermittler führen ihn als Zeugen, aber sagen ihm: Wirecard wolle seine Identität in Erfahrung bringen, um ihn in Grund und Boden zu klagen. Der Bekannte löscht seinen Forumszugang, taucht ab. Brunner ärgert das bis heute: »Wie kann es sein, dass ein einfacher Forennutzer wegen eines Posts zur Staatsanwaltschaft muss? Was ist das für ein Unternehmen, das so aggressiv gegen kritische Stimmen vorgeht?«

Der Interneteintrag verbreitet sich 2008 dennoch. Markus Straub greift ihn auf, der stellvertretende Vorsitzende der Schutzgemeinschaft der Kapitalanleger (SdK), für die auch Tobias Bosler arbeitet. Öffentlich wirft er Wirecard Bilanzmanipulation vor, gemeinsam mit der Privatbank Sal. Oppenheim. Die Aktie fällt um 70 Prozent.

Die Reaktion des Unternehmens kommt prompt – und wird sich in den Folgejahren wiederholen: Wirecard wirft Straub vor, durch Insiderhandel in die eigene Tasche zu wirtschaften, verdächtigt ihn der Zusammenarbeit mit Hedgefonds. Später werden SdK- und Sal. Oppenheim-Verantwortliche der Marktmanipulation angeklagt. Nach drei Jahren werden Straub und ein weiteres SdK-Mitglied in einem anderen Fall verurteilt. Wirecards Rechtschefin wird im Gespräch mit den Behörden auf Beispiele wie dieses immer wieder hinweisen.

Die Kritiker sind diskreditiert – die Kritik verstummt nicht. In den Folgejahren kommt sie jedoch größtenteils aus anonymen Quellen.

Im selben Jahr, in dem Tobias Bosler Strafanzeige gegen den Konzern stellt, erhält Wirecard Gegenwehr von anderer Seite. Im April 2010 wirft die kleine Finanznachrichtenseite *Goldman Morgenstern & Partners* (*GoMoPa*) Wirecard erneut Geldwäsche für verbotene Glücksspielseiten vor. Die Aktie fällt um über 30 Prozent, die Aufsicht ermittelt, doch auch dieses Verfahren wird eingestellt.

In den Folgejahren werden wiederholt Betrugsvorwürfe gegen Wirecard laut. Zweifel an der Bilanzierung schüren 2016 etwa der bis dato unbekannte Analysedienst »Zatarra« und 2018 die ebenfalls aus dem Nichts auftauchende *Southern Investigative Reporting Foundation*. Erneut wetten Hedgefonds auf fallende Kurse, erneut stehen die anonymen Autoren der kritischen Berichte im Verdacht, mitzuspekulieren.

## Der lange Arm des Konzerns

Die Schutzgemeinschaft der Kapitalanleger leidet bis heute unter dem Skandal um ihre früheren Mitglieder. Als die SdK kurz vor Weihnachten 2019 ihr traditionelles »Schwarzbuch Börse« präsentiert, fehlt der Name Wirecard zur Verwunderung vieler Journalisten. Die sonst so wortgewaltigen Aktionärsschützer geben sich, ein halbes Jahr vor dem Untergang des Konzerns, schmallippig. Der SdK-Vorsitzende Daniel Bauer gibt schließlich eine Erklärung ab, die mit den fast zwölf Jahre zurückliegenden Ereignissen zu tun hatte: »Das hätte uns als SdK damals beinahe zerrissen«, erinnert sich Bauer. Daher beziehe sein Verein seit 2008 keine Stellung mehr gegen Wirecard. »Wir haben die Auseinandersetzung mit Wirecard als sehr unangenehm empfunden.«

Wirecards Arm ist lang, wie in den Folgejahren viele Journalisten, Anleger und Skeptiker bemerken müssen. Die Anwälte des Konzerns melden sich schon bei Kleinigkeiten. Manche kritische Investoren und Journalisten werden sogar beschattet.

Ein Beschattungsplan eines Detektivbüros vom März 2016, erstellt nach Erscheinen des »Zatarra«-Reports, enthält zahlreiche Namen von Zielpersonen sowie Vorschläge zu in Deutschland illegalen Ausspähpraktiken, darunter auch Telefonüberwachungen. Der Ersteller ist unbekannt.[4] Benannt wird unter anderem *Financial-Times*-Reporter Dan McCrum. Auch Michael Hedtstück wird als Zielperson auserkoren, der Chefredakteur des *Finance*-Magazins aus dem F.A.Z.-Verlag. Er hatte früh Wirecards Erfolgsmeldungen hinterfragt und schon 2016 die zentralen Abgründe benannt: Hedtstück kritisierte die »schwere Durchschaubarkeit« des Konzerns, »illegale Transaktion«, überteuerte Zukäufe und den »sehr hohen Anteil« von immateriellen Vermögenswerten am Eigenkapital. Prompt gerät er ins Fadenkreuz: Hedtstück habe »mehrfach über WC [Wirecard] ›negativ‹ berichtet«, heißt es im Beschattungsplan.

Wirecard streitet zunächst jede Beteiligung ab. Erst 2019 gesteht der Konzern auf *Handelsblatt*-Anfrage ein, in einem anderen Fall aus dem Jahr 2016 hätten sich beauftragte Sicherheitsberater »bedauerlicherweise verselbstständigt« und eine Beschattung initiiert. »Wir bestätigen, (…) dass private Ermittler nach der Veröffentlichung des Zatarra-Berichts am Mittwoch, dem 8. Dezember 2016, eine eingeschränkte und rechtmäßige Überwachung durchgeführt haben«, heißt es konkret in einem Schreiben der beauftragten Kanzlei. Es sei jedoch lediglich darum gegangen, die Anwesenheit des Investors – des Shortsellers Fraser Perring, wie im Zusammenhang klar wird – zum Empfang eines Schreibens sicherzustellen. Wirecard betont, der Vorgang sei »einmalig« und entspreche nicht der Firmenpolitik.

Tatsächlich agieren Wirecard und seine Helfer auch in den Folgejahren nicht zimperlich: Im Dezember 2019 meldet die *Financial Times*, dass ein früherer Topagent des libyschen Geheimdienstes namens Rami El Obeidi 2019 gegen Hedgefonds ermitteln ließ, die auf einen Kursverfall bei Wirecard spekulierten. Obeidi sei selbst Aktionär von Wirecard. Laut *FT* ließ er mit der Hilfe zweier Detekteien aus London und Manchester zahlreiche Investoren ausspionieren. Unter anderem in den Fokus gerieten demnach der Hedgefonds-Manager Crispin Odey, der Aktienspekulant Nick G. sowie erneut die Co-Autoren des »Zatarra«-Berichts. Obeidi habe nach Beweisen dafür gesucht, dass der Kurs der Wirecard-Aktie manipuliert worden sei, heißt es,

Nick G. war im Juli 2019 in die Schlagzeilen geraten, nachdem Wirecard in einem Brief an die *FT* behauptet hatte, »unwiderlegbare Beweise für eine Zusammenarbeit zwischen Mitarbeitern der Financial Times und Shortsellern« zu besitzen. Demnach hätten geheime Audioaufnahmen G.s Verbindung zu der Zeitung unter Beweis gestellt. Wahrscheinlich ist, dass Obeidi Nick G. ausspionieren und die Audioaufnahmen anfertigen ließ. Unwahrscheinlich ist, dass bei Wirecard niemand frühzeitig davon wusste.

Beobachter zweifelten schon 2019 daran, dass die Überwachung kritischer Investoren eigenmächtig in Auftrag gegeben worden sein könnte. So hielt Volker Brühl, Geschäftsführer des Center for Financial Studies der Frankfurter Goethe-Universität, diese Darstellung für »unrealistisch«: »Eine auch nur halbwegs renommierte Kanzlei würde sich nie entscheiden, eine solche Operation eigenmächtig durchzuführen. Eine solche Entscheidung wird grundsätzlich mit dem Auftraggeber abgesprochen, schon allein, um einen eigenen Reputationsschaden zu verhindern«, erklärte Brühl. Er sollte recht behalten: Wie interne E-Mails und Honoraraufstellungen nach dem Untergang belegten, arbeitete eine ganze Armada an Beratern und Kanzleien im Auftrag des Konzerns daran, Kritiker anzuschwärzen und Wirecard in ein besseres Licht zu stellen.

## Erzfeind Fraser Perring

Ziel der einzigen von Wirecard offiziell eingestandenen Beschattung, der von 2016, ist Fraser Perring, der vielleicht effektivste Kritiker des Konzerns. Der Brite hat nach eigener Angabe 393 Todesdrohungen wegen Wirecard erhalten. Früher agierte Perring anonym, etwa bei der Veröffentlichung des »Zatarra«-Reports. Heute führt er eine eigene Analysefirma, genannt »Viceroy« (Vizekönig). Neben Wirecard attackierte Perring unter anderem 2017 den Möbelkonzern Steinhoff und behielt auch dort weitgehend recht. Die Staatsanwaltschaft ermittelte, Anleger verloren beim Kurssturz ein Vermögen. Zuletzt legte er sich mit dem Baden-Badener Leasing-Spezialisten Grenke an.[5]

Perring, 47 Jahre alt, kommt aus Canterbury im Südosten Englands und war mehr als ein Jahrzehnt Sozialarbeiter. 2012 verlor er seinen Job und begann, Bilanzen zu analysieren und zu investieren. In den ersten drei Monaten seiner Zeit als Vollzeitinvestor habe er mehr Geld verdient als in einem Jahrzehnt in der Sozialarbeit, sagt er. Bei Wirecard hat er sehr viel verdient – und einen langen Atem bewiesen: 2016, nach der Publikation des »Zatarra«-Reports, brach der Wirecard-Kurs um ein Viertel ein. Aber es sollte noch weitere vier Jahre dauern, bis der Konzern endgültig stürzte.

»Ich habe zwar keinen Abschluss in Betriebswirtschaft oder so«, sagt Perring heute. »Aber ich habe ein ganz gutes Gefühl für Finanzfragen und ich kann Manipulation praktisch riechen. Was wir tun, kann nicht jeder. Wir haben diesen offensichtlichen und glasklaren Betrug eindeutig erkannt.« Vor der Publikation des »Zatarra«-Reports habe er über fünf Monate lang recherchiert, vor allem in Asien, so Perring. »Wir haben in Hongkong recherchiert, in Neuseeland, in Zypern. Wir haben uns fast alle Bereiche von Wirecard angesehen. Und überall, wo wir reingeschaut haben, gab es Probleme.«

Perring schreibt den 100 Seiten starken »Zatarra«-Report nicht allein. Mit an Bord ist der britische Analyst und Shortseller Matthew Earl. Gemeinsam werten sie die öffentlich zugänglichen Wirecard-Bilanzen aus, Protokolle von Jahreshauptversammlungen, Lebensläufe des Topmanagements sowie von Geschäftsführern, dazu Bilanzen der Tochterfirmen in Asien. Ihr Fazit ist klar: Wirecard betreibt Geldwäsche im großen Stil und kauft Unternehmen zu völlig überhöhten Preisen.

»Das waren Gauner«, sagt Perring über die Wirecard-Führung. Bei vielen Vorgängen im Konzernnetzwerk hätten Kriminelle ihre Finger im Spiel gehabt. »Und es gab immer zwielichtige Deals um die Käufe von Firmen oder Firmenanteilen. Ich war wirklich geschockt«, erklärt Perring, der auch in seinen Analysen gerne drastische Worte wählt, um ihre Wirkung zu steigern, und dabei manchmal übers Ziel hinausschießt.

Wie Bosler glaubt auch Perring, dass die Wirecard-Führung schon früh in der Firmengeschichte auf unlautere Methoden gesetzt hat. »Aus meiner Sicht war es so: Sie haben von Anfang an ein Netz aus Lügen gesponnen und das immer größer und enger gestrickt. Auch wenn sie sich manchmal sogar selbst widersprochen haben: Sie haben an den Lügen gnadenlos festgehalten.« Die Maxime sei gewesen: »Solange wir nicht die Wahrheit sagen, kommen wir damit durch. Und das sind sie auch, unserer Einschätzung nach mindestens 18 Jahre lang.«

Dass die »Zatarra«-Autoren parallel zur Veröffentlichung der eigenen Erkenntnisse auf einen Absturz der Wirecard-Aktie wetten, macht die Shortseller angreifbar, vor allem in Deutschland: Als Perring Wirecard beschuldigt, wird er nicht nur vom Konzern verklagt, sondern auch von der Finanzaufsicht Bafin angezeigt. »Ich dachte, die spinnen«, sagt Perring. »Die Bafin hätte doch froh sein können, dass wir ihre Arbeit machen.«

Und nicht nur die Bafin geht gegen Perring und Earl vor: Zur selben Zeit schickt ihnen Wirecard die Privatdetektive auf den Hals. Aktionäre bedrohen sie. Die Münchner Staatsanwaltschaft ermittelt wegen Kursmanipulation gegen Perring. Das Verfahren wird später gegen Zahlung einer fünfstelligen Summe an eine gemeinnützige Organisation eingestellt, Perring bleibt damit straffrei. Doch Wirecard hat sein Ziel erreicht: Der Ruf des Briten in deutschen Amtsstuben ist maximal beschädigt.

Das Vorgehen der Behörden sei skandalös gewesen und der »Zatarra«-Report trotz manch schriller Formulierung goldrichtig, sagt Perring heute. Vor einer anonymen Veröffentlichung Short-Positionen aufzubauen, sei legitim: Schließlich stecke viel Arbeit in den Reports. »Wenn Sie mich nach dem Timing fragen: Gibt es jemals einen guten Zeitpunkt, einen Bericht über kriminelle Aktionen und tiefgreifenden Betrug in einem Konzern zu veröffentlichen? Was hätten wir denn tun sollen: Den Bericht irgendwann veröffentlichen, wenn ihn keiner mehr liest?« Auch den Vorwurf der Einseitigkeit weist Perring zurück. »Überlegen Sie mal: Immer, wenn es schlechte Neuigkeiten zu Wirecard gab – wie viele Kaufempfehlungen gab es da?«, sagt der Brite unter Anspielung auf die Jubelarien der meisten Bankanalysten (siehe Kapitel 4.3). »Wir haben insgesamt 42 Kaufempfehlungen gesammelt. Das sollte man sich mal auf der Zunge zergehen lassen. Selbst zum Ende hin haben Analysten wie von Kepler Cheuvreux und anderen Banken noch ein Kursziel von um die 200 Euro ausgegeben.«

Man muss kein Fan von Fraser Perrings Methoden sein, um seine Arbeit zu respektieren. Er lag bei Wirecard richtig. Und sein Fall zeigt wie unter dem Brennglas, wie der Konzern über viele Jahre hinweg Kritiker erfolgreich mundtot macht: Wirecard stellt seine Jäger stets als Gejagte da, als von Eigeninteresse Getriebene – und zieht so erfolgreich viele Beobachter im börsenskeptischen Sparbuch-Deutschland auf seine Seite. Erstmals exerziert der Konzern das 2008 im Fall der SdK-Kritik durch, so erfolgreich, dass die Anlegerschützer zwölf Jahre lang verstummen. In den Folgejahren verfeinert der Konzern die Strategie immer weiter.

2018 erklärt Vorstandschef Braun im Interview, Wirecard sei seit Jahren Opfer von Spekulanten, die bösartige Gerüchte streuen. »Meine Botschaft war immer: Das ist nichts, worauf wir nur ansatzweise schauen sollten. Hin und wieder kann an der Börse kurzfristig spekuliert werden, mittel- und langfristig haben wir aber keinen Zweifel, dass sich unsere sehr starke Geschäftsentwicklung im Aktienkurs widerspiegelt.«

»Wir stellten zuletzt vermehrt verdächtige Aktivitäten fest«, raunt eine Sprecherin des Konzerns noch im Herbst 2019, als längst die KPMG-Sonderprüfung läuft. Wirecard sei bereits seit über einem Jahrzehnt immer wieder das Ziel von Hedgefonds, die auf fallende Kurse setzten und dabei unlauter arbeiteten. Insofern gelte auch für die aktuelle Kritik aus den Medien: alles altbekannt. Mit dieser Ablenkungstaktik kommt Wirecard jahrelang durch – und kann dabei allzu oft auf Schützenhilfe von Aufsehern und Staatsanwälten bauen.

### Anzeige gegen die *Financial Times*

Dan McCrum und Stefania Palma von der *Financial Times* spüren das am eigenen Leib. Nach den ersten kritischen Berichten in der britischen Wirtschaftszeitung stellt Wirecard Anfang 2019 Strafanzeige wegen angeblicher Marktmanipulation gegen die *FT*. Im März 2019 reicht der Konzern zudem eine Zivilklage vor dem Landgericht München gegen die Zeitung und McCrum ein.[6]

Der Verdacht: Die *FT*-Journalisten könnten sich mit Shortspekulanten abgesprochen haben. Der Autor dieses Buches kann die Klageschrift im April 2019 einsehen, damals unter der Bedingung, nicht aus ihr zu zitieren. Die beauftragte Münchner Großkanzlei fährt darin schwere Geschütze auf: »Der vorliegende Fall ist ein Paradebeispiel übelster Sorte für das abgestimmte Agieren von Journalisten und kriminellen Spekulanten zum Nachteil seriöser Anleger. Unter Verwendung geheimer Dokumente, falscher und irreführender Zitate und mit völliger Verzeichnung der Sachlage publiziert [Dan McCrum] (...) reißerische Artikel mit dem Ziel, einen zeitglich (sic!) zur Berichterstattung durch Leerverkäufe ausgelösten Kursrückgang in einen Kurssturz zu verwandeln.«

So hart die Anwürfe sind, so dünn ist die Anzeigeschrift: Sie enthält keine belastbaren Beweise, dafür maximales Raunen. Ein einzelner Hinweisgeber, ein Londoner Investor, erklärt per eidesstattlicher Versicherung, er habe von seinem Aktienhändler den Tipp erhalten, auf fallende Wirecard-Kurse zu setzen; es stünde ein kritischer *FT*-Bericht bevor, der dann auch erscheint. Die Beleglage ist damit dünner als Büttenpapier.

Darüber hinaus wirft Wirecard der *FT* die »Nutzung und Offenlegung von Geschäftsgeheimnissen« vor und bezieht sich dabei unter anderem auf eine EU-Richtlinie zur Geheimhaltung von Geschäftsgeheimnissen. Diese enthält jedoch konkrete Schutzbestimmungen für investigativ arbeitende Journalisten und für die Aktivitäten von Whistleblowern. Außerdem war die Richtlinie zum Zeitpunkt der von der *FT* veröffentlichten Artikel noch gar nicht in deutsches Recht umgesetzt gewesen.

Wirecard setzt dennoch seine Anwälte in Marsch. Ziel der Klage sei die Unterlassung der Berichterstattung sowie eine Entschädigung der Aktionäre, verkündet der Konzern. In den *FT*-Artikeln würden »Wirecard-Mitarbeiter mit unbewiesenen und falschen Behauptungen verleumdend verurteilt«, heißt es aus Aschheim. »Wir werden alle verfügbaren rechtlichen Mittel einsetzen, um das Unternehmen und insbesondere unsere Mitarbeiter und deren Persönlichkeitsrechte zu schützen.« Die *FT* reagiert entschieden: »Alle Vorwürfe gegen die *FT*, einen ihrer Reporter oder Mitarbeiter hinsichtlich Marktmanipulation oder unethischer Berichterstattung im Zusammenhang mit Wirecard sind unbegründet und falsch«, erklärt die Zeitung.

Im Juli 2019 eskaliert der Konflikt. In einem in der Dax-Geschichte beispiellosen Brief fordert Wirecard-Chef Braun die *FT* auf, bis auf Weiteres keine Artikel mehr über den Konzern zu publizieren, und erklärt, »unwiderlegbare Beweise für eine Zusammenarbeit zwischen Mitarbeitern der ›Financial Times‹ und Shortsellern« zu besitzen, wie das *Handelsblatt* berichtet. Wirecard bezieht sich dabei auf einen von einem Privatermittler erstellten Audiomitschnitt, der im Juli in den Büroräumen des britischen Geschäftsmanns und Shortsellers Nick G. aufgezeichnet worden war. Nick G. prahlt darin mit angeblichem Insiderwissen zu bevorstehenden *FT*-Artikeln und früheren erfolgreichen Short-Aktionen.[7] Andere Hinweise deuten auf einen engen Draht von *FT*-Investigativchef Paul Murphy zu Nick G. hin. Tatsächlich habe Murphy gegenüber Nick G. zuvor erwähnt, gerade mit Wirecard befasst zu sein, schreibt *FT*-Reporter McCrum nach dem Untergang des Konzerns; Details zu geplanten Veröffentlichungen seien aber nicht besprochen worden.[8]

Die *FT* leitet eine eigene Untersuchung der schweren Vorwürfe Wirecards durch eine externe Anwaltskanzlei ein. Diese wird Anfang Oktober abgeschlossen und bringt keine Hinweise auf Absprachen zwischen Reportern und Spekulanten. »Wir stehen zu unserem Journalismus«, erklärt Chefredakteur Lionel Barber damals.[9]

Die *FT* hält ihrem Reporter den Rücken frei. Und Dan McCrum ist einer der wenigen Beobachter, die sich von Wirecard nicht einschüchtern lassen. Vor allem seinen Recherchen ist es zu verdanken, dass Wirecard im Juni 2020 untergeht. Viel zu lange läuft die Aschheimer Lügenmaschine wie am Schnürchen.

Zentral für die Verteidigungsstrategie Wirecards ist vor allem ein Akteur, über dessen Rolle noch zu sprechen sein wird: die Wirtschaftsprüfer. Braun stellte seinen Konzern immer wieder als grundsolides Unternehmen dar, das bis zur letzten Auslandstochter durchleuchtet wird: »Es ist alles durchgeprüft«, so sein Credo in unzähligen Interviews und Analysten-Calls.

Und tatsächlich: 2008 wurden die allerersten Vorwürfe aus den Finanzforen und von der SdK-Spitze von einer vertrauenswürdigen Stelle beiseitegeräumt: von Ernst & Young, dem großen Wirtschaftsprüfer.

Damals prüfte noch eine kleinere Gesellschaft Wirecards Jahresbilanzen. Doch aufgrund der Vorwürfe engagierte Wirecard EY für einen Sonder-Audit der Bilanz. Dessen Abschluss ließ den Konzern triumphieren. Die Prüfer hätten »einzelne Punkte angesprochen«, aber »insgesamt hätten sich keine Hinweise auf irreführende Angaben im Konzernabschluss ergeben«, so die offizielle Mitteilung. EY wurde in der Folge Abschlussprüfer und sollte den Konzern elf lange Jahre prüfen, von 2009 bis 2019. Das Testat fällt bis zum Bilanzjahr 2018 immer gleich aus: die Zahlen werden uneingeschränkt bestätigt (siehe Kapitel 4.2).

Gegen diesen offiziellen Persilschein dringen über viele Jahre hinweg selbst die schärfsten Kritiker nicht durch. In Deutschland, unter Anlegern und in Amtsstuben, gelten Skeptiker allzu oft als Nestbeschmutzer – und die Shortseller als per se verdächtig. Wirecard hat nicht nur Feinde, sondern auch viele Freunde, die sich die Beschwichtigungen Brauns und das Narrativ des bis in die letzte Schraube geprüften, unverschämt erfolgreichen Konzerns zu eigen machen. Wirecards Hilfstruppen kommen aus vielen Ecken des Finanzmarkts – aus dem Kreis der Großinvestoren, der Kleinanleger und auch aus den Medien.

## 3.2 Die Anleger und Medien – »Stupid German Money«

Gong. Gong. Gong. Gong. Die vier Glockenschläge des AC/DC-Klassikers »Hells Bells« mahnen Wirecards Aktionäre zur Eile. Rund 2000 von ihnen sind im Juni 2019 zur Hauptversammlung in die Münchner Messehallen gekommen. Auf der Bühne gibt es schließlich Markus Braun zu sehen. Seit fast zwei Jahrzehnten steht der Österreicher an der Spitze des Zahlungsabwicklers Wirecard. Die Aktie hat viele der Anwesenden reich gemacht.

Mehr als eine Stunde redet Braun. Ohne Pult oder Stuhl ist er auf der Bühne, er spricht leise. Braun trägt Anzug mit Krawatte, ausnahmsweise verzichtet er heute auf seinen präferierten Look: den dunklen Rollkragenpullover zum dunklen Sakko – ganz so wie einst Apple-Legende Steve Jobs. Doch auch ohne Rollkragenpulli verbreitet Braun die Aura des visionären Denkers. Ein jährliches Durchschnittswachstum von 36 Prozent habe sein Unternehmen seit 2005 hingelegt, sagt Braun. »Und ich bin optimistisch, dass das auch in den nächsten zehn bis 15 Jahren möglich sein wird!«

Zu Beginn der Hauptversammlung muss der Wirecard-Chef erst einmal schlucken. »Das ist ein beeindruckendes Auditorium«, ruft Braun den 2000 anwesenden Aktionären zu. Im Vorjahr waren es noch 500 gewesen.

Braun spricht frei – und ist schnell wieder in höheren Sphären, bei den Trends von Morgen. »Digitalisierung ist die Einführung von weltweiten Standards«, ruft er. Die Zukunft liege nicht im Gegeneinander von mobilem und stationärem Handel, sondern in der Verknüpfung aller Systeme. Es gebe zu viele Zugänge und Apps zu den diversesten Themen; Passwörter, allzu oft vergessen, würden bald durch die DNA der Nutzer ersetzt; »Unified commerce«, eine einheitliche Handelsplattform, werde den Kunden während des gesamten Einkaufens begleiten; und überhaupt: Alles müsse vom Kunden aus gedacht werden, so würde Disruption zum Massenphänomen.

Es ist eine eigentümliche Melange aus »Silicon Valley«-Schlagworten, Binsenweisheiten und dem vagen Raunen des Übermorgens, die Braun auf seine Aktionäre loslässt. Mehr als eine Stunde lang spricht der Wirecard-Chef zu seinen Geldgebern, und diese lauschen bedächtig.

In der Pause der Jahreshauptversammlung stürmen Aktionäre auf Braun ein, umringen den Meister wie in der Hochzeit der »New Economy«. Er habe seine ganze Altersvorsorge in Wirecard-Aktien investiert, verkündet ein Fan. Ein anderer berichtet, das Sparkonto seiner Tochter in Wirecard-Papiere umgeschichtet zu haben. Noch einer hat auf Pump Wirecard-Aktien gekauft, in der Hoffnung auf satte Gewinne. Braun lächelt milde zu den Geschichten seiner Jünger: »Ein Investment in Wirecard ist immer eine gute Idee!«

Es sind die Versprechen des Wirecard-Chefs, die in der »Old Economy« Deutschland Anteilseigner und Kontrolleure, aber auch viele Journalisten betören. Im Interview verspricht Braun 2018, den Börsenwert zu vervierfachen. Das Geschäftsvolumen wiederum soll sich in den kommenden Jahren verdreißigfachen. »Wir werden unvermindert mit hoher Geschwindigkeit wachsen. Das wird sich auch im Aktienkurs widerspiegeln. Wir haben sicherlich das Potenzial, den Börsenwert in den kommenden Jahren auf mehr als 100 Milliarden Euro zu bringen«, verkündet der Wirecard-Chef.

Und wachsen will sein Konzern nicht nur mit Geschäfts-, sondern auch mit Privatkunden. Letztere soll die Finanz-App Boon Planet anlocken: Diese bietet seit 2019 ein eigenes Wirecard-Konto für jedermann, bald auch Kredite, Versicherungen und sogar U-Bahn-Ti-

## Offizielle Kennzahlen

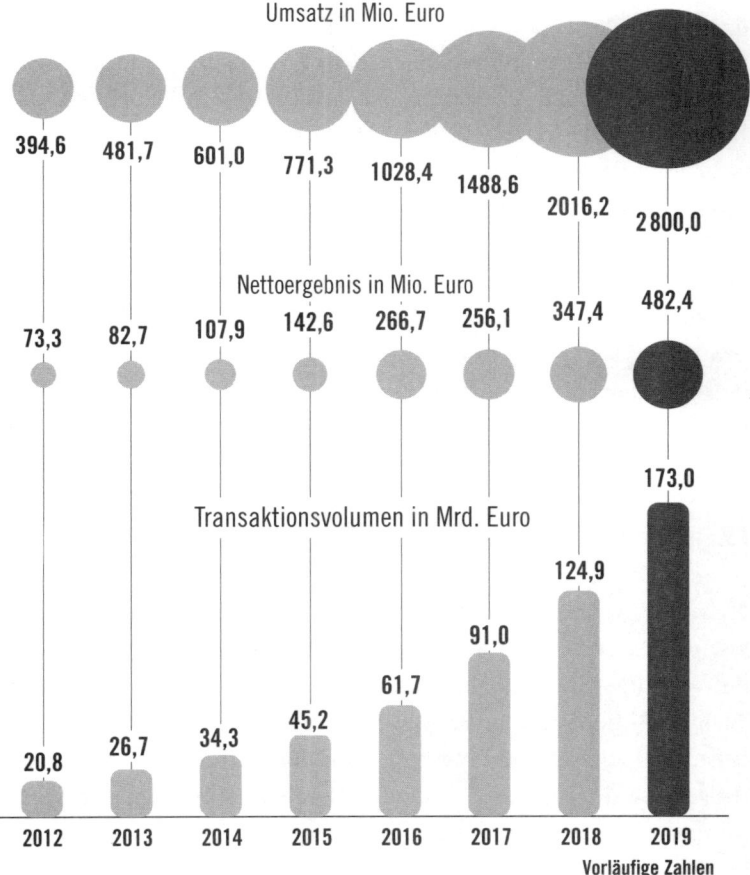

Umsatz in Mio. Euro

394,6  481,7  601,0  771,3  1028,4  1488,6  2016,2  2800,0

Nettoergebnis in Mio. Euro

73,3  82,7  107,9  142,6  266,7  256,1  347,4  482,4

Transaktionsvolumen in Mrd. Euro

173,0

124,9

91,0

61,7

45,2

34,3

20,8  26,7

2012  2013  2014  2015  2016  2017  2018  2019

Vorläufige Zahlen

(Quelle: *Bloomberg, Handelsblatt*)

ckets, so Brauns Plan. Mit Boon will er bis 2025 »Hunderte Millionen Bankkunden gewinnen«.

Ein Aktienkurs von 2 000 Euro? Für den Wirecard-Chef angesichts des fantastischen Wachstums absolut vorstellbar: »Heute stehen wir bei über 180 Euro.« Wahrscheinlich werde auch noch bei 2 000 Euro darüber debattiert werden, ob Wirecard überbewertet sei: »Letztlich müssen das die Investoren entscheiden, wir haben jedenfalls eine starke Wachstumsgeschichte vor uns«, sagt der Meister der großen Ankündigungen.

In einem Fernsehinterview wird er noch plastischer: »Unser Ziel ist, das größte Dax-Unternehmen zu werden.« Also: größer als SAP, dem mit weit über 100 Milliarden Euro an Börsenkapitalisierung wertvollsten deutschen Konzern. SAPs Umsatz liegt 2019 bei knapp 28 Milliarden Euro, mehr als 100 000 Mitarbeiter arbeiten für den Konzern. Wirecard macht im selben Jahr einen offiziellen Umsatz von 2,8 Milliarden Euro und beschäftigt rund 5 000 Menschen. Braun glaubt dennoch an seine Vision: »Ich bin ein pathologischer Optimist.«

Grenzenloser Optimismus eint auch die Aktionäre auf der Hauptversammlung. Die meisten Anleger haben sich entschieden: für Brauns Visionen, für den Traum eines digitalen Weltkonzerns »made in Germany«, für eine strahlende Zukunft, in der Wirecard alle reich macht. Umso härter sollte das Erwachen ausfallen.


## Fataler deutscher Herdentrieb

Nun ist Wirecard nicht das erste deutsche Unternehmen, das binnen weniger Jahre zum Liebling der Kleinanleger aufsteigt und zugleich auf wackliger Grundlage steht. Deutschland ist bekannt für seine geringe Aktienkultur, also die große Zurückhaltung der Anleger beim Kauf von Unternehmensanteilen. Gleichzeitig gelten deutsche Anleger, so sie sich denn zu einem Investment durchringen, als Lemminge, gezeichnet von einem besonders starken Herdentrieb. In London und New York gibt es einen eigenen Begriff für dieses Phänomen. »Stupid German Money«, »dummes deutsches Geld«: So werden die Investments deutscher Kleinanleger dort abfällig bezeichnet.

Prominentes Beispiel für den fatalen Herdentrieb ist die berühmtberüchtigte Ausgabe der T-Aktie, der Aktie der Deutschen Telekom in drei Tranchen zwischen 1996 und 2000. *Tatort*-Kommissar Manfred Krug trommelte in Werbespots für den Kauf der selbsterklärten »Volksaktie«: »Sie könnten mir ja auch mal was nachmachen. Ich war zum Beispiel gestern in der Bank. Und wenn Sie nun morgen hingehen würden, das wäre doch was«, erklärte Krug im TV. »Wenn die Telekom jetzt an die Börse geht, geh ich mit. Und Sie?« Später entschuldigte sich der Schauspieler tief betrübt für sein Engagement.

Der damalige Vorstandschef des Konzerns, Ron Sommer, ging noch weiter: Er verglich ein Investment in die T-Aktie gar mit der Sicherheit einer »vererbbaren Zusatzrente«. In der Folge brach ein wahres Aktienfieber in Deutschland aus. Viele Kleinanleger hofften in der »New Economy«-Blase, über den Umweg der T-Aktie am Siegeszug des Internets zu verdienen, also quasi vollautomatisch vom Wachstum digitaler Datenübertragung und der Globalisierung zu profitieren.

Für die meisten hat sich dieser Traum nicht ausgezahlt: 2000, in der dritten Tranche, wurden 200 Millionen T-Aktien zum Preis von 66,50 Euro ausgegeben. Zwar stieg der Kurs kurzzeitig bis auf 103 Euro, dem Allzeithoch. Doch dann stürzte er ab und hat sich bis heute nicht erholt. Die Telekom-Aktie dümpelt bei rund 15 Euro dahin, auf ihrem Verlust sind die Volksaktionäre sitzen geblieben. Immerhin ein Gutes hat die Geschichte: Die Telekom zahlt seit Jahren eine stabile Dividende, die den Anlegern zugutekommt. Bei Wirecard war das nicht der Fall, die Dividende stieg nie über 20 Cent pro Aktie.

Dafür erinnert die Börsengeschichte des Zahlungsdienstleisters viele Beobachter an den Hype um die Telekom-Aktie vor der Jahrtausendwende. Schließlich war auch Wirecard mit großen Versprechungen angetreten.

»Der Markt ist embryonal«, fasste Markus Braun im Interview mit der Zeitschrift *Capital* die eigene Börsenstory zusammen. Zahlungsdienstleistern gehöre die Zukunft: »Es ist Raum für Wachstum für noch viel mehr Akteure. Gerade mal 20 Prozent aller Bezahlvorgänge laufen weltweit elektronisch, vielleicht zwei Prozent voll digital. Wirecard hat im vergangenen Jahr Transaktionen im Wert von 91 Milliarden Euro abgewickelt. Was ist das in Relation zu einem Weltmarkt, auf dem dreistellige Billionensummen pro Jahr fließen?«, so seine rhetorische Frage.[10]

Es ist ein Universum der Chancen, das der Wirecard-Chef seinen Anlegern verspricht. Die Welt scheint nach der Jahrtausendwende auf die Firma aus Deutschland gewartet zu haben: Die klassischen Banken ziehen sich aus der Zahlungsabwicklung zurück und überlassen das Feld neuen, digitalen Spielern. Die Deutsche Bank zum Beispiel verkauft ihre Tochter Deutsche Card Services, die mit ihren 80 Mitarbeitern Kreditkartendienstleitungen für Firmenkunden anbietet, an das US-Unternehmen Evo Payments. Viele Wettbewerber agieren ähnlich und konzentrieren sich aufs Investmentbanking statt auf den Wachstumsmarkt Zahlungsabwicklung – ein Fehler, wie sich ab der Finanzkrise zeigen wird.

In die sich eröffnende Lücke stoßen Firmen wie Paypal, Adyen – und Wirecard. Angesichts eines Gewinnwachstums von 30 bis 40 Prozent pro Jahr sei Wirecard einer »der sich am besten entwickelnden Tech-Werte der nächsten zehn Jahre«, verspricht Braun. Für die Aktionäre heißt das nach Lesart des CEOs: Nicht die mickrige Dividende von zuletzt 20 Cent je Aktie ist entscheidend, sondern die Kurschancen, wie Braun im *Capital*-Interview betont: »Wir sind ein Wachstumswert. Die Dividende steht nicht im Vordergrund.« Die Anteilseigner sollten vielmehr ihre Augen auf die Zukunft richten: »Unsere Nachricht an Aktionäre ist: Kauft uns dann, wenn ihr langfristig an unserer Wachstumsstory partizipieren wollt, nicht für eine Dividende.«

123 Millionen Aktien gibt Wirecard insgesamt aus – wie viele davon bei deutschen Kleinsparern landen, ist nicht bekannt. In Börsenforen entwickelt sich die Aktie aber schnell zum Geheimtipp für Privatanleger. Und viele von ihnen wollen genau das, was Braun verspricht: von rasantem Wachstum profitieren. Das Problem: Viele verstehen das Geschäftsmodell kaum. Und es fehlt das externe Korrektiv.

Wie im Fall des »New Economy«-Hypes um die Jahrtausendwende fällt auch bei Wirecard eine Instanz fast vollständig aus, die sich üblicherweise gerne als Anwalt der Kleinanleger und kritischer Stachel im Fleisch der Finanzmärkte versteht: die deutschen Medien, insbesondere die Börsenmedien. Sie spielen im Fall Wirecard eine besonders unrühmliche Rolle.

## »Lieblingsaktie« der Redaktion

Die Zeitschrift *Focus Money* hat unter Finanzjournalisten einen ganz eigenen Ruf. Berüchtigt ist sie für schlanke Analysen und knallige Thesen, die meist in der Empfehlung gipfeln, Gold zu kaufen. Beim Tech-Wert Wirecard zählt *Focus Money* zu den Fans der ersten Stunde. Die Redaktion rät fast durchgängig zum Kauf der Aktie und sieht beim Konzern etwa im Jahr 2010 eine »beispiellose Wachstumsstory«. Aber das große Print-Magazin ist damit nicht allein.

Auch Online-Portale wie *Der Aktionär* bezeichnen die Aktie früh als »ganz stark« und halten ihr über viele Jahre hinweg die Treue. Selbst empfindliche Verluste nach kritischen Enthüllungen bei Wirecard sehen die Redakteure vor allem als »Chance zum verbilligten (Nach-)Kauf«. »Die Comeback-Wette des AKTIONÄR läuft unverändert weiter«, heißt es noch im Februar 2020. »Wirecard bleibt Top-Empfehlung«, verbunden mit einem Kursziel von 200 Euro. Die Begeisterung der Redakteure findet Nachhall in vielen Anlegerforen.

Das Portal *Finanztrends* wiederum hält die Wirecard-Aktie für notorisch unterbewertet. »Das nennen wir mal wirklich gute Nachrichten«, heißt es etwa. Mit Blick auf den Rückzug von Shortsellern trommelt die Postille im Mai 2019: »Kommt jetzt die nächste KURSEXPLOSION? Die Wirecard-Aktionäre haben zurzeit ein breites Grinsen im Gesicht.«[11] Anderswo liefern Online-Redakteure gleich »20 unschlagbare Gründe, die Aktie zu kaufen«.

Und auch die klassischen Medien lassen sich allzu oft vor Wirecards Karren spannen. Die *Augsburger Allgemeine* erklärt ihren

Lesern rührig die Erfolgsgeschichte: »Wie Wirecard vom Porno-Bezahldienst zum Börsenstar wurde«. Die *Stuttgarter Nachrichten* küren Wirecard zur »Aktie des Jahres«. Der *Süddeutschen Zeitung* gilt der kritische »Zatarra«-Report als »luftig« bis »dubios«. Und das *Handelsblatt* macht Konzernchef Markus Braun nach dem Einzug seines Konzerns in den Dax 2018 zum »Aufsteiger des Jahres«.

Noch 2019, die Debatte um die dubiosen Vorgänge in Asien hat längst begonnen, ist in der *Welt* zu lesen: »Wirecard ist doch ein gutes Zeichen«. Denn: »Die Deutschen sind angeblich für Aktien nicht zu begeistern. Die Story um Wirecard zeigt das Gegenteil. Auf Partys und unter Freunden wurde 2019 wieder über Trading gesprochen. Das ist gut so, denn jeder sollte sein Geld ausgeben, wie er eben mag«, schlussfolgert die Zeitung treuherzig. »Die Aktie zeigt, dass Börse spannend sein kann und dass sie nicht – wie von vielen Verbraucherschützern stets gefordert – bierernst sein muss.« Die *Welt* spekuliert weiter: »Es soll auch Leute geben, die Eintrittskarten für Mario Barth oder Helene Fischer erwerben. Da ist das Geld in einem Turbo auf Wirecard besser aufgehoben, und man lernt nebenbei vielleicht noch, was eine börsennotierte Firma so alles beeinflussen kann.«

Ja, lehrreich ist das Wirecard-Investment für viele Kleinanleger durchaus. Selbst die altehrwürdige *Frankfurter Allgemeine* freut sich im Mai 2019: »So viel trauen Analysten der Wirecard-Aktie zu«. Und fährt fort: »Der auf Internetzahlungen spezialisierte Dienstleister Wirecard hat die Vorwürfe zu seinen Bilanzen hinter sich gelassen: Der Aktienkurs steigt und das Geschäft an asiatischen Märkten nimmt gerade erst Fahrt auf.« Erst spät, im November 2019, zieht die *FAZ* die Notbremse und warnt: »Wirecard ist eine Schande für den Dax«.

Doch nicht nur die deutschen Printmedien blicken lange positiv auf den Konzern. 2018 verkündet ARD-Moderatorin Anja Kohl in der Börsensendung im Ersten Deutschen Fernsehen: »Während Unternehmen wie Wirecard beim digitalen Geschäft mit dem Geld mitmischen, hinken klassische Banken hinterher.« Ihre Kollegin vom Hessischen Rundfunk ergänzt: »Wirecard wird an der Börse mit über

20 Milliarden Euro bewertet. Mit nur knapp 5 000 Mitarbeitern hat das Unternehmen einen gigantischen Börsenwert geschaffen.« Dieser entpuppt sich am Ende freilich als Luftschloss. Und schon vor dem Untergang von Wirecard hätte den Wirtschaftsjournalisten klar sein müssen: Den gigantischen Börsenwert hat nicht der Konzern geschaffen – sondern die Nachfrage der Anleger nach der Aktie.

Selbst in der Spätphase des Konzerns, als der Ton in der Qualitätspresse rauer wird, heizt ein Segment der Medienlandschaft diese Nachfrage besonders an: Es sind die Börsenportale, die sich fast immer, wenn der Konzern Gegenwind erhält, vor Wirecard stellen. In ihrer Selbstdarstellung geben sie sich als Anwälte der Kleinanleger. Im Fall Wirecard ähneln sie eher Claqueuren der Konzern-PR. Machen sich am Markt Sorgen breit, sind die Portale zur Stelle. »Viele Experten sehen die Kursrallye kommen!«, frohlockt etwa *4investors* im heißen Herbst 2019.

*Onvista* erklärt: »Investoren, aufgepasst! 3 Gründe, warum die Wirecard-Aktie kurz vor dem Ausbruch steht!« Und das zu einer Zeit, als die schweren *FT*-Vorwürfe schon ein Dreivierteljahr bekannt sind. *Börse am Sonntag* sieht im Oktober sogar eine mögliche Verdopplung des Aktienkurses voraus: »Die Wachstumsstory bleibt dagegen intakt. Strategie und Ziele bis 2025 klingen verheißungsvoll.« Kurz darauf berichtet das *Handelsblatt* über das versagte Testat in Singapur, widmen sich *WirtschaftsWoche*, *Süddeutsche Zeitung* und *Spiegel* immer öfter kritisch dem Konzern.

Für manchen Beobachter sind skeptische Medienartikel jedoch nur die Steilvorlage für immer schrillere Elogen auf den Konzern. Das gilt auch für den früheren Börsenhändler und selbsternannten »Mr. Dax« Dirk Müller. Er wirbt im TV-Interview für den Konzern: Wirecard sei »seit Beginn« für ihn eine Lieblingsaktie, er habe sie im Fonds. »Die war zwischendurch in allen möglichen Medien totgeschrieben. Oh, die gehen pleite, und was weiß ich was alles«, äfft Müller die Kritiker nach. Auf die Frage des Interviewers, ob es nicht auch Skandale bei Wirecard gegeben habe, sagt Müller: »Da gab's überhaupt keinen Skandal. Der Skandal war, dass ein Skandal gemacht wurde, der keiner war. Dass man versucht hat, diese Aktie zu drücken.«

In der Folge versteigt sich »Mr. Dax« zu einer Laudatio auf den Konzern: »Gott sei Dank haben wir unsere Hausaufgaben selbst gemacht und nicht nur einfach Zeitung gelesen, sondern haben selbst analysiert und haben gesagt: Das ist Bullshit. Wir haben das Unternehmen bis ins letzte Detail überprüft, bis in die letzte Fußnote. Das ist sauber und das ist vollkommen unterbewertet.« Man habe massiv nachgekauft, verkündet Müller, und das Unternehmen sei »natürlich« super gelaufen.[12]

## Ruinierte Kleinanleger, glückliche Hedgefonds

Das stete Trommeln der Börsenmedien für den Zahlungsdienstleister bleibt nicht ohne Folgen. Die Wirecard-Manie äußert sich in den 2010er-Jahren in einer ganzen Armee an Wirecard-hörigen Anlegern. Sie agieren als Marktschreier des Konzerns, jagen die verbliebenen Skeptiker auf Twitter, ätzen gegen skeptische Beobachter in Online-Börsenforen und Kommentarspalten.

Journalisten, die kritisch über Wirecard schreiben, werden in Windeseile Ziel eines Shitstorms. Der Autor dieses Buches findet eines Morgens ein an ihn adressiertes Paket in der Redaktion: Es enthält schmutzige Unterwäsche, Boxershorts – als Hinweis darauf, dass er ja mit den Shortsellern unter einer Decke stecke. Viele Zuschriften enthalten Beleidigungen, andere den Hinweis auf Anzeigen bei Polizei oder Bafin wegen angeblicher Marktmanipulation, manche machen sogar vor Morddrohungen nicht halt.

Wie blind die Gier mancher Anleger auf den Profit mit Wirecard-Aktien war und wie schnell vor diesem Hintergrund die Wirklichkeit ausgeblendet wurde, weiß Daniela Bergdolt nur zu genau. Die Münchner Rechtsanwältin ist Spezialistin für Anlegerrecht, hat sich schon mit Volkswagen und anderen Großkonzernen angelegt. Als Vizepräsidentin der Deutschen Schutzvereinigung für Wertpapierbesitz ist sie eine der wenigen unabhängigen Beobachterinnen, die sich schon früh kritisch zu Wirecard äußern. Bergdolt erinnert sich noch gut, wie sie daraufhin von überzeugten Anlegern angegangen wird.

»Ich war auf der Hauptversammlung der Wirecard im Mai 2019. Dort habe ich eine flammende Rede gegen dieses Unternehmen gehalten. Ich habe gesagt, ich verstehe nicht, wie Wirecard mit seinem Geschäftsmodell so viel Geld verdient. Und warum der Konzern die Betrugsvorwürfe in Singapur einfach unter den Teppich kehrt«, erzählt Bergdolt. »Ich habe sehr kritische Fragen gestellt, im Saal war nach meiner Rede völliges Schweigen.«

Zunächst habe sie Wulf Matthias, der Aufsichtsratsvorsitzende gemustert: Er wisse nicht, ob er ihr für ihre Rede danken solle. »Und dann kamen Aktionäre auf mich zu und haben klar gesagt: Ich verstehe überhaupt nicht, was Sie hier sagen, Frau Bergdolt. Sie müssen ein digitaler Neandertaler sein!« Die Emotionen wallten auf. Anleger bekamen rote Köpfe und beschimpften die Aktionärsschützerin, sie würde ein hervorragendes Unternehmen miesmachen. Beinahe seien Aktionäre auf sie losgegangen, berichtet Bergdolt.

Die Gier nach dem schnellen Börsengewinn, sie steht bei vielen Aktionären am Anfang des Wirecard-Investments. Am Ende stehen traurige Schicksale. Viele Anleger, die alles auf Wirecard setzen, verlieren ihre Altersvorsorge, ihre Lebensersparnisse. Ihren Glauben an den großen Wirecard-Traum bezahlen sie bitterlich. Fast alle Anleger sind männlich. Manche stehen vor dem Nichts, berichten von zerbrochenen Ehen oder Selbstmordgedanken. Sie wissen: Die Aussichten, im Rahmen des Insolvenzverfahrens oder auf dem Klageweg noch einen signifikanten Teil ihres Verlusts wettzumachen, sind gering.

Viele Sparer haben sogar ohne ihr Wissen in Wirecard investiert: Der Konzern war als Dax-Mitglied in zahlreichen Indexfonds (ETFs) vertreten. Und weil die Deutsche Börse nicht schnell genug handelte, floss sogar nach der Insolvenz noch gutes Geld in die Skandalaktie. Laut Schätzungen der Anlegerschutzgemeinschaft SdK haben am Ende rund 200 000 Aktionäre – große wie kleine – im Schnitt fast 30 000 Euro verloren.

Es gibt jedoch auch eine andere Seite der Wahrheit. Anleger, die rechtzeitig die Reißleine zogen, konnten mit Wirecard Geld verdienen. Und wirklich Kasse gemacht haben die Shortseller, darunter einige der größten Hedgefonds der Welt. Sie haben über Jahre hinweg einen langen Atem bewiesen, hohe Gebühren für ihre Short-Positionen bezahlt, aber Schätzungen zufolge einen Milliardenbetrag mit den Wetten auf den Wirecard-Absturz verdient. Allein der gefürchtete Londoner Investor Chris Hohn von TCI bezifferte gegenüber dem *Handelsblatt* seine Gewinne mit Short-Wetten auf »rund 200 Millionen Dollar«. So goldrichtig lagen die Profis, dass DWS-Fondsmanager Tim Albrecht im Gespräch mit der *Frankfurter Allgemeinen* rückblickend über die Shortseller sagt: »Wir müssen uns schon fragen: Sind die schlauer als wir, oder haben die andere Informationen?«[13]

Wissen ist Macht, vor allem an der Börse. Es gibt auch kleinere Fische, Privatleute, die genau zum richtigen Zeitpunkt auf den Absturz der Aktie wetteten und prächtig am Wirecard-Untergang verdienten. Der Haken: Sie haben sich dabei möglicherweise strafbar gemacht. Die Rede ist von Insiderhandel. Für die Frage, wer was wann wusste beim Absturz von Wirecard, interessiert sich auch die Staatsanwaltschaft. Dubiose Manöver kurz vor dem Crash werfen viele Fragen auf.

### Insider unter Verdacht

Eine Frage betrifft einen verdächtigen Post in einem Online-Forum. Er war nur kurz, aber er enthielt Sprengstoff. »Ich möchte hier vollkommen wertfrei und neutral darauf aufmerksam machen, dass E&Y nicht uneingeschränkt testieren wird«, schreibt der Nutzer »Lilalaunebaer« am Morgen des 10. Juni 2020, acht Tage vor dem Absturz, auf *finanzen.net*, einem der größten deutschen Anlegerportale.

Die Wirecard-Geschäftsführung habe nach mehrmaligen Aufforderungen und Nachbesserungen bis heute nicht die erforderlichen Nachweise erbringen können, »woher erhebliche Summen als Sicherheiten auf Treuhandkonten stammen. Woher ich diese Kenntnis habe, bleibt mir überlassen«, heißt es in dem Beitrag weiter. Mitarbeiter hätten diesen Wissensstand auch an Leerverkäufer weitergegeben. »Näheres wird am 18.06.2020 bekanntgegeben«, schließt der Nutzer.

Die Moderatoren des Forums reagieren sofort: Der Post wird gelöscht, kurz darauf der Account des Nutzers deaktiviert. Doch bis heute findet sich die daraufhin startende Debatte im Netz. »Ein Account, der vor zehn Minuten erstellt wurde, gibt uns allen Insiderinfos, dass es kein Testat gibt. 100 Prozent vertraulich Leute, alle verkaufen«, lästert ein Nutzer. »Einfach nur noch lächerlich«, schreibt ein anderer. Ein Dritter droht: »Sehr geehrter Lilalaunebär, eine Anzeige gegenüber einer Polizeidienststelle in BW ist raus.«

Im Forum ist die Episode schnell vergessen. Doch nach dem, was Wirecard am 18. Juni bekanntgeben sollte – dass nämlich Nachweise über 1,9 Milliarden Euro auf Treuhandkonten gefälscht sind, ein Viertel der Bilanzsumme –, erscheint sie heute in einem völlig anderen Licht. Zu konkret sind die Informationen des Forennutzers, als dass es sich um einen Zufall handeln kann. Mit den Stichworten »erhebliche Summen« auf »Treuhandkonten« und fehlende »Nachweise«, die ein Testat unmöglich machten, hat er alle relevanten Stichworte bereits genannt, die zum Absturz des einstigen Börsenlieblings führen werden.

Der Forenbeitrag ist nicht der einzige erstaunliche Vorgang in den Tagen vor Wirecards Fall, der Beobachtern Rätsel aufgibt. Das Agieren mancher professionellen Anleger, der rechtzeitige Ausstieg großer Partner und gut informierte Stimmen aus dem Konzern lassen viele an der Variante des völlig überraschenden Absturzes zweifeln. Im schlimmsten Fall hätten Insider – Prüfer, Manager, Aufseher – Informationen durchgestochen und womöglich selbst vom Untergang profitiert.

Wie immer bei Wirecard geht es auch bei der Frage der Insidergeschäfte um sehr viel Geld: Beim Absturz wurde binnen sieben Tagen ein Börsenwert von über zwölf Milliarden Euro vernichtet. In der Spitze war Wirecard 24 Milliarden Euro schwer.

Wirecard-Kleinaktionäre betrachteten den Vorgang im Online-Forum mit Argusaugen: »Ich bin sehr besorgt darüber, wie Kleinanleger, die auf Basis von öffentlichen Informationen Investitionsentscheidungen treffen, zukünftig vor solch drastischen Konsequenzen geschützt werden können«, sagte einer, der Anzeige bei der Finanzaufsicht Bafin gestellt hat. »Ich möchte erreichen, dass sich zukünftig kein am Markt Beteiligter mehr durch das Erlangen von Insiderinformationen solch erhebliche Vorteile verschaffen kann und dadurch, zum Schaden vieler Privatanleger und Kleinaktionäre, Profite schöpfen kann.«

Die Bafin hatte die Staatsanwaltschaft München über den Vorgang informiert und verwies auf Anfrage an die Vermittler. Diesen liegt der verräterische Post vor. Eine Sprecherin der Staatsanwaltschaft München verwies auf die bereits laufenden Ermittlungen wegen Marktmanipulation. Man habe »insgesamt sehr umfangreiche Ermittlungen gegen den Beschuldigten Dr. Braun und mögliche weitere Mittäter eingeleitet.«

Neben Braun stehen auch andere Akteure im Fokus der Ermittler. Klar ist, dass konzernintern schon früh über Probleme mit den Prüfern von KPMG und EY gesprochen wurde. Das *Handelsblatt* berichtete am 14. März 2020 unter Berufung auf Insider über Probleme mit der Prüfung der Drittpartner »an exotischen Lokationen«: Einige von ihnen wollten die Bücher demnach nicht für KPMG öffnen. Am 22. April berichtete die Zeitung darüber, dass Wirecard mit KPMG über die Schärfe von Formulierungen im Sonderprüfbericht ringe. Die Prüfer »formulierten deutlich negativer als gedacht«, hieß es damals aus Konzernkreisen. Von Problemen mit Nachweisen über »erhebliche Summen« auf den Treuhandkonten war noch keine Rede. Am 17. Juni, dem Tag vor der geplanten Vorlage der Jahresbilanz, berichteten Insider dann von widersprüchlichen Nachrichten aus der Konzernzentrale. So sei etwa Konzernchef Braun abgetaucht und auch für Vertraute, Großinvestoren und Geschäftspartner nicht mehr zu erreichen.

Während sich das vernichtende Urteil der Prüfer spätestens ab dem 16. Juni, als die erste Manila-Bank von gefälschten Bankbestätigungen berichtete, abzeichnete, war die Erwartung am Markt eine andere. Wiederholt hatte der Konzern vermeldet, man rechne mit einem guten Ausgang der Sonderprüfung, etwa in den Börsenmitteilungen vom 12. März und 22. April, die später die Bafin untersuchen sollte. Das wiegte viele Privatanleger in trügerischer Sicherheit. Und auch große Investoren setzten auf eine Kurserholung.

So wurden für Profi-Anleger Ankäufe nun auch mithilfe von Zertifikaten möglich, die die französische Großbank BNP und die Schweizer Bank Vontobel wenige Wochen vor dem Wirecard-Absturz aufgelegt hatten. Am 25. Mai 2020 – die Wirecard-Aktie lag bei rund 83 Euro – legten die BNP-Investmentbanker ein hochspezialisiertes Zertifikat auf mit dem Namen »1Y Autocallable Reverse Convertible on Wirecard AG in EUR«, wie aus einem Produktinformationsblatt hervorgeht. Die Zertifikate mit dem Nominalwert von 1 000 Euro versprachen einen Zinskupon von 7,5 Prozent bis Ende August. Sollte der Kurs der Wirecard-Aktie unter 41,56 Euro fallen, entfiele der Kupon und es würden statt des eingesetzten Kapitals Aktien ausgezahlt.

Am 28. Mai zogen die Experten von Vontobel nach und legten das Produkt »14.55% (58.20% p. a.) Vonti on Wirecard AG« auf, ebenfalls zum Nominalwert von 1 000 Euro und einem Zinskupon von 14,55 Prozent bis Ende August. Das Volumen: 25 Millionen Euro. Die vorgesehene Rückzahlung in Aktien sollte ausgelöst werden, wenn der Preis der Aktie unter 70,41 Euro fällt – was er am 18. Juni dann auch tat, als der Kurs nach dem Auffliegen der gefälschten Bankbestätigungen abstürzte.

»Es gab offensichtlich eine Nachfrage nach strukturierten, hochspekulativen Produkten, die mit einem Hebeleffekt auf den Turnaround von Wirecard gesetzt haben. Bis fast zuletzt herrschte bei professionellen Anlegern ganz offenbar die Ansicht vor, dass die Bilanzprüfung gut ausgeht. Das zeigt das Ausmaß der Irreführung des Markts«, sagte Volker Brühl, Geschäftsführer des Center for Financial Studies der Frankfurter Goethe-Universität.

Innerhalb des Konzerns war die Sicht spätestens seit der Vorlage des KPMG-Sonderprüfberichts im April deutlich trüber. »Ich war schockiert, als ich den Bericht vorliegen hatte und durchgelesen habe«, berichtet ein hochrangiger Insider. Auch andere Beobachter notierten die Warnsignale genau.

Brauns langjährige Begleiterin, die Deutsche Bank, hatte rechtzeitig vor dem Absturz das Weite gesucht. Nicht nur blieb sie dem Kreditkonsortium von 15 Großbanken fern, das Wirecard Geld lieh (siehe Kapitel 4.3). Auch die langjährige persönliche Kundenbeziehung zu Braun wurde gekappt. Ende 2017 hatte Braun noch knapp die Hälfte seines Sieben-Prozent-Anteils am Konzern an die Deutsche Bank verpfändet für einen Kredit über 150 Millionen Euro. Doch schon im Herbst 2019 überdachte die Bank ihre Beziehung zu Braun: Er musste seinen Kredit ablösen und zur Oldenburgischen Landesbank wechseln. Anderthalb Jahre früher, im Mai 2018, hatte die Bank EYs langjährigen Wirecard-Bilanzprüfer als neuen Bilanzierungschef angeheuert. Wussten die Deutschbanker mehr als die Konkurrenz? Die Deutsche Bank kommentiert den Vorgang offiziell nicht.

Die Liste an rätselhaften Manövern in der Endphase des Konzerns ist lang. So kaufte Braun Ende Mai 2020 selbst noch einmal Wirecard-Aktien für 2,5 Millionen Euro. Glaubte er daran, das Ruder noch einmal herumzureißen, sein Lebenswerk retten zu können? Oder wollte er den Markt täuschen, wie Vertraute glauben? Undurchsichtig ist auch das Handeln der Nummer zwei: Jan Marsalek. Er war berüchtigt dafür, seinen eigenen finanziellen Vorteil im Blick zu haben. Sein Umfeld hält es nicht für ausgeschlossen, dass Marsalek selbst auf den Absturz Wirecards gewettet haben könnte. »War er long, war er short? Bei ihm ist alles möglich«, sagt ein Vertrauter.

Mit der Nachricht von »Lilalaunebaer« acht Tage vor dem Absturz geraten auch die Gralshüter des Insiderwissens in den Fokus: die Prüfer von EY, die Wirecard zehn lange Jahre uneingeschränkt testiert hatten. Wenn jemand von allen Problemen mit der Bilanzprüfung 2019 und der Vorjahre wissen musste, dann sie. Dass es Probleme mit Treuhandkonten gibt, war spätestens seit dem 28. April bekannt: Damals hatten die Sonderprüfer von KPMG gerügt, dass es keine ausreichenden Belege für 1,0 Milliarden Euro auf den Treuhandkonten in Singapur Ende 2018 gebe.

Wirecard hatte auch gegenüber EY Probleme, die Ende 2019 angeblich auf die Philippinen transferierten Treuhandgelder im Wert von 1,9 Milliarden Euro zu belegen. Marsalek selbst war Anfang März 2020 mit EY-Experten in die philippinische Hauptstadt Manila geflogen. Bestochene Banker führten dort eine Show für die Prüfer auf. In späteren Videocalls mussten Bankangestellte ihre Dienstausweise gegenüber den Prüfern in die Kameras halten. Über all diese Schwierigkeiten wurde bei EY genau Buch geführt. Dass die Prüfer von ihrem Insiderwissen Gebrauch gemacht und in die eigene Tasche gewirtschaftet haben, war lange undenkbar. Innerhalb der Gesellschaften existieren strenge Verschwiegenheitspflichten selbst gegenüber anderen Prüferteams. Dennoch wird der schwerwiegende Verdacht in Prüferkreisen diskutiert. Inzwischen untersucht ihn die Staatsanwaltschaft (siehe Kapitel 4.2).

Ein weiterer Insider muss sich bereits strafrechtlich verantworten: Im Januar 2021 hat die Finanzaufsicht Bafin einen Mitarbeiter der Wertpapieraufsicht bei der Staatsanwaltschaft Stuttgart angezeigt. Der Beamte soll Insiderwissen für Wertpapiergeschäfte mit Wirecard genutzt haben. Auch viele andere Beamte innerhalb der Bafin spekulierten wild mit Finanzprodukten auf die Wirecard-Aktie, um Kasse zu machen, wie nach dem Untergang des Konzerns herauskommt. Ob sie dabei verbotenes Insiderwissen genutzt haben, ist offen (siehe Kapitel 5.1).

Doch wenden wir uns zunächst der Frage zu, was die von Staats wegen engagierten Aufseher über die Zahlungsströme auch abseits aller Bilanzmanipulation hätten sehen können und sehen müssen. Es sind die Geldwäsche-Fahnder, die das reale Geschäft des Konzerns durchleuchten müssten. Hätten sie genauer hingeschaut, wäre es womöglich nie zum Milliarden-Bilanzbetrug bei Wirecard gekommen – und viele Anleger wären von einem Totalverlust verschont geblieben.

## 3.3 Die Zöllner und Staatsanwälte – Willkommen im Geldwäsche-Paradies

Es wird still in der Vorstandssitzung. Susanne Steidl hat die Frage gestellt, die das vielleicht größte Tabuthema der Konzerngeschichte berührt. Es ist das Verdienst der neuen Vorständin, das Thema zumindest einmal im obersten Steuerungsgremium Wirecards angesprochen zu haben.

Immer montags um 16 Uhr treffen sich Konzernchef Braun, Asienvorstand Marsalek, Finanzvorstand von Knoop und Produktvorständin Steidl im vierten Stock der Firmenzentrale. Beschlossen werden neue Initiativen, Kredite und Übernahmen. Handys sind nicht erlaubt. Braun hält die Sitzungen gewöhnlich kurz, Widerspruch gibt es selten. Doch an diesem Montag geht es in der Runde plötzlich um ein Thema, das hier bisher nicht hingehörte. Steidl spricht es nach ihrer Ernennung zur Vorständin dennoch an.

Es gebe in seinem Bereich, in Ostasien, doch ein riesiges Drittpartnergeschäft, fragt sie Marsalek: »Können wir sicher sein, dass wir keine Zahlungen für Kinderpornographie abwickeln?«

Steidl ist seit Januar 2018 im Vorstand von Wirecard. Zur selben Zeit neu ins oberste Steuerungsgremium aufgerückt ist Alexander von Knoop, der Finanzvorstand. Beide sind seit vielen Jahren im Konzern, Knoop seit 2005, Steidl seit 2006. Und beide wissen: Es gibt nicht eine Wirecard, sondern mindestens zwei. Nach außen ist der Konzern der strahlende Stern am deutschen Börsenhimmel, mit fantastischen Wachstumsraten, einem innovativen Geschäftsmodell und Premiumkunden aus der Real- und Internetwirtschaft, darunter die Österreichische Bundesbahn, die niederländische Fluggesellschaft KLM, das deutsche Nobelrestaurant »Käfer« und die britische Online-Bank Revolut.

Mit den Premiumkunden schmückt sich Wirecard gerne im Geschäftsbericht und in der Selbstdarstellung. Was das Topmanagement aber auch weiß: In Wirklichkeit ist der Konzern immer noch sehr viel tiefer in die halbseidenen Geschäfte der Frühphase verstrickt, vor allem in die Zahlungsabwicklung für Glücksspiel- und Pornoseiten.

Pornos heißen im Wirecard-Universum immer anders. Ob in der alten Zentrale in Grasbrunn oder am letzten Firmensitz in Aschheim: Die Zahlungsabwicklung für Online-Sex wird mit den schönsten Begrifflichkeiten umschrieben. »Adult-Bereich« nennt Konzernchef Braun das Geschäft, wenn er es adressieren muss, etwa auf Nachfrage von Journalisten. Andere Manager sprechen von »Adult Entertainment«, Erwachsenenunterhaltung. Marsalek subsumiert das Business unter dem Begriff »Emotional Content«, emotionaler Inhalt. Gemeint ist stets dasselbe.

Wie wichtig die Pornobranche für die junge Wirecard ist, zeigt sich schon bei Einstellungsgesprächen. »Ich wurde gefragt, ob ich ein Problem mit Erwachsenenunterhaltung hätte«, erzählt eine Mitarbeiterin, die schon lange dabei ist. »Wir haben in dem Geschäft nie ein Problem gesehen«, berichtet ein Programmierer. »Schließlich muss es das auch geben, das frühe Internet war voll damit. Und was ist gegen legale Pornos schon einzuwenden?«

Grundsätzlich nichts. In den Nullerjahren treffen sich mehrere führende Mitarbeiter im Büro eines Managers und schauen einer jungen Dame im Internet dabei zu, wie sie sich auf Anweisung im Chat selbst befriedigt – gegen Geld natürlich. Die Wirecard-Granden sind begeistert: Das Geschäft funktioniert. Die Episode wird noch Jahre später auf den Konzernfluren erzählt.

Legale Pornos spielen bis zum Schluss eine wichtige Rolle im Wirecard-Reich. Der große Anbieter Fenix macht selbst Ende 2019 immer noch mehr als elf Prozent des gesamten Transaktionsvolumens aus, wie interne Übersichten zeigen.[14] Braun postuliert in Interviews ganz andere Zahlen: »Ihr Anteil an unserem Geschäft liegt heute bei unter zehn Prozent«, erklärt er im Herbst 2019 mit Bezug auf den gesamten Porno- und Glücksspielbereich – eine klare Lüge. Zählt man den realen Teil das Drittpartnergeschäfts in Asien hinzu, ist noch schwerer zu bestimmen, wie hoch genau der Anteil von Online-Sex am Wirecard-Geschäft tatsächlich ist.

Asien gilt als Hochburg für Kinderpornographie, die Herstellung entsprechender Inhalte als einer der größten »Wachstumsmärkte« der organisierten Kriminalität. Verlässliche Zahlen gibt es kaum. Die internationale Polizeiorganisation Interpol schätzte 2011 den weltweiten Umsatz mit dem Handel von kinderpornographischem Material auf 18 Milliarden Dollar – was ungefähr der Summe des illegalen Waffenhandels entsprach. Das US-Zentrum für vermisste und missbrauchte Kinder NCMEC zählte im selben Jahr eine vierfach höhere Zahl kinderpornographischer Bilder und Filme im Netz gegenüber 2007: Die Experten kamen auf 17,3 Millionen Dateien. Und seitdem sei die Zahl exponentiell angestiegen.[15]

Es sind Zahlen wie diese, die auch einige Angestellte in Aschheim umtreiben. Zwar kann die interne Risikoabteilung sehen, welche Anbieter Zahlungen über die Wirecard-Systeme abwickeln: Darunter sind ausschließlich große, legale Pornoanbieter. Aber was passiert im Graubereich in Asien? »Es gab ja nicht nur die offiziell verzeichneten Transaktionen, die über die Aschheimer Systeme flossen«, berichtet ein Manager. »Im Drittpartnergeschäft konnte niemand sehen, was dort mithilfe unserer Technik abgewickelt wird.«

Susanne Steidl, selbst kinderlos, treibt das Thema um. Steidl weiß: Sie hat keinen Zugriff auf die Systeme und Partnerschaften in Marsaleks Asienbereich. Das Gleiche gilt für Finanzvorstand von Knoop, der Marsaleks Zahlen lediglich in seine Bilanz übernimmt. Ein Großteil des Geschäfts mag am Ende erfunden gewesen sein, doch das ist 2018 noch nicht klar. Also wagt Steidl den Tabubruch – und hakt nach.

Auf ihre Frage, ob es auszuschließen sei, dass Wirecard mit der Zahlungsabwicklung für Kinderpornographie Geld verdient, bleibt Brauns Gesicht unbewegt. Es ist nicht der CEO, der antwortet, sondern Asienvorstand Jan Marsalek. »Es gibt Geschäfte, die kann ich nicht mit meinem Gewissen vereinbaren«, sagt er. Die Befürchtung könne er folglich ausschließen. Steidl gibt sich mit der Erklärung zufrieden: Sie hat keinen Hebel, um sie zu überprüfen, den Bruch mit den Vorstandskollegen wagt sie nicht. Man wechselt zum nächsten Tagesordnungspunkt. Verzeichnet werden Frage und Antwort nirgendwo – Gesprächsprotokolle von Vorstandssitzungen gibt es bei Wirecard nicht.

Doch noch einmal sollte das Thema Konzernchef Braun einholen. Als er am 19. November 2020 zum ersten Mal vor den Wirecard-Untersuchungsausschuss vorgeladen wird, spricht ihn der Linken-Finanzexperte Fabio De Masi auf seine zweijährige Tochter an. Ob der Familienvater Braun bestätigen könne, dass innerhalb des Wirecard-Vorstands darüber diskutiert worden sei, ob man Zahlungen für Kinderpornographie abwickle, fragt De Masi. Braun weicht von seiner vorbereiteten Standarderwiderung, sich heute nicht äußern zu können, ab und herrscht De Masi an: »Lassen Sie bitte meine Familie hier außen vor.«

Bis heute gibt es keine Hinweise darauf, dass Wirecard Zahlungen für Kinderpornographie abgewickelt hat. Für die in Aschheim laufenden Systeme kann das mit hoher Wahrscheinlichkeit ausgeschlossen werden. Doch was im realen Teil des Drittpartnergeschäfts passiert ist, ist weiter ein Rätsel – eventuell sogar für einen der Hauptverdächtigen.

»Selbst wenn wir Marsalek seine Aussage glauben, dass er solche Geschäfte nicht tolerieren würde. Was heißt das praktisch?«, sagt ein hochrangiger Manager. »Zu 100 Prozent ausschließen konnte selbst Marsalek das nicht. Wir haben unsere Software zur Zahlungsakzeptanz den TPAs zur Verfügung gestellt«, erklärt der Insider mit Blick auf die Drittpartner in Asien. »Was die damit gemacht haben, weiß doch niemand genau.«

### Genutzte Schlupflöcher, zögernde Staatsanwälte

Ein anderes Geschäft hingegen ist belegt: Wirecard hat Zahlungen für verbotenes Online-Gambling und betrügerische Trading-Portale abgewickelt (siehe Kapitel 2.2). Hier ist die Sache klar: Die Zahlungsabwicklung für illegale Angebote ist eine Straftat, das Delikt nennt sich Geldwäsche. Und dass Wirecard ein großes Geldwäscheproblem hatte, steht für viele Beobachter heute außer Frage. Wie groß genau es war, ist noch längst nicht aufgearbeitet. Aus Sicht von Kritikern wie der New Yorker Hedgefonds-Managerin Fahmi Quadir steht die Geldwäsche sogar im Zentrum des Wirecard-Skandals – und nicht etwa die Luftbuchungen. »Für mich ist Wirecard vor allem eine riesige Geldwaschmaschine gewesen«, sagte sie im Gespräch mit dem *Handelsblatt*. »Es überrascht mich, dass Wirecard immer noch überwiegend als Bilanzskandal gesehen wird.«[16]

Eines eint die Geldwäsche mit dem Bilanzbetrug: Der Konzern konnte über Jahre hinweg existierende Schlupflöcher maximal ausnutzen und ist dabei kaum gebremst worden. Warnungen, Anzeigen, Untersuchungen hat es früh gegeben – Konsequenzen aber erst, als es schon zu spät war.

Die Spurensuche nach dem Antrieb der Geldwaschmaschine führt zum Herzstück des Konzerns, der Wirecard Bank. Sie entstand 2006 durch die Übernahme einer kleinen Wertpapierhandelsbank, der XCom-Bank. Wirecard war damit einer der ersten Zahlungsabwickler der Welt, der eine eigene Bank sein Eigen nannte: ein visionärer Schritt und ein Alleinstellungsmerkmal, das viele Geschäfte und das hohe Wachstum erst ermöglicht hat. So wichtig die Bank für den Konzern ist, so klein ist sie bis zum Schluss. Laut Bundesanzeiger beschäftigte sie Ende 2018 nur 151 Mitarbeiter, der Gesamtkonzern 5 154.

Obwohl im Konzern die wichtigen geschäftlichen Entscheidungen fallen, gibt es ein Anti-Geldwäsche-Konzept bis 2018 nur für die Bank. Das habe regulatorische Gründe: Nur die Bank unterliege den Anforderungen des deutschen Geldwäschegesetzes, lautet die lapidare Erklärung Wirecards. Erst im Frühjahr 2019 richtet man ein »Group AML (Anti-Money Laundering) Office« ein zur »Steuerung konzernweiter Tätigkeiten zur Verhinderung von Geldwäsche und Terrorismusfinanzierung«.

In der Bank werkelt derweil die »Zentrale Stelle« vor sich hin: In ihr sind der Geldwäschebeauftragte und vier weitere Mitarbeiter tätig. Sie sollen 2019 auch die Koordination des konzernweiten »Group AML Office« übernehmen, zwei Mitarbeiter zeitnah hinzukommen, wie es heißt. Der global tätige Zahlungsdienstleister beschäftigt damit im Jahr vor seinem Untergang ganze sieben Mitarbeiter, um ein Transaktionsvolumen von offiziell über 120 Milliarden Euro unter die Lupe zu nehmen. Ein Ding der Unmöglichkeit.

Wie locker die interne Geldwäschekontrolle im Konzern genommen wurde, zeigen E-Mails, aus denen die *Süddeutsche Zeitung* zitierte. »Willst Du zum Feierabend noch mal schmunzeln?«, schreibt ein Wirecard-Manager 2014 einem Kollegen. »Unser Geldwäschebeauftragter fragt mich gerade, ob es eine Versicherung für Geldwäschebeauftragte gibt :) dem Kleinen macht wohl etwas Sorge :)« Die Antwort: »Wie jetzt – Versicherung? No Risk no fun.« Tatsächlich sortiert Wirecard vor allem kleine Fische aus, etwa betrügerische Privatverkäufer bei Ebay. Bei den Kunden, die Jan Marsalek als

»Prio«- oder »A+«-Kunden bezeichnet, gelten andere Regeln. Viele kommen aus Osteuropa, sind im Gambling-, Trading- und Pornogeschäft aktiv und sollen auf Anweisung des Vorstands »besonders zuvorkommend behandelt werden«. So manchem russischen Oligarchen verhilft Marsalek persönlich zu einem Konto.[17]

Wenn schon die interne Überwachung versagt, stellt sich die Frage, was die staatlichen deutschen Geldwäscheaufseher zum Treiben in Aschheim zu sagen haben. Die Antwort: Wenig, einen Riegel schieben sie den Geschäften in den all den Jahren nicht vor, und das, obwohl der Konzern vielen Ermittlern und Aufsehern als notorisch auffällig gilt.

Nur zweimal kommt es in der Wirecard-Geschichte zu Durchsuchungen wegen Geldwäscheverdachts. Das erste Mal, im Dezember 2015, handelt die Staatsanwaltschaft München im Amtshilfeverfahren für die US-Bundespolizei FBI. Diese hatte die illegale Trading-Plattform Banc De Binary im Visier, die 2017 endgültig geschlossen wurde. Die Öffentlichkeit erfährt damals nichts von dem Vorgang.

Erst 2020, nach dem Absturz des Konzerns, gehen die Ermittler dem Geldwäscheverdacht erneut nach. Verantwortlich für die Durchsuchung am 29. September ist die Staatsanwaltschaft München I. Es ist bereits die dritte Durchsuchung im Jahr des Wirecard-Untergangs, aber die einzige wegen Geldwäscheverdachts.

Die erste Durchsuchung fand am 5. Juni 2020 statt und bezog sich auf eine mögliche Marktmanipulation vor der Vorlage des KPMG-Sonderprüfberichts Ende April.[18] Wirecard hatte damals aus Sicht der Ermittler seine Lage zu rosig dargestellt und Probleme beim Sonder-Audit unter den Teppich gekehrt.[19] An diesem Tag gingen die Ermittler noch diskret vor und marschierten ohne Blaulicht und Polizeiaufgebot in Aschheim ein. Bei der darauffolgenden Razzia traten die Staatsanwälte bereits deutlich robuster auf: Am 1. Juli, sechs Tage nach der Insolvenz, durchsuchten sie die Zentrale sowie Brauns und Marsaleks Privatdomizile in München, Wien und Kitzbühel. Nun ging es auch um den Verdacht der Bilanzfälschung und des Betrugs.

Aber erst die dritte und letzte Razzia im Jahr des Untergangs kümmert sich um den Geldwäscheverdacht. Erneut rücken die Münchner Staatsanwälte am 29. September am Firmensitz in Aschheim an, zusammen mit Beamten des Bundeskriminalamts. Zum einen untersuchen sie Untreuevorwürfe gegen Manager der Wirecard Bank: Diese hatte der Konzernmutter unter anderem 2018 einen Kredit über 100 Millionen Euro gewährt und die Linie später verlängert, ohne Sicherheiten zu verlangen.[20] Vor allem aber soll die Razzia den schweren Vorwurf klären, Wirecard habe in den vergangenen Jahren als Deutschlands größter Geldwaschsalon fungiert. Für Insolvenzverwalter Michael Jaffé ist die Razzia eine Belastung, schließlich verkompliziert sie den Verkauf der verbliebenen Wirecard-Gesellschaften. Aus Sicht der meisten Beobachter ist sie überfällig.

## Geldwäsche-Paradies Deutschland

Fest von der Schuld Wirecards überzeugt ist Elfriede Sixt von der »European Funds Recovery Initiative« (EFRI). Die Wiener Anlegerschutzorganisation hat viele dubiose Geschäftspraktiken von Zahlungsdienstleistern im Visier, ist in mehreren europäischen Ländern aktiv und vertritt Hunderte geschädigte Anleger (siehe Kapitel 2.2). Ihre Anfang 2020 gestellte Geldwäsche-Strafanzeige gegen Wirecard ist einer der Gründe, warum die Ermittler am 29. September überhaupt erst in der Konzernzentrale einmarschieren.

Grund, nachzuforschen, gibt es laut Sixt genug. Wirecard habe »seit vielen Jahren ungehindert und ungestraft« Finanztransfers für betrügerische und illegale Anbieter abgewickelt, und das »in beträchtlichem Ausmaß«, wie Sixt erklärt. Über 100 Millionen Euro im Monat erbeuteten europäische Cyberkriminelle mit betrügerischen Online-Portalen laut Schätzungen über Jahre hinweg. Eine zentrale Rolle spielte dabei laut Sixt die mit einer deutschen Banklizenz ausgestattete Wirecard Bank.

Sixt begrüßt, dass nun endlich auch wegen Geldwäsche gegen Wirecard ermittelt wird. Der Fokus auf den Bilanzbetrug sei nicht ausreichend, sagt sie heute. Tatsache ist: Wirecard war kein potemkinsches Dorf voller erfundener Geschäfte. Es gab mindestens zur Hälfte reales Geschäft – und darunter diente ein signifikanter Teil dubiosen oder illegalen Anbietern, also Geldwäschezwecken.

Jedoch: Die Geldwäsche-Ermittlungen der deutschen Staatsanwälte gegen Wirecard führen erst im September 2020 zur Razzia in Aschheim – viel zu spät, wie Sixt kritisiert.

Warum marschieren die Ermittler erst so spät ein, sind die Aufsichtsbehörden lange blind? Die Antwort auf diese Frage hängt mit einem deutschen Abgrund zusammen. Die Bundesrepublik gilt international als Land der Regeln und Normen. Hinter der Fassade jedoch blüht das Verbrechen: Experten sehen Deutschland als »Geldwäsche-Paradies« Europas.

Wie wenig effektiv die deutsche Geldwäscheaufsicht ist, zeigt sich am Fall Wirecard besonders drastisch. Zuständig sind vereinfacht gesagt drei Behörden: Die Finanzaufsicht Bafin soll die Geldwäscheprävention der von ihr beaufsichtigten Finanzinstitute kontrollieren. Die Financial Intelligence Unit des Zolls (FIU) soll die Geldwäscheverdachtsmeldungen der wichtigsten Marktteilnehmer sammeln, auswerten und an die Strafverfolger weiterleiten. Und für alle Firmen, die keine von der Bafin beaufsichtigten Finanzunternehmen sind, sind die lokalen Aufsichtsbehörden zuständig – je nach Bundesland also die Regierungspräsidien, Gewerbeämter oder teilweise sogar die Standesbeamten im Ort.

Verpflichtete nach dem Geldwäschegesetz (GwG) sind Banken, Finanzdienstleister, Rechtsanwälte, Notare, Wirtschaftsprüfer, Steuerberater, Spielbanken, Glücksspielanbieter, Güterhändler, Immobilienmakler und weitere Personen, die »gewerblich mit hochwertigen Gütern handeln«. Zu letzteren zählen beispielsweise Auto- und Bootshändler. Sie alle sind verpflichtet, »Maßnahmen zur Verhinderung von Geldwäsche und Terrorismusfinanzierung zu ergreifen, sobald Bartransaktionen im Wert von 10 000 Euro oder mehr vorgenommen werden«. Auch unabhängig von der konkreten Transaktionshöhe müssen die »allgemeinen Sorgfaltspflichten« wahrgenommen werden, wenn ein

Händler einen Verdacht auf Geldwäsche oder Terrorismusfinanzierung hegt.

Die gesetzliche Prüfpflicht der Marktteilnehmer mag in der juristischen Theorie eindeutig klingen. In der Praxis des Wirtschaftslebens hat sie aber kaum Folgen: Deutschland gilt international als bevorzugtes Land für Geldwäscher, wie beispielsweise Professor Kai Bussmann vom Lehrstuhl für Strafrecht und Kriminologie der Universität Halle kritisiert. In einer Studie für das Bundesfinanzministerium schätzte er 2016, dass hierzulande mehr als 100 Milliarden Euro an Schwarzgeld pro Jahr gewaschen werden.[21]

»Es ist keine Frage, Deutschland ist eine der Hauptzielscheiben für die internationale Geldwäsche, weil sie nicht wirksam strafrechtlich verfolgt wird«, sagt Bussmann.»Deutschland verfolgt im Wesentlichen nur Peanuts, also untergeordnete Fälle von Geldwäsche. Das Volumen der Geldwäsche, das strafrechtlich überhaupt erkannt, bearbeitet, abgeurteilt wird, liegt im Bereich von 100 Millionen Euro jährlich.« Das entspräche weniger als 0,1 Prozent der von Bussmann geschätzten jährlichen Gesamtsumme an gewaschenem Schwarzgeld.

Die Verfolgung sei komplex, sagt der Professor. So müssten die Ermittler praktisch zwei Straftaten gleichzeitig nachweisen: die Geldwäsche selbst und die illegale Herkunft der Gelder. Letzteres gelänge den Strafverfolgungsbehörden oft nicht und das eröffne dem Missbrauch Tür und Tor. Daher würde selbst bei hohen Immobilienkäufen oder Bargeldtransaktionen oft nicht einmal ermittelt. Von den knapp 120 000 Verdachtsmeldungen im Jahr 2019 wurden laut Bussmann 99 Prozent eingestellt.[22]

### Kafkaeskes Aufsichtschaos

Der schwierige Nachweis von Geldwäsche ist der eine Teil des Problems. Der andere ist das fast schon kafkaeske Wirrwarr der zuständigen Aufsichtsbehörden, die diesen Nachweis eigentlich zu erbringen haben. Im Fall Wirecard führt das Chaos zu sträflichem Nichtstun.

Das Aufsichtsversagen über die Transaktionen in Aschheim beginnt damit, dass bis zuletzt unklar ist, wer bei dem Zahlungsdienstleister eigentlich für die Geldwäschekontrolle zuständig ist.

Für die kleine Wirecard Bank ist zweifelsfrei die deutsche Finanzaufsicht Bafin zuständig. Sie führte auch tatsächlich Geldwäscheprüfungen durch. Gravierende Konsequenzen blieben aber aus. Zwar ergab eine frühe Sonderprüfung der Wirecard Bank 2010 geldwäscherechtliche Probleme. Wie eine Anfrage des Linken-Abgeordneten Fabio De Masi zeigte, wurden diese jedoch in einer Nachprüfung 2011 als ausgeräumt angesehen.[23] Und trotz vieler Warnzeichen stufte die Bafin die Wirecard Bank erst 2019 als »aufsichtsintensives Institut« ein. Zuvor hatte das *Handelsblatt* die Bedeutung der Zahlungsabwicklung für illegale Trading-Seiten aufgedeckt.[24] Eine neue Sonderprüfung endete aber ohne gravierende Feststellungen, wie ein interner Bafin-Bericht zeigt.

So weit die Wirecard Bank. Doch wer war für die Geldwäscheaufsicht über den Gesamtkonzern zuständig? Diese Frage ist bis heute zwischen Berlin und München strittig. Statt sich zügig zu einigen, schieben sich der Bund und das Land Bayern gegenseitig die Verantwortung zu.

Trotz jahrelanger Geldwäschevorwürfe von verschiedenen Seiten sprechen die Bundesbehörde Bafin und die Bayerische Staatsregierung erstmals im Februar 2020, also vier Monate vor dem Untergang, über mögliche Kontrollen bei Wirecard. Und erst am 25. Juni, dem Tag der Wirecard-Insolvenz, wird auch das Bundesfinanzministerium in die Gespräche eingeschaltet.

Bayern weist bis heute alle Vorwürfe von sich. Zwar räumt der bayerische Innenminister Joachim Herrmann (CSU) im Juli 2020 Lücken in der Geldwäscheaufsicht ein. »Aufgrund der Struktur der Wirecard-Gruppe und den Regelungen im Geldwäschegesetz besteht keine Gruppenaufsicht über sämtliche Tochterunternehmen der Wirecard AG«, erklärt er auf Anfrage der SPD im Landtag. Das Land sei nicht zuständig, weil der Konzern nicht als Finanzunternehmen gelte. Die Bezirksregierung habe Wirecard als IT-Unternehmen eingestuft.

Ob bewusst oder unabsichtlich verwechselte der Minister dabei zwei voneinander unabhängige Sachverhalte: erstens die allgemeine Finanzaufsicht, zweitens die spezielle Geldwäschekontrolle über den Wirecard-Konzern.

Richtig ist: Aufgrund der fatalen Einstufung des Wirecard-Konzerns als Technologie-Holding kümmerte sich die allgemeine Bafin-Finanzaufsicht nur um eine Tochter des Konzerns: die Wirecard Bank (siehe Kapitel 5.1). Dort nahm sie auch die spezielle Geldwäschekontrolle vor.

Die Geldwäschekontrolle über den Gesamtkonzern jedoch blieb bis zum Schluss unbesetzt – und das, obwohl hierfür bei allen Konzernen, die keine von der Bafin beaufsichtigten Finanzinstitute sind, eigentlich die Länder zuständig wären. In Bayern regierte jedoch der Schlendrian. Erst am 25. Februar 2020 nahm die Bezirksregierung Niederbayern erstmals Kontakt mit der Bafin auf. Sie teilte mit, dass sie sich als zuständige Geldwäscheaufsicht ansehe, und wiederholte das im Mai.

Laut Geldwäschegesetz hat sie sich um den Vollzug im sogenannten »Nichtfinanzsektor« zu kümmern, wozu neben Autohändlern, Immobilienmaklern und Versicherungsvermittlern auch bestimmte Finanzunternehmen ohne Kreditgeschäft gehören. Aus Sicht der Bezirksregierung gehörte Wirecard aufgrund zahlreicher entsprechender Auslandstöchter zu dieser Kategorie. Die Bafin wiederum war nicht zuständig, da der Wirecard-Konzern – und jetzt wird es ganz absurd – offiziell nicht als Zahlungsdienstleister galt. »Die Wirecard AG ist kein Institut im Sinne des Zahlungsdienste-Aufsichtsgesetzes«, stellte das Bundesfinanzministerium klar, Schuld sei eine zu enge Definition im Gesetz. Dass die Bafin die Wirecard AG mitunter selbst als »weltweit tätiges Zahlungsdienstleistungsunternehmen« bezeichnet hatte, sei egal: Dahinter verberge sich keine präzise rechtliche Einschätzung.[25]

So weit die graue Theorie. Am 25. Juni – dem Tag der Wirecard-Pleite – teilte das bayerische Innenministerium dann überraschend der Bafin und dem Bundesfinanzministerium mit, dass es die Bezirksregierung nicht als zuständig betrachte. Stattdessen sehe man die Bafin in der Verantwortung. Der plötzliche Kurswechsel der Staatsregierung in München lässt sich einfach erklären: Das politische Schwarzer-Peter-Spiel lief an.

Doch abseits aller bayerischen Volten und juristischen Abgründe: Selbst wenn die Bezirksregierung die Geldwäschekontrolle über den Wirecard-Konzern schon früher übernommen hätte, viel hätte sie wohl nicht ausrichten können. Nur sechs Vollzeitmitarbeiter kontrollieren in Niederbayern die Geldwäscheprävention von über 1 000 Unternehmen.[26]

### Spezialeinheit im Tiefschlaf

Die fehlende Prävention liefert eine Erklärung für das Wirecard-Desaster. Eine andere liefert die lückenhafte Verfolgung bei Geldwäscheverdacht. Zuständig hierfür ist die FIU: Die Spezialeinheit des Zolls soll Geldwäscheverdachtsmeldungen eigentlich bundesweit sammeln und kategorisieren. Bei der Zentralstelle für Finanztransaktionsuntersuchungen, so der offizielle Name, sollen rund 400 Mitarbeiter 120 000 Verdachtsmeldungen pro Jahr nachgehen: ein Ding der Unmöglichkeit, sagen Experten.

Geschwächt hat die FIU auch ihre Umhängung vom Bundeskriminalamt zum Zoll 2017, also vom Innen- zum Finanzministerium. Die Ägide führte hier noch der damalige Finanzminister Wolfgang Schäuble (CDU). Was der Behörde mehr Schlagkraft verleihen sollte, sorgte für chaotische Zustände: Aufgrund von Technikproblemen und unqualifiziertem Personal türmten sich bei der FIU schnell Zehntausende unbearbeitete Verdachtsmeldungen.

Schäubles Nachfolger Olaf Scholz tauschte zwar den FIU-Leiter aus und erhöhte das Personal. Doch Kritiker melden weiterhin Zweifel an der Arbeit der FIU an. 2019 gingen 114 000 Hinweise auf Geldwäsche oder Terrorfinanzierung ein, davon gab die Einheit 38 000 an Strafverfolgungsbehörden weiter. Viele Altfälle verschiebt die FIU jedoch inzwischen in das sogenannte Monitoring. Dort bleiben sie unbearbeitet liegen, was die Statistik bereinigt.

»Dass dort eine effektive Arbeit nicht möglich ist, überrascht in ganz Deutschland keinen einzigen Strafverfolger mehr«, sagt Sebastian Fiedler, der Vorsitzende des Bunds Deutscher Kriminalbeamter. »Wenn Sie bei Tagungen sind, wo Bankenvertreter, Aufsichtsbehörden, Strafverfolger aus allen möglichen Behörden dabei sind, dann gibt's teilweise hysterisches Lachen, wenn über die FIU diskutiert wird.« Dass die Einheit aufgrund gravierender Geburtsfehler nicht funktionieren könne, sei ein offenes Geheimnis: »Es gibt im Prinzip nur zwei Meinungen. Es gibt dazu die Meinung aller Strafverfolger in Deutschland und die Meinung der Verantwortlichen der FIU.«

Das Hauptproblem: Viele FIU-Mitarbeiter sind keine ausgebildeten Kriminalisten. Sie scheitern damit schon am Grundauftrag der Behörde. Eigentlich soll die FIU analysieren, ob eine Geldwäscheverdachtsmeldung auf eine Straftat hinweist, und sie nur dann an die Ermittler schicken. Aus Überforderung werden Meldungen jedoch zu Tausenden praktisch ungeprüft an die schon jetzt überlasteten Staatsanwaltschaften weitergeleitet.

Ein krimineller Konzern kann in diesem Umfeld florieren. Wie passiv die FIU im Fall Wirecard blieb, haben mehrere Bundestagsabgeordnete durch parlamentarische Anfragen nach dem Zusammenbruch herausgearbeitet.

In einer Sondersitzung des Finanzausschusses musste Finanzminister Olaf Scholz (SPD) Ende Juli 2020 erstmals zum Treiben der Spezialeinheit, die zu seinem Geschäftsbereich gehört, Stellung nehmen.

Die FIU hatte demnach in den vergangenen Jahren mehr als 500 Verdachtsmeldungen der Wirecard Bank gegen Kunden des Zahlungsdienstleisters erhalten. Noch wichtiger sind die vielen Hinweise, die die FIU gegen Wirecard selbst erreichten. Unter anderem die Commerzbank hatte besonders viele Verdachtsmeldungen gegen die Aschheimer abgegeben. Konkret habe man bis zum 28. Juli 2020 »insgesamt 97 Verdachtsmeldungen identifiziert, die in möglichem Zusammenhang mit den derzeit erhobenen Vorwürfen stehen könnten«, teilte die FIU mit.

Aufgelaufen waren die verdächtigen Meldungen zwischen 2017 und 2020. Doch aus Sicht vieler Beobachter ist die FIU zu spät aktiv geworden. Erst am 22. Juni 2020, dem Tag, als Wirecard erklärte, dass die fehlenden 1,9 Milliarden Euro höchstwahrscheinlich nie existiert haben, fing die Einheit an, noch einmal alle zu Wirecard vorliegenden Meldungen zu überprüfen. Plötzlich war auch die lange fehlende behördenübergreifende Zusammenarbeit möglich: FIU und Bafin bildeten eine gemeinsame Taskforce. 50 Verdachtsmeldungen reichte die FIU schließlich an die zuständigen Strafverfolgungsbehörden weiter, größtenteils jedoch erst nach dem Auffliegen des Bilanzbetrugs. Heißt: Erst, als der Schmuggler enttarnt war, begannen die Zöllner mit ihrer Arbeit.

Die Opposition im Bundestag hat klare Worte für diese Arbeitsmoral: Sie spricht von Schlendrian und mutwilligem Wegsehen. Schlimmer noch: Womöglich wäre es gar nicht zum milliardenschweren Bilanzbetrug bei Wirecard gekommen, hätten die Geldwäscheaufseher frühzeitig nach Aschheim geschaut und die Geschäftspraktiken des Konzerns aufgedeckt, so die Kritik. Der FDP-Finanzpolitiker Florian Toncar nennt das Vorgehen der FIU – neben dem der Bafin – den »zweiten Fall des staatlichen Versagens.«

## Topmanager unter Verdacht

Was den Geldwäscheprüfern besonders ins Auge hätte stechen müssen: Andere Banken gaben ausgerechnet gegen das Wirecard-Topmanagements Dutzende Verdachtsmeldungen ab. So erhielt die FIU ganze 36 Geldwäscheanzeigen gegen Vorstände und Aufsichtsräte des Konzerns. Befürchten mussten diese freilich wenig: Die Weitergabe der Meldungen an die Strafverfolger dauerte auch im Fall der sensiblen Topmanager lange. Eine Meldung vom 7. Februar 2019 beispielsweise wurde erst zwei Wochen später an die Staatsanwaltschaft übermittelt, eine Meldung vom 12. Juni blieb sogar anderthalb Monate liegen.[27]

Doch nicht nur die FIU-Beamten ließen sich Zeit, offenbar auch viele meldepflichtige Banken. Die Mehrzahl der 36 Meldungen gegen die Wirecard-Spitze ging erst nach Auffliegen des Bilanzskandals ein.

Eile mit Weile: Das galt offenbar auch für die zuständige Staatsanwaltschaft München I, der die FIU Verdachtsmeldungen weitergeleitet hatte. Die ersten Anzeigen datieren aus 2019 und thematisieren unter anderem die verdächtigen Privatkredite zwischen Braun und Marsalek. Doch erst Anfang Juli 2020 teilt eine Sprecherin der Strafverfolgungsbehörde mit: »Wir ermitteln wegen Geldwäscheverdachts gegen Verantwortliche des Unternehmens und gegen Unbekannt.«[28] Zur Geldwäsche-Razzia kommt es sogar erst am 29. September. Seit dem Absturz Wirecards seien vermehrt neue Anzeigen eingegangen, erklärt die Sprecherin. Den Tätern bei Wirecard gibt das Zögern viel Zeit, um Spuren zu verwischen.

Manche Geldwäscheanzeige ist längst verjährt, etwa die von Shortseller Tobias Bosler (siehe Kapitel 3.1). Nach dem Untergang des Konzerns wird deutlich, wie seine frühe Warnung in den Mühlen der Justiz verschwand. Erstmals äußert sich die Staatsanwaltschaft öffentlich: »Es ging bei dem Tatvorwurf um Finanztransaktionen im Zusammenhang mit Online-Glücksspiel in den USA«, das Verfahren wurde »dann jedoch mit Verfügung vom 22. Februar 2012 eingestellt, da ein Tatnachweis nicht zu führen war.« Auch andere Anzeigen aus 2010, zum Teil bei der Bafin eingegangen, versandeten demzufolge.

Fahmi Quadir aus New York sagt, sie habe das Vertrauen in die deutschen Behörden verloren. In hiesigen Amtsstuben fand die Hedgefonds-Managerin niemanden, der über ihre Erkenntnisse zur Geldwäsche bei Wirecard reden wollte. Nun setzt sie auf die Aufklärung in den USA. Dort sind Teile ihrer Recherchen Beweismittel in einem Prozess gegen zwei Vertraute von Jan Marsalek.

Die traurige Wahrheit ist: Während in Deutschland der Schlendrian regierte, wurde im Ausland gehandelt. 2015 sorgte das FBI für die erste Razzia bei Wirecard. Und die Ermittlungen gingen weiter. Die Liste der Vorwürfe ist lang: Aktuell gehen die US-Behörden etwa einer möglichen Verwicklung Wirecards in einen 100 Millionen Dollar schweren Fall von Bankbetrug beim Cannabis-Handel nach. Demnach sollen zwei Geschäftsleute zusammen mit Wirecard US-Banken über die Herkunft von Geldern getäuscht haben, um unbemerkt gegen Drogenhandelsverbote verstoßen zu können, berichtete das *Wall Street Journal*.[29]

Auch am anderen Ende des Erdballs, in Singapur, reagierten die Behörden Anfang 2019 sofort auf die kritischen *FT*-Berichte. Sie durchsuchten das dortige Wirecard-Büro, Topmanagern droht die Verurteilung. Und sogar auf den Philippinen prüfen die Behörden den Verdacht verschiedener Finanzstraftaten im Umfeld von Wirecard.

Teil der Wahrheit ist aber auch: Auch in Deutschland gab es Behörden, die früh kritisch hinschauten, etwa die Bundesbank. Ein ranghoher Notenbanker berichtete schon vor dem Absturz dem *Handelsblatt*, dass man den kometenhaften Aufstieg Wirecards kritisch betrachte. Laut einer internen Risikomatrix galt der Konzern als besonders geldwäschegefährdet. Bei mehreren Wirecard-freundlichen Maßnahmen der Bafin, etwa dem umstrittenen Leerverkaufsverbot, äußerte die Bundesbank ernste Zweifel. Durchsetzen konnte sie sich mit dieser Haltung jedoch nicht.

So lief die Wirecard-Maschine munter weiter, bis zum bitteren Ende. Der Aschheimer Geldwaschsalon hatte 24/7 geöffnet. Aber nicht nur bei der Geldwäscheaufsicht, bei Medien und Anlegern herrschte vielfach eine unkritisch-naive Haltung vor. Auch andere kundige Beobachter, interne Prüfinstanzen und direkte Geschäftspartner schauten viel zu lange weg oder lagen mit ihrer Einschätzung völlig daneben, wie das folgende Kapitel zeigt.

# 4 Kontrolle Fehlanzeige: Wie alle internen Instanzen versagen

## 4.1 Die Aufsichtsräte – Auftritt der Frühstücksdirektoren

Es ist ein vierseitiges Schreiben. Und es enthält Sprengstoff. »Lieber Wulf, lieber Alfons, lieber Stefan, liebe Vuyi«, schreibt Tina Kleingarn am 29. September 2017. »Wie ich Wulf bereits mitgeteilt habe, habe ich mich entschlossen, mein Amt als Aufsichtsrat der Wirecard AG niederzulegen. Ich möchte dieses Schreiben nutzen, um Euch meine Beweggründe für diesen Entschluss darzulegen.«

Kleingarn ist zu dieser Zeit seit einem guten Jahr Teil des Wirecard-Kontrollgremiums. Die Diplom-Kauffrau ist Gründerin und Partnerin des Beratungsunternehmens Westend Corporate Finance, das Konzerne bei Fusionen und Übernahmen sowie Börsengängen unterstützt. Zuvor war Kleingarn Bankerin beim US-Institut Goldman Sachs und der britischen Großbank Barclays. Sie kennt das Bankgeschäft also genau, als sie im Juni 2016 in das Wirecard-Kontrollgremium einzieht.

Doch das, was sie dort vorfindet, entspricht so gar nicht dem, was sie von anderen großen Finanzkonzernen gewohnt ist. Ganz im Gegenteil: Die Geschäftspraktiken Wirecards sorgen bei ihr für ein wachsendes Unbehagen. Nach einem guten Jahr wird es Kleingarn zu viel: Sie tritt zurück. Die Gründe schildert sie in ihrem vertraulichen Abschiedsbrief an die Kollegen im Kontrollgremium.

Das Schreiben zählt gleich eine ganze Reihe an schweren Mängeln auf, die es ihr nicht weiter erlaubten, das Amt »im Einklang mit meiner Auffassung der Aufgaben eines Aufsichtsrats« auszuüben. Direkt im zweiten Absatz kommt Kleingarn zur Sache: »Ich habe im Laufe der Zeit festgestellt, dass zwischen meinen Vorstellungen einer adäquaten Corporate Governance und der gelebten Aufsichts-rats-Praxis bei Wirecard eine große Diskrepanz besteht. Meine Ver-suche, als Mitglied des Aufsichtsrats diese Praxis zu verbessern, sind nicht ausreichend umgesetzt worden und ich habe mich mehrmals als einsamer Rufer gefühlt.«

Konkret benennt Kleingarn die problematischen Strukturen Wire-cards, die so gar nicht zur Außendarstellung des Konzerns passen. Sie seien ganz auf Vorstandschef Braun zugeschnitten: »Stand heute sind die Unternehmensstrukturen mehr die eines Mittelständlers als eines DAX-Anwärters.« Das Management um Braun sei sich dieser Diskrepanz nicht hinreichend bewusst.

»Auch habe ich erfahren müssen, dass der Vorstandsvorsitzende nicht bereit ist, die Unternehmensführung und die Art und Weise, wie der Vorstand mit dem Aufsichtsrat zusammenarbeitet, der höhe-ren Komplexität und einem modernen Corporate Governance-Ver-ständnis anzupassen«, mahnt Kleingarn. »Stattdessen gleicht sein Handeln dem eines alleinigen Eigentümers, der er aber nicht mehr ist; vielmehr ist er als Organ einer Aktiengesellschaft verpflichtet, sich der Überwachung durch den Aufsichtsrat zu unterziehen.«

Kleingarn nennt mehrere konkrete Beispiele für die gefährli-che Führungskultur bei Wirecard. So habe die Verlängerung des CEO-Vertrags für Braun »nichts mit einem geordneten Prozess zu tun« gehabt: »Stattdessen wurde mit nicht haltbaren Begründun-gen eine Vertragsverlängerung innerhalb von 24 Stunden herbei-geführt.« Auch erodiere der Vorstand »die Kernaufgaben des Auf-sichtsrats« und unterlaufe somit die Kompetenzverteilung, wie etwa die Neubesetzung des Finanzvorstandspostens zeige, so die harsche Kritik.

Kleingarn hatte sich dafür ausgesprochen, einen Headhunter ein-zusetzen, der auch nach externen Kandidaten Ausschau hält. Doch Braun setzte sich und seinen präferierten Kandidaten durch: Im Hauruckverfahren stieg Alexander von Knoop, das Hausgewächs, das selbst wohlwollende Beobachter als durchsetzungsschwach beschreiben, Anfang 2018 zum neuen Finanzvorstand auf. »Wie ihr wisst« habe sie an dessen Kompetenzen »erhebliche Zweifel«, schreibt Kleingarn, auch wenn sie der Bestellung am Ende zugestimmt habe.

Die Kurzzeit-Aufsichtsrätin verweist im Brief auch auf den brisanten Fakt, dass das Testat für Wirecards Jahresbilanz zweimal hintereinander auf der Kippe stand – und nur unter höchstem Zeitdruck zustande kam. »Mir ist unverständlich, wie, nachdem Euren Schilderungen zufolge bereits im Abschluss 2015 ein uneingeschränktes Testat nur knapp erreicht wurde, das Testat für 2016 erneut nur in letzter Minute uneingeschränkt erteilt wurde.«

Der Vorstand sehe die »Zusammenarbeit mit dem Abschlussprüfer« offenbar als »von außen aufgezwungene Last«, schreibt Kleingarn. Des Weiteren habe der Vorstand kein ausreichendes Verständnis der Unternehmensüberwachung, wie etwa der Fall des überteuerten Indien-Zukaufs zeige. Auch seien dem Aufsichtsrat Kreditbürgschaften zur Genehmigung vorgelegt worden, »deren Kredite (…) bereits Wochen zuvor ausbezahlt wurden«. Das spreche für sich. »Früher oder später werden sich diese Mängel rächen und eingegangene Risiken sich womöglich materialisieren«, warnt Kleingarn im September 2017. Wirecard verbleiben da noch knapp drei Jahre bis zur Insolvenz.

So prophetisch, wie sich das Schreiben der Kurzzeit-Aufsichtsrätin liest, so bezeichnend ist, was im Anschluss passiert: gar nichts. Der Wirecard-Aufsichtsrat macht nach dem Warnruf einfach weiter wie gehabt. Der langjährige Chefkontrolleur Wulf Matthias führt bis zum Januar 2020 das Zepter – und widerspricht Braun nicht einmal nachdrücklich. Das allgemeine Schweigen lässt sich anhand der vertraulichen Aufsichtsratsprotokolle auch in Zahlen ausdrücken: Zwischen Januar 2014 und Juni 2016, als das Gremium erstmals erweitert wird, sind in 15 Sitzungen ganze vier moderat kritische Fragen der drei Aufsichtsräte verzeichnet. Zugleich werden alle Beschlussvorlagen des Vorstands abgenickt, darunter der dubiose Indien-Deal ohne Nachfrage.

Wie schwer es offenbar war, bei Wirecard gegen den Strom zu schwimmen, zeigt selbst das Beispiel Kleingarn. Bei allem erkennbaren Problembewusstsein als Aufsichtsrätin: Während ihrer Zeit im

Kontrollgremium stellt auch sie sich Braun nicht in den Weg. »Ich verstehe nicht, wie Frau Kleingarn die Bilanz 2016, für die sie ja in ihrer Amtszeit zuständig war, angesichts dieser Probleme einfach durchwinken konnte«, sagt ein später hinzugestoßenes Mitglied des Kontrollgremiums.

Der Aufsichtsrat habe den 2016er-Abschluss morgens vorgelegt bekommen und am selben Tag noch freigezeichnet – ein absolut unüblicher Vorgang: »Man hätte die Freigabe zwingend verschieben müssen und den Abschluss zwei Wochen studieren. Stattdessen hat auch Frau Kleingarn ihm im Hauruckverfahren zugestimmt.« Ein vertraulicher kritischer Abschiedsbrief einige Monate später reiche nicht aus, um sich jetzt als Heldin zu stilisieren, so der Kritiker.

Kleingarn war offenbar darauf bedacht, nicht zu viel Porzellan zu zerschlagen. Noch nach dem Ausscheiden traf sie sich mit Konzernchef Braun zum Essen, wie sie dem Untersuchungsausschuss des Bundestags erzählte. An kriminelles Handeln habe sie nie geglaubt, den Milliardenbetrug nicht vorausgeahnt.

Alle Aufseher, insbesondere natürlich die zuletzt amtierenden, müssen sich heute schwere Versäumnisse vorwerfen lassen. »Bei Wirecard gab es offensichtlich ein Aufsichtsversagen«, sagte etwa Axel Weber, früherer Bundesbank-Präsident und heute selbst Verwaltungsratschef der Großbank UBS in der Schweiz.

Nicht absehbar sind die zivilrechtlichen Folgen für die Mitglieder des Kontrollgremiums. Als Aufsichtsrat hatten sie aktienrechtliche Pflichten, müssen den Vorstand überwachen. Werden den Aufsehern hierbei eklatante Fehler nachgewiesen, machen sie sich angreifbar. Auch der Insolvenzverwalter prüft bereits Organhaftungsansprüche. Das Gesetz ist auf seiner Seite.

## Überwachungsgremium mit Beißhemmung

Der Aufsichtsrat ist in einer deutschen Aktiengesellschaft das zentrale Gremium zur Überwachung des Konzerns. Andere Länder, etwa die USA und die Schweiz, kennen nur ein Führungsgremium,

»Board« oder Verwaltungsrat genannt, das mit exekutiven und nicht-exekutiven Mitgliedern besetzt ist. Hierzulande jedoch sah das Allgemeine Deutsche Handelsgesetzbuch 1870 erstmals verpflichtend die Einsetzung eines eigenen Überwachungsgremiums vor. Während der Vorstand das Tagesgeschäft und die Unternehmensführung verantwortet, gilt der Aufsichtsrat einer Aktiengesellschaft als Kontrollinstanz. Diese Doppelstruktur wird als dualistisches System bezeichnet.

Aufgabe des Aufsichtsrats ist es, den Vorstand zu überwachen und die Gesellschaft gegenüber diesem zu vertreten. Hierzu kann der Aufsichtsrat Geschäftsführungsmaßnahmen von seiner Zustimmung abhängig machen. Er ernennt zudem die Vorstände und beruft diese ab. Daneben hat er gemäß Aktiengesetz Prüfungspflichten sowie Berichtspflichten. Insbesondere prüft er den Konzern- und Jahresabschluss der Gesellschaft, die wichtigste Pflichtmitteilung für die Aktionäre.

Laut Gesetz muss ein Aufsichtsrat mindestens drei Mitglieder haben, unabhängig von der Konzerngröße. Und im Fall Wirecards war das Kontrollgremium auch über viele Jahre hinweg klein. Bis 2016 bestand es aus einem Männer-Triumvirat, erst danach stießen zwei Frauen hinzu. Zwischenzeitlich umfasste der Aufsichtsrat sechs Mitglieder, kurz vor der Pleite dann wieder fünf. Ausschüsse des Aufsichtsrats, etwa für Prüfung oder Risiko, wie bei größeren Unternehmen üblich, waren bei Wirecard lange Fehlanzeige.

Wer in Aschheim der »Herr im Haus« gewesen ist, war laut Ex-Aufsichtsrätin Tina Kleingarn immer klar: »Nach meiner Wahrnehmung war Herr Braun der CEO. Und das nicht nur rechtlich, sondern auch tatsächlich«, erklärte sie im Untersuchungsausschuss. Dem CEO habe es an Respekt gegenüber den eigenen Kontrolleuren gemangelt. »Der Aufsichtsrat wurde herumbugsiert. Und man darf sich nicht so herumbugsieren lassen.«

»Braun hat den Konzern nach Gutsherrenart geführt. Er hat die Firma wie sein Eigentum behandelt«, sagt ein Wirecard-Topmanager heute. Der CEO führte sich in der Folge auf wie der Alleininhaber eines Mittelständlers, nicht wie ein den Aktionären verpflichteter Dax-CEO.

Dieses Selbstverständnis speiste sich auch aus dem eigenen Anteil am Konzern: Mit rund sieben Prozent war Braun an Wirecard beteiligt. Laut eigener Aussage waren ihm darüber hinaus so viele Großinvestoren gewogen, dass er sich auf eine Sperrminorität unter den Anteilseignern stützen konnte. Entsprechend handverlesen waren über viele Jahre hinweg auch die Mitglieder des Aufsichtsrats, die durch die Hauptversammlung, also die Anteilseigner, gewählt werden.

An der Spitze stand seit 2008 Wulf Matthias. Zwölf lange Jahre führte der am Ende 76-Jährige das Kontrollgremium. Bedeutende Initiativen von ihm sind nicht bekannt. Matthias trat erst kurz vor dem Untergang vom Posten des Vorsitzenden zurück.

Am späten Abend des 10. Januar 2020 – die KPMG-Sonderprüfung lief längst – teilte die Wirecard AG mit, ihr langjähriger Aufsichtsratschef habe sich entschieden, sein Amt mit sofortiger Wirkung abzugeben. Manche Aktionäre mochten Böses ahnen angesichts der schwelenden Debatte über Bilanzmanipulationen und seltsame Geschäftspartner. Wusste Matthias etwas, was die Kleinanleger nicht wussten? Eigentlich wollte er seine reguläre Amtszeit noch zu Ende bringen, wie das *Handelsblatt* im Sommer 2019 berichtet hatte. Zuletzt laborierte Matthias unter anderem an einem Knieschaden herum.[1]

Als er 2008 sein Amt als Aufsichtsratsvorsitzender antrat, war Matthias noch Vorstandsmitglied bei der Credit Suisse in Frankfurt. Hochrangige Banker des Schweizer Instituts denken mit gemischten Gefühlen an den ehemaligen Kollegen zurück: Geschäftlich besonders in Erscheinung getreten sei Matthias nie. Nachhaltig sei nur eines in Erinnerung geblieben: die von Matthias organisierte Oldtimer-Rallye auf der Ferieninsel Mallorca, für gute Kunden und für den Vorstand selbst. »Oldtimer waren eigentlich das einzige, was ihn wirklich interessiert hat«, sagt ein Credit-Suisse-Banker.

Matthias lebt nicht in München, sondern im Taunus bei Frankfurt. Seit 2016, so zeigt sein Lebenslauf, war der Posten bei Wirecard der letzte verbliebene. Kritische Nachfragen von ihm im Aufsichtsrat sind Insidern praktisch nicht bekannt. Frühe Warnzeichen ignorierte er.

Ein früherer Vorstand sagt, er habe den Aufsichtsratschef schon 2008 darüber informiert, dass die veröffentlichten Zahlen nur durch massive Eingriffe in die Buchhaltung zustande kamen. »Ich habe erst nach einer Weile gemerkt, dass alles sich nur um eines drehte: eine Story für die Kapitalmärkte zu produzieren«, erinnert sich der Ex-Vorstand. »Ich kenne niemanden, der über einen so langen Zeitraum ein so lineares Wachstum gezeigt hat wie Wirecard.« Nachdem er sich Matthias gegenüber offenbart habe, seien Gespräche mit CEO Braun anberaumt worden, aber ergebnislos geblieben. Der Vorstand verließ einige Zeit später den Konzern.

Dünnhäutig reagierte Chefkontrolleur Matthias auf Verbesserungsvorschläge, vor allem von Frauen. Im Dezember 2018 etwa schrieb er an seine Aufsichtsratskollegin Anastassia Lauterbach in einer internen E-Mail: »Liebe Anastassia, unter uns, ich brauche weder deinen Rat noch deine Kommentare, was ich tun oder lassen soll. Für die Zukunft verbitte ich mir jeden offenen Angriff durch dich vor unserem Team.«[2]

So wach, wie er hinter den Kulissen gegenüber Vorwürfen agierte, so verschlafen zeigte sich Matthias in seinen letzten Jahren öffentlich. Auf der Hauptversammlung im Sommer 2019 nickte der damals 75-Jährige mehrmals ein. Unter Angestellten war er berüchtigt dafür, auch in wichtigen Meetings den Faden zu verlieren.

Als er im Januar 2020 ging, nannte Matthias seine Rolle bei Wirecard seit 2008 eine »besondere Ehre«. Der Zahlungsdienstleister habe »eine in der jüngeren Wirtschaftsgeschichte Deutschlands beispiellose Wachstums- und Erfolgsstory hingelegt«. Sein Abgang sei die Einleitung eines Generationenwechsels, Wirecard stehe vor einer »neuen Phase seiner Unternehmensentwicklung«. Sechs Monate später war der Konzern pleite. Ermittlern zufolge machte Matthias einen »geistig nicht mehr fitten« Eindruck. Konzerninsider jedoch halten ihn weiterhin für intellektuell wach – und den Verweis auf altersbedingte Einschränkungen für nicht glaubwürdig.

Sein Nachfolger als Aufsichtsratschef, Thomas Eichelmann, hat eine eigene Theorie: »Mein Eindruck aus heutiger Sicht ist: Er ist irgendwann falsch abgebogen. Er hat wohl geahnt, dass etwas bei

Wirecard nicht mit richtigen Dingen zugeht, aber ist nicht durchgedrungen.«

## Private Geschäfte, hochbezahlte Kontrolleure

Matthias war nicht das einzige langgediente Mitglied im Wirecard-Aufsichtsrat. Ebenfalls Urgesteine waren der österreichische Unternehmensberater Alfons Henseler, Aufsichtsratsmitglied von 2005 bis 2019, sowie der Braun-Vertraute Stefan Klestil. Er saß ab 2009 bis zum Untergang im Kontrollgremium. Klestil kommt wie Braun aus Wien, wohnt wie er im Wiener Nobelviertel Hietzing und agiert als Tech-Investor. Sein Name ist in Österreich nicht ohne Klang: Klestil ist der Sohn des früheren österreichischen Bundespräsidenten Thomas Klestil (ÖVP).

Fintech-Fachmann Klestil ist bis dato nicht beschuldigt. Fakt ist allerdings, dass er mehr als zehn Jahre dem Aufsichtsgremium angehörte. Erst am 31. August 2020 endete sein Mandat. Auch seine verbliebenen Aufsichtsratskollegen traten zurück, längst hatte der Insolvenzverwalter das Ruder übernommen. Damit ging auch in Klestils Fall eine unrühmliche Ära zu Ende.

Klestil könnte dieser Vorwurf besonders treffen. Er war schon im Jahr 2009 zum Aufsichtsrat bestellt worden auf Initiative von Markus Braun. Die beiden hatten sich kurz zuvor kennen und schätzen gelernt, als Klestil Europachef des Zahlungsdienstleisters First Data war. Klestil gehörte dem Gremium mehr als eine Dekade an und war zuletzt sogar stellvertretender Aufsichtsratschef. Unter seinen Augen nahm der unwirkliche Aufstieg des Zahlungsdienstleisters seinen Lauf – und wohl niemand aus dem Aufsichtsrat war so eng an Braun dran: Bis zum Bekanntwerden der mutmaßlichen Bilanzfälschungen und dem abrupten Absturz in die Insolvenz hielt Klestil dem Wirecard-Chef die Treue. Die beiden waren persönlich, aber auch geschäftlich verbandelt: Klestil ist Tech-Investor. In seinen Fonds hatte Braun auch privat Geld investiert. Ist bei solchen Überschneidungen noch eine strenge Aufsicht möglich?

Auf Fragen zu seiner Rolle verwies Klestil gegenüber dem *Handelsblatt* nach der Pleite auf seine rechtliche Verschwiegenheitspflicht, erklärte aber:»Ich bin meinen Aufgaben als Aufsichtsrat stets mit aller Kraft nachgekommen. Der Betrugsverdacht, der inzwischen gegen Teile des Managements der Wirecard im Raum steht, ist für mich schockierend.«Er könne angesichts der aufgedeckten Ereignisse aber nicht erkennen, wie der Aufsichtsrat den von ihm angestoßenen Prozess der Aufklärung hätte beschleunigen können.

Einen Reputationsschaden hat Stefan Klestil durch das Wirecard-Debakel schon jetzt – ein Schicksal, das er mit den anderen Aufsichtsräten teilt.»Stefan Klestil ist für Aufsichtsräte verbrannt. Das ist für ihn eine Katastrophe«, sagt ein politischer Berater in Wien.»Mit dem Wirecard-Skandal ist seine Karriere vorbei, auch wenn er sich elegant durchwurschtelt. Er wird nie wieder ein Aufsichtsratsmandat bekommen«, glaubt ein Headhunter einer internationalen Firma, der mit Klestil zu tun hatte.

Wie viele andere Aufsichtsräte beschränkte sich Klestil nicht auf sein Mandat bei Wirecard. Er saß in weiteren Gremien, beispielsweise bei N26, einer Direktbank der beiden Österreicher Valentin Stalf und Maximilian Tayenthal, außerdem bei den Start-ups Wefox, Billie, Luko und Fincompare. Und das, obwohl Klestil wie seine Kollegen auch schon bei Wirecard gut verdient hat.

Aufsichtsratschef Matthias erhielt 2018 ganze 316 000 Euro an Vergütung, wie aus dem letzten Geschäftsbericht hervorgeht, Henseler kam auf 251 000 Euro und Klestil auf 186 000 Euro – deutlich mehr als bei vergleichbaren Konzernen. Hinzu kam ein fatales Anreizsystem: Die Vergütung der Aufsichtsratsmitglieder stieg bis 2015 mit dem Gewinn des Konzerns. Brauns verhängnisvolle Jagd nach Größe machte sich damit auch in den Portemonnaies derjenigen positiv bemerkbar, die ihn eigentlich hätten kontrollieren sollen.[3]

Als Enttäuschung erwiesen sich auch die später hinzugekommenen Mitglieder des Aufsichtsrats, die das Gremium mit großen Erwartungen in den späten Jahren ergänzt hatten. Zu ihnen zählt Anastassia Lauterbach, die im Juni 2018 in den Rat eingezogen war. Aktionäre hielten die Expertin für Künstliche Intelligenz, die unter der Überschrift »Startups Meet Arts« in der heimischen Jugendstil-villa in Bonn gerne junge Künstler und Geschäftskontakte zu Haus-konzerten lädt und dort Spenden für Nepal sammelt, für einen Ge-winn. Es kam anders.

Allerbeste Aussichten verkündete Lauterbach noch 2019 für Wire-card. Es war eine überraschende Aussage, war das Unternehmen doch bereits von schweren Vorwürfen getroffen. Der Aktienkurs schwankte bedenklich. Lauterbach aber zeigte große Zuversicht: »Wirecard ist eines der ganz wenigen europäischen Unternehmen, die Künstliche Intelligenz schon jetzt sehr erfolgreich einsetzen. Ich sehe da ungeheures Potenzial.«

Eine Woche später erhielt die Aufsichtsrätin von den Wirecard-Aktionären Applaus. Auf der letzten Hauptversammlung in der Münchner Messehalle hob Aufsichtsratschef Wulf Matthias die be-sonderen Verdienste Lauterbachs hervor. »Sie koordinierte die Ar-beiten zu den Vorwürfen in Singapur«, sagte Matthias.

Wie interne E-Mails zeigen, flog sie im März 2019 auch persön-lich in den südostasiatischen Stadtstaat, um sich ein Bild von der Lage zu machen. Freilich nicht ohne den Rat Brauns, sich nicht mit der dortigen Anwaltskanzlei R&T zu treffen, die im Auftrag Wire-cards die ersten Vorwürfe der *Financial Times* untersuchen sollte. Man wolle R&T nicht »stören«, hieß es im Management dazu. Lau-terbachs Ergebnis der Inspektionsreise fiel wie gewünscht aus: alles in Ordnung. Die Aktionäre waren froh.

Heute beklagen viele den Totalverlust ihres Investments und fra-gen sich, wie eine augenscheinlich so erfahrene Managerin wie Lau-terbach so wenig über den tatsächlichen Zustand des Unternehmens wusste, das sie seit Juni 2018 beaufsichtigte.

Lauterbach, heute 48 Jahre, galt früh als Management-Talent, ihre Karriere führte zu Topadressen wie McKinsey, Münchener Rück, Daimler Chrysler Financial Services und zur Deutschen Tele-kom. Später verdingte sie sich als Multiaufsichtsrätin bei verschie-denen Unternehmen.

Bei Wirecard veranlasste sie die Gründung eines Risk- und Com-pliance-Komitees. Dieses vergab einen Beratungsauftrag an McKinsey zur Neuaufstellung der Compliance. Der Abschlussbericht im August 2019 fiel gravierend aus: Unter anderem kritisierte McKinsey die »nicht existenten« Kontrollen im Drittpartnergeschäft als »signifikantes Risiko«. Dem Vorstand allerdings waren die Schlussfolgerungen zu scharf, einige Aufsichtsräte fanden sie unkonkret. Schließlich wurde die Konkurrenz von PwC mit der Umsetzung der Compliance-Neuaufstellung beauftragt. Wundersamerweise verschwand dabei das Drittpartnergeschäft von der Mängelliste. Die mit viel Geld für externe Berater ausgestatteten Projekte führten nicht zur Aufdeckung des Milliardenbetrugs.[4]

## Schwache interne Kontrollsysteme

Vielleicht hätte Lauterbach genauer hinhören sollen. Kritische Beobachter hatten schon früh die Schwächen der internen Kontrollsysteme identifiziert. Zu ihnen gehört die Rechtsanwältin und Vizepräsidentin der Deutschen Schutzvereinigung für Wertpapierbesitz, Daniela Bergdolt. Sie übte unter anderem auf der Hauptversammlung 2019, auf der sich Lauterbach feiern ließ, deutliche Kritik – und entlastete weder den Aufsichtsrat noch den Vorstand, eine zwar nur symbolische, aber deutliche Handlung.

»Ich habe mein, wenn Sie so wollen, Misstrauen ausgesprochen«, sagt Bergdolt. »Dieses Misstrauen resultierte aus verschiedenen Umständen.« Zum einen habe sie das Gefühl gehabt, »im Aufsichtsrat sitzen eigentlich nur lauter zu gewogene Herrschaften«, also Braun-freundliche Manager statt kritischer Geister. Außerdem: »Der Aufsichtsrat hat nicht richtig reagiert, als die Vorwürfe in Singapur und Asien laut wurden.«

Was wiederum an den personellen Verflechtungen gelegen haben könnte zwischen Management und Aufsichtsrat, so Bergdolt. »Ich hatte das Gefühl, dass das eine ganz enge Verbindung ist, eine eher freundschaftliche Verbindung. Man kannte sich aus den alten Zeiten, man war sich gegenseitig gewogen und vielleicht sogar verpflichtet. Da herrschte ein zu enger, freundschaftlicher Kontakt«, so ihre Interpretation. Insbesondere der Aufsichtsratsvorsitzende Matthias sei »nicht mehr ganz auf der Höhe der Zeit« gewesen. Er sei freundlich und nett aufgetreten, »aber von einer Aufsicht, einer Überprüfung des Managements war man weit entfernt«.

Und noch etwas störte Bergdolt schon damals: dass es im Aufsichtsrat kaum echte Payment-Experten gab für den vermeintlich hochinnovativen globalen Zahlungsdienstleister. Dafür quoll das Gremium, das den komplizierten Konzern überwachen sollte, mit Ex-Bankern, Start-up- und Digitalberatern über. Diesen war die kritische Haltung von Bergdolt bekannt: »Ich habe mit meiner Meinung nicht hinter dem Berg gehalten. Ich habe immer gesagt, ich verstehe das Geschäftsmodell durchaus. Aber ich verstehe nicht, wie man so viel Geld damit verdient«, sagt Bergdolt. »Und ich kann nicht nachvollziehen, wie man diese Wachstumsraten in die Welt tragen will, die immer angekündigt wurden.« Das Geschäftsmodell Wirecards habe derlei Profite und Steigerungsraten einfach nicht hergegeben, so Bergdolt.

Was für externe Skeptiker klar gewesen sein mag – im Aufsichtsrat sind die Warnzeichen offenbar nicht aufgefallen. Auch viele Aktionäre gingen Bergdolt für ihre Kritik hart an, nannten sie »digitaler Neandertaler« und Schlimmeres. Im Nachhinein müssen nun viele zugeben, dass sie mit ihren Warnungen freilich richtiglag.

Das gilt auch für ein weiteres Defizit, das Kritiker wie Bergdolt früh identifiziert haben: Bei Wirecard fehlte bis kurz vor Schluss ein Prüfungsausschuss. Dieser besteht normalerweise aus drei bis fünf Aufsichtsräten, darunter einer Person mit besonderen Bilanzkenntnissen, wenn möglich ein früherer Finanzvorstand oder ein Buchhaltungsexperte.

»Der Wirtschaftsprüfer arbeitet normalerweise sehr eng mit dem Prüfungsausschuss zusammen. Fragen zur Bilanzierung, zum Jahresabschluss werden mit dem Prüfungsausschuss vorab besprochen«, erklärt Bergdolt. Bei kritischen Presseberichten, etwa zu den Scheinbuchungen in Singapur, hätte der Vorsitzende des Prüfungsausschusses diese mit dem Wirtschaftsprüfer EY besprechen müssen. Aber genau dieser Ausschuss habe bei Wirecard ja gefehlt. »Und deswegen hätte dann der Aufsichtsratsvorsitzende sich informieren und prüfen müssen. Aber der war viel zu sehr verstrickt in der langen freundschaftlichen Verbindung zu den Wirecard-Vorständen.«

Bergdolt war mit ihrer Sorge nicht allein. Ein weiterer Beobachter, der schon lange vor dem Absturz kritisch auf den Konzern blickte, ist Christian Strenger. Der Ex-Chef der größten deutschen Vermögensverwaltung DWS, eine Tochter der Deutschen Bank, hat sich seit Jahren dem Kampf für bessere Standards der Unternehmensführung verschrieben. Als »Corporate-Governance-Papst« hat Strenger unter anderem an einem entsprechenden Branchenkodex mitgearbeitet.

Bei Wirecard sah Strenger früh Probleme. Er nennt »vordringlich den Aufsichtsrat, den ich mir immer als erstes anschaue, weil er natürlich im Sinne der Aktionäre, der Investoren, aber auch der Mitarbeiter und vieler anderer das Gremium ist, das für Aufsicht, Kontrolle und Ordnung im weiteren Sinne zu sorgen hat.« Strengers Urteil: Darin saßen viele »gutmeinende Persönlichkeiten«, die sich jedoch nicht mit der nötigen Intensität den drängenden Fragen gewidmet hätten. Auch die Bezahlung der Wirecard-Aufsichtsräte sei unüblich großzügig ausgefallen: »Es trübt den Blick, wenn man schon sehr lange da ist und dafür auch sehr erfreulich hoch honoriert wird.«

Schon formal sei der Aufsichtsrat für ein Dax-Unternehmen zu klein gewesen, sagt Strenger, außerdem sei ein MDax- oder TecDax-Konzern ohne Prüfungsausschuss ein Unding. Aber auch inhaltlich habe es den Aufsichtsratsmitgliedern an Erfahrung gemangelt für das sehr spezielle Geschäftsmodell. Braun und Marsalek hätten immer dieselbe Geschichte erzählt: »Wir sind ein Hightech-Unternehmen. Fragt uns nicht so viel. Es läuft ja alles großartig.«

Sauer aufgestoßen ist Strenger auch das plötzliche Ausscheiden von Verantwortlichen wie Tina Kleingarn, auch weil diese sich öffentlich nie dazu erklärt hätten. Die Aufsichtsrätin habe ihm gegenüber bei einem Treffen von ihrem Ausscheiden berichtet. Doch auf seine Frage, warum sie zurückgetreten sei, habe sie nur geantwortet: Das kann und darf ich Ihnen nicht sagen. »Das war für mich auch schon eine Antwort«, so Strenger.

Ähnliches gelte für das abrupte Ausscheiden des langjährigen Wirecard-Bankvorstands Rainer Wexeler. Dieser hatte der Bundesbank in einem Exit-Gespräch Ende 2019 mitgeteilt, er könne die Zustände bei Wirecard »nicht mehr ertragen und mittragen«. Auch die Bafin war informiert. Konsequenzen, öffentliche Kritik? Gab es nicht.

Auch wenn sie von der Führung ignoriert wurde: Die Liste der Warnsignale wurde über die Jahre immer länger. Das ließ sich sogar in Zahlen fassen. So landete Wirecard in einer quantitativen Studie der Universität Gießen bei der Corporate Governance 2020 auf dem letzten Platz. Unter Leitung von Professorin Christina Bannier hatten die Wissenschaftler über fünf Jahre die Compliance-Qualität aller 150 börsennotierten Unternehmen aus den Dax-Indizes untersucht. Im Anschluss untersuchten die Forscher den Geschäftserfolg – mit klarem Ergebnis: Konzerne mit einem hohen Compliance-Score tragen geringere Verlustrisiken.[5]

Über Jahre hinweg hatte Wirecard in der Untersuchung besonders schlecht abgeschnitten: Von 2014 bis 2016 erhielt das Unternehmen ein Compliance-Score von null. Dieser stieg bis 2019 auf den Wert von elf. Zum Vergleich: Der Wert der Commerzbank stieg im selben Zeitraum von zehn auf 16, der der Deutschen Börse sogar von neun auf 19. Den Maximalwert von 24 erreichte kein Unternehmen.

»Wirecard ragt in unserer Untersuchung als Negativbeispiel heraus. Die Stärkung der Compliance stand über viele Jahre hinweg offenbar nicht auf der Agenda des Managements. Damit unterscheidet sich das Unternehmen von anderen Finanzinstituten, die hier deutlich bessere Werte aufweisen«, sagte Bannier dem *Handelsblatt* noch vor der Pleite des Konzerns.

Im Wirecard-Aufsichtsrat stießen derlei Warnungen jedoch über viele Jahre hinweg auf taube Ohren. Auch die Finanzaufsicht Bafin machte nie Anstalten, etwa einzelne Aufsichtsräte oder Bankvorstände wegen fehlender Qualifikation abzuberufen, wozu sie rechtlich alle Möglichkeiten gehabt hätte (siehe Kapitel 5.1). So ging es bei Wirecard stets weiter wie gehabt.

## (Zu) später Kurswechsel

Dass ein richtig besetzter Aufsichtsrat tatsächlich einen Unterschied machen kann, zeigt sich im Fall Wirecard erst spät – zu spät, um den Konzern noch vor dem Untergang zu retten. Tatsächlich ändert sich der Umgang des Kontrollgremiums mit dem übermächtigen Vorstandchef Braun erst, als ein unbelasteter Dritter in den Aufsichtsrat einzieht, der Fachkenntnis mit persönlicher Unabhängigkeit vereint: Im Sommer 2019 wird der frühere Deutsche-Börse-Vorstand Thomas Eichelmann Mitglied des Gremiums. Eichelmann ist das, was man in der Finanzwelt einen »Bulldozer« nennt. Er bringt dringend benötigte Kompetenz und aktive Management-Erfahrung ein, durchschaut den Betrug aber auch erst spät. Doch im Nachhinein erweist sich sein robustes Auftreten als einzig richtiger Weg in der Auseinandersetzung mit CEO Braun.

Für Eichelmann ist die Berufung in den Wirecard-Aufsichtsrat 2019 die Chance, wieder in der ersten Börsenliga eine Rolle zu spielen. Er empfindet die schwierige Aufgabe als intellektuell reizvoll, glaubt an die Chancen des Konzerns. Wirecard lobt Eichelmann vorauseilend für seine »umfassende Expertise in den Bereichen Finanz-, Audit- und Risikomanagementprozesse sowie in der Finanzdienstleistungsbranche«.

Die Nachricht seiner Berufung sorgt am Finanzplatz für einiges Aufsehen. Der zum Amtsantritt 54-Jährige ist kein Unbekannter in Frankfurt: Der studierte Wirtschaftswissenschaftler startete seine Karriere 1994 als Berater bei der Boston Consulting Group und bei Bain & Company. Von 2000 bis 2007 war er Geschäftsführer der Strategieberatung Roland Berger. Ein ehemaliger Partner dort, der lange mit Eichelmann zusammengearbeitet hat, beschreibt ihn als »schillernde Persönlichkeit«: »Er war sehr aufbrausend und konnte nicht gut mit Mitarbeitern umgehen. Viele unter ihm haben gekündigt.« Auch im Kundenkontakt sei es immer wieder zu Problemen gekommen. Eines sei Eichelmann jedenfalls nicht gewesen: schüchtern.

2007 wechselte Eichelmann als Chief Financial Officer (CFO) und Personalvorstand zur Deutschen Börse. Die Börse zahlte ihm eine

»erfolgsunabhängige Sondervergütung« von 2,7 Millionen Euro. Das kam nicht gut an, war Eichelmann doch gekommen, um den Umzug von Frankfurt nach Eschborn zu organisieren und Gewerbesteuern einzusparen. Als das *Manager-Magazin* auch noch schrieb, Eichelmann habe als Sportwagenliebhaber die Dienstwagenordnung auf das Modell Porsche erweitert, mehrte sich die Zahl seiner Kritiker.

»Brachial« sei sein Managementstil, berichtet ein ehemaliger Manager der Deutschen Börse. Er sei selbstüberzeugt und protzig aufgetreten. Dann überwarf sich Eichelmann auch noch mit seinem Aufsichtsratschef Manfred Gentz. Wenige Monate vor einer anstehenden Vertragsverlängerung kam es zur Trennung. »Teilweise unterschiedliche Auffassungen zu einzelnen geschäftlichen Aspekten« stand in der offiziellen Unternehmensmeldung. Ein Kollege: »Wir haben ihm keine Träne nachgeweint.«

Es gibt jedoch auch eine andere Sicht auf Eichelmann: Seine Entscheidung des Umzugs nach Eschborn sei goldrichtig gewesen, sagt ein Ex-Kollege. Zwar konnte Eichelmann herrisch auftreten, ließ etwa Mitarbeiter stundenlang auf sich warten oder parkte in einem Wutanfall einen Manager, der sich auf seinen Tiefgaragenstellplatz gestellt hatte, mit dem eigenen Auto zu. Aber in Zahlenfragen machte ihm kaum jemand etwas vor. So bewahrte Eichelmann die Deutsche Börse auch in der Finanzkrise vor hohen Risiken durch faule Wertpapiere, die der Konzern unter seiner Ägide rechtzeitig abstieß. Viele andere Institute hätten sich über derlei Weitsicht gefreut.

Von 2010 bis 2018 leitete Eichelmann die Aton Vermögensverwaltung von Lutz Helmig, dem Gründer der Helios-Kliniken, sowie das Family Office seiner Familie. In einem seiner seltenen Interviews erklärte er 2015, für die rund 150 Aton-Beteiligungen eine Mindestrendite von zehn Prozent anzustreben. Bei seinem Ausscheiden 2018 dankte ihm Helmig für seine »herausragende Arbeit«. Privat gilt Eichelmann als hochvermögend – und damit als das finanziell unabhängigste Mitglied des Wirecard-Aufsichtsrats.

Direkt beim Antritt im Sommer 2019 fallen Eichelmann die ersten Warnzeichen auf: etwa der lange Zeit fehlende Prüfungsausschuss. Eichelmann macht ihn arbeitsfähig, sorgt für die Berufung eines festen Sekretariats des Aufsichtsrats und betreut als Chef des Prüfungsausschusses ab dem Herbst die KPMG-Sonderprüfung, die schlussendlich zur Aufdeckung des Bilanzbetrugs führen sollte. Im Januar 2020 wird er als Nachfolger von Matthias Aufsichtsratschef – der letzte des Konzerns.

Eichelmann stellt gleich zu Beginn klar: Die Last-Minute-Testatsvergaben der vergangenen Jahre dürfen sich nicht wiederholen. Intern kritisiert er, dass sich der Aufsichtsrat in der Vergangenheit einlullen ließ und der überfallartigen Behandlung durch den Vorstand nichts entgegensetzte. Während andere Aufsichtsratsmitglieder, etwa M'Cwabeni und Lauterbach, bei den Sitzungen um Kompetenzen rangeln und sich wahlweise als neues Vorstandsmitglied oder, im Fall Lauterbachs, am Schluss sogar als neuer CEO ins Spiel bringen, konzentriert sich Eichelmann auf die Aufarbeitung der schweren Vorwürfe der *Financial Times*.

Dennoch unterlaufen auch ihm Fehler. So erklärt er in einem denkwürdigen Interview mit dem *Manager-Magazin* kurz nach seinem Antritt als Chef des Kontrollgremiums Anfang 2020 zur laufenden Sonderprüfung: »Aus der Tatsache, dass wir noch keine Ad-hoc-Meldung abgegeben haben, können Sie Ihre Schlüsse ziehen.« Viele Aktionäre, insbesondere Kleinanleger, wiegt das in – falscher – Sicherheit.[6]

»Meine Aussagen waren zum damaligen Zeitpunkt absolut richtig«, verteidigt sich Eichelmann heute. »Die Aussage von KPMG war immer: Wirecard braucht Struktur, aber es gibt keinen Anhaltspunkt für kriminelles Handeln.«

Dennoch geht Eichelmann in den kommenden Monaten immer mehr auf Distanz zu Braun. »Eine Ablösung von Herrn Dr. Braun sehe ich heute nicht«, sagt er Ende April dem *Handelsblatt* vieldeutig. Die Betonung liegt auf »heute«. Für den Vorstand setzt er eine Erweiterung durch: Asienchef und Braun-Vertrauter Marsalek soll bis zum Sommer entmachtet werden, Braun sich nur noch um die Konzernstrategie kümmern. Als Compliance-Vorstand holt Eichelmann James Freis von der Deutschen Börse zu Wirecard, der am Tag von Brauns Rücktritt zum letzten CEO des Konzerns aufsteigt und dem Insolvenzverwalter bei der Aufarbeitung des Desasters hilft.

Nach Vorlage des desaströsen KPMG-Sonderprüfberichts entscheidet der Aufsichtsrat unter Eichelmanns Ägide, das Drittpartnergeschäft mittelfristig zu beenden, dessen Sinn niemandem zu erklären ist, der wirklich nachfragt. Am Ende drängt er Braun zum Rücktritt. Seine und Freis' Verhandlungen mit den Gläubigerbanken scheitern jedoch, Wirecard geht pleite.[7]

Bei allen kritikwürdigen Manövern: Der bleibende Verdienst Eichelmanns ist, parallel zum wichtigen Partner Softbank auf die Einsetzung der Bilanzsonderprüfung gedrängt zu haben. Braun und Matthias wehren sich im Herbst 2019 dagegen, müssen aber schließlich nachgeben. Als Chef des Prüfungsausschusses setzt Eichelmann die Beauftragung von KMPG durch – und formuliert auch den weit gefassten Prüfauftrag, der eine forensische Prüfung – im Unterschied zu einer »einfachen« zweiten Jahresprüfung, wie sie Braun präferiert – vorsieht. In der Folge übernimmt Eichelmann die Betreuung der Wirtschaftsprüfer. Am Ende bringen KPMGs Nachforschungen EY auf die richtige Spur.

»Es war ein schreckliches Jahr«, sagt Eichelmann heute über seine Zeit bei Wirecard. »Der Konzern hatte einen tollen Fintech-Ansatz in einem Wachstumsmarkt und bestimmt werthaltige Elemente. Aber all das wurde vergiftet durch betrügerische Machenschaften. Es ist ein Trauerspiel.«

### Fehlender Durchgriff

Randnotiz: Auch die von der Bafin beaufsichtigte Wirecard Bank hatte einen eigenen Aufsichtsrat, und auch hier war echte Kontrolle Mangelware. Im dreiköpfigen Aufsichtsrat saßen die über viele Jahre hinweg mit Braun verbandelten Kontrolleure des Konzerns: Neben Wulf Matthias waren das Stefan Klestil sowie Alfons Henseler. Der Bankvorstand, in dem unter anderem Konzern-Finanzvorstand von Knoop saß, konnte durchregieren – oft auf direkte Anweisung Marsaleks.

Wie nach dem Absturz herauskam, wurden über die vermeintlich besonders streng regulierte Wirecard Bank Kredite im dreistelligen Millionenbereich ohne ausreichende Sicherheiten ausgereicht, etwa an Drittpartner. Auch vergab die Bank einen Privatkredit an Konzernchef Braun, der erst nach Druck von Eichelmann 2020 zurückgeführt wurde. Und alles deutet darauf hin, dass Geldwäsche im großen Stil stattfand (siehe Kapitel 5.1).

Hätten strengere Aufsichtsräte im Konzern und der Bank den Absturz Wirecards verhindern können? Experten wie Axel Weber sind sich darin fast sicher. Der Ex-Bundesbankpräsident und heutige Verwaltungsratschef der UBS ist in Zürich für die Kontrolle des CEO zuständig – und sieht im Fall Wirecard wie unter dem Brennglas die Defizite der deutschen Aufsichts-Unkultur versammelt.

Die strukturellen Defizite bei der hiesigen Corporate Governance und im deutschen Aktienrecht seien groß, mahnt Weber im Sommer 2020 auf einer Branchentagung in Frankfurt. Weber plädiert für stärkere Kontrollrechte für deutsche Aufsichtsräte nach dem Vorbild der Schweiz. In der Eidgenossenschaft berichtet die interne Revision – die Prüfabteilung – nicht an die operativen Vorstände, sondern an die Kontrolleure im Verwaltungsrat einer Gesellschaft. »Das kann man sicherlich im deutschen Aktienrecht ändern«, sagt Weber.

»Es ist wichtig, wenn man ein Unternehmen intern kontrollieren will, dass man sich ein unverzerrtes und eigenes Bild der Risiken machen kann«, sagt Weber. Es nütze dem Aufsichtsratschef »gar nichts«, wenn er immer von den Berichten des Managements abhänge.[8]

Wie richtig der Ex-Bundesbankchef mit dieser Einschätzung liegt, zeigt ein wichtiges Detail der Wirecard-Geschichte: Es mangelte an Kommunikation zwischen dem Jahresprüfer und dem Aufsichtsrat. Und als die Prüfer schließlich erste zaghafte Warnungen äußerten, vertrauten die Aufsichtsräte blind auf das Management – und wurden von diesem für dumm verkauft.

So gaben sich die Aufsichtsräte, die den Vorstand eigentlich kontrollieren sollten, am 1. März 2019 überrascht, als die eigenen Wirtschaftsprüfer plötzlich schwere Bedenken hegten: »EY glaubt nicht an die Unschuld des Managements«, erfuhren sie, wie in einem Protokoll verzeichnet ist. Und: Tatsächlich hätten die Prüfer einzelne

Manager, etwa Jan Marsalek, schon seit 2016 im Verdacht, unter anderem wegen des dubiosen Indien-Deals (siehe Kapitel 4.2). Der Aufsichtsrat erfuhr davon damals nichts.

Die Aufseher hakten nach: Warum wurden sie nicht schon 2016 über die Verdachtsmomente informiert? Wer war dafür verantwortlich? Die Antwort kam von Andrea Görres, der Wirecard-Chefjuristin. Man habe gewissermaßen aus einer Maus keinen Elefanten machen wollen, belehrte sie den Risikoausschuss des Aufsichtsrats. »Seinerzeit sei die Sache als zu kleines Ereignis angesehen worden, um die Aufmerksamkeit des Aufsichtsrats zu beanspruchen.«

Ein Management, das den eigenen Kontrolleuren wichtige Informationen vorenthält? Was alle Alarmglocken hätte schrillen lassen sollen, führte im eingelullten Wirecard-Aufsichtsrat nicht zu Unruhe: Gegenrede gab es laut Protokoll nicht. Um 20 Uhr an jenem Freitagabend lockte das Wochenende, die Diskussion wurde beendet. Die Aufsichtsräte, so ist festgehalten, wünschten sich zum Abschluss noch rechtliche Beratung zu der Frage, ob das Besprochene eine Insiderinformation darstelle und ad-hoc-pflichtig sei, also der Börse gemeldet werden müsse. Es wurde nicht gemeldet.[9]

Das folgende Kapitel widmet sich ganz der Rolle der Prüfer, ihren zaghaften Zweifeln, oberflächlichen Kontrollen und ihrem fast schon unglaublichen Langmut mit der Wirecard-Führung. Es war ihr Persilschein, das zehn Jahre lang erteilte Testat, auf den sich die Führung um Markus Braun verlässlich stützen konnte. Nun geht es für EY um alles. Wirecard ist untergegangen. Der Prüfgesellschaft könnte dieses Schicksal im schlimmsten Fall noch bevorstehen.

## 4.2 Die Prüfer – Hochbezahlt und stets zu Diensten

Es ist ein Empfang wie für einen Staatsgast. Am 4. März 2020 landet eine Truppe aus dem kalten Deutschland in der philippinischen Hauptstadt Manila. Es ist schwül-heiß, das Thermometer zeigt knapp 30 Grad. Die Experten sollen aufklären, ob das Treuhandvermögen von 1,9 Milliarden Euro, das dort angeblich seit Jahresanfang für Wirecard verwaltet wird, wirklich existiert. Abgeholt werden sie nicht vom Taxidienst, sondern von einer Polizeieskorte.

Es ist eine große Gruppe. Mit dabei: vier Experten vom Sonderprüfer KPMG, darunter zwei Manager aus Deutschland und zwei Vertreter von KPMG in Manila. Außerdem mehrere Experten vom langjährigen Jahresprüfer EY, darunter der deutsche Prüfungspartner Martin Dahmen und Mitarbeiter von EY in Manila. Zusätzlich vertreten ist die Kanzlei Clifford Chance, der Rechtsberater des Aufsichtsrats. Außerdem dabei: der Wirecard-Compliance-Chef und weitere Mitarbeiter des Konzerns.

Die vielleicht wichtigste Person ist schon einen Tag vorher aus Deutschland eingeflogen: Asienvorstand Jan Marsalek, zusammen mit seiner Assistentin. Er hatte einiges vorzubereiten.

Ein Mitglied der Entourage wundert sich bereits am Flughafen. »Eine Polizeieskorte habe ich noch bei keinem Prüfungsauftrag erlebt. Unser Besuch schien sehr gut vorbereitet zu sein«, erinnert sich der Insider. Tatsächlich begleiten die Prüfgruppe in ihren Fahrzeugen mehrere Polizeimotorräder, die sie mit Blaulicht und Signalhorn durch die philippinische Hauptstadt und das tägliche Verkehrschaos lotsen. Angesichts des strammen Programms, das das Team vor sich hat, ist das keine schlechte Idee: Es geht kreuz und quer durch die Stadt.

Immer informiert über die Schritte ist der Aufsichtsrat in Aschheim. »Ich habe mich schon gewundert, warum die dort stundenlang durch halb Manila fahren. Der Auftrag war ja klar«, erinnert sich ein Mitglied des Kontrollgremiums.

Der Auftrag ist so klar wie zentral für die Zukunft des Konzerns. Hatte zu Beginn der Sonderprüfung nur die Frage im Raum gestanden, ob Wirecard das auf Treuhandkonten liegende Milliardenvermögen als »Cash Equivalent« dem eigenen Bargeldbestand zurechnen kann oder nicht, so hat sich die Lage im Frühjahr 2020 deutlich zugespitzt. Nun steht die Existenz der Gelder infrage. Der Druck auf das bunt zusammengewürfelte Team in Manila ist hoch.

Die *WirtschaftsWoche* hat die Tour rekonstruiert.[10] Zunächst geht es auf direktem Weg zum neuen Treuhänder des Konzerns, Mark Tolentino, dessen Büro sich in einem heruntergekommenen Bürogebäude im Stadtteil Makati City befindet. Tolentino lässt den hohen Besuch erst einmal warten und stellt sich dann als Mann von Welt vor. Eine Mitarbeiterin betont seine guten Beziehungen zur Familie um den philippinischen Präsidenten Rodrigo Duterte, mit dem Tolentino auch auf Fotos auf seiner Facebook-Seite posiert.

Duterte ist berüchtigt für seine Anweisung an die Polizei, Drogendealer auf offener Straße erschießen zu lassen. Die Philippinen gelten als besonders korruptionsanfällig und als Finanzplatz mit zweifelhaftem Ruf.

Dass ausgerechnet Manila der richtige Ort sein soll, ein Viertel der Wirecard-Bilanzsumme zu verwahren, erscheint einigen Teilnehmern nach dem Besuch bei Tolentino noch fraglicher als zuvor. Aufsichtsratschef Thomas Eichelmann spricht sich dafür aus, nach Abschluss der Jahresprüfung die 1,9 Milliarden Euro bei der einer Großbank wie HSBC zu deponieren.

Noch geht die Scharade auf. Am Mittag fährt die Entourage aus Aschheim von Tolentinos Büro weiter zu zwei Standorten der angeblich die Gelder verwaltenden Banken. Obwohl sich die Konzernzentralen der Institute BDO und BPI im selben Viertel wie Tolentinos Büro befinden, der Makati Business City, geht es zu zwei kleinen Außenstellen.

Das erste Ziel ist die Filiale von BDO, das zweite jene von BPI. Beide sind etwas heruntergekommen und befinden sich an einer Ausfallstraße und in einem Einkaufszentrum – angeblich in der Nähe von Tolentinos Wohnung. Mit dabei sind Jan Marsalek und Tolentino selbst, dem ein Bankmitarbeiter jeweils einen Briefumschlag übergibt, den dieser an die Wirecard-Vertreter weiterreicht. Offiziell ist Tolentino als Treuhänder der Inhaber der Konten, die für die Wirecard-Gesellschaften geführt werden.

»Mitarbeitern von Wirecard AG wurde der Umschlag übergeben; EY hat um Einsicht gebeten, aber diese nicht erhalten«, werden die Jahresprüfer von EY in ihrem geheimen Versagungsvermerk zur Konzernbilanz später notieren. Erst am 9. März, als das Team wieder zurück in Deutschland ist, erhalten sie die Kontoauszüge selbst, und zwar in Form einer digitalen »Softcopy« vom Konzern.

Es gibt Auffälligkeiten: Eine der Wirecard-Gesellschaften, die dort als Berechtigte genannt werden, ist mit Tippfehler aufgeführt. Unterschrieben sind die Bankauszüge von einem »Assistant Manager« im Fall BPI und einer »Assistant Junior Manager« und einem »Branch Head« im Fall von BDO, also einem Filialleiter. Dabei geht es nicht um kleine Summen.

BPI zertifiziert einen Gesamtbetrag von über 813 Millionen Euro, BDO eine Summe von mehr als 1,1 Milliarden Euro. Die Konten laufen auf Euro, wohlgemerkt, und das in einer Ökonomie, die vor allem auf der lokalen Währung Peso und dem US-Dollar basiert. Bei Wirecard ist man dennoch stolz auf die beiden einseitigen Schreiben, Ende Mai präsentiert sie ein Berater des Konzerns sogar Journalisten, mit geschwärzten Banknamen.

Tatsächlich beruhigt die Prüfer die Reise nach Manila zunächst. Erst am 29. Mai werden sie unruhig. EY hatte angesichts der vielen offenen Fragen rund um die Treuhandkonten in Asien im Frühjahr erstmals das getan, was laut Kritikern schon in den Vorjahren hätte passieren müssen: Man forderte Testüberweisungen von den Konten nach Deutschland an – viermal 110 Millionen Euro. Doch diese sind auch Ende Mai nicht da. Tatsächlich werden die 440 Millionen Euro nie eintreffen. Mal erklärt Tolentino das mit anhaltenden Compliance-Prüfungen innerhalb der Banken, mal damit, dass die philippinische Zentralbank das Geld zurückhalte. Als die Zentralen der beiden Institute BPI und BDO dann Ende Juni erklären, die Bankbestätigungen seien »spurious«, manipuliert, bricht die Täuschung in sich zusammen.

Tolentino behauptet später, er habe nie vorgegeben, ein Milliardenvermögen für Wirecard verwaltet zu haben. Auf den Konten habe sich gerade einmal genug Geld »für ein iPhone« befunden – Eröffnungszahlungen von 1 000 Euro. Auch der vorherige Treuhänder Citadelle in Singapur erklärt, sein Mandat für Wirecard sei im März 2017 ausgelaufen. Die von ihm angeblich ausgestellten Bankbestätigungen zum Jahresende 2018 seien gefälscht. Inzwischen steht der Citadelle-Chef in Singapur vor Gericht. Die Behörden werfen ihm vor, in betrügerischer Absicht Dokumente gefälscht zu haben. Er soll mehrfach die Existenz von Guthaben in dreistelliger Millionenhöhe bescheinigt haben, obwohl es das Geld auf den Konten nicht gegeben habe, heißt es in der Anklageschrift. Die dort genutzte Bank OCBC, ein deutlich größeres und renommierteres Institut als die beiden Manila-Banken, äußert sich öffentlich nicht. Und auch auf den Philippinen sind mutmaßlich bestochene Bankangestellte freigestellt und von den Behörden verhört worden.[11]

Die Zentralbank erklärt, das Geld sei nie in das Finanzsystem des Landes geflossen. Und sie muss es wissen, schließlich entsprächen 1,9 Milliarden Euro satten fünf Prozent aller Fremdwährungseinlagen auf den Philippinen.[12]

## »Nach einer Stunde war mir klar, dass es Betrug ist«

Der letzte CEO des Konzerns, der Compliance-Experte James Freis, wird sich bereits in der Nacht nach seinem Amtsantritt als Vorstand am 18. Juni über die Bücher beugen und erkennen, dass Wirecard seinem Prüfer EY jahrelang Märchen aufgetischt hat. Allein die Tatsache, dass die beiden Manila-Banken 1,9 Milliarden Euro verwalten sollen, erscheint ihm kurios: Nach einem kurzen Blick in die Geschäftsberichte der Institute berichtet Freis dem Aufsichtsrat, dass diese gar nicht so viele Euro-Devisen in den Büchern stehen haben.

»Nach einer Stunde war mir klar, dass es Betrug ist«, sagt Freis heute. »Laut Unterlagen wurden die Treuhandkonten in Euro geführt. Das kam mir aus mehreren Gründen komisch vor. Dafür gab es erstens keinen wirtschaftlichen Grund. Es ging um Geschäfte mit Drittpartnern von Wirecard, die nicht in Europa stattfanden, sondern vor allem in Asien. Die Treuhandkonten sollten ja angeblich dazu dienen, mögliche Risiken für Rückforderungen zu deckeln. Aber auch dafür wären solche Posten entweder in Währungen der jeweiligen Länder oder in Dollar geführt worden.«

Stutzig macht Freis auch, »dass auf den Philippinen, wo sonst kaum Konten in Euro existieren, angeblich solche in dieser Höhe geführt werden. Dazu noch bei zwei Banken, die in ihrem Heimatland namhaft sind, aber keine Global Player waren. Es war nicht plausibel, dass ein Unternehmen wie Wirecard ein solches Kreditrisiko eingehen würde. Auch waren die Vertragsbedingungen unrealistisch. Zum Beispiel hätten die Konten gemäß Marktpreisen negativ verzinst werden müssen, das war aber nicht der Fall. Die Banken hätten also zugunsten von Wirecard auf mehrere Millionen Euro verzichtet. Das war völlig unplausibel. Es gab viele Warnsignale.«

Freis handelt – und schaut sich noch in der Nacht im Internet die testierten Bilanzen der Banken mit dem Stichtag 31. Dezember 2019 an – dem gleichen Stichtag wie dem der Wirecard-Kontoauszüge. Bei der kleineren der beiden Banken, BPI, betrug die Geldsumme aller Drittwährungskonten, die bei ihr geführt wurden, weniger als ein Zehntel der Summe, die angeblich Wirecard dort geparkt hatte. Freis' Schlussfolgerung: »Das konnte nicht sein. Ich fragte mich, warum ich der erste war, der das gesehen hat.«[13] Bei der schnellen Aufklärung half auch ein glücklicher Zufall: Eine ehemalige Bürokollegin von Freis bei der Bank für Internationalen Zahlungsausgleich (BIZ) arbeitete zur selben Zeit als Chefjuristin bei einer der Manila-Banken. Freis konnte sie noch in der Nacht anrufen und seine gravierenden Erkenntnisse gegenprüfen.

Wie ist es möglich, dass all diese Probleme den Experten für die Wirecard-Bilanzierung, den langjährigen Wirtschaftsprüfern von EY, nicht auffielen? Freis geht im Nachgang mit den Experten hart ins Gericht: »Es gab klare Fehler von externen Parteien, auch von solchen mit großen Namen«, kritisiert er auf der *European Compliance and Ethics Conference* in München im Oktober 2020. Er habe die meisten externen Experten innerhalb der ersten Tage nach seinem Antritt gefeuert. Denn, so Freis: »Wenn ich dort reinlaufen kann und innerhalb von wenigen Stunden Probleme sehe, dann hätte ich das von den anderen Beobachtern, die schon lange im Konzern waren, auch erwartet.«

»Es gab einen kleinen Teil des Konzerns, der die Organisation ausnutzte, um sich selbst zu bereichern«, sagt Freis explizit. »Bei Wirecard fehlte es an den einfachsten Strukturen und Prozessen, die man von einer Organisation dieser Größe und einem prominenten börsennotierten Konzern erwarten würde.«Das hätte spätestens den externen Experten auffallen müssen, so Freis, diese hätten früh einschreiten können, ja sogar müssen:»Niemand zwingt dich, zu sagen: Solang ich bezahlt werde, mache ich mein Geschäft weiter und schließe die Augen.«

Stattdessen hätten die Prüfer, Berater und Rechtsanwälte, die bei Wirecard gut verdienten, ihr Mandat niederlegen können:»Das wäre ein wichtiges Warnsignal gewesen, aber das hat gefehlt.«

## Gesetzlich klar geregelte Aufgaben

Wohl kaum ein externer Beobachter kennt einen Konzern so gut wie der Jahresbilanzprüfer. Seine zentrale Rolle ist gesetzlich festgeschrieben, schließlich übernimmt er eine öffentliche Aufgabe. Die Kompetenzen und Pflichten der Prüfer sind in Deutschland schon seit der Weimarer Republik festgeschrieben.

Im August 1929, noch vor dem weltweiten Börsencrash, bricht die FAVAG zusammen, die Frankfurter Allgemeine Versicherungs-AG. Der zweitgrößte Versicherungskonzern des Deutschen Reichs hatte sich mit Nebengeschäften verspekuliert. Die FAVAG-Direktoren nutzten die verschachtelte Bilanz, um die hohen Verluste zu verschleiern – bis es nicht mehr ging. Der Zusammenbruch beschleunigte in der Folge Reformbestrebungen für die Branche. 1931 trat die»Verordnung des Reichspräsidenten über Aktienrecht, Bankenaufsicht und über eine Steueramnestie« in Kraft, die Vorschriften zur Offenlegungspflicht von Geschäftsbericht, Jahresabschluss und Abschlussprüfung enthielt. Bilanzprüfer durften nun nur noch in der Buchführung gebildete und erfahrene Personen sein. Nur sie durften Prüfungsgesellschaften gründen. Damit entstand der Beruf des öffentlich bestellten Wirtschaftsprüfers und der eingetragenen Prüfungsgesellschaft.

Einen Weltkrieg und viele Jahre später hat sich am Idealbild des Wirtschaftsprüfers nichts geändert. Diese haben als neutrale Experten bis heute die Pflicht, zu überprüfen, ob die Jahresbilanz ein korrektes Bild der Geschäftslage eines Unternehmens abgibt. Paragraph zwei des Gesetzes über eine Berufsordnung der Wirtschaftsprüfer (Wirtschaftsprüferordnung) besagt denn auch: »Wirtschaftsprüfer haben die berufliche Aufgabe, betriebswirtschaftliche Prüfungen, insbesondere solche von Jahresabschlüssen wirtschaftlicher Unternehmen, durchzuführen und Bestätigungsvermerke über die Vornahme und das Ergebnis solcher Prüfungen zu erteilen.«

Paragraph 316 des Handelsgesetzbuchs stellt klar: »Der Jahresabschluß und der Lagebericht von Kapitalgesellschaften (…) sind durch einen Abschlußprüfer zu prüfen. Hat keine Prüfung stattgefunden, so kann der Jahresabschluß nicht festgestellt werden.« Gleiches gilt für den Konzernabschluss, sofern ein Unternehmen aus mehreren rechtlich selbstständigen Tochterfirmen besteht.

Auch Wirecard war durchgeprüft. Noch das letzte Testat von EY vom 24. April 2019 stellt bezogen auf die Jahresbilanz 2018 fest: »Nach unserer Beurteilung aufgrund der bei der Prüfung gewonnenen Erkenntnisse (…) vermittelt der beigefügte Konzernlagebericht insgesamt ein zutreffendes Bild von der Lage des Konzerns. In allen wesentlichen Belangen steht dieser Konzernlagebericht in Einklang mit dem Konzernabschluss, entspricht den deutschen gesetzlichen Vorschriften und stellt die Chancen und Risiken der zukünftigen Entwicklung zutreffend dar.«[14]

Der Konzern hatte 2018 dreimal seine Gewinnprognose angehoben – und diese am Jahresende dennoch noch einmal übertroffen. Der Gewinn vor Zinsen, Steuern und Abschreibungen (EBITDA) kletterte um 38 Prozent auf 560 Millionen Euro, der Umsatz stieg um ganze 40 Prozent auf 2,0 Milliarden Euro. Die eigene Prüfung dieses Zahlenwerks habe »zu keinen Einwendungen« geführt, bilanzierte EY in seinem Testat.

Es war die zehnte Prüfung der Wirecard-Konzernbilanz in Folge. Viele Aktionäre und Beobachter verließen sich auf dieses Votum. Allein: Wirecards Zahlenwerk war zu großen Teilen Fantasie. Rund 14 Monate später war Wirecard bankrott.

**Hochdefizitär unter den Augen der Prüfer**

Bevor wir uns den Versäumnissen der Abschlussprüfer zuwenden, lohnt ein Blick auf die tatsächliche Lage des Konzerns. Den tiefsten Blick in die ungeschönte Realität liefern die Zahlen, die Insolvenzverwalter Michael Jaffé ermittelt hat. Wirecards Realität hatte schon lange vor 2018 mit der geschönten Darstellung im Konzernlagebericht wenig gemein. Wie ernst die Situation tatsächlich war, zeigt Ende August 2020 der Insolvenzbericht, die erste realistische Darstellung der Lage seit vielen Jahren.

### Mehr Schein als Sein

Offizieller Umsatz in Mio. Euro, davon ...
■ Drittpartnergeschäft
■ Um Drittpartner bereinigtes Ergebnis

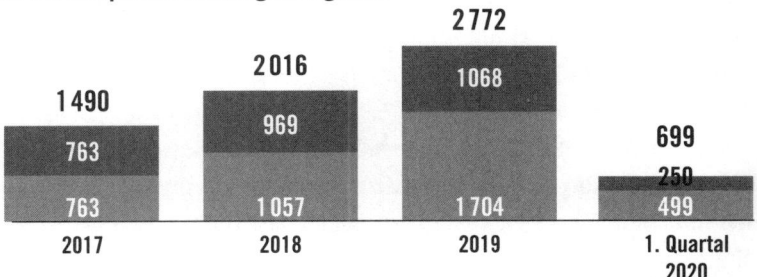

Offizieller Vorsteuergewinn in Mio. Euro, davon ...
■ Drittpartnergeschäft
■ Um Drittpartner bereinigtes Ergebnis

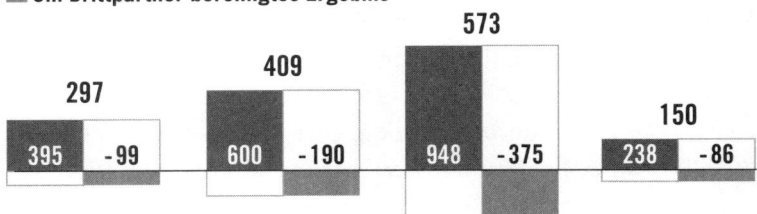

Anteil der mutmaßlich erfundenen Drittpartnergeschäfte am Umsatz und Gewinn von Wirecard (Rundungsdifferenzen; Quelle: *Handelsblatt*, Insolvenzbericht Wirecard)

Demnach war für 2018, dem letzten von EY als einwandfrei testierten Jahr, knapp die Hälfte des ausgewiesenen Konzernumsatzes von rund zwei Milliarden Euro auf das zu großen Teilen gefälschte Drittpartnergeschäft zurückzuführen. Statt einem Vorsteuergewinn von 600 Millionen Euro, wie offiziell ausgewiesen, machte Wirecard 2018 ganze 190 Millionen Euro Verlust. Schon 2017 war der Konzern demnach tief in den roten Zahlen, bis 2020 vergrößerte sich der Fehlbetrag immer weiter. Und das war nur die Spitze des Eisbergs, wie Jaffé aufdeckt.

Der Münchner Anwalt gehört zu den führenden Insolvenzverwaltern der Republik. Jaffé kennt sich aus mit spektakulären Pleiten und raffinierten Betrügern. Vor Wirecard war er unter anderem für die Abwicklung des insolventen Containervermieters P&R zuständig, dessen Gründer nach mehreren erfolgreichen Jahrzehnten mit ihrem Geschäft in Schieflage gerieten und in der Folge schlicht mehr Seecontainer in die Bilanz schrieben, als tatsächlich vorhanden waren. Am Ende standen rund 54 000 Anleger vor dem Verlust des Großteils ihres Investments.

Der vertrauliche Insolvenzbericht Jaffés zeigt an vielen Stellen auf, wie ernst die Lage bei Wirecard wirklich war – und wie viel Geld schon in den Vorjahren versickerte, ohne dass die Wirtschaftsprüfer eingeschritten wären. Zu den wichtigsten Erkenntnissen zählt die genaue Bezifferung der Vermögenswerte: EY hatte in der Bilanz zum Geschäftsjahr 2018 Wirecard Vermögenswerte in Höhe von 5,8 Milliarden Euro zugerechnet. Jaffé findet jedoch nach seinem Amtsantritt eine ganz andere Situation vor. [15]

Den Konzernverbindlichkeiten in Höhe von 3,2 Milliarden Euro stehen im Sommer 2020 verwertbare Vermögenswerte in Höhe von 428 Millionen Euro gegenüber. Dazwischen klafft eine Lücke in Höhe von 2,8 Milliarden Euro. Damit ist Wirecard klar überschuldet. Noch prekärer ist die Liquiditätslage: Das frei verfügbare Vermögen beläuft sich auf 26,8 Millionen Euro, die sich noch auf Bankkonten fanden.

Auch bei den Sachanlagen wird Jaffé kaum fündig: Von der Büroausstattung über die Yuccapalme bis hin zur eingesetzten IT ist bei

Wirecard so ziemlich alles geleast. Zwei der drei großen Tochtergesellschaften von Wirecard sind insolvent, die Anteile für die Holding wertlos. Allein vom Verkauf der Wirecard Acquiring & Issuing wird ein größerer Verkaufserlös erwartet. Diese Zwischenholding ist Gesellschafterin der Wirecard Bank und der profitablen Tochter Wirecard North America; beide Einheiten finden am Ende tatsächlich Käufer.

Zwar führt die Buchhaltung von Wirecard Forderungen gegenüber verbundenen Unternehmen in Höhe von 2,1 Milliarden Euro auf. Jaffé jedoch bezweifelt in seinem Bericht, dass diese Forderungen überhaupt bestehen. Dazu müssen erst einmal das komplizierte Firmengeflecht und die Beziehungen der Töchter untereinander entwirrt werden. Über das Geld, das die Holding auf Konten der Wirecard Bank hält, kann der Insolvenzverwalter nicht verfügen, diese sind von der Finanzaufsicht Bafin gesperrt. Sie sind in der Insolvenzmasse mit nur 100 Millionen Euro berücksichtigt.

Jaffé kommt zu einem klaren Fazit. Selbst wenn er über die gesperrten Gelder verfügen könnte, würde das Ergebnis der Beurteilung nicht anders ausfallen: Die überschuldete und zahlungsunfähige Holding Wirecard AG hat keine Chance, in irgendeiner Form weitergeführt zu werden. Deswegen gibt es auch keinen Sanierungsplan.

Auch die kümmerlichen, frei verfügbaren Mittel von 26,8 Millionen Euro hätten bei Wirecard nicht mehr lange gereicht: Vor der Insolvenz verbrannte der Zahlungsdienstleister zehn Millionen Euro – pro Woche. In den Planungen des Unternehmens wären in den darauffolgenden 13 Wochen sogar noch weitere 200 Millionen Euro abgeflossen. Das liegt daran, dass Wirecard fast kein Kapital selbst besitzt: Pro Monat fallen 500 000 Euro für Mietkosten an, Leasingraten in Höhe von 1,3 Millionen Euro für den Großteil der vorhandenen Hardware und nahezu eine Million Euro in Form von Lizenzgebühren für Software und Cloud-Lösungen.

Doch was ist mit den fantastischen Zahlen der Vergangenheit? Ein Großteil der vermeintlichen Umsätze und Gewinne Wirecards stammt aus den Drittpartnergeschäften, die es in der Realität gar nicht gab. Das operative Geschäft der Wirecard-Gruppe war nach der Analyse des von Jaffé beauftragten Beratungsunternehmens FTI-Andersch »stark defizitär«. Von den ausgewiesenen Umsätzen der Jahre 2017 bis 2019 stammten zwischen 39 Prozent und 51 Prozent aus den angeblichen Drittpartnergeschäften. Ohne die vermutlich frei erfundenen Umsätze und Gewinne machte der Zahlungsdienstleister hohe Verluste, die zwischen 2017 und 2019 von 99 Millionen Euro auf 375 Millionen Euro anwuchsen.

Wie überlebte Wirecard dann? Auf Pump. Von Banken, Aktionären und Kreditgebern holte das Management große Summen in den Konzern. Doch so schnell, wie das frische Geld eingenommen wurde, so schnell floss es auch wieder heraus – für diverse Übernahmen, Kredite an angebliche Geschäftspartner sowie zum Stopfen der operativen Verluste. Der Insolvenzbericht spricht von einem »exorbitant hohen Liquiditätsverzehr«.

Allein für Übernahmen hatte der Konzern seit 2010 rund 1,2 Milliarden Euro ausgegeben. Darunter befanden sich höchst umstrittene Akquisitionen wie jene in Indien. An die dubiosen Drittpartner gingen zwischen Ende 2016 und März 2020 Kredite über rund 500 Millionen Euro. Wirecard bürgte außerdem für die an Händler weitergereichten Kredite.

Die Wirtschaftsprüfer störten sich daran offenbar nicht. Vielleicht hatten sie auch längst den Durchblick verloren.

Wie der Insolvenzbericht klarstellt, hatte Jaffé zunächst große Probleme, das verschachtelte Firmengeflecht von Wirecard zu durchdringen. »Die Strukturen der Schuldnerin und der Gruppe (…) waren völlig intransparent. Insbesondere war zu Beginn kaum zu ermitteln, welche Konzerngesellschaften welche Dienstleistungen erbrachten und ob diese für eine Fortführung der Geschäfte wiederum anderer Konzerngesellschaften erforderlich waren«, so das harte Urteil. »Die Funktionalitäten im Konzern schienen ebenso wie die Zuständigkeit von Mitarbeitern und Abteilungen – sei es bewusst oder unbewusst – willkürlich weltweit verteilt.«

Manche Konstruktionen muten geradezu abenteuerlich an. So hatte die Neuseeland-Tochter von Wirecard drei Niederlassungen: »eine auf den Philippinen, eine in Griechenland und eine in der Dominikanischen Republik«. Knapp die Hälfte der 150 Mitarbeiter der Wirecard NZ Limited arbeiteten demnach in Griechenland. Die dort erstellten IT-Dienstleistungen stellten sich auch noch »im Wesentlichen als unnötig für die Geschäfte« heraus.

Zahlreiche Gesellschaften wurden offenbar vor allem gegründet, um das zu großen Teilen fiktive Drittpartnergeschäft (TPA) nach außen darzustellen. So habe die skandalumwitterte Card Systems Middle East in Dubai »zuletzt fast ausschließlich den Bereich TPA betreut. Ein großer Teil der angeblichen Verträge mit Partnern im TPA-Bereich sei mit der Gesellschaft geschlossen worden.« Ähnliches gilt für die Tochter WUKI. Deren Büro in Toronto sei von Marsalek gegründet worden, um vor allem »verschiedene Beziehungen zu Drittanbietern (TPAs) zu verwalten«.

Die über 50 Tochtergesellschaften des Konzerns sind nach Jaffés Diagnose vor allem Kostenfaktoren. Laut Insolvenzbericht »sind letztlich nur wenige Gesellschaften der Wirecard-Gruppe operativ tätig im Sinne einer Tätigkeit mit Bezug zu Kunden und der Erwirtschaftung von eigenen Umsätzen«. Viele Gesellschaften erbrachten demnach vor allem Dienstleistungen für andere Konzernteile und waren komplett von der Gruppe abhängig. Ein internes Verrechnungssystem hat es bei den meisten Töchtern nicht gegeben. Die vielen Töchter verfügten laut Jaffé daher kaum über eigene liquide Mittel.

Kostendisziplin scheint bei Wirecard lange ein Fremdwort gewesen zu sein. Wie im Konzern wo und was verrechnet wurde, war zunächst völlig undurchsichtig. Jaffé beschreibt, dass er »für jede einzelne operativ tätige Gesellschaft« erst einmal ermitteln und kritisch hinterfragen musste, welche Dienstleistungen tatsächlich nötig waren – und von wem sie erbracht wurden.

»Die kritische Prüfung war auch deshalb notwendig, da die Mitarbeiter der Gruppe bislang keine Notwendigkeit hatten, die in Anspruch genommenen Leistungen auf das tatsächlich Notwendige zu reduzieren, denn Geldmittel waren in der Vergangenheit ja stets umfangreich vorhanden«, heißt es in dem Bericht. Das Unternehmen sei »in den Monaten vor der Insolvenz leergeräumt« worden, teilt Jaffé im Oktober 2020 in einem Rundschreiben mit. Weder das Management noch die eigenen Wirtschaftsprüfer hätten das verhindert. Die Anwaltskanzlei Gleiss Lutz prüft nun für Jaffé, gegen wen er welche Ansprüche geltend machen kann. Im Fokus: vor allem die Wirtschaftsprüfer von EY.

## Fehlende Testüberweisungen

Angesichts der alarmierenden Erkenntnisse fragen sich viele Beobachter seit dem Zusammenbruch: Hätte man all das früher erkennen können? Oder konkreter: Hätte der Bilanzprüfer EY es erkennen müssen? Finanzminister Olaf Scholz ist davon überzeugt. In der ARD erklärte er:»Das geht mir kaum anders wie jedem anderen Bürger, jeder anderen Bürgerin dieses Landes, dass ich mir eigentlich nicht erklären kann, wie man das dann nicht gesehen haben kann bei der Prüfung, die dort regelmäßig und ganz normal von der Wirtschaftsprüfungsgesellschaft veranstaltet wird.«[16]

Es sind schwere Vorwürfe – die EY selbst nicht nachvollziehen kann. Die Prüfer sehen sich als Opfer einer perfiden Betrugsmasche. Der globale Chef von EY, Carmine Di Sibio, zeigte sich in mehreren internationalen Zeitungsanzeigen und Interviews demütig darüber, dass seine Firma den Betrug nicht früher entdeckt hat. Dem US-Sender CNBC sagte er:»Es war ein sehr gut inszenierter Betrug, und wie ich unseren Klienten geschrieben habe: Ich bedaure, dass wir das nicht früher entdeckt haben.«

Im Anschluss verbreitete Di Sibio zugleich die positive Erzählung, die EY unter die Leute bringen will:»Aber wir haben es entdeckt und dem Aufsichtsrat gemeldet!«, behauptete der EY-Chef.

Ist das so? Fakt ist: EY stand bei Wirecard vor einer großen Aufgabe – der Aufdeckung eines ausgeklügelten Betrugssystems. Einfach war das nicht, wie die Spitze der Prüfgesellschaft gerne betont. Als Beleg wird etwa auf die Scharade in Manila verwiesen. Die Mitarbeiter in den Bankfilialen, die EY besuchte, waren höchstwahrscheinlich bestochen.

Und bei späteren Prüfschritten könnten sogar noch perfidere Mittel eingesetzt worden sein: So vermuteten EY-Topmanager, Marsalek könnte Schauspieler in Asien für eine Videokonferenz im späten Frühjahr 2020 engagiert haben. Sie hätten sich in einer nachgebauten Bürokulisse als Bankmitarbeiter ausgegeben und das Vorhandensein der Gelder auf den Treuhandkonten bestätigt. Ob es wirklich so war, ist bis heute unklar: Die beiden philippinischen Banken BPI und BDO haben mitgeteilt, dass echte Bankmitarbeiter bestochen wurden, und diese freigestellt. Von Schauspielern war nicht die Rede.

Die vielleicht wichtigste Frage ist, wie EY mit den Treuhandkonten in Asien in früheren Abschlussprüfungen umgegangen ist. Die Existenz der Guthaben – damals noch 1,0 Milliarden Euro in Singapur – wurde von EY im 2018er-Geschäftsbericht bestätigt. Erst KPMG meldete Zweifel an der Existenz der Gelder an. Ende 2019 waren aus den 1,0 Milliarden Euro in Singapur dann schon 1,9 Milliarden Euro in Manila geworden. Ihre Nichtexistenz hat Wirecard am Ende zu Fall gebracht.

Da Bankguthaben besonders wichtige Sachverhalte sind, musste EY diese auch besonders intensiv prüfen. Ob das geschehen ist, wird von vielen Beobachtern stark bezweifelt. Da wäre etwa die Frage, wie EY sich das Vorhandensein der Gutachten auf den Bankkonten bestätigen ließ.

Treuhandkonten sind ein Spezialfall und kommen in der Abschlussprüfung deutscher Konzerne selten vor. Eigentlich ist das Vorgehen hier klar geregelt: Der Prüfer muss eigenständig bei der Bank die entsprechenden Nachweise einholen. Bei Treuhandkonten hat das zu prüfende Unternehmen keine Rechtsbeziehung zur Bank, sondern nur zum Treuhänder. Die Bank kann den Prüfern die Auskunft problemlos verweigern, was sie mit Verweis aufs Bankgeheimnis auch tut. Der Knackpunkt ist: Hat EY sich über Jahre mit Bestätigungen der Treuhänder begnügt oder ausreichend tiefergehend geprüft? Zwar hat EY vor allem in der Prüfung für den 2018er-Abschluss deutlich erweiterte Prüfungshandlungen vorgenommen, wie aus vertraulichen Anhängen zum internen Prüfbericht hervorgeht. Die Vorwürfe in Singapur, die Berichterstattung der *Financial Times*, zahlreiche Geschäftsbeziehungen in Ostasien wurden unter die Lupe genommen. Aber die zentrale Frage – gibt es das Geld auf den Treuhandkonten und damit den Großteil des asiatischen Drittpartnergeschäfts überhaupt – hat EY nicht ausreichend geprüft, um dem Betrug auf die Schliche zu kommen.

Dabei gäbe es einen Weg, wie ein Wirtschaftsprüfer binnen kürzester Zeit alle Zweifel an dem Vorhandensein von Cash, Konzernvermögen – der härtesten Bilanzgröße – ausräumen kann: durch Testüberweisungen. Die Gelder in Ostasien gehörten ja laut offizieller Darstellung Wirecard und dienten nur als Sicherheiten im Drittpartnergeschäft. Doch erst 2020 forderte EY viermal 110 Millionen Euro als Testüberweisung an, Geld, das nie ankommen sollte. Warum setzte man in den Vorjahren nie auf diesen Weg?

Dass es einmal Gelder in Ostasien gegeben haben musste, steht für EY außer Frage. Zwischen 2015 und 2018 habe man »Zahlungseingänge von den TPA-Partnern bzw. dem Treuhänder auf den Bankkontoauszügen des Wirecard-Konzerns von insgesamt EUR 203,3 Mio. nachvollzogen und mit der Buchhaltung der Wirecard abgestimmt«, geht aus einem Schreiben der EY-Anwälte hervor. Und im vertraulichen Versagungsvermerk zur letzten Bilanz stellt EY klar: »Im Vorjahr erfolgte am 19. Dezember 2018 eine Überweisung durch den Treuhänder Citadelle auf ein Konto einer Wirecard-Gruppengesellschaft in Höhe von 50 Mio. EUR – ›Trustee Account Payment According to Advice‹«. Konkret kamen 49 998 000 Euro auf einem Konto der Wirecard UK & Ireland an. Demnach flossen 2018 tatsächlich knapp 50 Millionen Euro aus Singapur nach Aschheim. Das Geld war echt, notierten die Wirtschaftsprüfer.

Zweifel bleiben. Heute kann niemand mehr nachvollziehen, was anschließend mit dem Geld geschah. Und: Die 50 Millionen Euro waren keine auf Anweisung von EY initiierte Testzahlung. Vielmehr wurden sie offenbar mit einer Mail vom 12. Dezember von Wirecard angefordert – und von EY dennoch kurzum als Bestätigung für das Vorhandensein des Milliardenvermögens genommen. Dabei hegen die Ermittler in München einen gravierenden Verdacht: Sie gehen davon aus, dass die 50 Millionen Euro erst kurz zuvor dem Treuhänder Citadelle überwiesen wurden.

Das Geld kam demnach von einem Konto der Firma Equinia Services aus Singapur bei der dortigen DBS Bank. Equinia stand laut örtlichem Firmenregister wiederum mit dem Citadelle-Chef, Shanmugaratnam Rajaratnam, in Verbindung, einem Bekannten von Marsalek-Freund Henry O'Sullivan und nebenberuflichem Nachtklubbetreiber.

Shanmugaratnam fungierte nicht nur als erster Treuhänder für Wirecard, wie interne E-Mails zeigen. Im Juli 2016 erhielt seine Equinia von Wirecard knapp 2,4 Millionen Dollar, offiziell für die Auszahlung von Wirecard-Kunden, darunter die verbotene Banc De Binary und »Adult Merchants«. Anschließend verschwand die Firma für knapp vier Jahre aus dem Mail-Verkehr des Vorstands – um im März 2020 wieder aufzutauchen: Kurz vor dem Untergang überwies Wirecard an Equinia 485 000 Euro. Deklariert wurde der Betrag als Entlohnung für »Dienstleistungen zur Unterstützung von Compliance-Checks«. Wahrscheinlicher ist aus heutiger Sicht ein anderer Verwendungszweck: Schweigegeld. Die vielen Querverbindungen bei Wirecard: EY sieht sie nicht oder blickt großzügig darüber hinweg.

## Zweifel an der Integrität des Managements

Dass EY früher kritisch hätte hinschauen müssen, belegen schon die Zweifel der Prüfer an der Redlichkeit der Wirecard-Führung – also des eigenen Kunden. Vertrauliche Aufsichtsratsprotokolle zeigen die ganze Wucht des frühen Verdachts. Und ein Blick in die Geschichte der Beziehung EY-Wirecard legt erstaunliche viele Sollbruchstellen offen – und mindestens genauso viel Kitt.

Es ist 18 Uhr, als sich Wulf Matthias und Anastassia Lauterbach am Freitag, dem 1. März 2019 in eine kurzfristig anberaumte Telefonkonferenz einwählen. Er ist damals Aufsichtsratschef, sie Vorsitzende des Risikoausschusses. Was nun besprochen werden muss, ist mehr als riskant. Lauterbach gibt das Wort an Juristen, die ebenfalls in die Konferenz einbezogen werden.

Ein Paket war eingetroffen. Nicht beim Konzern, sondern bei EY. Es ging um aktuelle Betrugsvorwürfe in Singapur, aber auch um alte Vorwürfe im Rahmen der Indien-Übernahme. Die Forensiker hätten das Material des unbekannten Absenders bereits untersucht, berichtet eine Anwältin. Es enthalte offenbar Informationen, die EY eigentlich von Wirecard hätte bekommen müssen, aber wohl nicht erhielt. Es brauche weitere Untersuchungen. In den Sitzungen mit EY sei klargeworden, so notiert das Protokoll, dass EY »nicht an die Unschuld des Managements« glaube.

Das heißt: Im März 2019, nur sechs Monate nach der Aufnahme von Wirecard in den wichtigsten deutschen Aktienindex Dax, stoßen die Wirtschaftsprüfer erneut auf fragwürdige Vorgänge im Konzern. Braun und Marsalek sind mit in der Leitung, als das Misstrauen der eigenen Wirtschaftsprüfer vorgetragen wird. Ebenso die beiden übrigen Vorstände von Knoop und Steidl, Aufsichtsrätin M'Cwabeni, Chefjuristin Görres sowie fünf Juristen der Kanzlei Latham & Watkins. 70 Minuten spricht die Runde in Vollbesetzung, 50 Minuten laufen ohne den Vorstand. Am Ende lässt sich der Aufsichtsrat von Braun und Marsalek abspeisen. Und was macht EY?

Acht Wochen später testiert EY den Geschäftsbericht von Wirecard ohne Wenn und Aber. »Während der Prüfung üben wir pflichtgemäßes Ermessen aus und bewahren eine kritische Grundhaltung«, schreiben die Wirtschaftsprüfer am 24. April 2019. »In allen wesentlichen Belangen steht dieser Konzernlagebericht in Einklang mit dem Konzernabschluss und entspricht den deutschen gesetzlichen Vorschriften und stellt die Chancen und Risiken der zukünftigen Entwicklung zutreffend dar.«

Wie konnte es dazu kommen? Die Telefonkonferenz am 1. März 2019, in der laut Protokoll dem Vorstand und Aufsichtsrat berichtet wird, dass die Wirtschaftsprüfer an der »Integrität des Managements« zweifeln, hatte eine Vorgeschichte.

Am 6. Februar 2019 erhielt das Münchner Büro von EY Unterlagen zu erstmals aufgekommenen Betrugsvorwürfen gegen Geschäftspartner in Singapur, aber auch zu einem alten Thema namens »Projekt Ring«. Hubert Barth, der Deutschlandchef von EY, telefonierte deshalb persönlich mit Aufsichtsratschef Matthias. Er berichtete von Dokumenten, bei denen sich seine Mitarbeiter fragten, warum sie diese nicht längst kannten. Das Thema sei doch schon vor drei Jahren hochgekommen beim »Projekt Ring«.

»Projekt Ring« – unter diesem Codenamen hatte ein Ermittlerteam von EY schon 2016 geprüft, ob Wirecard vor einer Übernahme in Indien womöglich Umsätze aufgebläht hatte. »Insbesondere ein Vertrag, der EY bisher nicht zur Verfügung gestellt wurde, war Teil dieses Pakets«, steht in dem Aufsichtsratsprotokoll von März 2019. Die Prüfer fürchten demnach, dass man ihnen Dokumente bei der früheren Untersuchung bewusst vorenthalten hatte.

Im Vorfeld der Telefonkonferenz mit Aufsichtsrat und Vorstand gibt es stundenlange Gespräche zu allen erhobenen Vorwürfen zwischen EY und den Wirecard-Anwälten. Und beginnen die Prüfer den Austausch als harte Hunde, so werden sie im Verlauf eher zahm. Einzelheiten zeigt das Protokoll: »Bestätigte Unregelmäßigkeiten«, so wollen die EY-Vertreter demnach das, was sie nach Untersuchung der anonym erhaltenen Unterlagen über die Vorgänge in Asien herausgefunden haben, schriftlich festhalten. Für die Wirecard-Juristen ist das nicht akzeptabel. Das Testat für den Geschäftsbericht 2018 steht an, der Konzern braucht einen Persilschein.

Er bekommt etwas Ähnliches. »Auf unsere Anfrage zurückgerudert« seien die Prüfer, steht später im Wirecard-Protokoll. Aus den »bestätigten Unregelmäßigkeiten« wird ein »greifbarer Verdacht«, nach weiteren Verhandlungen lautet die Formulierung, es gebe »noch keine aktuell gefestigten Erkenntnisse«. Damit kann Wirecard leben.

Das Misstrauen und die Integritätszweifel von EY richten sich vor allem gegen das Management in Fernost, aber nicht nur: Zuständig für das Asiengeschäft ist Jan Marsalek. Es sei notwendig, Zugang zum Mail-Account von Jan Marsalek zu bekommen, »um die Sache aufzuklären«, raten die Prüfer dem Aufsichtsrat. Insidern zufolge wird dieser Zugang später gewährt. Da Marsalek vor allem über Telegram kommuniziert, hilft er nicht weiter.

In der Chronologie der gescheiterten Versuche, den Betrug bei Wirecard zu stoppen, spielt das »Projekt Ring« eine wichtige Rolle. Im Mai 2016 erhielt EY ein Schreiben eines Whistleblowers. Es enthielt Vorwürfe über angebliche kriminelle Machenschaften von Wirecard in Asien, teils mit Beteiligung der Geschäftsführung in Deutschland. Betroffen war auch der Kauf der indischen Firmengruppe für über 320 Millionen Euro. Völlig überteuert sei dies gewesen, so die Botschaft in dem anonymen Schreiben. Wirecard-Manager könnten vom Kauf profitiert haben, weil sie an dem Fonds auf Mauritius beteiligt gewesen sein könnten, über den der Kauf lief. Außerdem seien Umsätze in Asien aufgebläht worden.

EY begann eine Untersuchung, kam aber nicht recht voran. Am 29. März 2017 beschwerten sich die Wirtschaftsprüfer in einem Brief an Aufsichtsratschef Matthias über die mangelhafte Zusammenarbeit. Es sei durchaus möglich, dass Wirecard für 2016 nur ein eingeschränktes Testat von EY erhalte. Man werde »auf Basis Ihrer Reaktion auf dieses Schreiben« die Zusammenarbeit überdenken.

Es kam, auch hier, anders. »Unsere Prüfung hat zu keinen Einwendungen geführt«, schrieben die Prüfer von EY am 5. April 2017 unter den Geschäftsbericht 2016.

Das »Projekt Ring« freilich stockte noch immer, und im Herbst 2017 versuchte Wirecard, die Untersuchung zu beenden. Seine Vorstellungen, mit welchen Worten das geschehen sollte, gab Finanzvorstand Burkhard Ley an EY durch: Der Bericht solle herausstellen, dass es überhaupt keine Beweise für die Vorwürfe in Asien gibt, schlug Ley in einer Mail vom 28. September 2017 vor. Von Formulierungen wie »possible further steps«, also möglichen weiteren Ermittlungen, sollte EY absehen. Teile des Berichts sollten vom Aufbau her »hinsichtlich der Aufsichtsratstauglichkeit« überdacht werden.

EY wollte dem zumindest teilweise nicht folgen. Im März 2018 fassten die Forensiker die zu dem Zeitpunkt bekannten Erkenntnisse in einem »Status Memorandum« zusammen. Vorstand Marsalek bedankte sich am 3. April per Mail für die »hochprofessionelle Analyse« – und zog seine eigenen Schlüsse. »Wir nehmen zur Kenntnis, dass im Rahmen Ihrer Prüfung und Analyse der Anschuldigungen aus dem Whistleblower-Letter vom Mai 2016 keine Beweise für die Vorwürfe gefunden werden konnten.«Aufgrund dessen, so Marsalek, werde auch Wirecard sich nicht weiter an dieser Hexenjagd beteiligen.»Wir beurteilen die Anschuldigungen als haltlos und werden keine weiteren Investigationen durchführen.«

EY widersprach später dieser Darstellung und betonte, Wirecard habe die Untersuchung einseitig beendet. Aber dieser leise Protest führte nicht zu einem Abbruch der Beziehung zu Wirecard.

Dabei liegt ein Aufbäumen so nahe, als im Februar 2019 neben dem»Projekt Ring« auch noch die Betrugsvorwürfe in Singapur auf den Tisch kommen. Am 1. März sagen die Prüfer von EY dem Aufsichtsrat ja praktisch ins Gesicht, dass man Wirecards Managern nicht mehr glaube. Es müssten mehr Fakten her, mehr Beweise für das, was man unterschreiben solle. Vorstandschef Braun verspricht dem Aufsichtsrat die volle Kooperation mit EY bei der Singapur-Aufklärung.

Doch schon am 13. März 2019 schreibt der verantwortliche Prüfer von EY, man müsse»leider feststellen, dass der reguläre Zeitplan der Abschlussprüfungen nicht eingehalten wird« und»die bisherige Bereitstellung von Informationen und Nachweisen im Rahmen der erweiterten Prüfungshandlungen schleppend verläuft«. Aus der vollen Kooperation wird ein gezieltes Verschleppen. Details zeigen interne Mails: EY wolle eine Bestätigung, dass in der Öffentlichkeit angezweifelte Kundenbeziehungen tatsächlich real sind, schreibt ein Wirecard-Jurist am 14. März in einer Mail, die auch an Aufsichtsrats- und Vorstandsmitglieder geht.»Wir sollten uns darauf konzentrieren, jede Beziehung in (gebührend) knapper Form so zu beleuchten, dass EY den gewünschten Eindruck bekommt.« Pikanterweise wird später ergänzt:»Mehr Dokumente verwirren EY erst mal nur.«

Der gewünschte Eindruck bleibt zwar aus.»Der übermittelte Berichtsentwurf erbrachte nicht die von allen Parteien erwartete Aufklärung der erhobenen Vorwürfe«, schreibt ein EY-Prüfer Ende März 2019 an Wirecard.

Vier Wochen später testiert EY die Bilanz bekanntermaßen dennoch ohne Einschränkungen: Auf mehr als 56 Seiten erläutert EY dabei im nicht öffentlichen Teil des Berichts, wie sie mit erweiterten Prüfungshandlungen die Vorwürfe in Singapur im Detail untersuchten und im Zahlenwerk keine Beweise für deren Stichhaltigkeit fanden. Und die Prüfer gehen noch weiter: Sie entschuldigen sich laut einem Aufsichtsprotokoll aus dem April nun sogar noch für die verspätete Prüfung und die Umstände, die dazu führten. Die folgenden 14 Monate, die letzten von Wirecard, sieht sich EY dann offenbar auf Gedeih und Verderb mit dem Konzern verbunden.

## Erstaunliche Vorgänge

Weitere Beispiele für das erstaunliche Agieren EYs werden im März 2021 im Untersuchungsausschuss des Bundestags offenbar. Manche sind Episoden, andere Perioden – alle lassen EY schlecht aussehen.

Wie der als Zeuge vorgeladene letzte Aufsichtsratschef Thomas Eichelmann berichtete, entwickelte sich die EY-Bilanzprüfung im Juni 2020 zur Achterbahnfahrt. »Es gab diverse Signale von den Prüfern, die immer unterschiedlich waren.« Er habe SMS bekommen, man könne nicht testieren – eine Stunde später wurde die Aussage dann zurückgezogen, sagte Eichelmann.

Am 9. Juni 2020, gut eine Woche bevor der Betrug aufflog, habe der verantwortliche EY-Prüfer für eine Erteilung des Testats zur Auflage gemacht, dass die parallellaufende Sonderprüfung durch KPMG gestoppt werde. So kam es beim Aufsichtsrat und seiner Rechtsberaterin jedenfalls an. »Bei wichtigen Fragen verhöre ich mich selten. Was ich gehört habe, habe ich gehört«, war sich Eichelmann sicher. Der abgesetzte EY-Deutschlandchef Hubert Barth hingegen hatte alles anders in Erinnerung: »Wir haben mehrfach gegenüber der Gesellschaft kommuniziert, dass wir einen Abschluss der KPMG-Arbeiten benötigen.« Das Missverständnis habe man am anderen Tag ausgeräumt.

Zum Knackpunkt entwickelte sich für EY die Frage, wann der Bilanzbetrug begann. Im Fokus der Parlamentarier stand die im März 2016 eingeführte Bilanzierung des Drittpartnergeschäfts. »Wir bitten Sie als Wirecard-Management freundlich, unser gemeinsames Verständnis dieser Geschäftsbeziehungen mit Bezug auf die folgenden Punkte zu bestätigen«, schrieben die Prüfer am 3. März 2016. In der Folge skizzierten sie das Geschäft wie von Wirecard gewünscht. Finanzvorstand Burkhard Ley und Chefbuchhalter Stephan E., beide heute unter Verdacht, zeichneten es ab.

EY habe Wirecard damit ermöglicht, Forderungen in Cash, also Vermögen zu verwandeln, so die Kritik im Bundestag. Offenbar habe EY keinen Durchblick gehabt. Am Vortag hatte Eichelmann dazu gesagt: »Wenn ich ehrlich bin, habe ich das Drittpartnergeschäft auch nicht ganz verstanden. Sonst hätte ich sehen müssen, dass es nicht existiert. Aber ich habe mich darauf verlassen, wenn hier etwas seit zehn Jahren geprüft ist, dann wird es stimmen.«

Das mit der Prüfung war freilich so eine Sache. EY habe zwar Testkäufe bei Onlinehändlern aus dem Drittpartner-Universum durchgeführt, sagte der ehemalige Wirecard-Compliance-Chef Daniel Steinhoff aus. Sein Team stellte nach der Pleite jedoch fest, dass die Testkäufe der Prüfer durch Wirecards Dubai-Statthalter Oliver B. gelenkt wurden. B. habe den Prüfern konkrete Shops vorgeschlagen. Für die Testkäufe stand eine Wirecard-Kreditkarte bereit.

Auch der Treuhänder in Singapur wurde nicht richtig durchleuchtet, so die Kritik. Jahrelang hatte EY für die Treuhandkonten keine Bankbestätigungen eingeholt und sich auf die Informationen des Treuhänders verlassen. Der Treuhandvertrag habe kein Auskunftsrecht für die Banken enthalten, verteidigte sich EY. Man habe allerdings geprüft, ob der Treuhänder Wirecard in irgendeiner Art nahestand: »Das Prüfungsteam ist davon ausgegangen, angemessene und ausreichende Prüfungsergebnisse zu haben.«

Die Liste der problematischen Vorgänge ließe sich verlängern, etwa durch Mails, die eine große Nähe zwischen EY und Wirecard belegten und die Verquickung von Prüfungs- und Beratungsgeschäft. Im Februar 2018 schrieb der Prüfungsleiter EYs an den Ex-Finanzvorstand und damaligen Wirecard-Berater Ley: »Für Mandate, bei denen eine Pflicht-Rotation ansteht, ist zu hinterfragen, wie man die Mandanten am besten weiter betreuen kann; im Sinne einer Win-

win-Situation sollte die Erfahrung (…) des Prüfungsteams (…) genutzt werden, um den Mandanten nach der Zeit als Abschlussprüfer als Berater (…) zu unterstützen.«

Es sind zuvorderst die vielen Beispiele für die Nachsicht der Prüfer in den Jahren 2016, 2017, 2018 und 2019, die Experten schwindlig werden lassen. Grünen-Finanzexperte Danyal Bayaz kritisiert: »Bei Wirecard wurden wichtige Grundsätze nicht beachtet. Die nachlässige Prüfung hat den Betrug so mitbegünstigt. Auf die Prüfer von EY kommen keine einfachen Zeiten zu.«

Warum legt EY angesichts der vielen Probleme das eigene Mandat nicht nieder? Woher rührt die langjährige Beißhemmung der Prüfer bei Wirecard? Befriedigende Antworten fehlen.[17] »Das Verhalten von EY ist für mich nicht mehr nachvollziehbar«, sagt etwa der letzte Wirecard-Aufsichtsratschef Thomas Eichelmann. »Wenn ich als Prüfer Zweifel habe an der Integrität des Managements, am wichtigsten Organ der Gesellschaft, dann muss ich doch noch genauer hinschauen. Und wenn ich dann uneingeschränkt testiere, dann ist das eine Absolution.«

Insider bei EY verweisen darauf, dass Zweifel nicht ausreichen, sondern es Beweise brauche, um ein Testat zu verweigern. Zum Beispiel habe zum Zeitpunkt der letzten positiven Testierung der 2018er-Bilanz kein überzeugender und rechtssicherer Beweis des Betrugs bei Wirecard vorgelegen, der eine Verweigerung des Testats gerechtfertigt hätte. Es ging dabei offenbar auch um mögliche hohe Schadensersatzforderungen von Wirecard, falls EY den Abschluss ohne belastbare Beweise nicht testieren sollte. Für Wirecard hätte selbst ein eingeschränktes Testat schon 2019 das Aus bedeuten können – mindestens aber hätte es einen immensen Wertverlust und den Rückzug von Kunden zur Folge gehabt.

Im Hintergrund, so berichten Prüferkreise, hätten Drohungen nach Schadensersatz im Austausch mit Wirecard immer im Raum gestanden. Nun ist EY mit echten Schadensersatzklagen konfrontiert – von Anlegern. Sie vertrauten den von EY testierten Geschäftsberichten, kauften Wirecard-Aktien und verloren dabei mehr als 20 Milliarden Euro.[18]

## Klagewelle rollt an

Auf EY rollt eine riesige Klagewelle von geschädigten Wirecard-Aktionären zu. Mehrere Kanzleien sammeln derzeit Munition gegen die Gesellschaft, mit der sie die Klagen ihrer Mandanten unterfüttern können. Die Anwälte von ehemaligen Wirecard-Aktionären verfolgen die Vorwürfe gegen die Abschlussprüfer intensiv. »Wir sehen Rückenwind für die von uns geführten Klagen«, sagte etwa Marvin Kewe von der Kanzlei Tilp.

Die klagebereiten Anleger verlangen Schadensersatz wegen sittenwidriger Schädigung nach Paragraf 826 des BGB. Über diesen Weg können sie EY ins Visier nehmen: Üblicherweise haftet ein Abschlussprüfer nur gegenüber seinem Mandanten bis zur gesetzlichen Höhe von vier Millionen Euro. Doch bei sittenwidrigem Verhalten inklusive Vorsatz gilt die Beschränkung nicht mehr. Genau dies wollen die Kläger EY nun nachweisen. Die Anwälte von Kapitalmarktexperte Wolfgang Schirp geben sich in der ersten eingereichten Klageschrift zuversichtlich: Man gehe von Sittenwidrigkeit aus, wenn ein Abschlussprüfer »besonders leichtfertig und gewissenlos« handelt. Das sei im Fall Wirecard geschehen.

Im Falle von Fahrlässigkeit wäre eine Haftung auf vier Millionen Euro pro Jahresabschluss beschränkt. Weit härter könnte es EY treffen, wenn die Prüfer möglicherweise selbst vorsätzlich strafbare Handlungen wie Beihilfe zur Falschbilanzierung begangen hätten. Dann könnten Ansprüche in Höhe des Schadens bestehen, der durch Vermögensabflüsse entstanden ist, »die nicht erfolgt wären, wenn das jeweilige Testat nicht erteilt worden wäre«.

Als zentraler Akteur prüft auch Insolvenzverwalter Jaffé Klagen gegen die Prüfer. Sein Insolvenzbericht näherte sich bereits frühzeitig möglichen Haftungsansprüchen gegen EY. Auch wenn »der Sachverhalt noch aufzuarbeiten ist«, könnten sich Ansprüche wegen fehlerhafter Prüfung der Jahresabschlüsse ergeben, so Jaffé. Voraussetzung dafür sei insbesondere eine fahrlässige oder vorsätzliche Verletzung der Sorgfaltspflichten. Auch die geschädigten Banken streben Klagen an. Als eine der ersten wagte sich im Februar die Commerzbank aus der Deckung (siehe Kapitel 4.3).

In der Diskussion sind längst auch die verantwortlichen Prüfer bei EY. Da ist zum einen der langjährige Chefprüfer. Er war bis Mai 2018 für die Prüfung der Wirecard-Bilanzen zuständig und wechselte dann als Leiter des internen Rechnungswesens zur Deutschen Bank. Nachdem Anfang Dezember 2020 Ermittlungen gegen ihn publik wurden, erklärte er, sein Amt »vorübergehend ruhen lassen« zu wollen.

Aber er ist nicht der einzige EY-Experte, der öffentlich im Kreuzfeuer steht. Auch sein Nachfolger als Wirecard-Chefprüfer muss sich herbe Kritik gefallen lassen. Von der EY-Website lächelt er immer noch, als sei nichts gewesen. »Wie Martin Dahmen dabei hilft, dass die Welt besser funktioniert«, lautet der Wahlspruch. Der Prüfer zählt börsennotierte Index-Unternehmen sowie Fortune-Global-500-Kunden und Börsenaspiranten zu seinen Mandanten. Der Dax-Aufsteiger Wirecard galt seit Jahren als Prunkstück in Dahmens Portfolio.

Selbst Kollegen fragen nun: Wie konnte Dahmen der Milliardenbetrug entgehen? Seit mehr als 20 Jahren prüft und berät er internationale Konzerne. Dahmen ist »Dreibänder«, wie Experten mit gleich dreifacher Qualifikation genannt werden: Diplom-Kaufmann, Steuerberater und Wirtschaftsprüfer. Nun müssen sich er und seine Kollegen, die für Wirecard in der Vergangenheit zuständig waren, schwere Fehler vorwerfen lassen.

## Strafrechtliche Ermittlungen, Verlust von Mandaten

Auch strafrechtlich droht Ungemach: Im Herbst 2020 hat die Staatsanwaltschaft München nach einer entsprechenden Anzeige der Wirtschaftsprüferaufsicht Apas ein Ermittlungsverfahren gegen die verantwortlichen EY-Prüfer eröffnet. Die Apas hat mehrere konkrete Hinweise auf mögliches Fehlverhalten der Prüfer zusammengetragen und diese unter anderem in zwei Briefen an die Bafin und die Generalstaatsanwaltschaft Berlin von Ende September zusammengetragen. Auf Basis dieser Anzeige ermittelt nun die Staatsanwaltschaft München gegen die Prüfer. Die Vorwürfe betreffen dabei gleich mehrere Jahre der Bilanzprüfung bei Wirecard, die Apas sieht Hinweise auf Straftaten der beteiligten Akteure von EY.[19] Die konkreten Vorwürfe der Apas betreffen mehrere Jahre und Prüfzyklen von EY, 2015 bis 2017. Wörtlich heißt es in dem Schreiben der Apas: Aus Sicht der Behörde könnten »in den Prüfungsberichten unrichtig berichtet bzw. erhebliche Umstände verschwiegen worden sein«.

Es ist in Paragraf 321 des Handelsgesetzbuchs fest definiert, was der Prüfer berichten muss: Er muss Art und Umfang der Prüfung erläutern und aufführen, warum er bestimmte Handlungen vorgenommen oder unterlassen hat. Wenn ein Abschlussprüfer nachweislich unrichtig berichtet oder wichtige Sachverhalte verschweigt, drohen ihm Konsequenzen aus Paragraf 332 des HGB: Darin sind Freiheitsstrafen bis zu drei Jahren oder Geldstrafen vorgesehen.

Die Apas kritisiert zunächst, dass EY einem Widerspruch in den Aussagen des Wirecard-Vorstands nicht nachgegangen sei. Dieser bezieht sich auf den Umgang mit dem oft zitierten »Zatarra«-Bericht von Fraser Perring, der 2016 anonym veröffentlicht wurde und schwere Geldwäsche- und Betrugsvorwürfe gegenüber Wirecard erhoben hatte. Laut der Apas habe CEO Braun gegenüber EY hinsichtlich der »Zatarra«-Aussagen erklärt, den Vorwürfen sei man innerhalb des Konzerns intensiv auf den Grund gegangen, sie hätten sich sämtlich als unwahr herausgestellt. Demgegenüber habe der damalige Finanzvorstand Ley erklärt, die Vorwürfe seien nicht im Detail überprüft worden. Die Apas wirft EY vor, dem Widerspruch nicht ausreichend nachgegangen zu sein.

Gravierender ist der Verdacht, den die Aufsichtsbehörde in Bezug auf die Freigabe der 2016er-Bilanz im Jahr 2017 erhebt. Dass diese auf der Kippe stand, hatte bereits Kurzzeit-Aufsichtsrätin Kleingarn im Untersuchungsausschuss erklärt. Die Schreiben der Apas halten nun fest, wie eng Wirecard offenbar an einer Testats-Einschränkung vorbeischrammte – und wie nachgiebig EY zumindest aus Sicht der Aufsichtsbehörde war.

Demnach sollen die beiden verantwortlichen Prüfer extreme Bedenken bezüglich der Konzernbilanz gehabt haben. Diese gingen laut der Apas so weit, dass die Prüfer bereits eine Einschränkung gegenüber der Konzernspitze androhten – inklusive Entwurf eines eingeschränkten Testats. Außerdem habe EY drei Voraussetzungen für die Freigabe der Bilanz genannt und weitere Informationen angefordert. Diesen Anforderungen habe der Konzern nicht ausreichend entsprochen. Dennoch habe EY die Bilanz freigezeichnet, so die Kritik der Apas.

Dabei ging es insbesondere um die Vorkommnisse rund um die indische Tochter von Wirecard, die Anfang 2017 unter den Verdacht der Bilanzmanipulation geriet. EY ist diesem Verdacht damals mit einer forensischen Sonderprüfung nachgegangen. Nachdem EY Ende März 2017 Wirecard gewarnt haben soll, dass ein nur eingeschränkter Bestätigungsvermerk für die Bilanz 2016 drohe, soll EY wenige Tage später mitgeteilt haben, man habe keine Bedenken mehr. Die Aufsicht Apas ist der Überzeugung, dass man binnen weniger Tage nicht zu einem solchen Wechsel der Einschätzung kommen könne. Das uneingeschränkte Testat für 2017 sei deshalb »sachlich falsch«.

Aus Prüferkreisen verlautbarte, dass die Vorbereitung eines eingeschränkten Testats durch die Prüfer nicht ungewöhnlich sei. Auch soll EY im Nachgang zur Drohung seiner beiden Prüfer von Wirecard rund 40 Dokumente erhalten haben, die sich auf die angeforderten Informationsbitten beziehen. Erst dann sei das Testat freigezeichnet worden.

Vielleicht am schwerwiegendsten ist der Vorwurf der Apas, EY habe bei der Beurteilung des Wirecard-Drittpartnergeschäfts gegen internationale Bilanzierungsstandards verstoßen. Wirecard hätte, so glaubt die Behörde, die Bruttoerlöse der Drittpartner gemäß dem Standard IFRS 15 nur dann in der Bilanz abbilden dürfen, wenn der Konzern als sogenannter »Principal« die Transaktionen auch über die eigenen Plattformen abgewickelt hätte. Stattdessen wurde jedoch ungefähr die Hälfte des offiziell ausgewiesenen Transaktionsvolumens ohne jeden Bezug zu den Aschheimer Systemen abgewickelt, ein großer Teil war wohl gefälscht.

EY erhob ob der sonderbaren Konstruktion laut der Apas jedoch keine Einwände – und schritt auch bei einem weiteren problematischen Punkt nicht ein. Laut der Behörde hatte Wirecard Verträge mit seinen Drittpartnern geschlossen, die Vertragsstrafen vorsahen für den Fall, dass die Drittpartner in Ostasien angesammelte Transaktionen frühzeitig nach Aschheim überweisen. Dies ergebe keinen Sinn, so die Apas – außer natürlich, die Provisionen auf den Treuhandkonten seien fiktiv.

EY wies die Anschuldigungen der Apas zurück. Der Firma seien keine Anhaltspunkte für ein strafrechtlich relevantes Verhalten ihrer Abschlussprüfer bei Wirecard bekannt. »Unserer Auffassung nach haben wir in diesem Sachverhalt bisher kein ausreichendes rechtliches Gehör erhalten, und unsere umfangreichen Unterlagen sind nicht ausreichend gewürdigt worden«, teilte EY im Dezember auf *Handelsblatt*-Anfrage mit.[20]

Doch selbst wenn die deutsche Landesgesellschaft von EY nicht unter der Last zivilrechtlicher Schadensersatzklagen zusammenbricht und es nicht zu strafrechtlichen Verurteilungen einzelner Prüfer kommt: Schon der Reputationsschaden und der Verlust wichtiger Mandate könnte EY schwer treffen. Auf Kundenseite haben sich die ersten Klienten bereits abgewendet und Verträge gekündigt oder gar nicht erst angetreten. Zu den Abtrünnigen, die sich entgegen ursprünglicher Pläne nicht (mehr) von EY prüfen lassen wollen, zählen die Fondsgesellschaft DWS, die Commerzbank, die Staatsbank KfW und die Deutsche Telekom. Bei öffentlichen Aufträgen wird EY noch länger einen schweren Stand haben, heißt es aus der Bundesregierung. Und im Finanzsektor sieht es sowieso schwierig aus.

Viele großen Banken sind Geschädigte im Wirecard-Skandal. Sie sind sauer auf die Prüfer und fürchten Interessenkonflikte, wenn sie sich von EY prüfen lassen und gleichzeitig rechtlich gegen diese vorgehen. Im Aufsichtsrat der Lufthansa und bei mehreren Staatskonzernen mussten sich EY-Manager zumindest kritischen Fragen stellen. Und bei manchen staatlichen Aufträgen müssen Prüfer bereits offenbaren, ob sie in der Vergangenheit für Wirecard tätig waren.

Klar ist: Sollte EY viele weitere Mandate verlieren, dürfen sich die Konkurrenten des Konzerns die Finger reiben. KPMG und Deloitte freuen sich bereits über neue Mandate.

## Auch KPMG im Zwielicht

Als lachender Dritter sieht sich derzeit vor allem KPMG, der Sonderprüfer. Dessen verantwortlicher Manager Alexander Geschonneck hatte Ende November vor dem Untersuchungsausschuss EY indirekt vorgeworfen, nicht tief genug geprüft zu haben. Sein Team habe keine ausreichenden und angemessenen Prüfungsnachweise vorgefunden – und das im Rahmen regulärer Prüfungshandlungen.

Geschonneck verneinte vor dem Ausschuss, beim Prüfen der Konten in Asien forensisch, also anders als ein Abschlussprüfer, vorgegangen zu sein. »Wir haben mit Methoden gearbeitet, mit denen jeder Abschlussprüfer sonst auch arbeitet.« Die Klatsche gegen EY saß – und floss bereits in mehrere Klagen gegen die langjährigen Abschlussprüfer ein.[21]

Freilich sollte sich auch KPMG nicht zu weit aus dem Fenster lehnen. Auch sie, die im Wirecard-Skandal den langjährigen Jahresprüfer EY auf die richtige Fährte brachten, stehen inzwischen im Zwielicht. So hat auch KPMG den Betrug mit den Treuhandkonten auf den Philippinen nicht durchschaut. »Die Frage, ob die Banken in Manila die Treuhandsummen in dieser Größenordnung abwickeln könnten, hatte ich bei der ersten Aufsichtsratssitzung, als das Thema hochkam, gestellt«, erinnert sich Chefkontrolleur Thomas Eichelmann. »Da hat KPMG kommentiert, dass die Banken durchaus in der Lage sind, solche Beträge abzuwickeln.«

Interne Dokumente zeigen zudem, dass auch KPMG bei Wirecard fragwürdig agierte. So war die Prüfgesellschaft deutlich stärker für den dubiosen Fonds auf Mauritius aktiv, der den Indien-Kauf abgewickelt hatte, als zugegeben.

Erneut geht es um das umstrittene Vehikel »Emerging Markets Investment Fund 1A« (»EMIF«). Der Fonds spielte eine entscheidende Rolle bei der wohl dubiosesten Transaktion der Wirecard-Geschichte, dem überteuerten Kauf der Firmengruppe um das Unternehmen Hermes i Tickets. Zur Erinnerung: Wirecard gab 2015 über 320 Millionen Euro aus. Das Merkwürdige: Die Firmen hatten bereits wenige Wochen zuvor den Besitzer gewechselt – für 35 Millionen Euro. Gekauft hatte das Geschäft »EMIF«.

Lange war öffentlich unbekannt, wer hinter dem Fonds steckte. Insider berichten heute, intern sei das immer klar gewesen. Hinter »EMIF« stand demnach Marsalek-Freund Henry O'Sullivan (siehe Kapitel 2.3). Fotos zeigen ihn im Jahr 2015 mit Marsalek in einer Rikscha und bei Verhandlungen im indischen Chennai, um den Kauf einzufädeln. Er dürfte mit dem flüchtigen Vorstand einen dreistelligen Millionenbetrag auf Kosten des Konzernvermögens abgezweigt haben, wie Vertraute vermuten.

KPMG kommt öffentlich ins Gerede, als im Oktober 2020 durch Recherchen des *Spiegel* bekannt wird, dass KPMG im Juli 2016 als Bilanzprüfer des Mauritius-Fonds tätig geworden war.[22] Zwar wurde die Prüfung laut KPMG aufgrund fehlender Kooperation durch »EMIF« nach einem halben Jahr abgebrochen. Dennoch warf das Engagement Fragen auf. Kritisiert wurde vor allem, dass KPMG die Tätigkeit für »EMIF« im Zuge seiner Sonderprüfung der Wirecard-Bilanzen nicht erwähnt hatte: Der Anhang zum Prüfbericht verschwieg das eigene Engagement.

Interne Dokumente, die dem *Handelsblatt* vorliegen, zeigten dann, dass KPMG deutlich näher an »EMIF« dran war als bekannt. So hat die Gesellschaft den Mauritius-Fonds nicht nur zumindest zeitweise geprüft, sondern auch beraten: Ein auf Februar 2016 datierter KPMG-Foliensatz behandelt die Aufstellung eines »Employee Incentive Plan (EIP)«, eines neuen Vergütungssystems, für »EMIF«.[23]

»Emerging Markets Investment Fund 1A (›Emerging Markts‹ oder ›der Kunde‹ oder ›der Fonds‹) hat den Kauf von Hermes i Tickets Private Limited (›Hermes‹) abgeschlossen, einem indischen Anbieter von Zahlungs- und Reiselösungen für Endverbraucher«, heißt es in dem englischsprachigen Dokument. »EMIF« baue derzeit eine neue Gesellschaft auf, bestehend aus dem Reisegeschäft von Hermes und der aufgekauften Firma Orbit. Diese neue Gesellschaft sei dabei,»einen aktienbasierten Vergütungsplan für ihre Angestellten zu implementieren«. Die Berater von KPMG schlagen in der Folge mehrere Modelle für die »EMIF«-Gesellschaft vor und referieren deren Vor- und Nachteile, unter anderem in steuerlicher Hinsicht. Mit dabei: ein »Employee Stock Option Plan«, ein »Employee Share Purchase Plan« und ein »Phantom Equity Plan«. Das Ziel des Vorhabens: »neue Talente zu gewinnen und zu halten«.

Erstellt worden ist das Dokument vom indischen Ableger von KPMG, eine Steuerexpertin wird als KPMG-Partnerin besonders hervorgehoben. Jedoch: In ihrem öffentlichen Bericht und dessen vertraulichem Anhang zur Wirecard-Sonderprüfung waren dem KPMG-Experten die eigene Beratungstätigkeit für »EMIF« keine Erwähnung wert.

Heikel ist auch der Fundort des Dokuments: Der Foliensatz zum »Employee Incentive Plan« fand sich im ehemaligen Privatbüro von Jan Marsalek in der Prinzregentenstraße in München. Die Gründerzeitvilla liegt direkt gegenüber dem russischen Konsulat und steht derzeit leer. Von hier aus hatte Marsalek sein Firmen-Parallelreich aufgebaut, das offenbar auch dazu diente, im großen Stil Gelder aus dem Wirecard-Konzern abzuzweigen. Die Villa war kurz nach dem Abtauchen Marsaleks von der Staatsanwaltschaft durchsucht worden. Da KPMGs Indien-Engagement damals noch nicht im Fokus stand, ist es denkbar, dass die Ermittler die fraglichen Unterlagen übersehen haben. Später wurde in der Prinzregentenstraße dann auch noch eingebrochen, die Täter sind bis heute nicht gefasst.

Der Fundort wirft heikle Fragen auf: Wie viel Einblick hatte KPMG wirklich in die Hintergründe des Mauritius-Fonds, wenn die eigenen Folien in Marsaleks Villa lagen? Marsalek hatte per eidesstattlicher Versicherung gegenüber dem Aufsichtsrat und KPMG angegeben, dass er nicht zu den wirtschaftlich Berechtigten des Fonds zähle und diese nicht kenne. Im Anhang zum Sonderprüfbericht notierte KPMG, dass sich keine Verbindung zwischen ihm und »EMIF« habe feststellen lassen. Außerdem erklärten die Prüfer: »Aus den

KPMG zur Verfügung gestellten Unterlagen sowie den durch KPMG durchgeführten Hintergrundrecherchen in öffentlich zugänglichen Medien ergaben sich keine Informationen, wer der letztendlich wirtschaftlich Berechtigte von EMIF 1A bzw. EMIF ist.«

Auf die Anfrage, ob KPMG im Zuge seiner Beratungstätigkeit 2016 mehr über die Führung oder die wirtschaftlich Berechtigten von »EMIF« herausgefunden habe, wollte die Prüfgesellschaft nicht antworten. Auch die Tatsache, dass KPMG-Unterlagen im früheren Büro Marsaleks lagen, wollte KPMG nicht kommentieren. Schweigsam gaben sich die Prüfer auch auf die Frage, ob es weitere Beratungstätigkeiten für den Mauritius-Fonds gab.

Derzeit könne man keine weiteren Hintergrundinformationen zu vertraulichen Kundenengagements geben, heißt es bei KPMG. »KPMG verfügt über gründliche Prozesse, um Interessenkonflikte zu vermeiden und höchste Qualitätsstandards sicherzustellen«, erklärte ein Sprecher.

Pikant: Der Vorschlag eines »Employee Incentive Plan« ist nicht das einzige Dokument, das sich im früheren Büro Marsaleks fand. Ein anderer KPMG-Foliensatz ist mit »Project Voyage« betitelt. Aus diesem geht hervor, dass KPMG weitere Beratungsleistungen für die indischen Unternehmen Hermes und Orbit aus dem »EMIF«-Universum erbracht hat. In einem mit »Weekly Status Review« betitelten Dokument vom 29. Januar 2016 geht KPMG auf die »aktuelle Organisationsstruktur«, den »Übergang der Reisedienstleistungen von Hermes auf die Neue Gesellschaft« und »Wachstumsstrategien« ein. »Neue Gesellschaft« bezieht sich einem Marsalek-Vertrauten zufolge auf Goomo, einen weiteren Wirecard-Partner, der als Endverbraucher-Tochter von Orbit geplant war. Orbit sollte sich auf den Bereich Geschäftsreisen konzentrieren, Goomo auf Reisen für Privatleute.

KPMG hat nicht alle Details seines Indien-Engagements verschwiegen. Zumindest einen Fakt hatte der vertrauliche Anhang des Sonderprüfberichts offenbart: Für den Verkäufer eines Teils der indischen Unternehmensgruppe hatte die Prüfgesellschaft eine sogenannte Vendor-Due-Diligence-Prüfung durchgeführt, also mögliche Fallstricke beim Verkauf an »EMIF« untersucht.

Der für das Projekt zuständige KPMG-Mitarbeiter hieß G. Er wechselte laut Recherchen der *Financial Times* einige Monate später auf eine Managementposition bei Goomo, der von »EMIF« kontrollierten neuen Gesellschaft. Diese hatte nachweislich beste Drähte nach Aschheim: Goomo erhielt 2017 eine Finanzierung über 50 Millionen Dollar von »EMIF« – und ein Darlehen über elf Millionen Euro von der Wirecard Bank, das bis zuletzt nicht zurückgezahlt worden sein soll.

Wie zentral G. für die vielseitigen Engagements von KPMG war – erst für die Due Diligence der Verkäufer-, dann für die Beratung der Käuferseite der indischen Firmen –, belegt der Foliensatz für das bisher unbekannte »Project Voyage« aus der Prinzregenstraße. Er nennt einen KPMG-Partner als Verantwortlichen: Es war erneut G. Auf Anfragen reagierte dieser nicht. Ein Marsalek-Vertrauter hatte noch bis Oktober 2020 mit ihm Kontakt, dann tauchte G. ab.

## Fatale Marktmacht der »Big Four«

Die abschließende Beurteilung der Rolle der Prüfer steht noch aus. Aber eins zeigen die vielfältigen Engagements klar: Neben Abschluss- und Sonderprüfung haben die Experten noch auf andere Weise von Wirecard-Aufträgen profitiert, etwa in der Beratung. Und klar ist heute auch: Nicht nur KPMG und EY haben in Aschheim über viele Jahre hinweg die Hand aufgehalten.

Weltweit haben vier Prüfgesellschaften den Markt der großen Mandate unter sich aufgeteilt: EY, KPMG, PwC und Deloitte. Sie werden auch die »Big Four« genannt. Früher sprach man von den »Big Five«, doch die Nummer fünf, Arthur Andersen, ging im Zuge des Enron-Betrugsskandals unter. Andersen testierte dem texanischen Energiekonzern noch 2001 beste Bilanzen. Ein halbes Jahr später war Enron pleite, kurz darauf Andersen.

Kritiker sehen in der Marktmacht der vier großen Prüfgesellschaften ein Grundübel. Die Gesellschaften wechseln sich bei wichtigen Mandaten ab und verdienen inzwischen mehr an der Beratung von

Unternehmen als an der Prüfung: Erstere macht heute zwei Drittel der Einnahmen oder mehr aus. Immer öfter schielen die Partner der »Big Four« daher vor allem auf den nächsten Beratungsauftrag, was die Unabhängigkeit ihrer Prüfer untergräbt. Verstärkt wird der Trend dadurch, dass die Beratung deutlich besser bezahlt wird als das Geschäft mit Bilanztestaten.

In Deutschland fordert unter anderem der mittelständisch orientierte Branchenverband Wp.net eine strikte Trennung von Beratung und Prüfung und sieht im gemischten Geschäftsmodell der »Big Four« die Wurzel für Skandale wie bei Wirecard. Doch schon in der Vergangenheit ist die Politik an der Marktmacht der »Big Four« gescheitert.

2011 trat der damalige EU-Binnenmarktkommissar Michel Barnier an, die Prüfungswelt grundlegend zu reformieren. Sein »Grünbuch« zur Wirtschaftsprüfung machte schnell als »Giftwerk« die Runde: Alle sechs Jahre sollten Konzerne künftig ihren Prüfer wechseln, Beratung und Prüfung streng getrennt werden. In verpflichtenden Joint Audits sollten stets zwei Gesellschaften nach dem Vieraugenprinzip den Abschluss testieren. Sogar das Verbot der Steuerberatung unter dem Dach einer Prüfungsgesellschaft sah das Papier anfangs vor.

Doch die Prüf-Lobby obsiegte. Nach drei Jahren Debatte blieb von Barniers Plänen kaum etwas übrig. Die »Big Four« überschwemmten das EU-Parlament mit ihren Interessenvertretern, die Mitgliedstaaten übten extremen Druck auf die EU-Kommission aus. Am Ende gab es eine Richtlinie aus Brüssel, die den Mitgliedstaaten reichlich Spielraum bei der nationalen Umsetzung ließ. In Berlin pochte in der damaligen Großen Koalition vor allem das SPD-geführte Justizministerium auf laxere Regeln. Der Justizminister hieß Heiko Maas. Seine Beamten versuchten, für alle börsennotierten Unternehmen die maximal möglichen Ausnahmeregeln durchzusetzen – zum Beispiel eine Prüferrotation lediglich alle 20 bis 24 Jahre.[24]

Erst das Bundesfinanzministerium unter dem damaligen Finanzminister Wolfgang Schäuble (CDU) setzte die Rotationspflicht nach zehn Jahren für Banken und Versicherungen durch. Für die übrigen Unternehmen gibt es Verlängerungsmöglichkeiten auf 20 bis 24

Jahre. Die Lobby verbuchte ihre Arbeit dennoch als Erfolg, die Party der Prüfer ging weiter.

Für die einzelnen Prüfer, vor allem die Partner der Gesellschaften, ist das Geschäft mehr als einträglich: Wirtschaftsprüfer zählen als vermeintliche Top-Experten auch zu den Topverdienern in Deutschland. Die Gehälter sind Verhandlungssache. Ein erfolgreicher Partner bei einer der großen Prüfungsgesellschaften kann laut der Unternehmensbewertungs-Seite Glassdoor um die eine Million Euro im Jahr verdienen. Neue Partner verdienen im Schnitt mindestens 250 000 Euro.

Die »Big Four« prüfen und beraten dabei inzwischen nahezu alle großen Konzerne der westlichen Welt. Zusammen machten die vier größten Prüfungsgesellschaften zuletzt einen Jahresumsatz von rund 155 Milliarden Dollar. Allein in Deutschland hat zum Beispiel EY 2017 von seinem wohl lukrativsten Mandanten, dem Industriekonzern Siemens, 57 Millionen Euro für die Prüfung seiner Bilanz erhalten.[25]

Lukrativ sind auch die Aufträge von ehemals öffentlichen, inzwischen formal privatisierten Unternehmen wie der Deutschen Bahn. Allein in den vergangenen fünf Jahren hat der deutsche Staat an die vier großen Wirtschaftsprüfungsgesellschaften Aufträge in Höhe von 400 Millionen Euro vergeben. Spitzenreiter ist KPMG, gefolgt von PwC und Deloitte. Dann kommt EY.[26] Die EY-Experten waren auch als Berater aktiv, allein 2020 für fünf Bundesministerien, und verdienten dabei knapp 30 Millionen Euro aus der Steuerkasse. Einige der Aufträge laufen bis heute.

EY galt bis zum Wirecard-Skandal als besonders erfolgreicher Aufsteiger unter den »Big Four«. Die deutsche EY-Sparte setzte sich zu großen Teilen aus dem Deutschlandgeschäft der im Zuge des Enron-Skandals untergegangenen Prüfgesellschaft Arthur Andersen zusammen. Es war der frühere Andersen-Partner und heutige Aufsichtsratsvorsitzende Georg Graf Waldersee, der als Chef ab 2011 aus EY die am aggressivsten expandierende deutsche Prüfgesellschaft machte.

Sein Nachfolger Hubert Barth stand dem in nichts nach. Der EY-Chef posiert im Internet gerne mit Skateboard am »Sunday Funday«, wie er den Sonntag nennt, postet bei Instagram Bilder von der »Biketour zum See: Stand Up Paddle mit am Start« und berichtet im Interview von seiner Strategie, als »Testimonial« zu agieren: »Selbst wenn es manchmal stressig ist neben all meinen Aufgaben auch noch daran zu denken, eine Insta-Story zu posten«.[27]

Unter seiner Ägide ging es stetig nach oben. EY knackte 2019 die Umsatzmarke von zwei Milliarden Euro und gewann wichtige Mandanten: Deutsche Bank, Commerzbank, Lufthansa, Munich Re, Volkswagen. Bei heiklen Kunden wie Wirecard war Barth in wichtige Entscheidungen involviert – und zog trotz der Warnsignale keine Konsequenzen. Im Februar 2021 kostete ihn der Skandal dennoch den Job, zumindest so halb: Barth kündigte an, als EY-Deutschland-Chef zurückzutreten. Sorgen muss man sich nicht um ihn machen: Barth wird wegbefördert und soll ab dem Sommer die neue Einheit Europa-West bei EY führen, auch, um ein Schuldeingeständnis zu vermeiden.

Im EY-Netzwerk herrscht große Unruhe. Zwar müssen die Klägeranwälte ein »dickes Brett« bohren, um den Prüfern im Fall Wirecard ein juristisch relevantes Fehlverhalten nachzuweisen. Doch in der internationalen EY-Organisation wird bereits diskutiert, wie man damit umgehen soll, sollte der deutsche Ableger zu milliardenschwerem Schadensersatz verdonnert werden, den dieser nicht leisten kann. Im Gespräch ist eine internationale Umlage, um einen Zusammenbruch der wichtigen Deutschland-Einheit im Fall des Falles zu verhindern.

Besonders KPMG dürfte von einer existenzbedrohenden Krise EYs auf dem deutschen Markt profitieren, gelten die Prüfer mit den vier Buchstaben doch als im Finanzbereich besonders stark aufgestellt. Mit der Sonderprüfung, die schließlich auch EY auf die richtige Fährte führte, hat KPMG zudem im Fall Wirecard den richtigen Riecher bewiesen. Wie problematisch die enge Verflechtung der »Big Four« mit ihren Auftraggebern ist, zeigt sich allerdings auch im Fall KPMG. Die problematischen Dienstleistungen im Umfeld des Indien-Deals zeigen: Auch KPMG ist keineswegs über alle Zweifel erhaben.

Aus Sicht der vielen hoch bezahlten Prüfer steht nun zu befürchten, dass im Zuge der Aufklärung des Skandals noch weitere Details zu problematischen Engagements der »Big Four« bei Wirecard ans Licht kommen.

So hat beispielsweise PwC jahrelang die Wirecard Bank geprüft, ohne Alarm zu schlagen. Deloitte wiederum hat das Kreditbuch des Konzerns unter die Lupe genommen und befand es für grundsätzlich ordnungsgemäß und sogar werthaltiger als EY. Kommentieren will man das eigene Engagement nicht mehr: »Aufgrund unserer beruflichen Verschwiegenheitspflichten dürfen und können wir keine Aussagen über etwaige (laufende oder abgeschlossene) Auftragsverhältnisse machen«, so eine Sprecherin.

Deutliche Worte zum Fall Wirecard fand das Institut der Wirtschaftsprüfer IDW, eigentlich eine Lobbyorganisation der Branche. Es kümmert sich um Aus- und Weiterbildung und definiert die Kriterien, nach denen Wirtschaftsprüfer arbeiten. IDW-Vorstandschef Klaus-Peter Naumann sagt, die Aufdeckung von Bilanzbetrug gehöre selbstverständlich zu den Aufgaben der Abschlussprüfung. Und er mahnt: »Ob der Abschlussprüfer im vorliegenden Fall alle seine beruflichen Pflichten erfüllt hat, wird man jetzt untersuchen müssen.«

Naumann sieht die Gefahr, dass Fälle wie der von Wirecard das Renommee und das Vertrauen in die Abschlussprüfung in Deutschland beschädigen könnten: »Ein Fall wie Wirecard löst berechtigterweise die Frage aus, ob die Abschlussprüfung pflichtgemäß durchgeführt wurde. Das ist eine Frage, die uns hier im IDW auch sehr interessiert. Solange diese Frage nicht geklärt ist, belastet sie potenziell das Renommee unseres Berufsstandes.« Nun sei die Apas, gegebenenfalls auch die Staatsanwaltschaft am Zug, um den Fall »vorbehaltlos unabhängig« aufzuklären.

Naumann stellt klar: »Wir leben in einem Rechtsstaat. Ich wehre mich gegen Vorverurteilungen des Abschlussprüfers im konkreten Fall. Es gilt die Unschuldsvermutung. Sollte man allerdings bei der weiteren Untersuchung feststellen, dass der Abschlussprüfer oder einzelne handelnde Personen ihre Pflichten tatsächlich verletzt haben, ich spreche hier bewusst im Konjunktiv, dann ist dieses angemessen zu sanktionieren.«

So lange will Finanzminister Scholz nicht warten. Er ist Ende 2020 vorgeprescht und plant eine Reform der Prüferaufsicht – mit strengeren Regeln zur Beratung und zum Durchwechseln von Mandaten. Ob sie ausreicht oder nur eine Argumentationshilfe im Bundestagswahlkampf darstellt, ist unter Experten umstritten.

Für den Jahresprüfer EY geht es längst um alles, um die eigene Existenz. Aber auch die anderen großen Prüfgesellschaften werden durch den Fall Wirecard in Mitleidenschaft gezogen. Eine Diagnose, die noch für eine weitere Gruppe an wohlinformierten Insidern zutrifft: die Banker.

## 4.3 Die Banker und Analysten – Ahnungslos im Finanzcasino

Es ist viertel nach elf an diesem Donnerstagabend, Ende November 2020, der Wirecard-Untersuchungsausschuss tagt seit über 13 Stunden, da erwartet die Abgeordneten im Sitzungssaal 2 600 des Paul-Löbe-Hauses des Deutschen Bundestages eine Überraschung.

In der Justizvollzuganstalt Stadelheim sitzt Oliver B. vor der Kamera. Der Kronzeuge der Staatsanwaltschaft München ist per Videokonferenz zugeschaltet. Der einstige Dubai-Statthalter des Konzerns, bekannt für sein Faible für schnelle Autos und Luxusapartments, wirkt angefasst. Als einziger Zeuge trägt er keinen Anzug, sondern einen schwarzen Pullover. B. – blass, schütteres Haar, deutlich dünner als auf früheren Fotos – sitzt in der zitronengelb gestrichenen Tristesse eines kleinen JVA-Besprechungsraums. An seiner Seite Strafverteidiger Nicolas Frühsorger.

B. beginnt mit der üblichen Selbstvorstellung. Geboren am 27. September 1973 im fränkischen Hof an der Saale, »derzeit wohnhaft in der JVA Stadelheim in München«, sagt er. Sitzungsleiter Hans Michelbach (CSU) belehrt ihn über die Möglichkeit einführender Worte, die B. annimmt.

»Ich bedanke mich erst mal für die Möglichkeit des Eingangsstatements und möchte die Gelegenheit nutzen, mich bei Ihnen als Vertretern der Öffentlichkeit als auch bei den Geschädigten zu entschuldigen. Die heute hier zur Aufklärung anstehende Angelegenheit ist ein Riesen-Desaster, das sich durch nichts beschönigen lässt«, trägt B. vor.

Durch den Sitzungssaal geht ein leises Raunen. »Ich werde mich meiner individuellen Verantwortung stellen«, fährt B. fort, »bitte aber um Verständnis, dass ich heute nicht auf alle Ihre Fragen antworten kann und von meinem Zeugenverweigerungsrecht Gebrauch machen muss.« Der gesamte Vorgang bedürfe zunächst der vollständigen Aufarbeitung durch die Justiz, bevor er dazu Stellung nehmen werde. Gemeinsam mit der Staatsanwaltschaft arbeite er »mit Hochdruck an der Aufklärung der einzelnen Komplexe«.

B. hatte sich als verdächtiger Topmanager freiwillig gestellt. Er war nach der Pleite Anfang Juli aus Dubai nach München gereist. In einem umfassenden Geständnis sagte er aus, gemeinschaftlich mit Vorstandschef Braun und dem flüchtigen Asienvorstand Marsalek Wirecards Bilanzen gefälscht zu haben. Der Staatsanwaltschaft gilt er als Kronzeuge; Braun weist dies entschieden zurück.

Parlamentarier Matthias Hauer (CDU) reagiert im Sitzungssaal überrascht auf das öffentliche Schuldeingeständnis: »Wir haben Ihr Statement zur Kenntnis genommen und stellen fest, dass Sie sich bei den Geschädigten entschuldigt haben. Das ist mehr, als wir heute von anderer Stelle gehört haben.« Hauer mahnt, zur Verantwortung, der sich B. stellen wolle, gehöre auch die Zusammenarbeit mit dem Untersuchungsausschuss. B. bittet um Unterbrechung und Beratung mit seinem Anwalt. Kurz darauf sagt er zu, dass er 2021 zur Verfügung stehen werde. Die Sitzung wird geschlossen.

B. habe offenbar als einziger verstanden, was die Öffentlichkeit von ihm erwarte, kommentiert Linken-Finanzexperte Fabio De Masi im Anschluss. Das sichere ihm eine zweite Chance zu und stehe im Gegensatz zum Verhalten von Markus Braun. Der Ex-CEO hatte bei seiner Anhörung am selben Tag fast alle Fragen der Abgeordneten unbeantwortet gelassen. Natürlich mache B.s Entschuldigung keinesfalls ungeschehen, was passiert sei. »Wir erwarten eine umfassende Aussage«, so De Masi.

Fakt ist: Im Fall Wirecard, immerhin der größten Börsenpleite der Nachkriegszeit, hat sich außer B. niemand entschuldigt – weder der geschasste Präsident der Finanzaufsicht Bafin, Felix Hufeld, noch der langjährige Bilanzprüfer EY, und schon gar nicht einer der Konzernverantwortlichen.

Im komplizierten Firmengeflecht von Wirecard nahm B. eine Schlüsselposition ein als Leiter der Tochtergesellschaft Card Systems Middle East. Diese war neben der Gesellschaft Wirecard UK & Ireland die geschäftlich wichtigste Tochter des Konzerns, Begünstigte von knapp 1,1 Milliarden Euro der fiktiven Treuhandgelder und Partnerin des dubiosen Drittpartners Al Alam. 2018 steuerte die Card Systems fast ein Drittel zum Wirecard-Umsatz bei. Der Anteil am Gewinn war noch größer: 237 Millionen Euro kamen aus Dubai, rund 60 Prozent des gesamten Jahresgewinns.

Für die Ermittler ist B. damit einer der wesentlichen Beschuldigten. Die Staatsanwaltschaft verdächtigt ihn, dass er mit einem Kreis von Topmanagern im Jahr 2015 übereingekommen ist, die Bilanzsumme und das Umsatzvolumen von Wirecard aufzublähen. Trotz seiner immensen Bedeutung für den Konzern machte sich B. lange rar: Insider beschreiben ihn als »rechte Hand« Marsaleks, der in den vergangenen Jahren nur noch selten in Aschheim gewesen sei. Auf der Website des Unternehmens tauchte sein Name zuletzt im Februar 2012 auf. In Dubai sah man ihn in einem weißen Mercedes-Benz SLS AMG, Neupreis 180 000 Euro. B. residierte in einem Apartment im höchsten Gebäude der Welt, dem 828 Meter hohen Burj Khalifa.

2020 ist er am Tiefpunkt angekommen. Am 7. Juni stellte sich B. der Staatsanwaltschaft, direkt im Anschluss ging es in Untersuchungshaft – auch, um einer Flucht oder der Vernichtung von Beweismitteln vorzubeugen. »Mein Mandant hat sich freiwillig dem Verfahren gestellt und steht – im Gegensatz zu anderen – zu seiner individuellen Verantwortung«, sagt sein Verteidiger. Zu den Einzelheiten werde er sich gegenüber der Staatsanwaltschaft äußern.

Eng zusammengearbeitet haben soll B. mit einem zweiten inhaftierten Verdächtigen, dem Leiter des Wirecard-Rechnungswesens Stephan E. Der 45-jährige Head of Accounting war schon im Februar

2019 Adressat massiver Vorwürfe. Laut Medienberichten hatte er Kenntnis vom mutmaßlichen Betrug in Singapur und galt als wichtiger Ansprechpartner der dortigen Führung für das Zahlenwerk. Demnach habe sich Wirecard mithilfe von Kontomanipulationen und Dokumentenfälschungen in Asien Lizenzen erschlichen, auch E. hätte Bescheid gewusst.

Wie die anderen Beschuldigten arbeitete der Leiter des Rechnungswesens viele Jahre für Wirecard. 2007 findet sich seine erste Prokura-Eintragung in den Registern, erst seit dem Sommer 2020 besteht diese nicht mehr. Nach seiner Festnahme schwieg E. zunächst. Die Vorwürfe lauten auf gewerbsmäßigen Bandenbetrug, Untreue und Marktmanipulation. Vor dem Untersuchungsausschuss verweigerte er zunächst ebenfalls die Aussage, im März 2021 gab er dann doch einige Einblicke.

Zu den Ermittlungen gegen ihn wollte sich E. nicht äußern. »Ich hatte keine Kenntnisse von betrügerischen Machenschaften bei Wirecard«, sagte er nur. E. kommt aus einer ehrwürdigen Familie und ist ein Cousin der AfD-Politikerin Beatrix von Storch, wie er bestätigte. Besonders vornehm, so berichten es Mitarbeiter, verhielt er sich aber nicht. Selbstverliebt und überheblich sei E. gewesen. Er habe Mitarbeiter ruppig zurechtgewiesen und seine cholerischen Anfälle sogar in andere Abteilungen getragen. Dabei seien mitunter sogar Gegenstände durchs Büro geflogen.

Im Bundestag spielte er seine Rolle herunter: »Ich hatte den Titel des stellvertretenden CFO, ich war aber kein stellvertretender CFO, so wie man sich das vorstellt.« Und: Jeder Beteiligte müsse für sich reflektieren, »was hat man wann wo falsch gemacht? Wo war man zu gutgläubig?« Gutgläubigkeit wäre nicht strafbar. Doch aufschlussreiche Dokumente aus dem E-Mail-Konto des Ex-Chefbuchhalters sprechen eine andere Sprache. Sie führen direkt ins Herz des Wirecard-Skandals: zum angeblichen Treuhandvermögen des Konzerns.

Als dieses angeblich noch bei Citadelle in Singapur lag, wies E. den dortigen Treuhänder offenbar mehrfach an, zweistellige Millionenbeträge aus dem Vermögen an andere Firmen des Wirecard-Konzerns und Drittpartner zu übertragen. So findet sich in E.s alten E-Mails ein Dokument mit dem Titel »Citadelle Anweisungen«. Demnach erhielt der Drittpartner Al Alam in Dubai von September bis Oktober 2018 rund 150 Millionen Euro. Als Referenz für die Transfers ist unter anderem »MCA Cashout« angegeben.

Gemeint sind damit Vorfinanzierungen für Händler, die Zahlungsausfälle von Kunden absichern sollte. E. erklärte dazu vor dem Untersuchungsausschuss, dies sei ein Thema aus dem Ermittlungsverfahren, »daher will ich nicht im Detail darauf eingehen«. Dann sagte er doch etwas: »Das waren damals Gelder, die, so die Information, für die Vorfinanzierung von Händlervolumen benötigt wurden.« Heute besteht der Verdacht, dass gerade auf diesem Weg hunderte Millionen aus dem Konzern abgeflossen sein könnten. Als die *FT* im Oktober 2019 über die zweifelhaften Geschäfte von Al Alam berichtete, bat General Manager »Mr. Yasmineh« um ein persönliches Gespräch mit Marsalek. Sie müssten »notwendige Schritte diskutieren, um weiteren Schaden von den beiden Firmen abzuwenden«. Eine Kopie der Mail ging an E.

Die *FT* hatte E. zuvor als möglichen Mitwisser dubioser Geschäfte benannt. Bald darauf kontaktierte Wirecards Chefbuchhalter einen Münchner Notar. Er erkundigte sich nach einer so genannten »Güterstandsschaukel«. Das ist ein Finanzinstrument, mit dem Ehegatten sich Vermögen übertragen können. Er halte dies in seiner Situation »für sinnvoll«, schrieb E. – aus steuerlichen und haftungstechnischen Gründen. In einer gleichlautenden Mail an einen Steuerberater hob E. die haftungstechnischen Gründe fettgedruckt hervor.

Zur selben Zeit, als E. nach Wegen suchte, sein Vermögen an seine Ehefrau zu übertragen, begann bei Wirecard die KPMG-Sonderprüfung. Am 14. Juni 2020 – wenige Tage vor Wirecards Ende – schickten die Prüfer von EY einen Fragenkatalog an Asienvorstand Marsalek. Wenige Minuten später landete eine Mail in E.s Postfach. Marsalek schrieb: »Ich werde da bei einigen Punkten inhaltlich Deinen Input brauchen.«

B. und E. gelten als Schlüssel zum Verständnis des Wirecard-Skandals – und als wichtige Insider in der zweiten Reihe, die den Milliardenbilanzbetrug mutmaßlich erst ermöglichten. E. zum Reden zu bringen, ist eine zentrale Aufgabe für die Staatsanwaltschaft. Er war mit dafür zuständig, Wirecard neue Geldquellen zu erschließen, darunter 1,6 Milliarden Euro an Bankkrediten. Und er könnte den Gläubigern erklären, wie es Wirecard gelang, über viele Jahre hinweg den deutschen Finanzplatz zu täuschen und Milliarden an frischem Geld hereinzuholen – Geld, ohne das der Konzern schon sehr viel früher zusammengebrochen wäre.

Auf Antworten warten dabei nicht nur viele Tausend geschädigte Anleger. Auch die Mitglieder eines Konsortiums von Großbanken, das seine Finanzspritzen an den kollabierten Konzern abschreiben musste, fordern Aufklärung. Manche Top-Banker dürften bei den neuen Enthüllungen allerdings schlecht wegkommen.

### Geprelltes Kreditkonsortium

Die Insolvenz traf die Kreditgeber Wirecards hart. Der Zahlungsdienstleister hatte bei 15 Banken einen Schuldenberg aufgetürmt. Nach der Pleite waren die Kredite fast nichts mehr wert: Viele Banken schlidderten aufgrund schmerzhafter Abschreibungen in die roten Zahlen. Und manche der Kosten werden auch auf die Kunden umgewälzt, etwa durch höhere Kontoführungsgebühren.

Es war das »Who is Who« des deutschen Finanzplatzes: Ein 15 Institute umfassendes Konsortium hatte Wirecard Kreditlinien über 1,75 Milliarden Euro gewährt. Von diesen wurden bis zum Untergang 1,6 Milliarden Euro gezogen. Im Konsortium gehörten die Commerzbank, die LBBW sowie die niederländischen Großbanken ABN Amro und ING zu den größten Kreditgebern. Diese vier Institute hatten Wirecard jeweils eine rund 200 Millionen Euro schwere Kreditlinie gewährt, die der Konzern zu etwa 90 Prozent in Anspruch genommen hatte. Gerade in den letzten Monaten seines Bestehens schöpfte Wirecard die Kreditlinie aus, die Millionen sind unauffindbar.[28]

Die meisten Banken haben die Kredite um etwa 90 Prozent abgeschrieben. Einige halten sie weiter auf den Büchern und müssen nun

**Bei wem sich Wirecard Geld geliehen hatte**
Volumen in Mio. Euro

| Konsortialbanken | 1 600 Mio. € |
|---|---|
| Wandelanleihe | 900 Mio. € |
| Unternehmensanleihe | 500 Mio. € |
| KfW | 100 Mio. € |
| Diverse Kreditgeber | 87 Mio. € |
| Leasing-Schulden | 25,8 Mio. € |
| Lieferanten und Dienstleister | 7,8 Mio. € |
| Mietschulden | 0,7 Mio. € |

Gesamt:
**3,2**
Mrd. Euro

(Quelle: Insolvenzbericht Wirecard)

warten, wie viel Geld sie am Ende aus der Insolvenzmasse zurück-
bekommen. Andere Institute haben das langwierige Verfahren nicht
abgewartet und die Papiere am Sekundärmarkt weiterverkauft.
Dort wurden die Kredite Insidern zufolge mit großem Abschlag gehandelt: zwölf bis 15 Prozent der offenen Forderungen erhielten die
Banken noch ausbezahlt.

Sollte im Zuge der Aufarbeitung des Skandals doch noch Geld
nach Aschheim zurückfließen, etwa, weil die Staatsanwaltschaft
Millionenverstecke im Ausland aushebt, dürfen sich andere freuen:
Die nach eigenen Angaben größte Wirecard-Gläubigerin ist inzwischen die irische Gesellschaft Trinity Investments. Diese hat Forderungen von über 770 Millionen Euro aufgekauft, aus der Wandel-
und Publikumsanleihe Wirecards, aber eben auch aus den Krediten
des Bankenkonsortiums.

Rote Zahlen wegen Wirecard schrieb etwa die teilverstaatlichte
Commerzbank, die den größten Teil ihres 200-Millionen-Euro-Kre-
dits abschreiben musste. In ihrer Halbjahresbilanz 2020 sprach die
Commerzbank von »einem großen Einzelfall« mit einem Volumen
von 175 Millionen Euro, Wirecards Name war Tabu.

Die genossenschaftliche DZ Bank hat ihren Kredit zu einem Spottpreis weiterverkauft: Sie war im Bankenkonsortium mit einer Linie von 120 Millionen Euro vertreten und verbuchte Belastungen von knapp 100 Millionen Euro. Indirekt stehen somit alle 18,6 Millionen deutschen Volks- und Raiffeisenbankkunden für die Versäumnisse des genossenschaftlichen Spitzeninstituts gerade.

Unter anderem wegen ihres 200-Millionen-Euro-Kredits an Wirecard sank der Vorsteuergewinn der Landesbank Baden-Württemberg (LBBW) im ersten Halbjahr um knapp 69 Prozent auf 103 Millionen Euro. Ein schlechtes Zeichen für die Sparkassenkunden im Südwesten, denen die LBBW mehrheitlich gehört.

Die Schockwellen der Wirecard-Pleite reichten bis nach Amsterdam: Der Gewinn der Großbank ING brach im zweiten Quartal 2020 um 79 Prozent auf 299 Millionen Euro ein, wegen der Coronakrise, aber auch wegen Wirecard. Die niederländische Konkurrenz von der ABN Amro rutschte im selben Quartal wegen Wirecard ebenfalls in die roten Zahlen und schrieb einen Verlust von fünf Millionen Euro.

Selbst in Paris wurde das deutsche Desaster bissig kommentiert. »Nicht nur wir, auch viele weitere Partner sind betrogen worden«, schimpfte Vorstandschef Philippe Brassac von der französischen Großbank Crédit Agricole. Sie musste einen Kredit über 120 Millionen Euro abschreiben. »Solche großen Betrugsfälle hat es auch schon früher gegeben, aber wir haben nicht damit gerechnet, dass bei Wirecard Bilanzen offenbar in großem Stil gefälscht wurden«, so Brassac.[29]

Einige wenige Banken sind besser dran. Die Deutsche Bank etwa, die die Party fünf Minuten vor zwölf verlassen hat. Sie galt lange als bevorzugter Bankpartner von Wirecard, half bei der Anleihenausgabe. Ihr Aufsichtsrat Alexander Schütz, Gründer des Investors C-Quadrat, stärkte seinem Freund Markus Braun noch im Februar 2019 den Rücken. »Hab ja in der FT gelesen dass du ganz ein Schlimmer bist ;-) Habe übrigens 3x Wirecard-Aktien gekauft letzte Woche, macht diese Zeitung fertig!! :-)«, mailte Schütz.

Doch dann ging die Bank sukzessive auf Abstand. Im Rahmen des Bankenkonsortiums lieh sie dem Konzern 80 Millionen Euro. Davon verlor sie jedoch nur rund 18 Millionen Euro. Der Verlust fiel aufgrund umfangreicher Absicherungsgeschäfte deutlich geringer aus als bei der Konkurrenz: Die Bank hatte ihr Kreditengagement durch komplexe Finanzvehikel, sogenannte Collateralized Loan Obligations, abgeschirmt. Auch ihren Kreditvertrag über 150 Millionen Euro mit Markus Braun persönlich kappt die Bank Ende 2019. Wusste die Deutsche Bank mehr als die anderen? Auch das wird noch aufzuklären sein (siehe Kapitel 6).

Besonders ungeschickt hingegen stellte sich erneut die Staatsbank KfW an. Eine Tochter hatte Wirecard eine Linie über rund 100 Millionen Euro gewährt – und diese 2019 spät und trotz zahlreicher Warnungen noch einmal verlängert. Absicherungsgeschäfte wie bei der Deutschen Bank hielt die KfW nicht für nötig.

Das erinnert an Vorgänge während der Finanzkrise 2008: Am Montag, dem 15. September, die Lehman Brothers hatte bereits Insolvenz angemeldet, überwies die KfW an die US-Investmentbank 320 Millionen Euro – ein vereinbartes Gegengeschäft fiel aufgrund des Bankrotts ersatzlos aus. Die *Bild*-Zeitung titelte damals »Deutschlands dümmste Bank«, im Finanzministerium herrschte Fassungslosigkeit. Dass Lehman am Wochenende pleitegegangen war, hatten die Staatsbanker einfach verschlafen. Zwei KfW-Vorstände wurden für ihren Dienst nach Vorschrift gefeuert, doch staatsanwaltschaftliche Ermittlungen verliefen im Sande.

Wegen der KfW-Kredite an Wirecard steht nun erneut die Kompetenz der Staatsbanker im Zweifel – und ihre Redlichkeit: Wegen Untreueverdachts sind sie in den Fokus der Ermittler geraten. Polizei und Staatsanwaltschaft durchsuchten Ende September 2020 Geschäftsräume der KfW-Tochter Ipex-Bank, die die Finanzierung für Wirecard vergeben hatte. Der Verdacht wiegt schwer: Dass die KfW noch im September 2019, als die schweren Vorwürfe gegen Wirecard längst im Raum standen, die 100-Millionen-Euro-Linie erneut bedingungslos und ohne Absicherungsgeschäfte verlängerte, könnte den Tatbestand der Untreue erfüllen. Die Ermittlungen dauern an.

Dass die Gläubigerbanken nach dem Insolvenzverfahren einen signifikanten Teil ihres Einsatzes zurückerhalten, ist angesichts der dramatischen Überschuldung des Konzerns unwahrscheinlich.

Und nicht nur die Kreditgeber, auch die Anleihegläubiger von Wirecard stehen vor dem Verlust ihres Investments. Wirecard hatte einen Bond über 500 Millionen Euro ausgegeben sowie eine Wandelanleihe über 900 Millionen Euro. Die große Ratingagentur Moody's hatte Wirecard zuvor als »durchschnittlich gute Anlage« klassifiziert.

Über die Wandelanleihe war 2019 auch der japanische Tech-Investor Softbank eingestiegen. Er stellte sich schlau an und behielt nur die Option, eines Tages Wirecard-Aktien zu erhalten. Der Bond-Teil, der bei der Pleite ausfallen sollte, wurde gewinnbringend weiterverkauft – mit tatkräftiger Hilfe der Credit Suisse.

Die Schweizer hatten sich dem Konzern fast schon aggressiv angedient, wie interne E-Mails zeigen. So heftig warb ein führender Investmentbanker noch im April 2020 um Beratungsmandate, dass die Chefsekretärin von Wirecard Markus Braun schrieb: »Der nervt auch mit Anrufen, wie ist Deine Meinung dazu, möchtest Du das überhaupt, ansonsten sagen wir lieber gleich freundlich ab.« Angesichts der nachfolgenden Pleite sind die Credit-Suisse-Banker heute froh, dass es nicht zu weiteren rufschädigenden Wirecard-Engagements kam. Sie hatten schlicht Glück, andere den richtigen Riecher.

### Manche Banken wussten mehr

Deutsche Bank, Softbank: Selbst Akteure, die eigentlich eng mit Wirecard zusammenarbeiteten, sahen offenbar die Warnsignale. Pikant ist, dass viele Institute sich schlauer anstellten als Commerzbank, KfW und Co. – und jedwedes Geschäft mit Wirecard ablehnten. Von einem allgemeinen Kontrollverlust kann daher auch im Fall der Banken nicht zu sprechen sein. Das Totalversagen ist individuell – und die Hintergründe schleunigst aufzuklären.

Zahlreiche deutsche Banken haben von vornherein die Finger von Wirecard gelassen. Ein Top-Banker der HSBC berichtet, Wirecard habe mehrmals versucht, Kunde seines Hauses zu werden. Aus

Reputationsgründen hätten sich die Düsseldorfer aber dagegen entschieden. Der Grund war simpel: »Wir hatten ein schlechtes Bauchgefühl. Wirecard lieferte auch auf mehrmalige Nachfrage nicht genug Daten, um sein Geschäft plausibel zu beschreiben. Da haben wir gesagt: Finger weg.«

Der Vorstandschef einer großen US-Bank in Deutschland erinnert sich an ein Sommerfest vor einigen Jahren: Der damalige Wirecard-Finanzvorstand Burkhard Ley, nach der Pleite zwischenzeitlich ebenfalls inhaftiert, wollte die Großbank als Geschäftspartner und Financier gewinnen. Doch der US-Banker war nicht überzeugt. Ley sei mit der Kompetenz eines Sparkassendirektors aufgetreten, nicht wie der Finanzvorstand eines Großkonzerns: »Ich habe gesagt, mir ist unklar, warum ihr so profitabel seid, eure Story ergibt keinen Sinn. Und das Gespräch dann beendet, als keine wirkliche Antwort kam.«

Bezeichnend bei der Wirecard-Geschichte ist auch, dass ausgerechnet jene Banken, die dem Konzern in Aschheim am nächsten waren, in keine tiefere Geschäftsbeziehung mit ihm einsteigen wollten. Die großen Institute aus München, darunter die BayernLB und die Hypo-Vereinsbank, ließen die Finger von Wirecard. Auch sie konnten den Bilanzbetrug nicht vorausahnen, aber sie registrierten genau bereits in frühen Jahren die dubiosen Geschäfte des Konzerns.

So bemühte sich Wirecard vergeblich um einen neuen Kredit bei der Münchner Landesbank. Die BayernLB hatte Wirecard 2016 zusammen mit anderen Häusern einen Kredit gewährt. Die Summe war zunächst vergleichsweise klein, betrug rund 45 Millionen, dann 60 Millionen Euro. Als der Kredit 2018 verdoppelt werden sollte, zog die BayernLB jedoch die Reißleine und stieg aus.

Dafür gab es mehrere Gründe. Zum einen hatte die Compliance-Abteilung der BayernLB Wirecard bei der Zoll-Spezialeinheit FIU gemeldet wegen Verdachts auf Geldwäsche. Zum anderen waren aus Sicht der Bank wichtige Fragen zum Geschäftsmodell und der komplexen Bilanzstruktur offengeblieben, wie Risikovorstand Marcus Kramer im Untersuchungsausschuss erklärte. Man habe ein zu hohes Risiko gesehen. Zwar sei die Bank an langfristigen Kundenbeziehungen interessiert, aber wenn man einen möglichen Kunden erst einmal bei der Aufsicht melden müsse, mache dies die Aufnahme einer Beziehung schwierig, so eine weitere Stimme aus der Bank. »Wir hatten Kreditanfragen von Wirecard, aber wir haben das Geschäft einfach nicht verstanden.«

Laut Insidern galt es am Finanzplatz München bereits seit geraumer Zeit als offenes Geheimnis, dass bei Wirecard etwas nicht stimmte. 2018 war demnach nicht das erste Jahr, dass bei Wirecard Geldwäschevorwürfe aufkamen, schon vorher hatte es immer wieder Verdachtsanzeigen gegeben. Im Dezember 2015 kam es zur Razzia durch die Staatsanwaltschaft München im Rahmen der Rechtshilfe für das US-Justizministerium (siehe Kapitel 3.3). Von der Öffentlichkeit blieb das damals unbemerkt, in Finanzkreisen wurde der Vorgang jedoch diskutiert.

Auch die Hypo-Vereinsbank winkte bei Wirecard ab. »Wir waren hier von Anfang an sehr skeptisch«, erinnert sich ein Ex-Manager. Nach der Kreditabsage habe es keine Anfragen mehr von Wirecard gegeben.

Doch Wirecard hatte viele Freunde am deutschen Finanzmarkt – und wurde woanders fündig. Als die Münchner Banken ablehnten, griff unter anderem die Landesbank Baden-Württemberg (LBBW) zu und gewährte Aschheim eine Kreditlinie über 200 Millionen Euro.

Schlagartig kritisch handelten die Banker im Wirecard-Kreditkonsortium erst, als das Kind bereits in den Brunnen gefallen war: Insolvenzverwalter Jaffé versuchte nach der Pleite noch, von mehreren Banken ein sogenanntes Massendarlehen zu erhalten, »um die Tätigkeiten und die Aufrechterhaltung der Strukturen vorzufinanzieren, bis ein Käufer für erste Unternehmensteile gefunden wird«, wie er erklärte. Commerzbank und ING verhandelten, winkten wegen fehlender Sicherheiten dann doch ab.

Die Deutsche Bank erklärte zunächst großmütig, Wirecard helfen zu können und eine Übernahme der Wirecard Bank zu prüfen. Schlussendlich warb Deutschlands größtes Geldhaus jedoch nur einige Topmanager ab. Das von Altlasten befreite europäische Kerngeschäft ging letztlich an die Spanier von Santander.

Wie unangenehm das Thema Wirecard der eigenen Branche ist, zeigte sich auch bei der Jahrespressekonferenz des Bundesverbands deutscher Banken (BdB) im November 2020: BdB-Präsident Hans-Walter Peters blickte in seinem Eingangsstatement weitschweifig auf das vergangene Jahr zurück, erwähnte den Fall Wirecard jedoch mit keinem Wort. Zu vielen Kollegen wäre er dabei auf die Füße getreten.

Und vielleicht gibt es noch einen weiteren Grund für das Schweigen der Bankenlobby: Nicht nur bei der Kreditvergabe haben viele deutsche Geldhäuser versagt, sondern noch bei einer weiteren Kernaufgabe: der Aktienanalyse.

## Der Liebling der Analysten

Die Analyse des Aktienmarkts gehört zu den vornehmsten Aufgaben der vermeintlichen Finanzprofis in den Bankentürmen. Analysten schätzen hier für ihre Häuser die Substanz und das Potenzial börsennotierter Unternehmen ein und vergeben eine Zielmarke für die erwartete Kursentwicklung.

Eigentlich sollten Analysten als kühle Rechner agieren, die Bilanzdaten und Risikofaktoren in ihrer Empfehlungsgleichung berücksichtigen und am Ende unbeeinflusst von äußeren Faktoren ihr Votum veröffentlichen. Viele Kleinanleger vertrauen auf die vermeintlichen Experten. Dass die Realität am Finanzmarkt allzu oft jedoch völlig anders aussieht – und es mit der vermeintlichen Unabhängigkeit der Auguren nicht weit her ist –, zeigt der Fall Wirecard.

Der Zahlungsdienstleister aus Aschheim war über viele Jahre hinweg das Lieblingspapier vieler Bankanalysten. »Unsere Aktie wird von 29 Analysten beobachtet, 23 empfehlen uns zum Kauf«, erklärte Konzernchef Braun Ende 2018 stolz. In diesem Fall hatte der Wirecard-Chef recht: Es hagelte Kaufempfehlungen über Kaufempfehlungen. Und bis kurz vor dem Untergang sollte sich an dieser breiten Akklamation nichts ändern.

## Optimistische Analysten
Empfehlungen und Kursziele für die Wirecard-Aktie (Mai 2019)

| Empfehlung | | Kursziel |
|---|---|---|
| Deutsche Bank | Kaufen | 200 Euro |
| Baader Helvea | Kaufen | 230 Euro |
| Commerzbank | Kaufen | 230 Euro |
| Exane BNP | Outperform | 265 Euro |
| Hauck & Aufhäuser | Kaufen | 240 Euro |
| HSBC | Kaufen | 195 Euro |
| Barclays | Overweight | 200 Euro |
| Macquarie | Neutral | 147,97 Euro |
| Guggenheim | Verkaufen | 110 Euro |

(Quelle: *FAZ*) [30]

So lagen beispielsweise im Mai 2019 die Kursziele vieler Analysten nach einer Übersicht der *Frankfurter Allgemeinen Zeitung* bei Traumwerten – und das, obwohl die zentrale Artikelserie der *Financial Times*, aber auch kritische Berichte in anderen Zeitungen, darunter dem *Handelsblatt* und der *WirtschaftsWoche*, bereits erschienen waren. Die Aktie notierte damals real bei rund 140 Euro.

Die Kaufempfehlungen kamen von den größten Adressen der Finanzwelt. So gab die US-Großbank JP Morgan noch 2020, drei Monate vor der Pleite, für die Wirecard-Aktie ein Kursziel von 150 Euro aus. Die Analysten der britischen Investmentbank HSBC trauten der Aktie gar 210 Euro zu. Hauck & Aufhäuser gab ein Kursziel von sensationellen 270 Euro aus. Und selbst als die Briten von Barclays die Wirecard-Aktie Anfang Mai 2020 herabstuften, der heikle KPMG-Sonderprüfbericht war längst erschienen, nannten sie immer noch einen Wert von 200 Euro.

Einige wenige Banken hatten in der Frühphase des Konzerns kritische Analystenberichte publiziert. Doch selbst diese schwenkten in der allgemeinen Wirecard-Euphorie der 2010er-Jahre auf Lobhudelei um. Die Credit Suisse empfahl die Wirecard-Aktie zunächst zum Verkauf. Doch dann traf sich Finanzvorstand Ley mit dem zuständigen Analysten, einmal im Mai 2016, noch mal im Dezember 2016, im edlen Londoner Sushi-Restaurant »Nobu«. Im Januar 2017 stufte Credit Suisse die Wirecard-Aktie von »Verkaufen« auf »Halten« hoch.

Besonders radikal ging die Hamburger Privatbank M.M.Warburg vor: Ein Analyst, der unangenehme Fragen zum Cash-Bestand stellte, wurde einfach ausgetauscht. Sein Nachfolger sollte Wirecard bis zum Untergang die Treue halten.

Kritiker erinnert das an den Fall Enron: Der spektakulär implodierte US-Energiekonzern hatte sich in den Jahren vor dem Auffliegen des Bilanzbetrugs 2001 durch strategische Beratungsmandate für alle großen US-Banken das Wohlwollen unter deren Analysten erkauft – allen angeblichen »chinesischen Mauern« innerhalb der Banken zum Trotz, die die Analyseabteilungen eigentlich von den Investmentbankern abschirmen sollen. Welche Banken bei Wirecard in 20 Jahren alles beratend tätig waren, ist bis heute unbekannt.

Am enthusiastischsten blickte traditionell die deutsche Baader Bank auf Wirecard. Deren Chefanalyst hob noch im November 2019 das Kursziel von 230 auf 240 Euro an – und prognostizierte damit eine satte Verdopplung des Aktienkurses. Zur Erinnerung: Zur gleichen Zeit lief die KPMG-Sonderprüfung an, schleusten Insider im Monatstakt Geld aus dem Konzern. Die Fankurve der Baader Bank applaudierte weiter.

»Das Wachstumsmomentum legt weiter zu«, heißt es in einem Baader-Report. Die »negativen Hintergrundgeräusche des Markts« dürften schnell verschwinden, die Aktie sei eine starke Kaufempfehlung, so hämmerten es die Experten im Monatstakt ihren Lesern ein. Selbst nach der Vorlage des desaströsen KPMG-Sonderprüfberichts im April 2020, als der Kurs um mehr als ein Viertel einbrach, blieb die Baader Bank bei ihrer Traumtänzerei.

»Die Sonderprüfung von KPMG ergab nicht die von uns erhoffte Klärung und führte zu einer stark negativen Kurskorrektur bei der Aktie«, räumt ihr Chefanalyst ein. Um dann die Wirklichkeit wie gewohnt auszublenden: »Wir leiten einen fairen Wert für die Aktie ab, der weit über dem aktuellen Kursniveau liegt – und das auch im Worst-Case-Szenario.« Baaders Kursziel lag nach wie vor bei 240 Euro. Auf den Tag genau sieben Wochen nach dieser Prognose geht Wirecard bankrott. Baaders Reaktion? Die Bank löscht ihre Analystenberichte aus dem Netz. Entschuldigt hat sich die Bank aus Unterschleißheim bei den Anlegern bis heute nicht.

## »Fake News«-Hetze aus dem Bankenturm

Der vielleicht berüchtigtste Wirecard-Fan unter den Aktienbeobachtern sitzt jedoch in Frankfurt, bei der teilstaatlichen Commerzbank. Commerzbank-Analystin Heike Pauls gilt als beinharter Groupie von Wirecard-Chef Markus Braun – und lässt das auch die Leser ihrer Analysen wissen.

In ihren Reports bezeichnet sie negative Presseartikel nonchalant als »Fake News«, geht *FT*-Reporter Dan McCrum sogar persönlich an. Im Januar 2019 wirft sie der britischen Wirtschaftszeitung rundheraus Marktmanipulation vor: »Der Serientäter Dan McCrum, Journalist bei der sonst renommierten FT, hat einen weiteren negativen Artikel über Wirecard veröffentlicht«, schreibt Pauls. Gefälschte Verträge, aufgeblähte Umsätze, Unregelmäßigkeiten in Singapur: Für Pauls alles keine Warnsignale, schließlich habe Wirecard ja alle Vorwürfe zurückgewiesen. »Wir sehen in der negativen Reaktion des Aktienkurses eine Kaufmöglichkeit«, schreibt die Analystin. Ihr Kursziel: 230 Euro.

Auch nach der Vorlage des kritischen Berichts von KPMG bleibt Pauls bei ihrer optimistischen Einschätzung. »Wir sehen eine günstige Kaufgelegenheit«, heißt es in ihrer letzten Studie vom 18. Mai 2020. Auch am Kursziel von 230 Euro hält sie eisern fest. Das Ende ist bekannt. Pauls ist eine der wenigen »Serientäterinnen« unter den

Bankanalysten, der persönliche Konsequenzen widerfuhren: Die Commerzbank hat sich inzwischen von ihr getrennt, was auch mit einem weiteren sonderbaren Gebaren von Pauls zu tun haben mag. Die Commerzbank-Analystin, die sich eigentlich neutral verhalten sollte, spionierte für Wirecard und gab Einschätzungen eines kritischen Investors an Finanzvorstand Burkhard Ley und Investor-Relations-Chefin Iris Stöckl weiter. Das Unternehmen hatte somit die Möglichkeit, eine Kommunikationsstrategie zu entwickeln, um den Vorwürfen zu entgegnen.

Am 20. Dezember 2016 schrieb Pauls beispielsweise: »Hallo Herr Ley, hallo Iris«, und berichtet dann über ein Gespräch mit dem Hedgefonds Greenvale Capital, »der bei Euch aktiv zu sein scheint«. Der Austausch habe ihr »einen sehr guten Eindruck vermittelt, was aktuell herumgereicht wird, und das interessiert Euch bestimmt auch – bitte vertraulich behandeln«, so Pauls um dann über den Grundtenor des Hedgefonds zu berichten: »Bei Euch ist alles zu gut, um wahr zu sein, und ein Großteil des Businesses muss daher ›fake‹ sein (›not all of it but most of it‹).«

Auch über einen Analystenkollegen der Konkurrenz von Morgan Stanley mailte Pauls Details an den Konzern, den sie eigentlich unter die Lupe nehmen sollte. Und selbst der Autor dieses Buches spielte in ihren Mails an Wirecard eine Rolle: »Hallo Iris«, schrieb sie am 21. Januar 2020. »Aktie ist schwach heute, ggf. wegen dem neuen Holtermann-Artikel auf HB heute zum Thema online gambling/ Haftung der Zahlungsanbieter. Hier mein Kommentar von heute Morgen. Viele Grüße und bis später!«

In der Folge zerpflückte sie die kritische *Handelsblatt*-Berichterstattung über die Zusammenarbeit mit illegalen Glücksspielportalen in ihrem Analystenreport: Wirecard kooperiere nur mit lizensierten Anbietern, halte sich streng an Geldwäschestandards. Und obwohl man »einiges Geschäft aus der ›Grauzone‹ nicht ausschließen« könne, sei Wirecard »aus unserer Sicht« aufgrund seiner »strengen Risikomanagement-Regeln« geschützt.

Pauls mag ein besonders krasses Beispiel sein; seit 2008 gab sie 199-Mal nur ein Votum für die Wirecard-Aktie ab: kaufen, wie die

*Süddeutsche Zeitung* gezählt hat.[31] Aber klar ist: Die Jubelarien der Bankanalysten verfehlten ihre Wirkung nicht. Viele Kleinanleger stiegen noch 2019 und 2020 bei Wirecard ein – den wiederholt geäußerten schweren Vorwürfen schenkten sie angesichts der positiven Voten der Profis keinen Glauben.

Und Journalisten, die sich mit Wirecard beschäftigten, erlebten in den regelmäßigen Analysten-Calls erschütternde Szenen: Viele Experten der Großbanken und Vermögensverwalter haben das Geschäftsmodell von Wirecard offenbar gar nicht durchdrungen, kritische Nachfragen an den Vorstand bleiben aus, sieht man von wenigen Ausnahmen ab. Manche Finanzjournalisten erhalten sogar Anrufe von den Analysten großer Häuser, um sie nach dem Stand ihrer Recherchen auszufragen.

## Vermögensverwalter als Wirecard-Fans

Angesichts dieser Abgründe nimmt die Blamage folgerichtig ihren Lauf. Auch große Vermögensverwalter sprangen voll auf den Wirecard-Hype-Zug auf. So stockten die beiden großen deutschen Geldmanager, die Deutsche-Bank-Tochter DWS und die Union Investment aus dem Volksbanken-Lager, ausgerechnet nach dem Erscheinen der ersten kritischen *FT*-Artikel aggressiv bei Wirecard auf, wie das Branchenportal *Finanz-Szene.de* berichtete.[32] Und das, obwohl ein Wirecard-Investment nach den ersten polizeilichen Durchsuchungen in Singapur und den entsprechenden negativen Presseartikeln zum binären Investment geworden war. Selbst Laien war ab 2019 klar: Entweder, es ist etwas dran an den Vorwürfen der *FT*, oder nicht. Aber das spornte die deutschen Flaggschiffe am Finanzmarkt offenbar erst recht an, während internationale, vor allem US-amerikanische Investoren wie BlackRock, Jupiter und Artisan, die in den Jahren zuvor gut an dem Wachstumswert verdient hatten, zur gleichen Zeit einer nach dem anderen ausstiegen.

»Stupid German Money«: bei Wirecard gab es das auch auf der Ebene der Profi-Investoren. So erhöhte die DWS ihr Investment ausgerechnet in jenen Monaten, in denen Wirecard zunehmend ins Kreuzfeuer geriet. Im Frühjahr 2019 hatten die DWS-Fonds Wirecard noch unauffällig hinzugefügt, etwa vergleichbar mit der Stärke im Vergleichsindex Dax. Doch das änderte sich bis zum Oktober, als die KPMG-Sonderprüfung begann. Damals füllten die Geldmanager mehrere DWS-Fonds mit gut 7 Millionen Wirecard-Aktien im Wert von einer knappen Milliarde Euro, zum Teil bis zur regulatorischen Obergrenze. DWS hielt als erster deutscher Vermögensverwalter mehr als fünf Prozent an Wirecard.

Und auch die Genossenschaftsbanker betraten, während sich die Profis aus Übersee verabschiedeten, erst so richtig die Party in Aschheim. Noch Ende März 2019 spielte die Wirecard-Aktie in den Union-Investment-Fonds keine nennenswerte Rolle, analysierte *Finanz-Szene.de*. Bis Anfang Oktober drehte die Fondsgesellschaft der Volks- und Raiffeisenbanken dann jedoch auf. In 14 Publikumsfonds schwoll die Zahl der Wirecard-Anteile von 0,5 Millionen auf 2,7 Millionen Stück, darunter auch in mehreren »Riester«- und »Nachhaltigkeitsfonds«. Zigtausende deutsche Kleinanleger und Riester-Rentner investierten so über den Umweg ihrer Fondssparpläne gezwungenermaßen in Wirecard – ohne das je zu wollen.

Ja, einzelne Experten innerhalb der großen deutschen Häuser mahnten. Ingo Speich, Leiter Nachhaltigkeit und Corporate Governance bei der Deka, der Fondsgesellschaft der Sparkassen, kritisierte etwa bereits Ende April 2019, der Wirecard-Aufsichtsrat sei nicht ausreichend vielfältig zusammengesetzt, was ein Grund für die jüngsten Probleme sein könne.

Und auch bei den Genossen kam zaghafte Kritik auf. »Wirecard hätte gut daran getan, schon früher einen Prüfungsausschuss einzurichten«, bemängelt Vanda Heinen, Analystin mit Schwerpunkt Corporate Governance bei Union Investment. »Um Vertrauen am Kapitalmarkt zurückzugewinnen, sollte ein renommierter und unabhängiger Rechnungslegungsexperte den Vorsitz übernehmen.« Derlei Warnungen verhallten jedoch. Die Party der Fondsmanager ging weiter, bis zum bitteren Ende.[33]

Eine problematische Rolle spielte auch die Deutsche Börse, eigentlich der staatlich sanktionierte Garant und Torwächter eines funktionierenden deutschen Aktienmarkts. Sie tat sich selbst nach der Insolvenz Wirecards über Wochen hinweg schwer, den Konzern aus dem deutschen Leitindex Dax zu werfen. Viele Kleinanleger, die in Indexfonds, sogenannte ETFs, investierten, erwarben daher Wirecard-Aktien – also die Papiere eines wertlosen, des Betrugs überführten Konzerns –, ohne sich dagegen wehren zu können. Erst im Anschluss machte sich die Deutsche Börse an eine halbherzige Reform ihres Index-Regelwerks.[34]

Die deutschen Banken: Im Fall Wirecard stehen sie bis auf die Knochen blamiert da. Doch all diese Verfehlungen wirken klein im Vergleich mit den fast unfassbaren Fehlern, die die deutschen Aufsichtsbehörden und Politiker im Umgang mit dem Konzern begehen. Von ihnen handelt das folgende Kapitel.

# 5 Helfer auf höchster Ebene: Politik im Dienst des Konzerns

## 5.1 Die Aufseher – Von Geisterfahrern und Profiteuren

Felix Hufeld schnauft laut, als er Ende Juni 2020 auf der Bühne des Frankfurter Hilton-Hotels Platz nimmt. Eigentlich soll der Bafin-Präsident mit Deutsche-Bank-Chef Christian Sewing und anderen Managern über die Auswirkungen der Coronakrise diskutieren. Doch die rund 100 Gäste beim »Frankfurt Finance Summit« interessiert vor allem, was Hufeld zum Wirecard-Skandal zu sagen hat, der sich zum größten Betrugsfall der Nachkriegszeit auszuweiten droht.

Hufeld weiß, dass seine Behörde in der Affäre kein gutes Bild abgegeben hat. Statt die Ungereimtheiten bei Wirecard aufzudecken, wurden *FT*-Journalisten angezeigt. Finanzminister Olaf Scholz (SPD) mahnte Ende Juni bereits, es stellten sich »kritische Fragen« im Fall, »insbesondere mit Blick auf die Rechnungslegung und die Bilanzkontrolle. Hier scheinen Wirtschaftsprüfer wie Aufsichtsbehörden nicht effektiv gewesen zu sein«. Wirtschaftsminister Peter Altmaier (CDU) warnte vor einem Imageverlust für den Wirtschaftsstandort: »Wir hätten eine solche Situation überall erwartet – nur nicht in Deutschland.«

»Viele private und öffentliche Institutionen, inklusive meiner eigenen, waren nicht effektiv genug, um so etwas zu verhindern«, gesteht Hufeld. »Es ist eine Schande«, sagt Deutschlands oberster Bankenaufseher: »Wir befinden uns mitten in der entsetzlichsten Situation, in der ich jemals einen Dax-Konzern gesehen habe.«

Die Bafin überwachte die Wirecard-Gruppe nicht als Ganzes, sondern lediglich deren Bank-Tochter. Das ist klar und sei sicher keine optimale Struktur, so Hufeld. Dennoch hätte die Bafin Wirecard auch im Rahmen bestehender Gesetze besser kontrollieren können, räumt Hufeld ein. Tatsächlich hat die Bafin Wirecard als Technologieunternehmen eingestuft und nicht als Finanzholding. In der Folge hatte sie weniger Aufsichtsbefugnisse. Erst rund sechs Wochen vor dem Untergang sollte das auf Hufelds Druck hin überprüft werden – viel zu spät.

Kurz nach dem Absturz Ende Juni wählt Hufeld noch klare Worte, nennt den Fall Wirecard ein »totales Desaster«. Doch das sollte sich schon bald ändern. In der Folgezeit rudert der Präsident der Bafin immer weiter zurück.

Ja, seine Behörde habe »den Wald vor lauter Bäumen nicht gesehen«. Aber echte Fehler? Die will Hufeld nicht erkennen. »Wir waren – wie viele andere Beteiligte im privaten und öffentlichen Sektor – in Summe nicht effektiv genug, um diesen Wirtschaftsskandal zu verhindern. Das ist eine Tatsachenfeststellung, kein Eingeständnis eines Aufsichtsversagens, das es nicht gibt«, postuliert Hufeld im Dezember im Interview mit dem *Handelsblatt*.[1]

Es gibt kein Aufsichtsversagen im Fall Wirecard? Diese Haltung überraschte selbst beinharte Hufeld-Fans am Finanzplatz Frankfurt. Die fehlende »Effektivität« der Aufsicht wiederum liege »an den Unzulänglichkeiten im System, die wir bereits angehen, und letztlich an kriminellen Handlungen und Täuschungen von außergewöhnlichem Ausmaß«, fabuliert der Bafin-Präsident im Interview weiter. Einen Rücktritt schließt er öffentlich aus. Und entgegnet der heftigen Kritik an seiner Arbeit breitbeinig: »Wenn man Präsident der Bafin ist, muss man so was abkönnen. Wenn man das nicht abkann, muss man sich einen anderen Job suchen. Das mach' ich aber nicht.«

Es sind die starken Worte eines Juristen, Harvard-Absolventen und Ex-Bankers, der im Interview mit dem Deutschlandfunk einmal sagte, sein Berufswunsch als Kind sei Feuerwehrmann gewesen. Und deren größte Arbeit liege ja »in der Prävention, in der Vermeidung von Feuern«, so Hufeld damals.[2] Im Fall Wirecard hat das nicht geklappt. Und so wurde der Feuerwehrmann, der den Großbrand nicht verhinderte, zur immer größeren Belastung für seinen obersten Dienstherrn.

Ende Januar 2021 zog Bundesfinanzminister Olaf Scholz die Reißleine – und feuerte Hufeld, zusammen mit der für die Wertpapieraufsicht zuständigen Direktorin Elisabeth Roegele, die die beiden schwersten Fehler der Bafin in der Causa Wirecard zu verantworten hat. Böse Stimmen in Berlin sagen, SPD-Kanzlerkandidat Scholz hätte Hufeld lieber gehalten, um für den Bundestagswahlkampf einen weiteren Rettungsring zwischen sich und dem Wirecard-Desaster zu sichern, der notfalls abgestoßen werden könnte. Aber spätestens seit das hemmungslose Zocken von Bafin-Beamten mit hochspekulativen Wirecard-Vehikeln bekannt geworden ist, war Hufeld nicht mehr zu halten.

Zieht der Skandal an Scholz vorüber, bleibt der Minister und selbststerträumte Kanzler in spe unbeschädigt? Das steht zunehmend im Zweifel. Zu gravierend sind die Verfehlungen der staatlichen Aufsicht in diesem Fall, zu nah rückt der Skandal an Scholz und seine Staatssekretäre heran. Und auch der zweite zuständige Spitzenpolitiker, Bundeswirtschaftsminister Peter Altmaier (CDU), sollte nicht zu früh frohlocken: Das schier unglaubliche Treiben in seiner Aufsichtsbehörde über die Wirtschaftsprüfer, die Apas, erlaubt weitere Blicke in den Abgrund staatlichen Unvermögens oder sogar Machtmissbrauchs.

## Narrenfreiheit für Aschheim

Die Wirecard AG genießt in Deutschland über viele Jahre hinweg eine Art Narrenfreiheit. Eigentlich müssten der Konzern und seine Machenschaften beaufsichtigt werden: von der deutschen Geldwäscheaufsicht, von der Finanzaufsicht Bafin, von der Wirtschaftsprüferaufsicht Apas. Doch tatsächlich geschieht viele Jahr hinweg – nichts. Ganz im Gegenteil: Das scharfe Schwert der Aufsichtsbehörden bekommen vor allem die Kritiker des Konzerns zu spüren.

Bereits das Vorgehen der Behörden gegen die ersten entschiedenen Kritiker des Konzerns ab 2008 ist von einem sonderbaren Amtsverständnis geprägt (siehe Kapitel 3.1). Statt den Vorwürfen der Skeptiker nachzugehen, arbeitet sich die Staatsanwaltschaft

München lieber an den Skeptikern ab – und greift dabei auch willig auf Informanten aus dem Konzern zurück, deren Eigeninteresse offensichtlich ist. Während der Münchner Shortseller Tobias Bosler wegen kritischer Berichte in anderem Zusammenhang sogar im Gefängnis landet, hat das Wirecard-Management nichts zu befürchten. Einer der Staatsanwälte, der damals nur oberflächlich ermittelt, ist heute Büroleiter eines bayerischen Staatsministers.

Auch in den Folgejahren gehen die Aufseher eher gegen die Kritiker vor denn gegen den Konzern. Die erste Durchsuchung im Dezember 2015 im Amtshilfeverfahren für die US-Behörden führt zwar dazu, dass die Wirecard-Konzernspitze seitdem nicht mehr in die USA reist. In Deutschland bleibt der Vorgang jedoch ohne Resonanz (siehe Kapitel 3.3).

Ganz anders springen die Ermittler mit den Wirecard-Kritikern um. Das Vorgehen gegen den britischen Investor Fraser Perring, den Autor des Skandalberichts »Zatarra«, können die Behörden noch als Aktion gegen dubiose Shortseller abtun: Das Verfahren gegen Perring wegen angeblicher Marktmanipulation wird nur gegen Zahlung einer Geldauflage eingestellt, was den Beamten einen Gesichtsverlust erspart.

Doch vollends absurd wird das Agieren der deutschen Behörden im Fall der kritischen Journalisten der *Financial Times*. Es zeigt den Furor, der nicht auf den Fluren der Münchner Staatsanwaltschaft, sondern vor allem auf jenen der Finanzaufsicht Bafin geherrscht haben muss. Statt das zu beaufsichtigende Unternehmen kritisch unter die Lupe zu nehmen, gebärden sich die Finanzaufseher zunehmend als Hilfstruppen Wirecards: Je kälter dem Konzern der Wind der öffentlichen Meinung entgegenbläst, desto wärmer wird bei der Bafin der Blick auf Wirecard.

Als fatal erweist sich die Strafanzeige der Finanzaufsicht Bafin gegen die *FT*-Reporter Dan McCrum und Stefania Palma: Wie im April 2019 bekannt wurde, hatte die Bonner Behörde Strafanzeige gegen mehrere Personen wegen Marktmanipulation gestellt.

Die Aufsicht verwies später darauf, dass sich die Anzeige in Teilen »gegen Unbekannt« gerichtet habe, also auch gegen mögliche Insider innerhalb des Wirecard-Konzerns. Was die Bafin verschwieg:

In der Anzeige wurden auch konkrete Beschuldigte benannt: kein Wirecard-Manager, dafür aber die zwei Journalisten der *FT*. Ein neutraler Blick sähe anders aus. Die Bafin-Aufseher hegten den Verdacht, dass Spekulanten in Form einer Short-Attacke den Kurs der Wirecard-Aktie manipuliert haben könnten, im Wissen um bevorstehende kritische Presseartikel.

Doch Insidern kam das Handeln der Bafin schon früh spanisch vor. So offenbarte die Anzeige der Aufsicht eine erstaunliche Unkenntnis über die journalistische Arbeitsweise. Beispielsweise störten sich die Beamten der Behörde daran, dass die *FT*-Reporter mit einigen Tagen Zeitverzug mehrere Artikel hintereinander absetzten – was ein übliches journalistisches Vorgehen ist, um breit recherchierte Informationsmengen in verarbeitbare Pakete aufzuteilen.

Auch wollte die Aufsicht die Handelsaktivitäten an der Börse intensiv untersucht haben: Demnach soll es bereits vor Erscheinen des ersten Artikels zum auffälligen Aufbau von Leerverkaufspositionen gekommen sein. Tatsächlich zeigte ein genauerer Blick in die Börsendaten jedoch, dass die Leerverkaufspositionen gegen die Wirecard-Aktie vor allem nach Erscheinen der ersten kritischen Artikel aufgebaut worden waren, nicht davor.

Pikant ist, wer die Anzeige bei der Bafin verantwortet: Es ist Exekutivdirektorin Elisabeth Roegele, die Chefin der Wertpapieraufsicht. Sie hatte bereits in ihrem alten Job als Chefjuristin der DekaBank, der Fondsgesellschaft der Sparkassen, keine gute Figur gemacht. Ihr Haus hatte 2010 rechtswidrige Aktiengeschäfte getätigt, Cum-Ex-Deals genannt, an denen sich Banken und Investoren auf Kosten des Steuerzahlers bereichert hatten. Roegele weiß früh darüber Bescheid. Später sagt sie: »Ich halte Cum-Ex-Geschäfte für rechtswidrig, damals wie heute.« Die Deals der DekaBank während ihrer Amtszeit seien quasi versehentlich passiert. Es gibt viele Beobachter, die daran Zweifel hegen. Auch unter Bafin-Beamten sind Roegele und ihr Bereich umstritten. 2016, ein Jahr nach Roegeles Amtsantritt, hatten Beamte bereits erstaunliche Mutmaßungen über die Wirecard-Kritiker hinter dem »Zatarra«-Report angestellt: »Auffällig ist, dass die verdächtigen Personen (…) dem Anschein nach einen recht einheitlichen kulturellen Hintergrund haben – überwiegend israelische und britische Staatsangehörige. Daher ist nicht auszuschließen, dass es sich um eine netzwerkartige Struktur (Insiderring) handelt.« Wie man von britischer und israelischer Nationalität schnurstracks auf verbrecherische Cliquenbildung schließt, erklärt die Bafin nicht.[3][4]

Die Anzeigen der Bafin bleiben 2019 nicht ohne Folgen: Die Münchner Staatsanwaltschaft nimmt Ermittlungen gegen die *FT* auf. Die Zeitung sieht sich plötzlich in die Defensive gedrängt, viele Kleinanleger reagieren erleichtert. Erst die KPMG-Sonderprüfung ab Herbst 2019, eingesetzt auf Druck des neuen Investors Softbank und des neuen Aufsichtsrats Thomas Eichelmann, ebnet den Weg zur Aufklärung.

Erst lange nach dem Absturz, im September 2020, werden die Ermittlungen der Staatsanwaltschaft München gegen die *FT* eingestellt. Es hätten sich keine hinreichenden Anhaltspunkte gefunden, die die Verdachtsmomente hätten stützen können. Die Berichterstattung der beiden Journalisten sei grundsätzlich zutreffend und »jedenfalls vom Standpunkt der damaligen Informationslage aus weder falsch noch irreführend« gewesen, erklärt die Staatsanwaltschaft. Unmittelbare Kontakte mit sogenannten Shortsellern seien nicht festgestellt worden.[5]

Mit dieser Begründung leistet die Staatsanwaltschaft ein Stück weit Abbitte und erkennt an, dass die beiden Journalisten das getan hatten, was eigentlich Aufgabe der Finanzaufsicht Bafin und der Wirtschaftsprüfer von EY gewesen wäre: Wirecards Lügengebäude mit tiefgehenden Recherchen ins Wanken zu bringen. Die Münchner Staatsanwälte hatten die Ermittlungen gegen die *FT* auf Betreiben der Bafin eröffnet – und verweisen bei der Einstellung des Verfahrens denn auch explizit auf die »von der Bafin aufgeworfenen Verdachtsmomente«.

## Fehlende Prävention, fatale Einstufung

Doch nicht nur das fatale Vorgehen gegen die Kritiker zeichnet das Handeln der deutschen Aufsichtsbehörden aus. Auch präventiv versagen die Beamten. Vor allem zwei schier unglaubliche Versäumnisse ermöglichen Wirecards jahrelanges Agieren: die praktisch nicht existente Geldwäscheaufsicht – und die laxe Bilanzprüfung aufgrund einer mutlosen formaljuristischen Einstufung des Konzerns.

Beim Thema Geldwäsche (siehe Kapitel 3.3) sieht Finanzexpertin Lisa Paus von der Grünen-Bundestagsfraktion ein »massives Vollzugsdefizit« in Deutschland: »Die Wahrheit ist ja, dass die Wirecard AG seit spätestens Ende der 2000er-Jahre immer wieder massiv in Verdacht stand, Geldwäsche zu betreiben oder dabei zu helfen, und sehr aktiv darin war, gerade im Hochrisikobereich Kunden zu akquirieren. Und trotzdem war es so, dass sich über zehn Jahre bei den Behörden niemand zuständig gefühlt hat«, so Paus.

Wie nach dem Untergang des Konzerns herauskommt, hat die Bafin selbst bei dem Institut, für das sie zweifellos zuständig war, der Wirecard Bank, viel zu lange weggeschaut. So hatte die Finanzaufsicht spätestens seit Mai 2019 klare Hinweise darauf, dass die Wirecard Bank in die krummen Geschäfte ihrer Konzernmutter verstrickt war. Wie die Bafin nach dem Zusammenbruch bestätigte, hatte ein Whistleblower ihr schon Ende Januar 2019 Dokumente zu Wirecard im Zusammenhang mit den Unregelmäßigkeiten in Singapur zugespielt – möglicherweise schon vor dem Erscheinen des ersten kritischen *FT*-Artikels.[6]

Parallel prüfte die Bafin auch, ob Wirecard falsche oder irreführende Angaben bei seinen Jahresbilanzen getätigt hatte. Am 15. Februar beauftragte die Bafin die Deutsche Prüfstelle für Rechnungslegung (DPR) mit einer Prüfung. Öffentlich wurde dies jedoch nicht mitgeteilt. Und der Staatsanwaltschaft wurde der Verdacht der Marktmanipulation durch das Management erst ein Jahr später gemeldet.

Die Prüfung der Bilanzierung zeigt: Die deutschen Behörden hätten durchaus eingreifen können – wenn sie die ihnen zustehenden Befugnisse ausgeschöpft hätten. Doch bei der umfassenden Kontrolle des Wirecard-Konzerns und seiner Bilanzierung beraubte sich die Bafin freiwillig ihrer wichtigsten Eingriffsmöglichkeiten, indem sie den Konzern als Nicht-Finanzholding einstufte.

2017 trifft die deutsche Aufsichtsbehörde diese vielleicht verhängnisvollste Entscheidung im Umgang mit Wirecard. Die Firma ist da längst kein zu vernachlässigendes Start-up aus dem Münchner Speckgürtel mehr. Ein Jahr später, 2018, zieht der Konzern in den prestigeträchtigsten deutschen Aktienindex ein, den Dax, und wird somit zum Pflichtinvestment vieler Kleinanleger mit Dax-Sparplan.

Dennoch ist die Bafin für den Gesamtkonzern nur im Rahmen der allgemeinen Markt- und Wertpapieraufsicht zuständig, etwa was auffällige Aktienkursbewegungen angeht. Den Gesamtkonzern intensiv beaufsichtigen könnte die Bafin jedoch auch: wenn sie ihn als Finanzholding einstuft, also als Mutterkonzern, der mehrheitlich an Finanzunternehmen beteiligt ist. Das hätte der Bafin auch erweiterte Eingriffsrechte bei Bilanzierungsfragen gegeben.

Nun scheint auf den ersten Blick auf der Hand zu liegen, dass ein international tätiger Zahlungsdienstleister mit 56 Tochtergesellschaften rund um den Globus eine Finanzholding darstellt. Jedoch war nach Sicht der Bafin entscheidend, dass die Mehrheit dieser Töchter keine Finanzunternehmen waren. Der Hauptzweck der Wirecard-Holding sei somit nicht das Verwalten von Finanzbeteiligungen gewesen, legen die Beamten fest. Eine Einstufung, die bis heute auf wackliger Grundlage beruht.

In der Folge wurde die Wirecard AG von der Bafin »zusammen mit der Deutschen Bundesbank (…) als Technologieunternehmen eingeordnet und nicht als Finanzholding-Gruppe«, wie das Bundesfinanzministerium mitteilte.[7] Die Bafin befasste sich in der Folge nur im Rahmen der Wertpapieraufsicht mit der Wirecard und delegierte Prüfungen der Bilanzen an die privatrechtliche Deutsche Prüfstelle für Rechnungslegung (DPR) – die völlig versagen sollte.

Michael Findeisen, ehemaliger Leiter der Abteilung für Geldwäscheprävention und Zahlungsverkehr im Bundesfinanzministerium, kritisiert, man könne nicht nur der Bafin ihre Weichenstellungen vorwerfen. »Auch die Bundesbank ist an diesen Entscheidungen beteiligt gewesen, die Wirecard gar nicht wie einen Zahlungskonzern zu beaufsichtigen.« Bafin und Bundesbank seien sich einig gewesen, »dass in diesem Geschäft keine Risiken enthalten sind«, so Findeisen. Unter Aufsehern in der EU sei die falsche Denke virulent, »dass das Zahlungsgeschäft praktisch risikoarm ist«.

## Beispielloses Leerverkaufsverbot

Das langjährige Wirecard-freundliche Agieren der Bafin gipfelte in einer singulären Maßnahme: dem berüchtigten Leerverkaufsverbot von 2019, das eine Spekulation auf fallende Aktienkurse untersagte (siehe Kapitel 2.4). In diesem Fall setzte sich die Bafin sogar explizit über die Bedenken der Bundesbank hinweg, wie heute bekannt ist.

Am 18. Februar 2019 verkündete die Bafin, dass sie nach den heftigen Kursturbulenzen seit Ende Januar zu einer ihrer radikalsten Maßnahmen greift: Für mindestens zwei Monate wurden Netto-Leerverkäufe von Aktien des Zahlungsdienstleisters Wirecard verboten. Die Reaktion der Investoren auf die ebenso überraschende wie ungewöhnliche Maßnahme der deutschen Finanzaufsicht war eindeutig: Um rund 15 Prozent legte die Wirecard-Aktie zu.

Damit hatte die Bafin neue Wetten auf Kursverluste von Wirecard untersagt, zudem durften Anleger, die zuletzt auf Kursbewegungen der Aktie spekuliert hatten, ihre Positionen nicht mehr vergrößern. Die Verfügung galt bis zum 18. April.

Ein Leerverkaufsverbot für eine einzelne Aktie war bis zum Fall Wirecard völlig unbekannt: Eine ähnliche Maßnahme hatte es nur in der Finanzkrise nach der Pleite der US-Bank Lehman Brothers im September 2008 gegeben, als die Leerverkäufe für elf Banken – nicht aber für ein einzelnes Institut – eingefroren wurden. Damals ging es um die Rettung des Finanzsystems. Spekulanten sollten mit ihren Wetten auf fallende Kurse die ohnehin angespannte Lage nicht noch weiter verschärfen. Bei Wirecard sollte es hingegen um die einseitige Unterstützung einer einzigen Firma gehen.[8]

Inzwischen ist klar, wie dubios der Alleingang der Bafin-Beamten selbst den Kollegen von der Bundesbank erschien. Von dort kam ein – folgenloser – Einspruch: Am 15. Februar 2019 sprach sich die Bundesbank gegen das von der Bafin geplante Leerverkaufsverbot aus. Die Bafin setzte sich jedoch über die Empfehlung der Bundesbank hinweg – und zwar in der Person ihrer Direktorin Elisabeth Roegele, die sich erneut mit fatalen Folgen einmischte.

Der Sachverhalt geht aus einem internen Vermerk der Bundesbank hervor, der dem *Handelsblatt* vorliegt. »Am Freitag, dem 15.02.2019, informierte die Bafin gegen Mittag die Bundesbank über eine möglicherweise bevorstehende leerverkaufsbeschränkende Maßnahme mit Bezug auf Aktien der Wirecard AG«, heißt es darin. Vorangegangen waren Spekulationen gegen die Wirecard-Aktie im Umfeld negativer Presseartikel. Am frühen Abend dieses Tages ging dann auch der erste Bafin-Entwurf einer Allgemeinverfügung bei der Bundesbank ein, der die geplante Leerverkaufsbeschränkung für Aktien der Wirecard AG mit einer »ernstzunehmenden Bedrohung für das Marktvertrauen in Deutschland« begründete. Diese Einschätzung schienen die Notenbanker nicht zu teilen. Sie hatten dem Vermerk zufolge »verschiedene Analysen zur Aktie der Wirecard AG durchgeführt«, etwa hinsichtlich der Leerverkaufspositionen und möglicher Ansteckungseffekte für Papiere anderer Finanzunternehmen, ohne beunruhigendes Ergebnis. Die Bundesbank betont in dem Dokument mehrfach ihre von der Argumentation der Bafin abweichende »skeptische Einschätzung«.

Nach Eingang des Bafin-Entwurfs am frühen Abend kam es dann zu einem Gespräch: »Die Bundesbank informierte die Bafin daraufhin telefonisch informell (gegen 20:30 Uhr), dass sie diese Einschätzung nicht teile und die damalige Kursentwicklung (…) keine Ausstrahlungseffekte auf andere in Deutschland börsennotierte Finanztitel hätte«, heißt es in dem Vermerk. Damit lägen keine Anhaltspunkte vor, die auf Risiken für die Finanzstabilität gedeutet hätten. Formal ist die Bundesbank für Marktvertrauen im Sinn des Anlegerschutzes nicht zuständig, sondern nur für die Finanzstabilität. Doch in diesem informellen Telefonat machte die Notenbank deutlich, dass sie auch dem Argument des bedrohten Marktvertrauens nicht folgt.

In der Folge habe die Bafin »erstmals« staatsanwaltschaftliche Ermittlungen als Hintergrund für die geplante Maßnahme erwähnt, heißt es. Auch in einem »anschließenden Telefonat« zwischen Bundesbank-Vizepräsidentin Claudia Buch und der zuständigen Bafin-Direktorin Roegele kamen die Ermittlungen der Staatsanwaltschaft danach zur Sprache, doch ohne Details. Auf welch dünner Grundlage die entsprechende Anzeige basierte, verschwieg die Bafin. »Vizepräsidentin Buch machte vor diesem Hintergrund gegenüber Frau Roegele deutlich, dass die Bundesbank wegen fehlender Zuständigkeit und Informationen sich nicht zum Sachverhalt äußern könne«, wird in dem internen Vermerk referiert. Die Bafin verzichtete in der Folge auf die Einholung einer förmlichen Stellungnahme der Bundesbank.

Am 18. Februar 2019 verkündete die Bafin das Leerverkaufsverbot. Für zwei Monate konnten kritische Investoren nicht mehr auf einen Kursrückgang bei dem heiß gehandelten Dax-Wert wetten. Das Verbot führte zu einer Beruhigung der Lage – und verschaffte Wirecard dringend benötigtes Vertrauen. So erklärte etwa im November 2019 das Prager Anlagehaus Krupa Global Investments seinen fünf Millionen Euro schweren Einstieg bei Wirecard wie folgt: »Die deutsche Regulierungsbehörde Bafin und die deutsche Regierung unterstützen Wirecards Mission und Expansion umfassend.«[9]

Kritiker halten das Leerverkaufsverbot neben der Anzeige gegen die *FT*-Journalisten für den folgenschwersten Fehlgriff der Bafin im Fall Wirecard. Im Untersuchungsausschuss des Bundestags fällt die Kritik scharf aus. »Die Experten der Bundesbank haben ihren Job gemacht. Ihre fundierten Analysen kamen zu dem klaren Ergebnis, dass die Begründung der Bafin für das Leerverkaufsverbot inhaltlich nicht haltbar war. Die Entscheidung war damit rechtswidrig.«, sagt Grünen-Parlamentarier Danyal Bayaz. Leider habe Bundesbank-Vizepräsidentin Buch »Arbeit und Ansehen ihres Hauses durch den Verzicht auf eine schriftliche Stellungnahme geschmälert«, somit trage auch sie eine »Teilverantwortung«.

Dabei steht nicht mehr nur die Skepsis der Bundesbank im Fokus. Auch die Rechtsgrundlage selbst, auf deren Basis die Bafin das Leerverkaufsverbot erlassen hat, steht im Zweifel. Gegenüber der europäischen Wertpapieraufsicht ESMA hatte sich die Bafin auf Artikel 24 Buchstabe c der EU-Verordnung 918/2012 über Leerverkäufe berufen. Der Buchstabe c wiederum verlangt einen erheblichen Verkaufsdruck und die Gefahr einer »Abwärtsspirale« bei Finanzinstrumenten von Banken oder anderen Instituten, die »wichtig für das globale Finanzsystem« sind. Beides traf bei Wirecard nachweislich nicht zu, die Bundesbank sah keine »Spillover-Effekte auf andere Marktteilnehmer«, also kein Übergreifen eines Abwärtstrends. Für das globale Finanzsystem sei Wirecard zudem schlicht zu unbedeutend. Die Bafin warf sich trotzdem für den Konzern in die Bresche.

## Bafin-Aufseher unter Insiderverdacht

Das Handeln der Aufsicht erscheint selbst wohlmeinenden Beobachtern rätselhaft. Gibt es noch eine zweite Ebene der Wirklichkeit, die das langjährige Laisser-faire erklären könnte?

Inzwischen steht ein schwerwiegender Verdacht im Raum: Haben die deutschen Staatsaufseher sogar aus persönlichen Motiven nicht ausreichend hingeschaut? Klar ist heute: Einige von ihnen haben auf eigene Rechnung fleißig mitspekuliert. In den Monaten vor der Insolvenz des Zahlungsdienstleisters handelten Beschäftigte der Bafin immer häufiger mit Wirecard-Papieren. Im ersten Halbjahr 2020 entfielen 2,4 Prozent aller gemeldeten privaten Finanzgeschäfte von Bafin-Mitarbeitern auf Geschäfte mit Wirecard-Aktien oder -Aktienderivaten. Dies geht aus Antworten des Bundesfinanzministeriums auf einen Fragenkatalog der Grünen hervor. Im Gesamtjahr 2018 lag der Anteil demnach nur bei 1,2 Prozent, 2019 bei 1,7 Prozent.[10]

Den Angaben des Finanzministeriums zufolge zeigten 2019 und im ersten Halbjahr 2020 circa 20 Prozent der Bafin-Beschäftigten private Finanzgeschäfte an. Zunächst hieß es, alle Geschäfte seien durch die Fachvorgesetzten genehmigt worden, man habe keine Kenntnisse über Insider-Deals. Im ersten Halbjahr 2020 seien 58 Prozent der Geschäfte mit Wirecard-Aktienderivaten Käufe gewesen, 42 Prozent Verkäufe. Inwieweit Bafin-Mitarbeiter dabei durch Leerverkäufe selbst auf Kursverluste gewettet haben, lasse sich nicht feststellen. Dazu lägen keine Informationen vor.

Konkret zeigten im ersten Halbjahr 2020 ganze 56 Mitarbeiter insgesamt 196 private Geschäfte mit Wirecard-Bezug an – nach nur 137 Geschäften von 41 Mitarbeitern im gesamten Vorjahr. Das entspricht einem Anstieg bei den privaten Wirecard-Transaktionen von rund 40 Prozent. Insgesamt beschäftigt die Bafin mehr als 2 700 Menschen. Auch in absoluten Zahlen handelten Bafin-Beschäftigte damit in der Endphase des Konzerns sehr viel aktiver mit Wirecard als zuvor. Es war die mit Abstand am häufigsten gehandelte Einzelaktie unter Bafin-Mitarbeitern.[11] Die privaten Deals sollten ein Nachspiel haben. Für Finanzgeschäfte von Bafin-Angestellten mit Bezug zu Wirecard in den Jahren 2018, 2019 und im ersten Halbjahr 2020 wurde »eine Sonderauswertung« eingeleitet.

»Es bestätigt sich immer mehr, dass die Bafin schlecht geführt wird und ein Problem mit der eigenen Governance hat«, sagte FDP-Finanzexperte Frank Schäffler, der mit einer parlamentarischen Anfrage weitere Zahlen ans Licht gebracht hatte. In vielen angelsächsisch geprägten Ländern und bei der Europäischen Zentralbank ist es Mitarbeitern der Aufsichtsbehörden untersagt, mit Aktien von regulierten Unternehmen Geschäfte zu machen. Ähnlich strikte Regeln gelten längst auch für Mitarbeiter der Bundesbank, bei der Bafin aber nur für das Direktorium. Dort sind die Deals bis zum Auffliegen der Wirecard-Vorgänge nur verboten, wenn ein Mitarbeiter über Insiderinformationen verfügt.

Ausgerechnet in der nachrichtlich besonders kritischen Phase zwischen Ende April, als der verheerende Sonderbericht von KPMG erschien, und der Insolvenz Wirecards Ende Juni handelten Bafin-Mitarbeiter wie wild mit Wirecard-Aktien: Von den 196 Transaktionen, die im ersten Halbjahr gemeldet wurden, entfielen 67 Geschäfte auf Mai sowie 75 Geschäfte auf Juni. Das entspricht einem Anteil von gut 70 Prozent.

Auffällig ist auch der häufige Einsatz von derivativen Finanzinstrumenten, die im ersten Halbjahr 2020 zum Einsatz kamen. Mit solchen Instrumenten kann man auf fallende Kurse des Unternehmens setzen oder ein bestehendes Aktienengagement gegen Verluste absichern. Mit 77 Transaktionen hatten die Derivate einen

Anteil von rund 40 Prozent an den privaten Wirecard-Trades. Im Vorjahr lag der Anteil erst bei 16 Prozent. Insbesondere in den beiden kritischen Monaten Mai und Juni nutzte eine kleine Anzahl an Mitarbeitern diese Derivategeschäfte bei Wirecard sehr häufig: Von den 142 für Mai und Juni gemeldeten privaten Wirecard-Geschäften entfiel rund die Hälfte – insgesamt 68 – auf derivative Instrumente.

Konsequenzen werden nur schleppend gezogen. Von einem Mitarbeiter wollte sich die Bafin getrennt haben – dann kam heraus, dass dieser die Behörde aus privaten Gründen sowieso verlassen wollte.[12] Ende Januar, einen Tag vor dem Rücktritt Hufelds, zeigte die Bafin dann einen Mitarbeiter aus der Wertpapieraufsicht bei der Staatsanwaltschaft Stuttgart an. Der Verdacht: Der Beamte soll Insiderwissen für private Deals genutzt haben. Am 17. Juni 2020, als die Bafin bereits von EY über die gefälschten Bankbestätigungen informiert war, handelte der Mitarbeiter mit Wirecard-Derivaten, wettete mutmaßlich auf den kommenden Absturz der Aktie. Einen Tag später wurde das Bilanzloch von 1,9 Milliarden Euro öffentlich.[13]

Das Bundesfinanzministerium hatte sich zunächst nicht an den Ethikregeln der Bafin gestört und deren interne Kontrollen als »streng und angemessen« bezeichnet. Im Ministerium selbst gibt es keine Anzeigepflicht für private Wertpapiergeschäfte. Das Haus teilte gegenüber Schäffler aber mit, dass es an »ergänzenden Regelungen für die Beschäftigten« arbeitet. Mittlerweile hat die Bafin solche Deals untersagt.

Dass derlei Insidergeschäfte bei der Bafin offenbar bisher gang und gäbe sind, zeigt auch der Fall des Baden-Badener Leasing-Spezialisten Grenke. Dieser war im Sommer 2020 unter Druck geraten, durch Vorwürfe des Wirecard-Kritikers Fraser Perring. Und auch hier kam heraus: Bafin-Mitarbeiter hatten auf Grenkes Kursverlauf spekuliert, wenn auch in kleinerem Umfang als im Fall Wirecard.

Dubiose Geschäfte auf Privatrechnung gab es auch bei der staatlichen Förderbank KfW, die Wirecard bis zuletzt mit einem 100-Millionen-Euro-Kredit unter die Arme gegriffen hatte (siehe Kapitel 4.3). Wie Ende November 2020 bekannt wurde, haben Mitarbeiter der KfW-Tochterbank Ipex privat mit Wirecard-Aktien gehandelt – obwohl das Papier auf der internen Liste der verbotenen Aktien (der sogenannten »Restricted List«) stand. Die Reaktion fiel milde aus: Zwei Mitarbeiter erhielten wegen des Verstoßes gegen die internen Regeln Abmahnungen. Das eigene Kontrollsystem habe funktioniert, zeigte sich die KfW zufrieden.

## Zahnlose »Bilanzpolizei«

Die Finanzaufsicht ist nicht die einzige deutsche Behörde, die bei der Früherkennung und Verhinderung des Wirecard-Skandals versagt hat. Mindestens ebenso fragwürdig ist das Vorgehen der selbsternannten »Bilanzpolizei« DPR. Es zeigt: Auch das System der Aufsicht über die Bilanzierung ist in Deutschland bestenfalls dysfunktional ausgeprägt.

DPR steht für Deutsche Prüfstelle für Rechnungslegung, ein privatrechtlicher Verein, der im zweistufigen Kontrollverfahren vor allem stichprobenartig die Bilanzierung von Unternehmen unter die Lupe nimmt. Nur, wenn die DPR bei einer Prüfung scheitert, kann die Finanzaufsicht bisher genau hinschauen. Die eigene Kompetenz ist dabei freilich rar gesät: Die Bafin beaufsichtigt unter anderem 1 555 Banken, 1 189 Finanzinstitute, 551 Versicherer, 547 Kapitalverwalter – und beschäftigt fünf eigene Wirtschaftsprüfer.

Die von der Wirtschaft wohl mit guten Absichten gegründete DPR steht schon länger in der Kritik – auch, was die Person ihres Präsidenten Edgar Ernst angeht. Ernst sitzt bei der DPR seit 2011 auf dem Chefsessel und ist damit verantwortlich für die Aufklärung möglicher Bilanzskandale. Zugleich ist er Aufsichtsrat beim Handelskonzern Metro, beim Immobiliendienstleister Vonovia und beim Touristikkonzern TUI.

Kritiker hielten es schon seit langem für unvereinbar, dass DPR-Mitarbeiter möglicherweise ein Unternehmen prüfen müssen, in dessen Aufsichtsrat ihr Präsident sitzt. Dies führte im Jahr 2014 zu einem ausgewachsenen Konflikt in der DPR-Führung. Der Berliner BWL-Professor Axel von Werder, der damalige DGB-Vorstand Dietmar Hexel und der Corporate-Governance-Experte Theodor Baums zogen sich aus den Organen der »Bilanzpolizei« zurück. Dennoch wurstelte die Stelle in Berlin weiter.

2015, zum zehnjährigen Jubiläum, war der damalige Bundesjustizminister Heiko Maas (SPD) beim Festakt am Berliner Gendarmenmarkt noch voll des Lobes. Die DPR habe »das Vertrauen in die Kapitalmärkte erhöht und unsere Wirtschaftsordnung gestärkt«. Der Fall Wirecard führt derlei Lobeshymnen nun ad absurdum. »Die Selbstregulierung der Wirtschaft hat komplett versagt«, urteilt ein der Organisation nahestehender Manager. Die Bundesregierung hat den Vertrag mit der DPR nach der Wirecard-Pleite Ende Juni 2020 gekündigt.

Die DPR hat im Fall Wirecard ihre Inkompetenz ausreichend unter Beweis gestellt: Gut 15 Monate dauerte die Prüfung, selbst bei der Insolvenz von Wirecard lag immer noch kein Abschlussbericht vor. Bei der DPR war nur ein einziger Mitarbeiter mit der Kontrolle des Dax-Konzerns betraut, und dieser ist nach der Hälfte der Zeit sogar ausgetauscht worden.

Eigentlich war die DPR 2005 mit dem Anspruch gegründet worden, erneute Bilanzskandale zu verhindern und das Vertrauen des Kapitalmarkts in die Jahresabschlüsse börsennotierter Unternehmen zu stärken. Kurz zuvor hatten große Bilanzfälschungen die internationale Wirtschaftswelt erschüttert – darunter die des US-Energiekonzerns Enron, des italienischen Lebensmittelherstellers Parmalat und des deutschen Baumaschinenproduzenten Flowtex. Alle hatten es geschafft, ihre Wirtschaftsprüfer von der Existenz von Geschäften zu überzeugen, die es gar nicht gab.

Deutschland reagierte mit einem zweistufigen Kontrollsystem auf die Skandale. Auf einer ersten Stufe sollte die neu geschaffene DPR die Bilanzen der Börsenkonzerne unter die Lupe nehmen: im Rahmen von Stichproben, auf Verlangen der Bafin oder bei konkreten Anhaltspunkten für einen Verstoß gegen Rechnungslegungsvorschriften. Die Bafin selbst fungierte als nachgelagerte Instanz, die aufgrund von Erkenntnissen der DPR einschreitet.

Die Gründung der DPR war der typische Versuch der Wirtschaft, die Probleme erst einmal selbst lösen zu wollen, bevor der Staat mit

Regulierungsdrang einschreitet. Die Stelle ist auf die Bereitschaft der Unternehmen angewiesen, an der Prüfung mitzuwirken. Selbst wenn die betroffenen Firmen mitmachen, können sie eine Veröffentlichung des Ergebnisses verweigern. Das durchgreifend als »Enforcement« (Vollstreckung) titulierte Verfahren kann also ohne direkte Folgen verhindert werden. Die DPR verfügt über keinerlei Rechtsmittel.

Der privatrechtliche Verein wird von allen relevanten deutschen Wirtschaftsverbänden getragen: unter anderem vom BDI, DIHK, Bankenverband, von Aktionärsschützern und der Wirtschaftsprüferkammer. Im Fall Wirecard offenbarte die Konstruktion ihre Abgründe.

Hansrudi Lenz, BWL-Professor an der Uni Würzburg, warf der DPR vor, das Risiko von Wirecard nicht richtig eingeschätzt zu haben. Allein wegen der vielen kritischen Medienberichte und des hohen öffentlichen Interesses hätte die Stelle der Untersuchung eine hohe Priorität einräumen müssen. Auch müsse hinterfragt werden, warum die Bafin das DPR-Verfahren mit der mangelnden personellen Ausstattung so hingenommen habe. Schließlich habe sie laut Wertpapierhandelsgesetz das Recht, eine solche Prüfung an sich zu ziehen, wenn erhebliche Zweifel an der ordnungsmäßigen Prüfung der DPR bestehen. Nicht nur für ihn ist eindeutig: Hier haben zwei Institutionen versagt.

Interne E-Mails zeigen, wie löchrig die Bilanzkontrolle bei Wirecard ausfiel. Und erneut steht eine Bafin-Exekutivdirektorin im Fokus: Elisabeth Roegele. So beschäftigte sich die Bafin erst knapp zwei Monate vor dem Kollaps von Wirecard mit der Frage, die Kontrolle des Zahlenwerks selbst in die Hand zu nehmen. Davor tat die DPR fast ein Jahr lang nichts. »Wir haben gestern auf mehrfache Nachfrage von Herrn Prof. Ernst erfahren, dass die DPR auf unsere Mitte Februar 2019 beauftragte Prüfung des Halbjahresabschlusses 2018 der Wirecard AG praktisch seit Juni 2019 inhaltlich nichts mehr gemacht hat«, schrieb Bafin-Exekutivdirektorin Roegele am 8. Mai 2020 in einer E-Mail an das Bundesfinanzministeriums.

»Zunächst gab es einen Sachbearbeiter-Wechsel, der dazu geführt hat, dass man nichts mehr gemacht hat«, echauffierte sich Roegele.

Ab Oktober habe die DPR dann »mit der Begründung, das Ergebnis von KPMG abwarten zu wollen, auch nichts mehr gemacht.« (Gemeint ist die im Oktober von Wirecard beauftragte Sonderprüfung.) War Roegeles Empörung im Mai 2020 gerechtfertigt? Ein weiterer interner Vermerk zieht das in Zweifel. Er stammt von der DPR: Demnach hatte die Prüfstelle die Bafin Anfang Dezember 2019 in einem Arbeitsgespräch explizit darüber informiert, »dass das Ergebnis der unabhängigen Sonderuntersuchung und damit die Vorlage des KPMG-Bericht abgewartet wird«.

»Es war bereits Ende 2019 klar, dass eine ordnungsgemäße Durchführung der DPR-Prüfung nicht erfolgt. Es sei denn, man versteht ›Warten auf KPMG und Tee trinken‹ als eine ordnungsgemäße Durchführung einer Prüfung«, kritisierte Linken-Finanzexperte Fabio De Masi. Der Vorgang belege erneut das sträfliche Zögern der Bafin.[14]

Den Milliardenbetrug bei Wirecard haben weder Bafin noch DPR aufgedeckt. Der Versuch einer von der Wirtschaft selbst geschaffenen Bilanzkontrolle ist gescheitert.

## Passive Wirtschaftsprüferaufsicht

Und nicht nur das System der Bilanzkontrolle versagte im Fall Wirecard. Auch die Wirtschaftsprüferaufsicht funktioniert in Deutschland nicht, wie inzwischen klar ist. In der Folge gerät auch die Aufsichtsbehörde aus dem Haus von Bundeswirtschaftsminister Peter Altmaier (CDU), die Apas, schwer unter Druck.

Apas steht für Abschlussprüferaufsichtsstelle, die als Abteilung sechs beim Bundesamt für Wirtschaft und Ausfuhrkontrolle (BAFA) in Eschborn bei Frankfurt angesiedelt ist.

Die Führungsspitze der Behörde hatte sich bereits vor dem Wirecard-Untersuchungsausschuss im Dezember 2020 bis auf die Knochen blamiert. Eigentlich war sie als Zeuge geladen. Doch längst ging es um die Frage, warum die Apas den Prüfern von EY nicht stärker auf die Finger geschaut hat. Die Apas ist offiziell nicht für die

Überprüfung der Bilanzierung von Unternehmen zuständig – dafür gibt es im bisherigen zweistufigen Verfahren die DPR und die Bafin –, sondern soll die Arbeit der deutschen Wirtschaftsprüfer kontrollieren und Pflichtverstöße beim Bilanztestat aufdecken. Im Fall Wirecard hat das nicht geklappt.

Kulminationspunkt der Probleme mit der Apas ist ein Telefongespräch zwischen EY und der Behördenführung im Februar 2019; die ersten kritischen *FT*-Artikel waren gerade erschienen. Die Abschlussprüfer hatten sich bei der Aufsicht gemeldet, um über einen Betrugsverdacht bei der Wirecard-Tochter in Singapur zu berichten – und über die Prüfungsschritte, die sie einleiten wollten. Trotz der beunruhigenden Nachrichten schritt die Apas nicht ein und schlug auch bei anderen Stellen nicht Alarm. »Die Apas hat danach festgehalten, dass EY alles unter Kontrolle hat. Damit wird dokumentiert, dass sich EY von Wirecard mit hinhaltenden Infos hat abspeisen lassen und die Apas das offenbar als ein angemessenes Vorhaben bewertet«, hieß es in Kreisen des Untersuchungssausschusses.

Die Prüferaufsicht hat im Anschluss an das Gespräch keine Untersuchung vorgenommen und auch keine Meldung an andere Behörden wie etwa die Bafin oder die Bilanzpolizei DPR abgegeben. Sie habe zu diesem Zeitpunkt keine Verletzung der Berufspflichten der EY-Abschlussprüfer erkennen können, erklärte die Apas in einer Stellungnahme.

Vonseiten EYs wählten sich Deutschlandchef Hubert Barth und der Qualitätsverantwortliche Christian Orth in die Telefonkonferenz ein, von der Apas der Leiter Ralf Bose, selbst ehemaliger Partner des Konkurrenten KPMG, sowie drei weitere Vertreter. Notizen eines Teilnehmers des Telefongesprächs zeigen, was dann passierte. EY legte demzufolge dar, dass Wirecard »Zugriff auf alle relevanten Unterlagen« zugesichert habe und die Gesellschaft eine eigene forensische Prüfung der Betrugsvorwürfe in Singapur anstrebe, die kurz zuvor in einem Bericht der *Financial Times* erhoben wurden.[15]

Noch am Tag zuvor, am 12. Februar, habe es ein Treffen mit Wirecard-Chef Markus Braun gegeben. »Bislang hat EY keine Anhaltspunkte, dass Wirecard die Vorwürfe nicht ernst genug nimmt und nicht mit ausreichender Intensität untersucht«, heißt es in der Mitschrift weiter. Die Abschlussprüfer von EY wiesen Ende April 2019 in ihrem Prüfungsbericht dann auf die in Medien erhobenen Betrugsvorwürfe gegen Wirecard-Singapur hin, gaben aber ein uneingeschränktes Testat für die Bilanz 2018.

Mit Blick auf die Apas stellt sich nun die Frage, ob sich die Behörde im Anschluss an den Austausch mit EY rechtskonform verhalten hat.

Der Fall zeigt zudem wie unter dem Brennglas das Zuständigkeitswirrwarr im deutschen Aufsichtssystem über die Rechnungslegung und Abschlussprüfung. So ist die Apas zwar mittelbar dem Bundeswirtschaftsministerium unterstellt. Allerdings hat das Ministerium keinen fachlichen Zugriff: Die Apas ist in der Sache nicht weisungsgebunden. Für viele in der Branche gilt sie als »Blackbox«, von deren Tätigkeit wenig nach außen dringt. Dass die Spitze der Behörde sich zudem vor allem aus den Reihen einer Prüfgesellschaft rekrutiert, KPMG, sorgt bei Konkurrenten schon seit langem für Kritik.

Jedes Jahr überprüft die Apas ohne Anlass die Qualität von Abschlussprüfungen bei börsennotierten Unternehmen. Anlassbezogene Untersuchungen wie im Fall Wirecard sind sehr selten. Dort hat die Apas gegen EY im Herbst 2019 Vorermittlungen aufgenommen – aber erst, nachdem die *FT* erneut über Unregelmäßigkeiten bei Wirecard berichtete. Wobei »Vorermittlung« konsequenter klingt, als es der Wirklichkeit entspricht – laut Insidern blieb es bei telefonischen Nachfragen. Erst im Mai 2020 startete die Apas dann ein ordentliches Aufsichtsverfahren gegen die beiden in den vergangenen Jahren zuständigen EY-Chefprüfer. Anlass waren die schweren Versäumnisse, die der KPMG-Sonderprüfbericht im April aufgedeckt hatte.

Die Ergebnisse, die die Apas Ende September 2020 an die Staatsanwaltschaft übergeben hat, sind folgenreich. So hegt die Behörde den Verdacht auf strafrechtlich relevantes Fehlverhalten von EY – den Prüfern drohen milliardenschwere Klagen enttäuschter Anleger (siehe Kapitel 4.2). EY wehrt sich, Sachverhalte würden von der Apas bewusst »aus dem Kontext gerissen«, die Vergangenheit mit dem Wissen von heute neu bewertet.

Es stellt sich tatsächlich die Frage, warum die Apas erst so spät aktiv geworden ist, einen Monat vor dem Untergang von Wirecard. Unter Wirtschaftsprüfern wird der Apas vorgeworfen, nicht neutral zu agieren und Teil einer Verteidigungsstrategie zu sein. Das zielt in Richtung der Bundesregierung.

Tatsächlich lässt sich der Eindruck nicht einfach widerlegen, dass führende Politiker der Großen Koalition – darunter Bundeswirtschaftsminister Altmaier und Finanzminister Scholz – im Hinblick auf die Bundestagswahl 2021 ein Eigeninteresse haben, vor allem auf die Rolle der Prüfer abzuzielen und vom Versagen staatlicher Stellen ablenken zu wollen, etwa dem der Bafin, aber auch dem der Apas.

»Die Wirtschaftsprüferaufsicht Apas muss erklären, seit wann sie Hinweise auf Pflichtverletzungen von EY hatte«, sagte Linken-Parlamentarier Fabio De Masi. Er nimmt angesichts der Strafanzeige der Apas gegen EY auch die Bafin in die Pflicht:»Es ist krass, dass die Bafin den Zatarra-Bericht verwarf, die Apas aber die unzureichende Prüfung des Berichts zum Anlass einer Strafanzeige gegen EY nimmt. Die Bafin ist Finanzminister Olaf Scholz unterstellt und die Apas Wirtschaftsminister Peter Altmaier. Auch in der Regierung gibt es keine einheitliche Linie im Wirecard-Skandal.«

Bis heute ist keine dieser Behörden von der Bundesregierung offiziell zu einer Stelle gemacht worden, an die sich Wirtschaftsprüfer bei Verdacht gegen Mandanten wenden können. Dabei hätte die Regierung nach Ansicht der Wirtschaftsprüferkammer entsprechend einer EU-Verordnung schon 2016 eine konkret zuständige Behörde benennen müssen, kommt dem aber bis heute nicht nach.

In einem Schreiben an FDP-Bundestagsabgeordnete vom November 2019 nennt die Bundesregierung als mögliche Meldestelle die Staatsanwaltschaft – und unterschlägt dabei, dass Wirtschaftsprüfer selbst der Polizei gegenüber bisher zur Verschwiegenheit verpflichtet sind. Wie weit das gehen kann, erklärt Klaus-Peter Naumann, Chef des Instituts der Wirtschaftsprüfer, mit einem besonders drastischen Beispiel: Selbst wenn ein Abschlussprüfer im Rahmen der Bilanzprüfung erfahre, dass der Chef seine Geliebte erschlagen habe, dürfe er das Stand jetzt nicht der Polizei melden, sondern nur dem Aufsichtsrat – eine absurde Situation. Nur wenn die Apas vertrauliche Informationen bekommt, die für andere Stellen wie die Bafin oder die Bilanzpolizei DPR wichtig sind, muss sie diese laut der Prüferverordnung weiterleiten. »Solche Informationen wurden nach der Beurteilung der Apas aus dem Gespräch mit dem Abschlussprüfer am 13. Februar 2019 nicht gewonnen«, argumentiert die Bundesregierung mit Bezug auf das Wirecard-Telefonat. Bis heute ist umstritten, ob es sich bei diesem Telefonat um eine Warnmeldung gemäß EU-Recht gehandelt hat oder nicht. Unumstritten ist, dass ein Hilferuf, wie von EY erfolgt, extrem ungewöhnlich ist, die Apas jedoch mit Nichtstun reagierte.

Klar ist: Die Apas hätte schon viel eher, etwa im Zuge der langjährigen Vorwürfe gegen Wirecard, eine Routineinspektion der EY-Abschlussprüferarbeit einleiten können. »Es stellt sich die Frage, warum die Apas nicht schon früher Unregelmäßigkeiten bei den Abschlussprüfungen der Wirecard AG untersucht hat«, kritisiert etwa der Grünen-Bundestagsabgeordnete Danyal Bayaz.

### Apas-Chef zockt mit

Statt bei EY kritisch nachzufragen, hat die Spitze der Abschlussprüferaufsicht lieber selbst mit Wirecard-Aktien gezockt, wie im Zuge der Befragung im Bundestag herauskam.

Es ist kurz nach Mitternacht, als im Wirecard-Untersuchungsausschuss im Dezember 2020 eine explosive Aussage fällt, die alle Abgeordneten auf einen Schlag wieder hellwach macht. Die SPD-Abgeordnete Cansel Kiziltepe fragt den Leiter der Apas, Ralf Bose, ob er selbst Wirecard-Aktien besessen habe. Bose steht unter Eid, darf nicht schweigen. Und rückt mit der Wahrheit heraus: Ja, er habe kurz vor der Pleite von Wirecard mit Aktien des Zahlungsdienstleisters gehandelt. Die Parlamentarier trauen ihren Ohren kaum. Linken-Finanzpolitiker Fabio De Masi spricht von einem »ungeheuerlichen Vorgang«, der die Entlassung des Apas-Leiters notwendig mache. »Unfassbar«, sagt auch FDP-Obmann Florian Toncar. »Die Apas braucht jetzt einen Neuanfang an der Spitze.«

Dass der Chef der zuständigen Aufsichtsbehörde inmitten eines laufenden berufsrechtlichen Verfahrens gegen EY-Prüfer mit Wirecard-Aktien gehandelt hat, ist für viele Experten immer noch unfassbar. »Es kann nicht angehen, dass der Präsident der Wirtschaftsprüferaufsicht Apas mit Aktien eines Unternehmens handelt, das mittelbar Gegenstand einer Überprüfung ist«, kritisiert Hans Michelbach von der CSU. Das sei gegen alle Compliance-Regeln. Kurz darauf erklärt Bose seinen Rücktritt.

Nach dem Skandal um Bafin-Beschäftigte, die für die Wirecard-Aufsicht zuständig waren und in der Endphase wie wild mit Aktien handelten, legte der Fall Bose erneut ein unglaubliches Fehlverhalten eines staatlichen Verantwortlichen offen. Dass man nicht alles tun muss, was erlaubt ist, scheint auf der Ebene der wichtigsten Aufsichtsbehörden am deutschen Finanzplatz nicht angekommen zu sein.

Bose hatte nach eigenen Angaben am 28. April 2020 Wirecard-Aktien gekauft. Das war der Tag, an dem die Wirtschaftsprüfungsgesellschaft KPMG ihren Sonderbericht veröffentlichte. Und er verkaufte sie, laut seiner Aussagen im Untersuchungsausschuss, am 20. Mai wieder. In der Zwischenzeit hatte Apas das förmliche Berufsaufsichtsverfahren gegen EY eingeleitet.

»Bundeswirtschaftsminister Altmaier muss sich vorwerfen lassen, dass es für die Apas nur ein völlig ungeeignetes Regelwerk gab, um Interessenkonflikte und Insidergeschäfte zu verhindern«, sagt Florian Toncar.[16] »Die Apas scheint ein Alumni-Verein für die Big Four zu sein«, ergänzt Cansel Kiziltepe. »Eine echte Aufsicht kann man da nicht erwarten.«

Was sagen die problematischen Geschäfte des Apas-Chefs über die Kultur und Compliance der Aufsichtsbehörde aus? Wissen wollte das Kiziltepe, die Boses Spekulationen aufgedeckt hatte. Im Dezember schrieb sie einen Brief an das Bundeswirtschaftsministerium, dem die Apas untersteht. Die Antworten legen schonungslos den Schlendrian in der Behörde offen.

Ein generelles Handelsverbot mit Aktien von Unternehmen, deren Bilanzprüfung die Apas unter die Lupe nimmt, gibt es demnach nicht: Laut der Antwort des Ministeriums existiert nur die Regel, dass Beschäftigte »ein Betriebs- oder Geschäftsgeheimnis, das ihnen bei ihrer Tätigkeit bekannt geworden ist, nicht offenbaren und nicht verwerten«.[17]

Die Arbeitsverträge enthielten darüber hinaus »Verpflichtungserklärungen zur strikten Trennung von Privatinteressen und Dienstpflichten«. Alle »Mitarbeiter der Apas geben bei Aufnahme ihrer Tätigkeit gegenüber dem Leiter der Apas eine schriftliche Unabhängigkeitserklärung ab«. Mögliche Interessenkonflikte würden in einer internen »Unabhängigkeitsmatrix« zusammengefasst und bei der Einsatzplanung berücksichtigt.

Eine externe Überprüfung durch das Ministerium ist hierbei nicht vorgesehen, die Apas überwacht sich selbst: »Ausschlussgründe, die in seiner eigenen Person bestehen«, dokumentiere der Apas-Leiter selbst, heißt es. In wie vielen Fällen Mitarbeiter wegen Interessenkonflikten nicht an einer Prüfung teilnehmen durften, »ist nicht bekannt, da dies nicht erfasst wird«. Verstöße »waren bisher nicht festzustellen«.

Auch bei der Verhinderung von Insidergeschäften vertraute das Ministerium offenbar auf die Redlichkeit der Mitarbeiter. Eine mögliche Befangenheit aufgrund von Aktienbesitz müssten diese »für sich überprüfen«: »Eine generelle Erfassung und Bewertung des privaten Vermögens (…) durch die Apas erfolgt nicht.« Bei Unklarheiten erwarte man, dass ein Mitarbeiter »bestrebt ist«, sich an den Apas-Chef zu wenden.

Altmaier hatte der Apas nach Bekanntwerden des Wirecard-Skandals zunächst gute Arbeit bescheinigt. Die Wirtschaftsprüferaufsicht habe »zu jedem Zeitpunkt die notwendigen und richtigen Schritte« unternommen, so Altmaier im August. Erst nach Boses Eingeständnis sagte der Minister, er sei »befremdet«.

## EU kritisiert deutsche Aufsicht

Und wie sieht sein Kollege, Bundesfinanzminister Olaf Scholz heute das Handeln seiner Aufsichtsbehörde, der Bafin? In einer ersten Reaktion nach dem Untergang erklärte Scholz, die Bafin habe alles richtig gemacht. Trotz des Bilanzskandals des Dax-Konzerns sehe er keine Notwendigkeit für regulatorische Veränderungen. »Ich denke, die Aufsichtsbehörden haben sehr hart gearbeitet«, sagte der Vizekanzler. »Sie haben ihren Job gemacht.«[18] Diese Meinung hat Scholz exklusiv für sich.

Später ruderte sein Haus zurück, betonte aber, die Bafin habe neben ihrer laufenden Aufsicht über die Wirecard Bank zahlreiche weitere Maßnahmen in Bezug auf den Konzern ergriffen. Untersucht habe sie »mögliche Marktmanipulationen und Insiderhandel durch Marktteilnehmer« und »mögliche Marktmanipulationen durch die Wirecard«. 2019 habe sie ein Bußgeld von 1,5 Millionen Euro gegen den Konzern verhängt »wegen zu später Vorlage von Finanzberichten«.

Die Bafin habe 2019 zudem die »Bilanzkontrolle bei der Wirecard durch Beauftragung der zuständigen Deutschen Prüfstelle für Rechnungslegung (DPR)« eingeleitet sowie »konsequentes Handeln gegenüber Wirecard nach Aufdeckung der Bilanzprobleme durch die KPMG-Sonderprüfung« gezeigt. Zu guter Letzt habe die Bafin bei der Wirecard Bank zwischen 2010 und 2019 mehrere Geldwäsche-Sonderprüfungen durchgeführt. Was das Ministerium verschweigt: Gebracht haben diese gar nichts.

Nach der Festnahme von Konzernchef Markus Braun schlug Scholz dann doch noch andere Töne an. »Die Bafin hat eigene Fehler bereits eingeräumt, sie müssen schleunigst identifiziert und abgestellt werden«, forderte der Minister und stellte schärfere Regeln in Aussicht. »Wir müssen schnell klären, wie wir unsere regulatorischen Vorschriften ändern müssen, um auch komplexe Unternehmensgeflechte flächendeckend, zeitnah und schnell überwachen zu können.«

Dass nicht nur die deutschen Vorschriften nicht ausreichen, sondern sie auch noch mangelhaft ausgelegt wurden, kritisierte im November 2020 auch die europäische Wertpapieraufsicht ESMA.

Im Wirecard-Skandal wirft diese Behörde der Bafin Versäumnisse und fehlende Unabhängigkeit vom Bundesfinanzministerium vor. Angesichts der Vielzahl der Kontakte zwischen Bafin und Finanzministerium habe es ein erhöhtes Risiko der Einflussnahme des Ministeriums gegeben, erklärte die ESMA in einem Bericht. Das Risiko politischer Einmischung sei hoch. Das gelte insbesondere, da die Bafin das Ministerium in zahlreichen Fällen informiert habe, bevor sie Maßnahmen ergriff.

Zudem kritisierte die ESMA das deutsche System der Bilanzkontrolle, unter anderem, dass die Bafin und die DPR nicht das gleiche Verständnis über die Rolle und Möglichkeiten der beiden Institutionen teilten. Die Finanzaufsicht sei nicht in der Lage gewesen, die Arbeit der als privatrechtlicher Verein organisierten DPR grundlegend zu bewerten und auf dieser Basis zu entscheiden, ob sie die Untersuchung von Wirecard-Bilanzen an sich ziehen solle.

»Unsere Untersuchung des Aufsichtshandelns förderte zahlreiche Probleme, Ineffizienzen sowie rechtliche und prozessuale Hindernisse zutage«, erklärte ESMA-Chef Steven Maijoor. Diese beträfen die Unabhängigkeit der Bafin, die Marktaufsicht durch Bafin und DPR sowie die Effektivität der Bilanzaufsicht als Ganzes. Konkret sei der Austausch von Informationen zwischen der Bafin, der DPR und anderen Stellen durch die geltenden Vertraulichkeitspflichten behindert worden. Auch innerhalb der Bafin hätten verschiedene Teams sich nicht ausreichend abgestimmt, so die ESMA.

Die Analyse der DPR sei angesichts der von Whistleblowern und den Medien erhobenen schweren Vorwürfe der Bilanzfälschung gegen Wirecard unzureichend gewesen, heißt es in dem Bericht, der von einem Gremium aus Experten anderer Finanzaufseher und der ESMA erstellt wurde. Zudem hätten DPR und Bafin nicht oder nicht rechtzeitig Wirecard-Bilanzen der Jahre 2016 bis 2018 unter die Lupe genommen.

Und auch das Leerverkaufsverbot und seine wacklige Rechtsgrundlage steht in der EU in der Kritik. Hat die Bafin mit ihrem Schutzschirm um Wirecard geltendes EU-Recht verletzt? Das soll die europäische Wertpapieraufsicht ESMA nun untersuchen.[19]

## Staatshaftung für Aufsichtsversagen?

Brisant ist die Schelte der europäischen Aufsicht vor dem Hintergrund eines Rechtsgutachtens, das die Anlegerschutzgemeinschaft SdK vorgestellt hat. Erarbeitet wurde es von Moritz Renner, Rechtsprofessor an der Universität Mannheim. Das Gutachten sieht Chancen, dass Anleger den Staat in Haftung nehmen können für Versäumnisse der Finanzaufsicht. »Die Bafin und die Bundesrepublik Deutschland haften im Rahmen eines eigenständigen unionsrechtlichen Staatshaftungsanspruchs«, erklärt das Gutachten. Zwar dürften der Bafin qualifizierte Verstöße gegen Unionsrecht nur schwer zu beweisen sein. Die Bundesrepublik müsse sich aber »die kumulierten Unionsrechtsverstöße sämtlicher staatlicher Stellen« zurechnen lassen.

Zu diesen gehörten im Fall Wirecard etwa das Versagen der Geldwäscheaufseher, die Mängel in der Bankenaufsicht sowie das öffentliche Einschreiten gegen Wirecard-Kritiker. Hierbei könnten Amtspflichten verletzt worden sein.

Konkret habe die Bafin »als verlängerter Arm der Wirecard AG« agiert. Es habe frühzeitig Warnzeichen gegeben, etwa überhöhte Forderungspositionen in der Bilanz, denen die Bafin nicht nachgegangen sei, so die SdK. »Hätte Sie das sorgfältig getan, wäre das System Wirecard aus unserer Sicht schon vor über zehn Jahren aufgeflogen«, kritisieren die Anlegerschützer. »Stattdessen hat die Bafin stets in Rekordzeit Entscheidungen pro Wirecard getroffen und Anzeigen gegen die Kritiker gestellt« und damit »falsche Signale« gesendet. Auch die Staatsanwaltschaft sei »Vorwürfen gegen Wirecard nie wirklich nachgegangen«, moniert die SdK.

Klar ist: Die Bafin wird größtenteils von den Unternehmen bezahlt, bei denen sie prüft, nur ein Teil des Budgets stammt aus dem Staatshaushalt. Die Behörde steht daher zu Recht unter Generalverdacht – und muss ihren Ruf schleunigst verbessern. Das betrifft auch das Personal: Engagierte Bafin-Mitarbeiter beschweren sich hinter vorgehaltener Hand über die mit Juristen durchsetzte Behörde, in der junge, engagierte Beamte sich vor Arbeit kaum noch retten können, während es sich viele altgediente Aufseher in der inneren Emigration gemütlich gemacht haben. Der Aufsichtskultur fehle es an »Biss«, allzu oft würde die Sicht der zu kontrollierenden Institute kritiklos übernommen. Eine am Finanzmarkt gefürchtete, durchsetzungsstarke Aufsicht sieht anders aus.

Wie geht es nun weiter mit der Bafin – und ihrem zuständigen Minister? Der finanzpolitische Sprecher der FDP-Bundestagsfraktion, Florian Toncar, bilanziert: »Mit der Strafanzeige gegen Journalisten und dem Leerverkaufsverbot für Wirecard-Titel hat die Bafin den Finanzmarkt komplett in die Irre geführt. Bei Anlegern und Banken entstand der Eindruck, bei Wirecard sei trotz aller Gerüchte alles in Ordnung, sodass das Unternehmen den Geldgebern immer neue Milliarden aus den Rippen leiern konnte.«[20]

Die Bafin habe »offenbar sogar die fachlichen Bedenken der Bundesbank beiseitegeschoben«, so Toncar weiter. »Dass Finanzminister Scholz dieses offenkundige und folgenschwere Versagen seiner Leute vollkommen regungslos hinnimmt, lässt eigentlich nur einen Schluss zu: dass er bei dem für die Betrüger von Wirecard so wichtigen Leerverkaufsverbot selbst mit an Bord war.«

Auch politisch sieht er Bundesfinanzminister Scholz, in dessen Zuständigkeitsbereich die Bafin fällt, mitverantwortlich. Die ESMA habe die Einbindung des Bundesfinanzministeriums in den Fall Wirecard als »beispiellos« bezeichnet. »Damit ist endgültig klar, dass Wirecard eine Causa Scholz ist«, sagte Toncar. Die bisher von Scholz und dem Ministerium vorgebrachte Behauptung, man habe während einer laufenden DPR-Prüfung der Wirecard-Bilanz nichts unternehmen können, sei in sich zusammengebrochen. »Es ist nun erwiesen, dass das Ministerium massiv mitgemischt hat«, so Toncar. Damit erhärte sich auch der Verdacht, dass Wirecard politischen Schutz genossen habe. »Nichts anderes nämlich meint die ESMA, wenn sie Zweifel an der Unabhängigkeit der Finanzaufsicht vom Bundesfinanzminister äußert.«

Die Versäumnisse bei der Fachaufsicht durch die Bafin und die Apas, die gescheiterten Konstrukte DPR und FIU sowie die Verfehlungen bei der politischen Aufsicht durch das Bundesfinanz- und das Bundeswirtschaftsministerium: Sie alle werden mit der sukzessiven Aufklärung des Falls immer deutlicher.

Und vielleicht gibt es ja noch einen anderen Grund, wie von Toncar angedeutet, warum Wirecard aus dem politischen Raum über viele Jahre hinweg keinen Gegenwind fürchten musste: In Berlin, in München und in Wien hatte der Konzern viele Claqueure, wie das folgende Kapitel zeigt. Einige könnten über ihre guten Verbindungen zu den Betrügern aus Aschheim schon bald stürzen.

## 5.2 Die Politiker – Empfängliche Freunde in München, Wien, Berlin

Es war ein Treffen unter politischen Freunden, in bester Stimmung. Am 3. September 2019 zeigt das Thermometer in Berlin-Mitte 21 Grad, kaum Wolken trüben den Altweibersommer. Für CSU-Mitglied Karl-Theodor zu Guttenberg ist es ein wichtiger Tag: Der gestürzte Ex-Minister ist inzwischen als Lobbyist tätig, auch für den Zahlungsdienstleister Wirecard, und hat einen hochrangigen Termin.

Der Ort: das Kanzleramt. Die Gesprächspartnerin: Bundeskanzlerin Angela Merkel. Es ist über acht Jahre her, dass Guttenberg aus ihrem Kabinett ausgeschieden ist. 2011 stolpert der umschwärmte Minister über seine zu großen Teilen abgeschriebene Doktorarbeit. Zu den plagiierten Texten gehörten wissenschaftliche Gutachten des Bundestags und Artikel aus der Wochenzeitung *Die Zeit*.

Doch jeder verdient eine zweite Chance. Und Guttenberg nutzt sie. Der Austausch mit der Kanzlerin findet in bester Stimmung statt. »Sehr verehrte Frau Bundeskanzlerin, liebe Angela«, schreibt Guttenberg im Nachgang, »danke für das gute Gespräch heute! Eine Freude, Dich so guter Dinge zu sehen.«

»Hier die Adresse der beiden jungen A. I. Herren der Firma Augustus Inc«, fährt der Ex-Minister fort. Gemeint sind zwei Experten des Start-ups Augustus Intelligence. Die 2018 gegründete New Yorker Firma bietet laut Eigendarstellung »durchgehende, vertikal integrierte Lösungen für Künstliche Intelligenz (KI)«, englisch: »Artificial Intelligence« (AI). Guttenberg wurde im Frühjahr 2019 Investor und Direktor der Firma, die sich, wie der *Spiegel* später enthüllt, vor allem durch enge Bande zu konservativen Politikern auszeichnet.

So hatte CDU-Jungstar Philipp Amthor für das Unternehmen bei Bundeswirtschaftsminister Altmaier lobbyiert und dafür einen Direktorenposten und Aktienoptionen erhalten. Auch zum Ex-Chef des Verfassungsschutzes, Rechtsausleger Hans-Georg Maaßen (CDU) suchte Augustus Kontakt. Im One World Trade Center sitzt das Startup auf derselben Etage wie Guttenbergs eigene Beratungs- und Investmentfirma Spitzberg Partners.

Für Guttenberg kein Hindernis, um sich bei seiner Freundin Angela Merkel für das Start-up einzusetzen, ganz im Gegenteil. Und auch für einen anderen Konzern lobbyiert Guttenberg an diesem 3. September, mit pikanten Folgen. Damit seine Botschaften auch wirklich ankommen, schickt Guttenberg seine anschließende Nachricht an das Handy der Kanzlerin – und um sicherzugehen auch per Mail an ihr Vorzimmer, »damit das gute Gespräch mit seinem Dankeschön einen Abschluß kriegt«, wie Merkels Assistentin mitnotiert.[21]

Um 20:04 Uhr kommt die Nachricht im Kanzleramt an, wie aus Dokumenten hervorgeht, die das Portal *Abgeordnetenwatch.de* angefordert hatte. Guttenberg erwähnt hierin noch eine wichtige Person. Mit Bezug auf den Wirtschaftsberater der Kanzlerin, Lars-Hendrik Röller, schließt er mit den Worten: »An Herrn Röller sende ich gesondert eine Notiz. Herzlichst stets Dein Karl-Theodor«.

Heute ist klar, warum Guttenberg besonders Röller im Fokus hatte: Augustus Intelligence war nicht die einzige Firma, für die der Ex-Minister bei Merkel warb. Auch ein Konzern aus Aschheim bei München war Thema des »guten Gesprächs«: Wirecard.

Guttenberg sagte, so erinnert er sich im Untersuchungsausschuss, dass es da ein junges Dax-Unternehmen gebe, das einen chinesischen Zahlungsdienstleister übernehmen wolle. Wenn es auch der Überzeugung des Kanzleramts entspreche, könne ein Hinweis gegenüber der chinesischen Seite »hilfreich sein«.

Die Intervention ist von Erfolg gekrönt: Guttenberg darf im Anschluss Röller über den »beabsichtigten Markteintritt von Wirecard in China unter Beifügung eines Kurzsachstandsberichts unterrichten« und um »Flankierung im Rahmen der China-Reise« der Kanzlerin werben, wie es heißt. Die Unterstützung erfolgte prompt, wie eine Regierungssprecherin einräumen musste: »Herr Röller hat Herrn zu Guttenberg nach der Reise am 8. September 2019 per E-Mail geantwortet, dass das Thema bei dem Besuch in China zur Sprache gekommen ist, und weitere Flankierung zugesagt.«

Merkel war mit einer großen Delegation nach China gereist, traf dort unter anderem Premierminister Li Keqiang und Staatspräsident Xi Jinping. Auch zugegen: Abteilungsleiter Röller. Kurz nach der Reise, im November 2019, wurde Wirecards Akquisition in China eingeleitet. Die Aschheimer schickten sich an, den chinesischen Anbieter Allscore Payments Services zu übernehmen. Damit wäre der Konzern zum ersten ausländischen Lizenzhalter für bestimmte Zahlungsdienste in China aufgestiegen.

Der Schritt war umstritten. Allscore war laut chinesischen Medien in Gerichtsprozesse verwickelt, weil es Schulden nicht beglichen hatte. 2020 veröffentlichte die chinesische Zentralbank gegen mehrere Anbieter verhängte Strafen, Allscore Payments musste wegen 16 Fällen »illegaler Aktivitäten« ein Bußgeld von umgerechnet 14 Millionen Euro bezahlen. Unter anderem ging es dabei um die Nichteinhaltung von Auflagen und die Zusammenarbeit mit illegalen Online-Plattformen.

Die Probleme des Unternehmens waren bereits bekannt, als Wirecard den Kaufvertrag schloss, dennoch sollten bis zu 100 Millionen Euro für die Akquisition fließen, die exakte Summe war an gewisse Zielvorgaben gekoppelt. Tatsächlich abgeschlossen wurde der Kauf bis auf den Erwerb eines kleinen Anteils nie, Wirecard hielt laut Insidern knapp zehn Prozent an Allscore. Nach Vertragsunterzeichnung habe man den Rest übernehmen wollen, dazu sei es aufgrund der Insolvenz nicht mehr gekommen.[22]

## Profitable Lobby-Arbeit

Guttenberg profitierte in jedem Fall von seinem Einsatz für Wirecard: Wie Recherchen der *Frankfurter Allgemeinen Sonntagszeitung* ergaben, erhielt der Ex-Minister eine Million Euro aus Aschheim über seine PR-Firma Spitzberg. Guttenberg selbst sprach im Untersuchungsausschuss später von »nicht mehr als 760 000 Euro«.

In Berlin hagelte es Kritik: »Karl-Theodor zu Guttenberg nutzte seine Vergangenheit als Bundesminister zu seinem wirtschaftlichen Vorteil aus. Dabei hatte er keine Hemmungen, für ein Unternehmen zu lobbyieren, gegen das es schon damals massive Betrugs- und Geldwäschevorwürfe gab«, kritisierte der Grünen-Abgeordnete Danyal Bayaz. Der Linken-Finanzexperte Fabio De Masi konstatierte, die Kanzlerin sei »für ein Unternehmen mit hoher krimineller Energie in den Ring« gestiegen.

Guttenberg selbst erklärte sich im Wirecard-Untersuchungsausschuss zum Opfer: Seine Arbeit werde »verzerrt« dargestellt, »Wirecard hat uns alle getäuscht«.[23] Es war eine langfristige Täuschung – und eine einträgliche Beziehung: Seine Firma Spitzberg Partners ist laut Guttenberg mit Unterbrechungen zwischen 2016 und 2020 für Wirecard tätig gewesen.

Dieser Einsatz scheint vielerlei Formen angenommen zu haben. Anfang April 2020 schrieb Guttenberg einen Gastbeitrag für die *FAZ*: »Ein Virus namens Leerverkäufe« war er übertitelt. Ohne Wirecard ausdrücklich zu nennen, sprach sich der Ex-Minister hier gegen Short-Spekulanten aus und rief dazu auf, Marktgerüchten und negativen Artikeln gerade in Corona-Zeiten nicht zu viel Glauben zu schenken. Die PR-Agentur Edelman, ebenfalls von Wirecard beauftragt, hatte zuvor ein entsprechendes Konzept geschrieben, die Argumentation passte genau in Wirecards Opfergeschichte.

Eigentlich hätte Guttenberg gewarnt sein können: Schließlich war der Konzern im September 2019, als der Ex-Minister die Kanzlerin traf, längst kein unbeschriebenes Blatt mehr. Die schweren Vorwürfe der *FT* und anderer Medien waren der Elefant im Raum. Kurz darauf kam es zur Einsetzung der KPMG-Sonderprüfung. Und während das Kanzleramt darin offenbar kein Problem für das eigene Engagement für den Konzern sah, machten andere Beamte ihren Job, wie ein Beispiel aus China zeigt.

Nicht nur in Deutschland war Spitzberg Partners vielfältig für Wirecard im Einsatz. Auch in Peking sollte die deutsche Botschaft bearbeitet werden. Diese sollte Wirecards China-Expansion und die Übernahme von Allscore Payments unterstützen. Lange schien auch das Früchte zu tragen, analog zum Einsatz des Kanzleramts für den Konzern. Doch eine Episode zeigt, wie einfach es für viele Wirecard-Unterstützer gewesen wäre, Nein zu sagen. Nötig war dafür nur eines: Rückgrat.

## Die Zweifel der Botschaft

Während sich das Kanzleramt für Wirecard einsetzte, verweigerte die deutsche Botschaft in Peking Wirecard in einem entscheidenden Fall die Unterstützung – weil ein Finanzreferent bei der Zeitungslektüre aufgepasst hatte.

Es war der 14. November 2019, als dieser Finanzreferent den deutschen Botschafter Clemens von Goetze warnte, dass mit Wirecard etwas faul sein könnte. Die Zweifel sind schwarz auf weiß hinterlegt: Per E-Mail schrieb der Referent, dass der deutsche Botschafter eine Unterstützung des Konzerns aufgrund der Vorwürfe gegen Wirecard »zum jetzigen Zeitpunkt« ablehnen solle. Erst nach Widerlegung der Vorwürfe könne die Botschaft gegebenenfalls tätig werden.[24]

Die Erkenntnisse des Referenten stützten sich unter anderem auf einen Bericht des *Handelsblatts* zu Problemen in Singapur. Konkret schrieb der Referent: »Mittlerweile haben sich neue Ungereimtheiten im Zusammenhang mit angeblichen Bilanzfälschungen bei Wirecard ergeben.« Der Singapur-Tochter sei das Testat für das Geschäftsjahr 2017 verweigert worden, ein Testat für 2018 gebe es bislang nicht.

»Entweder ist das Unternehmen in den letzten Jahren zu schnell gewachsen und konnte die Anforderungen an die Compliance nicht schnell genug anpassen, oder das Unternehmen hat tatsächlich etwas zu verheimlichen«, schlussfolgerte der Referent. »Solange die Vorwürfe wegen Bilanzfälschungen nicht vorbehaltlos aufgeklärt worden sind, schlage ich vor, den Genehmigungsprozess bei der [chinesischen Zentralbank] nur auf Arbeitsebene weiter voranzutreiben.«

Guttenberg kann das nicht gefallen haben. Seine Firma Spitzberg hatte zuvor vorgeschlagen, dass der Ex-Minister höchstpersönlich in Begleitung des Botschafters in Peking vorspricht. Die Botschaft verhinderte das.

»Es ist erstaunlich, dass der Finanzattaché der deutschen Botschaft in Peking besser über die mit Wirecard verbundenen Probleme Bescheid weiß als der wirtschaftspolitische Chefberater der Bundeskanzlerin, Herr Röller«, kritisierte Linken-Finanzexperte Fabio De Masi. »Das Kanzleramt hätte sich vor der Dienstreise der Kanzlerin nach China und ihrer dortigen Werbetour für Wirecard kundig machen müssen. Ich bin der festen Überzeugung, die schweren Vorwürfe gegen den Konzern waren im Kanzleramt bekannt.«

Was die Opposition besonders ärgert, ist die Informationspolitik der Regierung. Diese folgt der altbekannten »Salamitaktik«, nur das zuzugeben, was sich nicht mehr leugnen lässt. »Wir hatten die Bundesregierung bereits nach dem Lobbying von Guttenberg gefragt und nach der diplomatischen Korrespondenz. Die Kontakte zwischen Wirecard und der deutschen Botschaft in Peking wurden zunächst verschwiegen«, so De Masi.

Warum im Kanzleramt anders als in der Pekinger Botschaft offenbar niemand stutzig wurde, warum sich Merkel bei Gesprächen in China persönlich für Wirecard einsetzte, wird Merkel selbst dem Untersuchungsausschuss des Bundestags erklären müssen. Im Bundestag sagte sie auf Anfrage De Masis bereits lapidar, sie setze sich für viele deutsche Unternehmen ein.

Das Auswärtige Amt unterstützt bei Auslandsreisen logistisch. Doch die Entscheidungen, wen die Kanzlerin trifft, welche Fragen sie anspricht, welche Firmeninteressen sie thematisiert, werden im Kanzleramt gefällt. Höchstwahrscheinlich war es nicht nur Guttenbergs Kaffeetermin bei der Kanzlerin, der die Schützenhilfe von ganz oben möglich machte. Interne E-Mails der Bundesregierung legen nahe, dass Wirecards Expansion in Asien schon 2018 auf der Agenda ganz oben stand – im Rahmen des bilateralen Finanzdialogs.

»Die Bundesregierung führte den deutsch-chinesischen Finanzdialog gezielt im Hinblick auf die Interessen von Wirecard und Deutscher Bank«, sagt De Masi. Der Startschuss fiel bei der Verhandlung zwischen Finanzminister Scholz und seinem chinesischen Gegenüber Liu He im Januar 2019. Die Kanzlerin sollte dann bei Präsident Xi Jinping Nägel mit Köpfen machen, glaubt De Masi. Die Übernahme von Allscore inklusive der landesweiten Payment-Lizenz sei für Wirecard »der Jackpot« gewesen, weil kein ausländisches Unternehmen bisher Zahlungsdienste im wichtigsten Finanzmarkt der Zukunft erbringen durfte.

»Es ist nachvollziehbar, dass sich die Bundesregierung für deutsche Unternehmen im Ausland engagiert. Völlig unbegreiflich ist aber, dass die Kanzlerin beim mächtigsten Mann Chinas für ein Unternehmen Klinken putzt, gegen das so heftige Vorwürfe existieren«, mahnt De Masi. »Die Bundesregierung muss besoffen gewesen sein von der Sehnsucht, eine digitale Erfolgsstory Made in Germany zu verkünden.« Letzteres komme schließlich an bei den Anlegern – und bei den Wählern.

War die politische Hilfe für Wirecard etwa Hilfe zur Selbsthilfe? In diesem Zusammenhang rückt noch ein anderer Minister in den Fokus: Olaf Scholz.

## Kanzlerkandidat im Zwielicht

Kanzlerkandidat Scholz wird sich im Untersuchungsausschuss erklären müssen. Der SPD-Politiker führt das Bundesfinanzministerium, dem unter anderem die Bafin untersteht. Er und sein Haus hätten also qua Amtes einen besonders kritischen Blick auf Wirecard werfen müssen. Hätten.

Tatsächlich stellt sich für viele Beobachter immer drängender die Frage, wann Scholz von den Problemen bei Wirecard wusste – und warum der Vizekanzler nicht früher eingeschritten ist. Das Bundesfinanzministerium hat mitgeteilt, dass sich Scholz im Februar 2019 erstmals über die Vorwürfe gegen Wirecard informieren ließ: Im Raum standen die Themen Bilanzfälschung, Geldwäsche, Marktmanipulation. »Der Bundesminister der Finanzen wurde am 19. Februar 2019 über das Wirecard-Leerverkaufsverbot und darüber unterrichtet, dass die Bafin in alle Richtungen wegen Marktmanipulation ermittelt«, erklärte sein Ministerium. Die Finanzaufsicht teilte demnach mit, sie ermittle auch gegen Wirecard-Mitarbeiter.

Die Bafin handelte in der Folge tatsächlich, so stellte sie die Wirecard Bank unter Geldwäsche-Intensivbetreuung und beauftragte die Deutsche Prüfstelle für Rechnungslegung (DPR) mit einer Sonderuntersuchung der Wirecard-Bilanzen. Öffentlich bekannt wurde das freilich nicht. Dafür machten andere Bafin-Entscheidungen Schlagzeilen, etwa das fatale Vorgehen gegen die *FT*-Journalisten in Form der personalisierten Strafanzeige und das bis dato einzigartige Leerverkaufsverbot (siehe Kapitel 5.1).

Viele Maßnahmen wurden von Bafin-Direktorin Elisabeth Roegele vorangetrieben. Diese ist keine Unbekannte im politischen Berlin: Roegele gilt seit Jahren als skandalträchtig. Vor ihrer Tätigkeit als Bafin-Direktorin war sie Chefjuristin der DekaBank, als diese Gewinne aus Cum-Ex-Geschäften einklagen wollte, also Gelder aus unrechtmäßigen Steuertricksereien mit dubiosen Aktiengeschäften. Es ist nicht bekannt, dass Scholz dem Handeln Roegeles etwas entgegengesetzt hätte. Stattdessen stieg sie unter seiner Ägide noch im August 2018 zur Bafin-Vizepräsidentin auf.

Die guten Drähte von Wirecard reichten nicht nur ins Kanzleramt: Guttenberg traf sich nicht nur mit Merkel zum Kaffee – auch im Finanzministerium wurde er vorstellig. Auf Anfrage des *Spiegel* erklärte das Ministerium, dass Staatssekretär Wolfgang Schmidt im Juni 2019 »seinen chinesischen Counterpart, Vizeminister Liao Min im Ministry of Finance, über das Interesse von Wirecard am Markteintritt informiert« habe. Wie Schmidt dem Untersuchungsausschuss im Dezember mitteilte, war dem ein Anruf eines Beraters von Guttenbergs Firma Spitzberg Partners vorausgegangen. Dieser hatte Schmidt darum gebeten, Wirecards China-Expansion zu unterstützen – und einen entsprechenden englischsprachigen Werbebrief für die chinesische Seite formuliert. Schmidt schickte ihn nur minimal abgeändert nach Peking. Schmidt ist ein einflussreicher Strippenzieher der SPD und gilt als Scholz-Vertrauter, er fädelte unter anderem dessen Kanzlerkandidatur mit ein. Das Ministerium tat folglich alles, um den Vorgang vom Minister fernzuhalten. Mit Scholz sei die Intervention in Peking nicht abgesprochen gewesen, hieß es aus dem BMF. Eigene Nachforschungen zum chinesischen Übernahmekandidaten habe das Ministerium nicht betrieben.

Klar ist: Der Wirecard-Crash setzt die Bundesregierung zunehmend unter Druck und ganz besonders das Finanzministerium. Hier gilt nicht nur Schmidt als wichtiger Strippenzieher, sondern auch Staatssekretär Jörg Kukies. Der Ex-Chef des Deutschlandablegers der US-Großbank Goldman Sachs sollte bei seiner Berufung 2018 dem Juristen Scholz den dringend benötigten Finanzsachverstand liefern. Tatsächlich verrannte sich Scholz unter Kukies' Ägide in der Folge in die Unterstützung der gescheiterten Megafusion von Deutscher Bank und Commerzbank. Auch im Fall Wirecard warf Kukies' Agieren viele Fragen auf.

Wie das Bundesfinanzministerium erst verheimlichte, dann schließlich auf Twitter einräumen musste, war Kukies vorab über das Leerverkaufsverbot informiert.[25] Er schritt nicht ein. »Das Leerverkaufsverbot war offenkundig rechtswidrig«, kritisiert Danyal Bayaz von den Grünen. »Die Rechts- und Fachaufsicht des Bundesfinanzministeriums über die Bafin hätte bei diesem außergewöhnlichen Vorgang genauer hinsehen und eingreifen können und müssen.« Doch statt die Aufklärung zu unterstützen, sei Scholz' Haus mehr damit beschäftigt, diesen eklatanten Fehler zu kaschieren, so Bayaz. Sein Kollege im Wirecard-Untersuchungsausschuss, Matthias Hauer (CDU), kritisiert: »Die wohlwollende Begleitung von Wirecard vor der Pleite ist gerade auch mit Scholz-Staatssekretär Kukies eng verbunden.«

Fakt ist: Scholz' Vertrauter hätte in Aschheim selbst nachfragen können, was an den schweren Vorwürfen gegen den Konzern dran ist. Kukies hatte im Herbst 2019 zweimal mit Wirecard-Ex-Chef Braun gesprochen. Den Inhalt der Gespräche hatte das Ministerium mit Berufung auf »Geheimschutzinteressen« lange verschwiegen. Beim ersten Mal saßen Kukies und Braun auf einem Podium und tauschten im Anschluss nur Höflichkeiten aus. Beim zweiten Mal, dem 5. November 2019, besuchte Kukies Braun in der Konzernzentrale in Aschheim – ausgerechnet an Brauns 50. Geburtstag. »Das Gespräch betraf eine Vielzahl von Themen und auch die Unternehmensgruppe Wirecard. Gegenstand des Gesprächs waren auch der Marktmanipulationsverdacht sowie die begonnene KPMG-Sonderprüfung«, heißt es im Sachstandsbericht. Kukies besuchte am selben Tag eine Konferenz in München und traf sich um 10 Uhr mit dem Vorstandschef der BayernLB, Stephan Winkelmeier, zum Austausch, ein Routinetermin. Um 8:30 Uhr begann das einstündige Gespräch in Aschheim.

Zu der »Vielzahl von Themen« sollen die Zukunftsvisionen, die Braun schon seit Jahren interessierten, gehört haben: etwa die Themen Cloud, Kryptowährungen, Zukunft der Zahlungsabwicklung, der Einfluss neuer Wettbewerber aus dem Technologiebereich sowie die Start-up-Kultur in Deutschland. Über Wirecards internationale Expansion, etwa nach China, oder eine Unterstützung der Bundesregierung für den Konzern, soll nicht gesprochen worden sein, heißt es bis heute aus dem Bundesfinanzministerium. Von Brauns 50. Geburtstag habe Kukies nichts gewusst, Notizen seien beim Gespräch nicht gemacht worden.

Viele politische Beobachter wollen diese Darstellung nicht glauben. Und selbst wenn sie der Wahrheit entspricht: Unverständlich erscheint, dass der Finanzprofi Kukies das Gespräch mit Braun trotz der gravierenden Vorwürfe nicht entweder abgesagt oder zu einer peinlichen Befragung des Wirecard-Chefs genutzt hat.

Kurz vor Schluss lief Scholz' Team dann zur Hochform auf, um Wirecard zur Seite zu springen. Noch am 23. Juni rief Kukies den Chef der KfW-Tochter Ipex an, die 90 Prozent ihres 100-Millionen-

Euro-Kredits an Wirecard in der zwei Tage später folgenden Insolvenz verlieren sollte. Der Chef der Staatsbank-Tochter, Klaus Michalak, erkannte sofort die Brisanz des Telefonats, wie der *Spiegel* berichtete.[26]

Man habe ihn bereits »vorgewarnt«, schrieb Michalak in einer E-Mail an seine Chefs in der KfW-Spitze um Günther Bräuning: Bundesfinanz- und Bundeswirtschaftsministerium sollten darüber nachdenken, »für Wirecard eine ›deutsche Lösung‹« zu finden. Offensichtlich wollte die Bundesregierung dem Konzern neue Kredite zuleiten und eine Übernahme durch ausländische Konkurrenten verhindern – und das einen Tag, nachdem Wirecard mitgeteilt hatte, dass die fehlenden 1,9 Milliarden Euro in der Konzernbilanz höchstwahrscheinlich nie existiert hatten, ebenso wenig wie große Teile des Drittpartnergeschäfts.

»Herr Kukies will mit uns wohl diskutieren, ob wir nicht nur stillhalten können, sondern ggf. unser Engagement noch aufstocken würden«, erklärte Michalak demnach den Chefs der Staatsbank. »Unter Risikogesichtspunkten ist das für die Ipex nicht vertretbar«, so seine Einschätzung. Sollte in den taumelnden Konzern Steuergeld fließen, die KfW eingespannt werden für politische Zwecke? Zumindest sieht es ganz danach aus, als hätte die Spitze des Finanzministeriums bis zum Schluss der Idee des »Nationalen Champions« Wirecard nachgehangen.

Einen Tag vor dem Telefonat mit Michalak hatte Kukies laut *Reuters* ein neunseitiges, als »sehr eilig« und »vertraulich« gekennzeichnetes Memo an Scholz geschickt, in dem er anregte, KfW-Gelder für die Rettung von Wirecard einzusetzen. »Die Presse berichtet, dass das operative Geschäft von Wirecard trotz der Coronavirus-Krise und trotz der Fehltritte gut läuft«, heißt es in dem Dokument in grotesker Verkennung der realen Lage und der vielen kritischen Presseartikel.[27]

Im Bundesfinanzministerium ist man sich darüber im Klaren, wie heikel der Last-Minute-Einsatz für den Konzern ist. Man habe alle Optionen zur Vermeidung einer ungeordneten Insolvenz geprüft und aus guten Gründen sofort verworfen. Das Haus von Olaf Scholz sieht die Verantwortung für den Wirecard-Skandal bei einem ganz anderen Akteur.

In einem mehrfach verschobenen Bericht an den Bundestag hat das Finanzministerium seine Sicht auf den Untergang herausgestellt. Es schiebt dabei den größten Teil der Verantwortung auf den langjährigen Wirtschaftsprüfer EY ab. Wirecard legte demnach 2009 bis 2018 »einen testierten und mit einem uneingeschränkten Bestätigungsvermerk der EY Wirtschaftsprüfungsgesellschaft versehenen Abschluss und Lagebericht vor. Keine der Abschlussprüfungen hat zu Einwendungen des Abschlussprüfers geführt«, heißt es. »EY stellte ferner für die Geschäftsjahre 2009 bis 2018 jeweils fest, der Konzernabschluss vermittele (...) ein den tatsächlichen Verhältnissen entsprechendes Bild der Vermögens-, Finanz- und Ertragslage.« Vorwürfe zu Bilanzmanipulationen seien »weder erwähnt noch thematisiert« worden.[28]

Fehlenden Elan erkennt das Finanzministerium auch bei der für die Geldwäscheaufsicht über die Wirecard-Holding zuständigen Bezirksregierung Niederbayern. »Die Bezirksregierung von Niederbayern hat am 25. Februar 2020 erstmalig mit der Bafin Kontakt aufgenommen und mitgeteilt, dass sie sich als zuständige Geldwäscheaufsichtsbehörde die Wirecard AG ansieht«, schreibt das Ministerium. Erneut habe sie am 27. Mai 2020 ihre Zuständigkeit erklärt. Diese Information ist relevant, hatte Bayerns Innenminister Joachim Herrmann (CSU) die Befugnisse doch gegenüber dem Landtag später anders dargestellt (siehe Kapitel 3.3).

Aus der Opposition kommt Kritik an der Darstellung des Ministeriums. »Die Bundesregierung will die Verantwortung für das Aufsichtsversagen allein auf die Wirtschaftsprüfer von EY lenken. Dabei verwickeln sich die Bundesregierung und die Bafin permanent in Widersprüche«, erklärt De Masi von der Linken. »In der Spitze des Ministeriums war man offenbar geblendet vom vermeintlichen deutschen Champion. Man hat das Märchen von angeblichen Attacken gegen Wirecard auf dem Kapitalmarkt geglaubt, anstatt kritisch nachzuhaken«, sagt Grünen-Parlamentarier Bayaz. Er sieht das Leerverkaufsverbot als größten Fehler an: »Das Leerverkaufsverbot diente letztlich dazu, einen kriminell agierenden Konzern zu schützen. Es war ein fatales Signal an die Anleger und viele andere, die sich auf die Integrität der Finanzaufsicht verlassen haben.«

## Fein gesponnenes Netz an Polit-Influencern

Über viele Jahre hinweg hat Wirecard erfolgreich an seiner Börsenstory gebastelt. Und mindestens so findig, wie der Konzern im Erfinden von Geschäftszahlen war, so effektiv war er im Aufbau eines Netzwerks politischer Einflüsterer. Diese sollten der Politik weismachen, wie wichtig der Konzern für den Finanzplatz Deutschland ist – und die alte deutsche Sehnsucht nach einem eigenen digitalen Technologieführer abseits der Business-Software-Schmiede SAP befeuern.

Die Liste an hochkarätigen Ex-Politikern, oft aus dem konservativen Lager, die für Wirecard lobbyierten, ist lang. Auch Ole von Beust (CDU), der ehemalige Erste Bürgermeister Hamburgs, verdingte sich für den Konzern. Noch im März 2020 schrieb er dem Kanzleramt, dass Wirecard eine der »weltweit am schnellsten wachsenden digitalen Plattformen im Bereich Financial Commerce« sei.

Ein weiterer Ex-Regierungschef aus dem hohen Norden auf der Gehaltsliste Wirecards war Schleswig-Holsteins Ex-Ministerpräsident Peter Harry Carstensen (CDU). Er sollte ab 2014 Kontakte herstellen, um Wirecards Geschäfte mit der Online-Glücksspielindustrie politisch abzusichern, wie der NDR berichtete. Bei Parteifreunden stieß der Konzern mit Carstensens Hilfe auf offene Ohren: Gemeinsam mit Finanzvorstand Burkhard Ley besuchte Carstensen den hessischen Ministerpräsidenten Volker Bouffier (CDU) in Wiesbaden. Das Gespräch sei ohne Konsequenz geblieben, erklärte die Staatskanzlei später. 2015 bahnte Carstensen ein Treffen zwischen Wirecard und dem damaligen Digitalkommissar der EU, Günther Oettinger (CDU), in Brüssel an. Oettinger erklärte, sich an den genauen Inhalt nicht mehr erinnern zu können.[29]

Für 1 500 Euro am Tag, wie die *Süddeutsche Zeitung* berichtete, setzte sich zudem der ehemalige Geheimdienstkoordinator Klaus-

Dieter Fritsche (CSU) für Wirecard ein. Er half unter anderem bei der umstrittenen Übernahme des Oberndorfer Waffenherstellers Heckler & Koch durch einen ausländischen Investor (siehe Kapitel 5.3).

Auch Ex-CDU-Kanzlerkandidaten-Kandidat Friedrich Merz war mit Wirecard bestens vernetzt: Der CDU-Politiker hatte nach Recherchen von *Handelsblatt* und *Spiegel* mehrfach Kontakt zu dem inzwischen inhaftierten Ex-Wirecard-Chef Markus Braun und traf ihn im November 2018 in einem Hotel am schönen Tegernsee. Ein zweites Mal trafen sich die beiden Männer am 25. September 2019 in der Wirecard-Konzernzentrale in Brauns Vorstandsbüro.

Merz war zur selben Zeit Aufsichtsratsvorsitzender beim deutschen Ableger des weltgrößten Vermögensverwalters BlackRock, der 8,6 Billionen Dollar managt. BlackRock war wichtiger Anteilseigner von Wirecard. Merz sieht hier keinen Interessenkonflikt. Man habe über »allgemeine Kapitalmarktthemen« gesprochen, so seine Erklärung. Und überhaupt: Er habe nie bei der Bundesregierung für Wirecard lobbyiert.[30]

Manchmal war das gar nicht nötig: Bei der dem Haus von Bundeswirtschaftsminister Peter Altmaier (CDU) nachgelagerten Abschlussprüferaufsicht Apas herrschte auch ohne Altmaiers Einfluss Schlendrian. Und direkte Drähte hatte Wirecard nicht nur ins Kanzleramt und ins Bundesfinanzministerium.

Bundesaußenminister Heiko Maas (SPD) etwa nahm den ehemaligen Wirecard-Finanzvorstand Burkhard Ley bei seinem Antrittsbesuch im November 2018 in Peking mit, als die Botschaft noch kein Misstrauen gegen den Konzern hegte. Zuvor hatte auch hier Guttenbergs Firma lobbyiert. Gegen Ley ermittelt heute die Staatsanwaltschaft, er war eng eingebunden in viele dubiose Deals des Konzerns.

Bevor der Finanzreferent der Botschaft in Peking 2019 einschritt, war der Kontakt fast schon intim geworden, wie die *Süddeutsche Zeitung* berichtete. Ende 2018 bedankte sich einer der Botschaftsmitarbeiter bei Ley für dessen Besuch bei einer Party in Peking: »Vielen Dank auch für die hochwertigen Geschenke. Der geschmackvolle

Duft ist bereits zum Einsatz gekommen und verbreitet sein Aroma in unserem kleinen Hutong.«Hinterher schickte der Mitarbeiter freundliche Grüße und »viel Erfolg weiterhin bei Ihrem China-geschäft«. Ley wiederum bezeichnete die gereichten »chinesischen Spezialitäten aus der Küche und die Feuerzangenbowle« als »köstlich«. Staatssekretär Schmidt, der enge Vertraute von Scholz, bat die Botschaft, ihn persönlich über Wirecards Engagement in China auf dem Laufenden zu halten.[31]

## Beste Kontakte nach München

Bestens vernetzt war Wirecard nicht nur in Berlin, sondern auch in München: Bis in höchste Kreise der bayerischen Staatspartei CSU hatte der Konzern Kontakte geknüpft. Sie hätten Wirecard-Chef Braun sogar beinahe die größte Ehre ermöglicht: ein persönliches Treffen mit Kanzlerin Merkel.

So vermittelte der frühere bayerische Ministerpräsident Günther Beckstein im Oktober 2018 einen Besuch in der Aschheimer Wire-card-Zentrale für Digitalstaatsministerin und Flugtaxi-Fan Dorothee Bär (CSU). Über Bär bat Wirecard im November 2018 um ein Treffen zwischen Braun und der Kanzlerin. Fast wäre es dazu gekommen: »Das Büro der Bundeskanzlerin bittet nun um die direkte Kontaktaufnahme durch das Büro von Herrn Dr. Braun zwecks Anberaumung eines Termins«, schrieb das Kanzleramt am 22. November 2018. Erst ein kritischer Referent schritt ein und empfahl eine Absage aus »Termingründen«. Zuvor hatte die *Süddeutsche Zeitung* über illegale Zahlungen im Wirecard-Netzwerk berichtet.

Doch viele andere bayerische Kontakte verliefen wie gewünscht. So machten sich Wirecard-Vertreter ausgerechnet im bayerischen Landeskriminalamt (LKA) über die Geldwäscheprävention schlau. Karl Michael Scheufele, Amtschef im bayerischen Innenministerium, bestätigte das Treffen von LKA-Beamten mit Wirecard im Bundestagsfinanzausschuss, wie aus dem vertraulichen Sitzungsprotokoll hervorgeht: »Und zwar war das im März 2018 bei Wirecard, wo sich ein Vertreter von Wirecard hier allgemein nach allen möglichen Dingen erkundigt hat, Fragen gehabt hat zur Geldwäscheprävention, zur Betrugsprävention, zur Terrorismusfinanzierung und auch noch Fragen zum Bereich Kryptowährungen.« Eingefädelt hatte das Treffen der frühere bayerische Polizeipräsident Waldemar Kindler, der nach seinem Ausscheiden aus dem Amt als Lobbyist für Wirecard tätig war. Die bayerische Staatsregierung räumte dies in einer Antwort an die Landtags-Grünen ein. Der Ex-Polizeipräsident, in Bayern lange hochangesehen für seine unnachgiebige Haltung gegenüber Bandenkriminalität und Drogenschmuggel, nahm sogar selbst an dem »Arbeitstreffen« der LKA-Beamten mit dem Geldwäschebeauftragten der Wirecard Bank teil.[32]

Kindler war für den Konzern vor allem in der »Kontaktanbahnung« zu Politik und Sicherheitsdiensten tätig, wie er im Untersuchungsausschuss erklärte. Dem Fahrer und Leibwächter von Konzernchef Braun half er bei der Beschaffung eines Waffenscheins durch das Landratsamt München. An viele Details seines langjährigen Engagements wollte sich Kindler im Bundestag nicht mehr erinnern. Ums Geld sei es ihm nie gegangen, erklärte der 72-Jährige, daher fühle er sich heute »beschädigt«. Als pensionierter Beamter hatte er über fünf Jahre hinweg 3000 Euro pro Monat von Wirecard kassiert. Sein Auftritt löste im Untersuchungsausschuss Unmut aus. Sogar der bayerische Innenminister Joachim Herrmann, ein CSU-Parteifreund von Kindler, mahnte am Ende, das Verhalten des einstigen Vorzeigepolizisten sei »mindestens grenzwertig« gewesen.[33]

Der bayerische Grünen-Landtagsabgeordnete Martin Runge kritisierte im Herbst 2020, man dürfe nicht nur auf Berlin schauen. Bayern sei der Sitz des Konzerns gewesen, und hier gebe es noch viel aufzuklären, »wenn es im Fall Wirecard um die Verstrickung von Behörden und Unternehmen geht.«

Das Problem: Der Untersuchungszeitraum des Bundestagsuntersuchungsausschusses ist auf die Zeit ab 2015 begrenzt – dem Jahr, von dem die Staatsanwaltschaft annimmt, dass spätestens dann der Bilanzbetrug begann. Es spricht jedoch einiges dafür, dass dieser Untersuchungszeitraum zu kurz angesetzt ist. Wirecard habe sich bereits im Jahr 2008 als »Betrugsveranstaltung« entpuppt, kritisierte Runge. Doch obwohl es immer wieder Vorwürfe gegen den Konzern gegeben habe, seien insbesondere bayerische Behörden diesen nur schleppend oder gar nicht nachgegangen.

Fakt ist: Die Staatsanwaltschaft München ist bis zur aufsehenerregenden Pleite von Wirecard kaum aus eigenem Antrieb gegen den Zahlungsabwickler aktiv geworden. Nur eines von 20 Prüf- und Ermittlungsverfahren, die in den Akten der Behörde zwischen 2010 und Anfang Juni 2020 verzeichnet sind, haben die Strafverfolger »von Amts wegen« geführt, wie aus einer Aufstellung des bayerischen Justizministeriums hervorgeht. Die restlichen 19 gehen auf Anzeigen gegen Wirecard zurück, wurden jedoch kaum energisch betrieben. Nur sieben waren Ende September 2020 überhaupt noch anhängig (siehe Kapitel 3.3).

Im November 2017 waren die Staatsanwälte laut der Liste dann doch auf eigene Faust aktiv geworden. Damals gingen sie dem Verdacht der »Beihilfe zur unerlaubten Veranstaltung von Glücksspiel« nach, nachdem ihnen Transaktionen von Online-Casinos aufgefallen waren. Zu einem Ermittlungsverfahren kam es jedoch nicht.[34] Auch eine Geldwäscheverdachtsmeldung aus dem Jahr 2019, nachdem große Beträge auf den Konten von zwei Wirecard-Vorständen landeten, wurde zunächst abgehakt, weil die Bank die Ermittler beruhigte.

Überhaupt will man sich in München an frühere Details kaum noch erinnern: Alle Daten würden etwa bei Geldwäsche fünf Jahre nach der Einstellung des Verfahrens aus den Computern gelöscht, teilte die bayerische Staatsregierung mit.

Ist die Staatsanwaltschaft von ganz oben ausgebremst worden? Bisher gibt es dafür keinen Beleg. Dennoch ist der geringe Anreiz, vor dem offenkundigen Absturz bei Wirecard für Aufklärung zu sorgen, frappierend. Das eng gesponnene Netz des Konzerns bis in die obersten Etagen der Politik, zu Ministern, Ex-Regierungschefs und Polizeipräsidenten, sorgte lange für Rückenwind.

## Berater, Einflüsterer, Kommunikatoren

So frappierend lang war die Liste an Günstlingen und Geldempfängern des Konzerns, dass der neue – und letzte CEO – James Freis, der nach dem Rücktritt Brauns Ende Juni bei Wirecard das Ruder übernahm, aus allen Wolken fiel.

Freis berichtete nach seinem Ausscheiden aus dem insolventen Konzern von der schieren Masse an externen Parteien auf der Payroll von Wirecard: Berater, Rechtsanwälte, Prüfer und andere Experten, darunter viele »mit großen Namen«: »Ich habe sie innerhalb der ersten Tage nach meinem Antritt gefeuert«, so Freis.

Die Kosten, die Wirecard durch sein Netzwerk an hochbezahlten Unterstützern über die Jahre aufgetürmt hat, liegen im dreistelligen Millionenbereich. Eine vertrauliche Aufstellung des Konzerns weist allein für das Jahr 2019 Ausgaben von knapp 45 Millionen Euro aus. Und auch das könnte noch nicht vollständig sein. Ein Insider berichtet von Beraterkosten von insgesamt 120 Millionen Euro pro Jahr.

Die Konzernliste für 2019 liest sich dabei wie das »Who is Who« der deutschen Beraterszene. Mit dabei: große Namen, darunter die Prüfer und Berater von EY, PwC und KPMG, die Rechtsanwälte und Steueroptimierer von Fieldfisher, Gibson Dunn, Latham & Watkins, Bub Memminger und Baker Tilly sowie diverse PR-Berater, darunter Hering Schuppener, WMP, Edelman und Cardo Communications.

Unter dem ehemaligen stellvertretenden *Handelsblatt*-Chefredakteur Michael Inacker bot WMP ab Ende 2016 Wirecard PR-Aktivitäten an, wie der *Stern* berichtete für ein Basishonorar von 35 000 Euro pro Monat oder 420 000 Euro pro Jahr.[35] Unter anderem sollte WMP für Wirecard eine schwarze Liste offenbar unliebsamer Journalisten erstellen und eine positiv konnotierte weiße: »WMP identifiziert in Absprache mit Wirecard die relevanten Medienvertreter (›black list‹/›white list‹)«, heißt es demnach in einem Papier. Unter anderem bot WMP auch ein breiteres Konzept namens »Drachenblut« an. Bebildert mit einem muskulösen Siegfried, der einen Drachen ersticht, versprach das Konzept, »das Unternehmen unverwundbar zu machen«. Die Arbeit von WMP für Wirecard endete Anfang 2020.

Auch Cardo-Chef Dirk Große-Leege brachte sich ein. Der frühere Chefkommunikator von VW konzipierte laut E-Mails umfangreiche presserechtliche Optionen, Hintergrundarbeiten und sonstige Maßnahmen mit Bezug auf kritische Journalisten. In einer internen Mail an Wirecards Kommunikationschefin zieht er Anfang 2020 Bilanz: »Ich habe unsere Arbeit im Dezember nochmals nachvollzogen. Im Mittelpunkt stand unsere Diskussion (…), wie wir mit der Berichterstattung im Spiegel und Herrn Holtermann umgehen. Dabei haben wir zum einen presserechtliche Optionen besprochen. Wichtiger war jedoch unsere Hintergrundarbeit, um eine weitere Verbreitung der wilden Thesen zu verhindern.«

Stellung nehmen will Große-Leege zu seiner Tätigkeit für den Skandalkonzern aus Aschheim heute nicht mehr, auf Anfrage lehnte er einen Kommentar ab. Dabei ist er in bester Gesellschaft.

Noch kurz vor Schluss, 2020, setzte Wirecard auf weitere Türöffner, wohl in dem verzweifelten Versuch, die öffentliche Meinung noch einmal zu drehen. Mit an Bord: der frühere *Bild*-Chefredakteur und heutige PR-Berater Kai Diekmann. »Lieber Herr Dr. Braun, es macht fassungslos, wie Fakten und Darstellung von Fakten auseinanderfallen können. Bleiben Sie stark!«, schrieb Diekmann noch am 14. Mai 2020 an den CEO. Sechs Wochen später war Wirecard pleite. Anfang 2020 hatte Diekmann an Braun bereits geschrieben: »Wann immer Sie etwas auf dem Herzen haben sollten, bin ich jederzeit verfügbar.« Mit seinen Kontakten in Berlin, darunter auch zu zwei Staatssekretären, sollte sich Diekmann Berichten von WDR, NDR und *SZ* zufolge für ein erneutes Leerverkaufsverbot für Wirecard-Aktien einsetzen.

Dazu kam es nicht mehr. Kurz vor dem Untergang konnte selbst Wirecards exklusives Netzwerk in die Führungsetagen der deutschen Politik den Verlauf der Ereignisse nicht mehr stoppen.

### Wiener Freunderlwirtschaft

Aber nicht nur in Deutschland war Wirecard bestens vernetzt. Auch in Österreich hatte der Konzern viele einflussreiche Freunde. Vor allem in Wien konnte sich Wirecard – immerhin geführt von den beiden Österreichern Markus Braun und Jan Marsalek – auf viele hochrangige Förderer stützen. Konzernchef Braun war gern gesehener Gast auf den Wiener High-Society-Partys, speiste in den besten Restaurants der Hauptstadt, etwa dem Insider-Treff »Zum Schwarzen Kameel« in der Bognergasse im ersten Bezirk und beim Luxusitaliener »Fabios« in der Nähe des Stephansdoms, wo Braun des Öfteren den ganzen Tisch bezahlte.

2018 erkennt der tschechische Ministerpräsident Andrej Babiš den Wirecard-Chef auf dem Wiener Afrikagipfel, begrüßt ihn auf Deutsch mit »Guten Tag, Herr Braun«. So etwas sei für Braun das Größte gewesen, sagt ein Insider. »Es ging immer ums Ego.«

Gern gesehener Gast auf den Festivitäten der Wiener Gesellschaft war auch ein Jungpolitiker, der noch zu Macht und Einfluss kommen sollte: der heutige österreichische Bundeskanzler Sebastian Kurz (ÖVP). Braun traf ihn auf einer Gartenparty. Kurz holte Braun in seinen Thinktank »Think Austria«, der ihn im Wahlkampf beraten sollte. Und Braun spendete eifrig an Parteien, wie die Zeitung *Der Standard* enthüllte. So erhielt Kurz' konservative ÖVP 2017 70 000 Euro von Braun, die liberalen Neos erhielten 2014 bis 2016 insgesamt 125 000 Euro.

Kurz nannte Braun »einen der erfolgreichsten Manager im Digitalbereich« im deutschsprachigen Raum, dessen Rat er schätze. Kurz nach der Pleite erklärte der Kanzler, es gebe »Vorwürfe« gegen Braun, die aufgeklärt werden müssten. Ob diese stimmten, darüber habe er keine Kenntnis.[36]

Die rechtspopulistische FPÖ kritisierte prompt »schwarze Fäden« im Wirecard-Skandal und nahm auch den langjährigen Aufsichtsrat Stefan Klestil in die Pflicht. Der Sohn des früheren österreichischen Bundespräsidenten hatte nach der Wahl seines Vaters Österreich verlassen, auch um abseits derartiger Zuordnungen im Ausland zu studieren. Im Wirecard-Aufsichtsrat galt er als besonders enger Vertrauter von Braun (siehe Kapitel 4.1).

Gute Kontakte zur FPÖ wiederum hatte Asienvorstand Marsalek. Er war laut der Zeitung *Die Krone* neben Braun »Senator« der Österreichisch-Russischen Freundschaftsgesellschaft mit Sitz in Wien. In diesem Zusammenhang brüstete sich Marsalek wiederholt mit besten Drähten zu österreichischen Spionen, die ihm noch gute Dienste erweisen sollten (siehe Kapitel 5.3).

Im April 2017 fand zudem ein »privates Dinner« einer Marsalek nahestehenden Stiftung zu Ehren des französischen Ex-Präsidenten Nicolas Sarkozy im Nobelrestaurant »Käfer« statt. Der frühere bayerische Ministerpräsident Edmund Stoiber (CSU) nahm daran teil, genauso wie der frühere österreichische Kanzler Wolfgang Schüssel (ÖVP).[37] Die größten Nachwehen des Skandals gibt es in Deutschland, zu Recht. Die Schützenhilfe der Politik in Berlin und München: Sie hat den Aufstieg Wirecards erst ermöglicht und die nötige Aufsicht über den Konzern ausgebremst. Dass Wirecard-Chef Braun bei der Kanzlerin höchstpersönlich Werbung für sein Imperium aus Sand machen konnte, scheiterte nur an der Warnung eines Referenten, der sich nicht hatte blenden lassen.

Ganz anders die hochbezahlten Lobbyisten, aktiven und ehemaligen Spitzenpolitiker, Minister und Beamten: Ihnen hat das viele Geld, das bei Wirecard zu verdienen war, ganz offenkundig das Hirn vernebelt. Stellvertretend stehen die Ausflüchte von Karl-Theodor zu Guttenberg vor dem Untersuchungsausschuss: Hätten seine Firma und er gewusst, dass das Geschäftsmodell von Wirecard offenkundig auf Betrug basiere, hätten »wir dieses Unternehmen niemals beraten«, erklärte der Ex-Minister. Was freilich wiederum eine Binse ist: Mit dem Wissen von heute stellt sich die Vergangenheit immer anders dar.

Viele Fragen über die politischen Verstrickungen des Konzerns sind noch unbeantwortet – weitere Überraschungen möglich. In Berlin richten sich nun alle Augen auf die verbleibenden Monate des Untersuchungsausschusses – und die für das Jahresende erwartete Anklage der Staatsanwaltschaft München gegen die Hauptverdächtigen. Vor allem SPD-Kanzlerkandidat Scholz muss hoffen, dass nicht weitere Versäumnisse seines Hauses im Fall Wirecard publik werden. Eine böse Überraschung in der Endphase des Bundestagswahlkampfs wäre das Letzte, was der Finanzminister gebrauchen kann.

Grünen-Finanzpolitiker Danyal Bayaz bemängelte wiederholt die Informationsbereitschaft des Finanzministeriums:»Das steht im Kontrast zum selbst erklärten Anspruch von Finanzminister Olaf Scholz, aktiv die Aufklärung voranzutreiben.« FDP-Parlamentarier Florian Toncar ist überzeugt, dass die Bundesregierung aus Union und SPD den Skandal nicht von allein aufklären wird. Es brauche den Druck aus dem Parlament.»Besonders verstörend ist, dass bis heute niemand Verantwortung für das völlige Kontrollversagen übernehmen musste«, so Toncar.

Geht es nach den Parteispitzen von Union und SPD, dann wäre es am besten, wenn der Fall Wirecard im Bundestagswahlkampf 2021 keine große Rolle spielt. Der Untersuchungsausschuss soll seine Arbeit möglichst frühzeitig beenden. Doch es gibt noch eine weitere Sphäre neben der bundesdeutschen und österreichischen Politik, die Wirecard Rückendeckung gewährte und für weitere Überraschungen gut ist: die der Spione.

Klandestin und ganz unter dem Radar wühlten viele professionelle Geheimnisträger für Wirecard – und leisteten Teilen der Konzernführung selbst im Untergang Fluchthilfe, wie das folgende Kapitel zeigt.

## 5.3  Die Spione – Schützenhilfe aus dem Schattenreich

Es ist kalt in Marsaleks Villa, Ende 2020. Die Prinzregentenstraße 61 liegt verlassen da, nur einige elektrische Heizkörper verbreiten etwas Wärme. IMS, eine Firma aus dem Umfeld Marsaleks, zahlte für die herrschaftliche Gründerzeitvilla 50 000 Euro Miete im Monat. Ihr Nutzer war der flüchtige Wirecard-Asienvorstand. Von hier aus soll Marsalek sein Firmen-Parallelreich aufgebaut haben. Ein Hausbesuch lässt erahnen, wie es hier einmal zuging.

Riesig ist das Anwesen, in den ausladenden Räumen mit Stuckdecken knarzt bei der Spurensuche das Parkett. Große Dämmplatten zeigen, wie Marsalek einst einen Besprechungsraum gegen Abhörversuche präparieren ließ. Im ersten Stock finden sich vertrauliche

Dokumente des Wirtschaftsprüfers KPMG, die dessen Tätigkeit für ein dubioses Mauritius-Vehikel offenbaren (siehe Kapitel 4.2).

In der Mitte des großen Treppenhauses führt ein moderner Glasfahrstuhl bis unters Dach der Gründerzeitvilla. Dort, in einem Eckzimmer, lag Marsaleks »Liebesnest«: ein schwarz-weiß gestrichener Raum samt großer Matratze für feuchtfröhliche Stunden. Es erinnert an eine Studentenbude, nicht an das Zimmer eines Dax-Vorstands. Aber Marsaleks Geschäfte unterschieden sich ja auch deutlich von denen der deutschen Premiumunternehmen.

Drei Minuten entfernt von seiner Villa liegt Marsaleks Stammrestaurant »Käfer«, Ort vieler klandestiner Runden, wo der Vorstand am liebsten Wiener Schnitzel aß und wegen eines Bandscheibenvorfalls auf ein spezielles Sitzkissen zurückgriff. Schräg gegenüber steht das russische Generalkonsulat, in dem der Vorstand laut Augenzeugen ein- und ausging.

Im Nachhinein wirkt alles fast unverschämt. Marsaleks Villa hatte keine Klingel, dafür ein messingfarbenes Firmenschild mit den Namen dreier Unternehmen. Zwei davon erhielten sechs- und siebenstellige Summen von Wirecard. Für Marsalek waren das »Peanuts«, sagt ein Vertrauter. »Wenn es nicht gleich um 100 Millionen Euro oder mehr ging, interessierte ihn das kaum.«

Es ist unwahrscheinlich, dass Jan Marsalek sich in der Prinzregentenstraße 61 je wieder blicken lässt. Die Villa wird renoviert, bald ziehen hier neue Mieter ein. Der Ex-Vorstand zählt inzwischen zu den meistgesuchten Deutschen. Einen Tag nach seiner Entlassung bei Wirecard am 18. Juni 2020 ist er untergetaucht. Insider vermuten ihn inzwischen in Russland, gut geschützt vor dem Zugriff der deutschen Staatsanwaltschaft.

Es gibt wohl keine zweite Geschichte in der deutschen Wirtschaft wie die von Jan Marsalek. Sein Fahndungsplakat hing im Sommer 2020 an Flughäfen, Ausfallstraßen und U-Bahnhöfen. »Betrug in Milliardenhöhe«, titelte das Polizeipräsidium München und das Bundeskriminalamt da. »Können Sie Hinweise zum Aufenthaltsort von Jan Marsalek geben? (…) Aktuell befindet er sich auf der Flucht.«

Die Flucht eines von zwei Hauptverdächtigen – sie ist eine der größten Peinlichkeiten, die die deutschen Behörden in der an Peinlichkeiten nicht gerade armen Saga Wirecard zu verantworten haben. Statt Marsalek gleich am 18. Juni 2020, als Wirecard das Fehlen eines Viertels der Bilanzsumme mitteilte, festzunehmen, ließ ihn die Staatsanwaltschaft zunächst unbehelligt. Dabei hätte sie gewarnt sein können: Es sind Marsaleks exzellente Kontakte in die Halbwelt der Geheimdienste, die seine offenbar von langer Hand geplante Flucht möglich machen.

So trifft sich Marsalek noch am Abend vor seinem Untertauchen mit einem Ex-Agenten des österreichischen Geheimdiensts. Dieser organisiert einen Tag später für ihn den Privatjet in die weißrussische Hauptstadt Minsk. Von dort geht es weiter nach Russland, wo ihn laut Insidern Agenten des russischen Auslandsgeheimdienst SWR in Empfang nehmen und für seine sichere Unterkunft sorgen.

All diese Verbindungen kommen nicht erst Ende Juni 2020 zur Entfaltung: Marsalek kann sich auf ein Spionagenetzwerk stützen, das er vor langer Zeit aufgebaut hat. Über viele Jahre hinweg suchte der Österreicher die Nähe der Geheimdienste. Und diese ließen sich mit ihm ein, auch im Westen. Daraus ergeben sich viele neue Fragen über die Rolle der Schlapphutträger und ihre Aufseher in der Politik. Aber der Reihe nach.

Marsaleks Hang zum Geheimen war kein Geheimnis. Wie freimütig sich Wirecard-Vorstand Marsalek vor seiner Flucht mit seinen Spionagekontakten gebrüstet hat, zeigen unter anderem seine geheimen Chatprotokolle.

## Geheime Chats und falsche Fährten

Marsalek kommunizierte am liebsten über den von einem Russen gegründeten Messenger-Dienst Telegram, in den er auch selbst investierte. Die Nutzung von Telegram setzte er auch im Konzern durch – und sollte auf der Flucht davon profitieren.

Am 5. Juni 2020, einem Freitag, zwei Wochen vor Wirecards Absturz, kauft der Vorstand ein neues Smartphone. »Meine neue Nummer«, schreibt er um 16:30 Uhr einem Vertrauten. »Privat. Nicht Firma.« Weniger als zwei Wochen später gilt Marsalek als möglicher Mastermind hinter der Milliardenmanipulation bei Wirecard, spricht EY von einem »aufwendigen und ausgeklügelten Betrug« unterschiedlichster Parteien »rund um die Welt«.

Viele Fäden laufen bei Marsalek zusammen: Als Asienvorstand war er der Herrscher über das undurchsichtige Drittpartnergeschäft (siehe Kapitel 2.2). Und wie aus seinen Chatnachrichten hervorgeht, die er mit einem Vertrauten, seinem persönlichen PR-Berater, ausgetauscht hat, war er sich seiner Position durchaus bewusst. Am Sonntag nach dem großen Crash schreibt er: »Einer muss Schuld haben, und ich bin die naheliegende Wahl.«

Tausende Nachrichten hat der Vorstand gesendet. Marsalek zeigt sich darin als Mann mit zwei Gesichtern: als Strippenzieher, der viel weiß und bis zuletzt eine Fassade pflegt, und als Outlaw, der nun womöglich in Lebensgefahr schwebt. Wird es heikel, flüchtet er sich in Witzchen – oder in Schweigen. Und gibt doch mehr von sich preis, als ihm lieb sein dürfte.

Ein Bekannter nennt den 40-jährigen Marsalek »den unnahbarsten und abgebrühtesten Typen, den ich je getroffen habe«. Ein Wirecard-Manager nennt ihn ein »Phantom«. Marsalek dürften diese Zuschreibungen gefallen; er liebt das Geheimnis. Im Chat prahlt er mit seinen Kontakten zur CIA, zum Mossad und anderen Nachrichtendiensten.

Das Gerücht etwa, Wirecard stelle Kreditkarten für Agenten aus, sei »nicht ganz falsch«, schreibt Marsalek. Auf die Frage, ob ihm bei der Einreise in die Philippinen Corona-Quarantäne drohe, antwortet er: »Nicht bei meiner Reiseagentur.« Und er habe »mehrere Pässe, wie jeder gute Geheimagent. Aber keine Ahnung, ob einer davon Honorarkonsul ist. Ich lasse schon mal ein Foto von mir dafür retuschieren.«

Seine Geheimdienstkontakte geben ihm offenbar Sicherheit, Marsalek gibt sich gönnerhaft: »Du bist herzlich auf einen Drink am

Strand eingeladen«, schreibt er auf der Flucht.»Wobei ich da eher jetzt mal ein paar Monate warten würde, bis sich der Wirbel gelegt hat. Den Privatjet können wir uns jetzt auch leisten. (Ironie-Smiley)«

Schon als die Wirtschaftsprüfer, die er als Vorstand betreut, die Schlinge um Wirecard zuziehen, gibt Marsalek den allwissenden Spionageexperten.»Leider noch mit KPMG am Telefon«, textet er seinem Vertrauten vier Tage vor dem Crash.»Sie haben gerade den Nachrichtendienst beauftragt herauszufinden, was ich am 3.-5. März in Manila gemacht habe. Das war unsere Reise mit EY und KPMG.«

Die Hauptstadt der Philippinen ist der Ort, über den am 18. Juni, dem Tag der geplanten Jahresbilanz, erst Marsalek stolpern sollte, dann der ganze Konzern (siehe Kapitel 2.4). Um 7:30 Uhr ist die Nervosität groß.»Was für ein Morgen«, schreibt Marsalek.»Don't ask (Lach-Smiley) (Äffchen-Smiley)«. Es machen sich Verunsicherung breit, Zweifel an der Unterschrift, textet er dem Vertrauten.»Aktuell ist alles möglich. Langweilig wird einem hier nicht.«

Marsalek mahnt:»Wir schwanken zwischen Katastrophe und alles gut. Wir warten auf die Zulieferung einer Bank. Wenn das kommt, passt alles. Wenn nicht, dreht EY völlig durch.« Gegen halb 11 ist klar, dass nichts mehr gut wird:»Prepare for bad news. Und zwar wirklich schlechte News«, textet Marsalek. Kurz darauf versendet Wirecard die Ad-hoc-Meldung, nach der Belege über die 1,9 Milliarden Euro auf den Treuhandkonten in Manila gefälscht sind. Der Aktienkurs bricht zusammen.

Noch gibt sich Marsalek hoffnungsfroh, wahrt nach außen die Fassade, während er längst seine Flucht vorbereitet.»Wird sich zwar sicher aufklären lassen, aber das wird spannend«, schreibt er.»Parallel sind wir mit der betroffenen Bank im Gespräch. Es kann sein, dass heute noch eine Revision der Meldung kommt. Wir machen uns dann total zur Lachnummer der Nation.« Auf die Frage, ob der Treuhänder Wirecard betrogen habe, behauptet er:»Ehrlich gesagt, aktuell kann ich das alles noch nicht so wirklich einschätzen. Vor zwei Tagen kam EY mit der Sache um die Ecke.« Eine Lüge, wie heute klar ist: EY hatte bereits vor Wochen Zweifel an den Treuhandbestätigungen angemeldet hat. Seitdem versuche er, den Treuhänder und die Banken anzurufen, behauptet Marsalek. Sollten die 1,9 Milliarden Euro nicht gefunden werden, sei die Sache klar:»Ich vermute, dann sind wir tot und haben einen wunderbaren Wirtschaftsskandal.« Und:»Ich werde vermutlich beurlaubt.«

Er behält recht. Noch am 18. Juni wird Marsalek freigestellt, kurz darauf fristlos entlassen. Kollegen bekommen den Asienvorstand an diesem Tag das letzte Mal zu Gesicht. Dem Vertrauten verspricht er noch, sich am Wochenende zu treffen:»Ich würde mich morgen mal mit der Sachverhaltsaufklärung und anwaltlichen Fragen beschäftigen, aber Weekend klingt gut.« Eine weitere Lüge. Zur selben Zeit ist Marsalek bereits auf dem Weg zum Flughafen, Ziel: Minsk.

Am Samstag, 20. Juni, er ist inzwischen in Russland angekommen, schreibt Marsalek dann, es gehe ihm »so weit so gut, vielen Dank! Fleißig am Pläne schmieden ...« Er wolle »heute in die Berge ... Hoffe, es ist für euch o. k., wenn wir uns erst mal irgendwo verkriechen ...«

Verkriechen, das wird sich Marsalek dank seiner Geheimdienstkontakte erfolgreich, bis heute. In Bezug auf CEO Braun, der im Unterschied zu ihm in Untersuchungshaft wandert, äußert er sich vermeintlich loyal.»Es wäre schlimm, wenn er das nicht gewesen wäre«, antwortet er am 22. Juni auf die Frage, ob Braun vom Absturz überrascht gewesen sei.»Es geht zunächst mal darum, die Firma, Mitarbeiter und Kunden zu schützen. Ein vereinfachter Narrativ hilft da«, referiert Marsalek.»Also einer muss schuld sein – und ich qualifiziere mich ganz ausgezeichnet dafür. (Zwinker-Smiley)« Er sei aktuell zwar schwer erreichbar, aber:»Ich dementiere die Vorwürfe auch nicht.«

Noch auf der Flucht gibt er sich als gütiger Patriarch. Wichtig sei,»dass wir den extrem gesunden Kern der Firma schützen und erhalten. Da sind echt gute Leute, gute Kunden und herausragende Technik da.« Der »extrem gesunde Kern«, wie Marsalek ihn nennt, das Europageschäft, schreibt seit mindestens 2015 Verluste. Doch Marsalek bewegt sich seit Jahren in anderen Sphären. Besonders stolz ist der kinderlose Manager auf sein Netzwerk, berichten Vertraute: in die Politik, zu Oligarchen und vor allem zu den Nachrichtendiensten.

Noch nach seinem Verschwinden zeigt sich der lange Arm des Managers. Marsalek gelingt es, seine Chatnachrichten selbst auf den Handys seiner Gesprächspartner löschen zu lassen – vermutlich mithilfe seiner Freunde bei Telegram. Für die Staatsanwaltschaft (StA) ist das ein großes Problem, liegen ihr damit doch nur wenige Bruchstücke von Marsaleks Telegram-Kommunikation vor. Immerhin: Manche Vertraute hatten zuvor Sicherungskopien erstellt, die nun einen Einblick gewähren in Marsaleks Halbwelt aus Agenten, schlechten Witzen und sehr viel Geld.

Wie man unerkannt untertaucht, weiß Marsalek. In den ersten Tagen nach seiner Flucht legt er wie ein guter Geheimagent falsche Fährten, auch im Gespräch mit seinem Vertrauten. »Es könnte sein, dass ich mich auf den Weg nach Manila mache, um herauszufinden, was da alles passiert ist. Dann wird die StA u. U. in Panik verfallen«, textet er am 21. Juni. Angeblich habe sich der Treuhänder »heute bei Wirecard gemeldet und versichert, dass es die Konten entgegen den öffentlichen Aussagen wirklich gibt«. Die Inspektionsreise sei riskant, so Marsalek. Aber: »Es kümmert sich ja sonst niemand drum.« Im Konzern gelte nun die Devise »jeder gegen jeden«. »Und nur für's Protokoll: Ich hatte massiv darauf gedrängt, gemeinsam mit jemandem aus der Compliance oder sogar James Freis auf die Philippinen zu fliegen – es wollte nur niemand mit«, behauptet Marsalek. »Bin mir nur nicht sicher, ob ich die 1,9 Milliarden an Wirecard überweisen würde, falls ich sie denn finden würde. (Zwinker-Smiley)«

In den folgenden Tagen wechseln Marsaleks Nachrichten zwischen Zuversicht und Sarkasmus. Sein Tag-Nacht-Rhythmus scheint sich zu wandeln, auf eine asiatische Zeitzone hinzudeuten. Tatsächlich ist Marsalek in Osteuropa. Aber trotzdem legt der Ex-Vorstand falsche Spuren. Bestochene Zollbeamte auf den Philippinen fälschen Reisedaten, nach denen er sich angeblich nach China abgesetzt hat. Im Chat antwortet Marsalek auf Fragen zum Aufenthaltsort nicht konkret, scherzt über ein Wiedersehen: »Müssen wir aber eventuell entweder im Gefängnishof machen, oder falls ich die 1,9 Milliarden finde, auf (m)einer Karibikinsel. (Zwinker-Smiley)«

Am 22. Juni beantragen die Münchner Ermittler um Oberstaatsanwältin Hildegard Bäumler-Hösl einen internationalen Haftbefehl. »Wirecard schmeißt wohl gerade viele der Porno- und Glücksspielkunden fristlos raus. Wird der Profitabilität des Geschäfts aber leider nicht zuträglich sein. Hatte heute einige Anrufer, die ein wenig schockiert waren, dass sie ab morgen ›auf der Straße‹ stehen, inklusive eines Kunden aus Libyen: Wirecard wollte morgen 140 000 Leuten die Karten abdrehen. (…) So, ich muss ins Gym«, schreibt der Ex-Vorstand am 24. Juni.

Noch blufft Marsalek: »Aktueller Plan ist, dass ich am Wochenende wieder da bin und die StA treffe«, schreibt er am 24. Juni. Einen Tag später klingt das anders: »Ich werde mich entweder morgen auf den Rückweg machen oder bleibe hier bei meinen Freunden. Ich habe mich noch nicht entschieden.« Als der Vertraute die Sorge äußert, Marsalek könne sich etwas antun, beruhigt dieser: »Du musst dir aktuell wirklich keine Sorgen um mich machen.« Und: »Mir passiert hier nichts. Zur Not fliege ich einfach genauso raus, wie ich reinkam«: im »Businessjet«.

Marsalek hat gut Lachen, scherzt über Pressegerüchte. »Scheinbar habe ich eine philippinische Ehefrau. (Lach-Smiley) Ich dachte, ich bin in China? Oder bin ich von dort nach Russland? (Lach-Smiley)« Nur einmal antwortet er klar: Auf die Frage, ob das politische System denn stabil genug sei, in dem er gerade weile, antwortet Marsalek am 29. Juni: »Ja, sind immer noch dieselben Leute am Ruder wie vor 25 Jahren.« Das trifft auf nur wenige Länder der Welt zu, aber sicher auf eines: Weißrussland, wo Präsident Alexander Lukaschenko seit 1994 an der Macht ist. Marsaleks Anwalt lehnte auf Anfrage jeden Kommentar zum Aufenthaltsort seines Mandanten ab.

Marsalek stellt schließlich auch den Kontakt zu seinem persönlichen PR-Berater ein. Am 30. Juni erhält dieser die letzte Antwort. Auf die Frage: »Bist du abgetaucht?«, um 17 Uhr deutscher Zeit gestellt, antwortet Marsalek: »Guten Abend, der Herr! Sort of (Lach-Smiley).« Weitere Nachrichten gehen ins Leere. Die App führt Marsalek schon am Folgetag nicht mehr als aktiv auf. »Vor langer Zeit gesehen«, heißt es dort.

## Lukrative Geheimdienst-Connections

Einer der letzten Vertrauten, die Marsalek in München noch leibhaftig getroffen haben, ist Martin W. Bei ihm laufen viele Fäden zusammen: Der Österreicher hatte ein Büro in Marsaleks Villa in der Prinzregentenstraße. Er ist mit dem Ex-Vorstand noch am 18. Juni, dem Tag seiner Freistellung bei Wirecard, essen gegangen. Und er half ihm schließlich bei der Flucht gen Osten. Womöglich steht er mit Marsalek immer noch in Kontakt.

Was W. besonders interessant macht: Er war nicht irgendein Kompagnon Marsaleks. W. ist ein österreichischer Ex-Spion. Mit ihm sind die Nachrichtendienst-Verbindungen Marsaleks auf einen Schlag in den Fokus geraten.

W. war, bevor er sich mit Wirecard einließ, hochrangiger Beamter des österreichischen Inlandsgeheimdiensts, des Bundesamts für Verfassungsschutz und Terrorismusbekämpfung (BVT). Dort leitete er die Operativabteilung 2 für Extremismus, Terrorismus und Spionageabwehr. Er ist in Geheimdienstkreisen gut vernetzt und auch im politischen Raum kein Unbekannter.

Als Chef der sensibelsten Abteilung 2 sah sich W. auf dem Sprung zu Höherem, wollte BVT-Chef werden. Dabei setzte er auf seine guten Drähte in die österreichische Rechtspartei FPÖ, die das Innenministerium ab Ende 2017 anderthalb Jahre führte. Es kam jedoch anders, ein Konkurrent wurde BVT-Chef. W. soll in der Folge immer auffälliger geworden sein, berichtet ein Ex-Kollege, der ihn gut kennt. W. verstieg sich in Verschwörungstheorien, witterte überall Feinde.

Kurz darauf ging bei österreichischen Journalisten und Ermittlern ein sonderbares Dossier ein, das das BVT als einen von korrupten und machtversessenen Beamten unterjochten Dienst beschreibt. Möglicher Autor war W., der das jedoch bis heute vehement bestreitet. Offiziell war W. seit 2016 krankgeschrieben, seit 2018 »karenziert«, also unbezahlt freigestellt. Schon damals soll er für Marsalek gearbeitet haben.

Denn während sich W. im BVT endgültig auf dem Abstellgleis sah, gab es bei Wirecard Verwendung für den Spion. W. gilt als einer der

Schlüsselmänner in Marsaleks Netzwerk. In Dubai soll W. zusammen mit einem ehemaligen BVT-Techniker Marsalek-Projekte betreut haben. Laut einem Insider sollen die beiden dort sogar in erpresserischer Absicht Zahlungsabwicklungsdaten für Pornoseiten ausgewertet haben. Die Staatsanwaltschaft Wien geht davon aus, dass W. und andere BVT-Mitarbeiter in den vergangenen Jahren »nebenberuflich für die Wirecard AG tätig waren, um für den Zahlungsdienstleister die Zahlungsfähigkeit von Anbietern pornografischer Internetseiten zu überprüfen«. Auch sollen die Täter aus hoheitlichen Registern »personenbezogene Daten zu ausschließlich privaten Zwecken« ausgelesen und an Wirecard weitergereicht haben.

W. soll laut seinem Haftbefehl Marsaleks interne Quelle im BVT gewesen sein. Doch nicht nur der Ex-Spion half Marsalek – offenbar gab es auch einen Draht in die Gegenrichtung, und diesen schon seit Jahren. Wie die österreichische Zeitung *Die Presse* berichtete, war Marsalek jahrelanger Informant des BVT und wie W. gut verdrahtet mit der FPÖ. Der untergetauchte Wirecard-Vorstand gab immer wieder über einen Mittelsmann vertrauliche Informationen aus dem BVT und dem Innenministerium an die FPÖ weiter. Und hatte so seinen Anteil an der vielleicht größten Krise der österreichischen zweiten Republik: Die Informationen schürten das Misstrauen der FPÖ gegen den damaligen Koalitionspartner ÖVP, die Koalition zerbrach schließlich an der Ibiza-Affäre um FPÖ-Chef und Vizekanzler Heinz-Christian Strache im Mai 2019.[38]

Die *Presse* kam nach eigenen Angaben durch einen Zufallsfund auf Marsaleks Spur: Chefreporterin Anna Thalhammer recherchierte in der Causa Ibiza. Hierfür wurde im Sommer 2019 das Handy des Ex-FPÖ-Klubobmanns (Fraktionschefs) Johann Gudenus einkassiert, eines langjährigen Strache-Vertrauten. Die Wiener Ermittler stießen auf Chats zwischen Gudenus und einem gewissen Florian S., einem alten Gudenus-Freund. S. lieferte Gudenus heikle Informationen aus dem Herzen des Wiener Innenministeriums und dem BVT.

Dieses Insiderwissen wiederum hatte S. zu einem Großteil »von Jan«, wie mehrfach in den Chatprotokollen zu lesen ist. Laut der *Presse* handelt es sich bei diesem »Jan« um Jan Marsalek, der auch gegenüber seinen FPÖ-Freunden gerne mit seinen internationalen Geheimdienstkontakten prahlte. Florian S. war übrigens Generalsekretär der Österreichisch-Russischen Freundschaftsgesellschaft, in der sowohl Marsalek als auch Braun Mitglied waren.[39] Was versprach sich Marsalek genau von seinen Geheimdienstkontakten? Mehrere Vorteile stechen bei genauem Blick ins Auge. Erstens konnte sich der Vorstand ohne Abitur mit seinem Draht in die Geheimdienstwelt schlicht wichtigmachen. In London wedelte Marsalek im März 2018 zum Beispiel mit einem Dokument mit der streng geheimen Formel für das Nervengift Nowitschok, das bei Attentaten auf russische Oppositionelle zum Einsatz gekommen war. (2020 sollte daran fast Kremlkritiker Alexej Nawalny zu Tode kommen.) Die Formel war Teil eines 50-seitigen vertraulichen Berichts der Organisation für das Verbot chemischer Waffen (OPCW), inklusive einer Präsentation, die Staatschefs erst Monate später sehen sollten.

Der OPCW-Bericht stammte höchstwahrscheinlich aus Österreich, von Marsaleks Kontaktmann im BVT. »Es besteht der Verdacht, dass dieser Mitarbeiter des BVT vier streng geheime Berichte der Organisation für das Verbot chemischer Waffen (OPCW) an Jan Marsalek überlassen hat«, erklärte das deutsche Bundesjustizministerium im Herbst. Marsalek habe, so heißt es, mit seiner Präsentation Investoren beeindrucken wollen, die den Aktienkurs von Wirecard unter Druck gesetzt hatten.

Zweitens nutzte Marsalek seine Kontakte für ganz konkrete Geschäftsanbahnungen. Aus Chats, die der *Presse* vorliegen, geht hervor, dass der Vorstand etwa um eine Terminkoordination mit Rainer Seele bat, dem Chef des österreichischen Mineralölriesen ÖMV. Marsalek hatte in Ölprojekte und ein Betonwerk in Libyen investiert und wollte darüber sprechen. Angeblich kam der Termin nie zustande.

Marsaleks geschäftliche Aktivitäten im Nahen Osten stützten sich auf viele Kontakte. Ein wichtiger war ein Ex-Spion aus Libyen: Dieser hatte den dortigen Geheimdienst nach dem Sturz von Diktator Muammar al-Gaddafi für die provisorische Regierung geleitet. Später betätigte sich der Libyer als Wirecard-Investor – und ließ in London Kritiker des Konzerns ausspionieren. Er steckte auch hinter der

Audioaufnahme des Shortsellers Nick G. (siehe Kapitel 3.1). Auch ein weiteres Lieblingsprojekt Marsaleks war auf Libyen fokussiert: Mehrmals schlug der Vorstand hochrangigen Politikern den Aufbau einer Miliz in dem nordafrikanischen Land vor, die die Flüchtlingsströme nach Europa stoppen sollte. Wäre der Plan umgesetzt worden, hätte Marsalek viel Geld verdient.

Auch Wirecard selbst hätte von den Kontakten profitiert: Mehrere BVT-Mitarbeiter sollen nebenberuflich für Wirecard die Hintergründe und damit die Zahlungsfähigkeit möglicher Wirecard-Kunden recherchiert und dafür Schmiergeld erhalten haben, wie die Ermittler in Wien vermuten.[40] Und manche Dienste sollten ganz offiziell an die staatlichen Sicherheitsbehörden verkauft werden. So wollte Marsalek laut der österreichischen Zeitung *Der Standard* eine »Flüchtlings-App«, basierend auf Wirecard-Technologie, entwickeln. Diese sollte an das bayerische und das österreichische Innenministerium verkauft werden. Bei Treffen in Deutschland war auch der ehemalige Wiener Vizekanzler Michael Spindelegger (ÖVP) anwesend, das Wiener Verteidigungsministerium wollte ein »Entwicklungshilfeprojekt« in Libyen aufsetzen.[41]

Aus vielen der hochtrabenden Pläne wurde nichts. Aber es gibt schließlich noch einen dritten Grund, warum Marsalek sich so gerne mit Schlapphüten rund um den Globus einließ: Sie fungierten als eine Art Rückversicherung. Wie praktisch sich die Geheimdienstverbindungen erweisen sollten, zeigte sich am 18. Juni, dem Tag von Marsaleks Freistellung.

## Fluchthilfe aus Wien

An ebenjenem Donnerstag traf sich der Ex-Vorstand abends im italienischen Restaurant »Il Sogno« in der Münchner Innenstadt, wie sich der Wirt erinnert. Mit dabei: Sabine E., eine Vertraute von Marsalek, sowie W., der Ex-Spion vom BVT.

Auf *Handelsblatt*-Anfrage bestätigte die Anwältin von W. das Abendessen, betonte jedoch zunächst, dass ihr Mandant nichts über die Fluchtpläne Marsaleks gewusst habe. Dieser habe vielmehr erklärt, die Geschehnisse auf den Philippinen aufklären zu wollen. Wie inzwischen klar ist, muss W. seine Anwältin angelogen haben. Wie aus der »Anordnung zur Festnahme« der österreichischen Behörden hervorgeht, war W. eng in die Fluchtplanung Marsaleks eingebunden. Tatsächlich floh dieser einen Tag später nach Minsk. Am Abend des 19. Juni, einem Freitag, kam Marsalek auf dem Privatflughafen Vöslau-Kottingbrunn mit dem Taxi an. Er trägt Koffer und Seesack. Das Flugfeld, 35 Autominuten südlich von Wien, ist klein und liegt versteckt hinter einem Gewerbegebiet. Marsalek steigt in die bereitstehende Cessna Mustang, bezahlt den Flugpreis in bar, rund 8000 Euro. Kurz vor Mitternacht landet er in Minsk – und ist den deutschen Behörden entwischt.[42]

W.s Fluchthilfe hat inzwischen die österreichischen Behörden auf den Plan gerufen, ein Wochenende verbrachte der Ex-Beamte sogar in Haft. Dort soll W. weitere Beschuldigte belastet und Details über Marsaleks Geschäfte offenbart haben. Auch in Deutschland soll W. aussagen.

Immer klarer wird, wie groß das Wiener Netzwerk war, auf das sich Marsalek stützen konnte. Neben W. soll noch ein zweiter Mann Marsalek geholfen haben, ein ehemaliger Nationalratsabgeordneter der rechtspopulistischen Partei FPÖ, Thomas Schellenbacher. Auch Schellenbacher kam in Haft. Zudem wurde noch ein zweiter, zuletzt versetzter Beamter des BVT in diesem Zusammenhang festgenommen.

Laut dem österreichischen Haftbefehl besteht der dringende Tatverdacht, dass W., Schellenbacher und die beiden Piloten der Cessna »im bewussten und gewollten Zusammenwirken die am 19.6.2020 erfolgte Flucht des (…) Jan Marsalek organisierten«. Schellenbacher sagte aus, W. habe ihn damit beauftragt, einen Flug für Marsalek zu organisieren. Am 19. Juni habe W. ihn dann wiederholt angerufen, gesagt, dass sich Marsalek verspäte und der Taxifahrer die Einfahrt zum Flugplatzgebäude nicht finde. »Wir haben natürlich mitbekommen, dass es bei Wirecard stinkt«, sagte Schellenbacher laut dem Vernehmungsprotokoll. »Mir ist der Arsch schon auf Grund gegangen.« Wegen der »guten Geschäftsbeziehung« zu W. habe er den Flug dennoch organisiert.[43]

Die guten Beziehungen zwischen den Ex-Spionen, Wirecard und dem flüchtigen Vorstand Marsalek interessieren auch die Abgeordneten im Bundestag. Dass sich Marsalek mit Unterstützung österreichischer Geheimdienstkreise dem Zugriff der deutschen Staatsanwaltschaft entziehen konnte, die erst spät einen Haftbefehl ausgestellt hatte, wächst sich zu einem Politskandal aus.

Der Linken-Abgeordnete Fabio De Masi will wissen, »was österreichische Nachrichtendienste auf deutschem Hoheitsgebiet so treiben. Warum konnte Herr Marsalek am 19. Juni 2020 noch unbehelligt aus Deutschland ausreisen und am Vorabend mit W. gemütlich in München zum Italiener spazieren?« Danyal Bayaz von den Grünen setzt auf den vom Untersuchungsausschuss eingesetzten Sonderermittler Wolfgang Wieland: »Wir erhoffen uns von Martin W., mehr über die Rolle von Jan Marsalek, seine Verbindungen zu Geheimdiensten und seine Flucht zu erfahren – auch vor dem Hintergrund der Frage, ob dabei Schaden für die Sicherheitsinteressen der Bundesrepublik entstanden ist.«

In der Bundesregierung herrscht in Bezug auf Marsaleks problematische Kontakte bisher demonstrative Ahnungslosigkeit. Bundeskanzlerin Angela Merkel hat sich bisher nach eigener Aussage nicht bei ihrem österreichischen Amtskollegen Sebastian Kurz von der konservativen ÖVP über das Treiben der Ex-BVT-Beamten erkundigt.

»Jan Marsalek pflegte enge Verbindungen zu aktiven und ehemaligen österreichischen Politikern und Beamten und hat einige sogar bestochen«, kritisiert Florian Toncar (FDP). »Da drängt sich doch die Frage geradezu auf, ob vielleicht die deutsche und die österreichische Regierung ganz gut damit leben können, wenn nicht alle Details bekannt werden.«

Auch die Ausreise von Marsalek ist in deutschen Systemen nicht verzeichnet. »Die Bundesregierung hat keine Kenntnisse über registrierte Grenzübertritte von Herrn Jan Marsalek«, teilte das Bundesinnenministerium auf eine parlamentarische Anfrage De Masis mit. Ermittlungen des deutschen Generalbundesanwalts zur Frage, ob Marsalek sogar für Österreich in Deutschland spioniert habe, wurden eingestellt. Es gebe keine entsprechenden Hinweise, hieß es im Dezember 2020 überraschend. Im Oktober hatte das noch ganz anders geklungen.

Damals lagen dem obersten deutschen Staatsanwalt »Anhaltspunkte dafür vor, dass der österreichische Staatsangehörige Jan Marsalek von einem Mitarbeiter des österreichischen Bundesamts für Verfassungsschutz und Terrorismusbekämpfung (BVT) als Vertrauensperson geführt wurde«, wie das Bundesjustizministerium erklärte hatte.

Politische Beobachter in Wien blicken fassungslos auf den Skandal. Das 2002 gegründete BVT ist einer von drei Nachrichtendiensten in Österreich und analysiert unter anderem Gefahren durch extremistische Strömungen wie radikalen Islamismus und Rechtsextremismus. Durch die verschiedensten Affären, zuletzt seine Hilfe für Marsalek, ist das Amt inzwischen so in Misskredit geraten, dass ausländische Geheimdienste ihre Zusammenarbeit mit den Wienern auf ein Mindestmaß beschränken.

## CSU-Geheimdienstkoordinator im Zwielicht

Doch nicht nur die Wiener Geheimdienstverbindungen Marsaleks werfen viele heikle Fragen auf. In Deutschland steht unter anderem die Tätigkeit des CSU-Politikers Klaus-Dieter Fritsche im Zwielicht. Er war bis Anfang 2018 Staatssekretär im Bundeskanzleramt und Beauftragter für die Nachrichtendienste des Bundes – also praktisch der oberste deutsche Spionagechef. Manche Mitarbeiter nannten ihn »Sekretär 007«.

Auch Fritsche konnte die Finger nicht von den Honigtöpfen bei Wirecard lassen. Nachdem er in den Ruhestand verabschiedet worden war, arbeitete er zwischenzeitlich für den österreichischen Innenminister und auch für Wirecard. Der Konzern zahlte Fritsche seit Juli 2019 eine Tagespauschale von 1 500 Euro für seine Dienste. So ließ er seine Kontakte spielen.

Im August 2019 hatte sich Fritsche an das Kanzleramt gewandt und für Wirecard um einen Gesprächstermin mit Lars-Hendrik Röller, dem Wirtschaftsberater von Kanzlerin Angela Merkel, gebeten. Beim Gespräch am 11. September nahmen auch Alexander von Knoop, Finanzvorstand bei Wirecard, und sein Vorgänger, Burkhard Ley, teil. Dort habe die Firma »über ihre Geschäftsaktivitäten in Fernost« informiert, hieß es vom Kanzleramt. Am 6. September hatte sich Merkel dann beim Staatsbesuch in Peking für Wirecard eingesetzt. Welche Rolle spielte Fritsche? »Eine durch das Bundeskanzleramt veranlasste Prüfung der Erfüllung dienstlicher Pflichten von Staatssekretär a. D. Fritsche bezüglich seiner Tätigkeit für die Wirecard AG ergab, dass die Tätigkeit keiner Anzeigepflicht unterlag«, hatte die Bundesregierung dem *Handelsblatt* Ende August erklärt. Das Gesetz schreibt vor, dass Ruhestandsbeamte Tätigkeiten anzeigen, die mit ihrer früheren Arbeit in Zusammenhang stehen könnten.

Auch gegen Fritsches Beratung für den damaligen österreichischen FPÖ-Innenminister Herbert Kickl 2018 hatte das Kanzleramt offenbar nichts einzuwenden – trotz Kritik aus den eigenen Reihen am »Näheverhältnis zu Russland« und der aufgrund von Misstrauen gegenüber der FPÖ gestörten Geheimdienstzusammenarbeit. Der Staatsminister im Kanzleramt, Hendrik Hoppenstedt (CDU), belehrte den Finanzausschuss, dass Kickl zwar nicht der parteipolitischen Couleur entsprochen habe, die er persönlich unterstütze. Aber dennoch sei Österreich natürlich ein befreundeter EU-Staat, man helfe gerne im Rahmen der eigenen Möglichkeiten.

Hilfreich: Das war Fritsche bei Wirecard auch in anderer Sache. Am 14. Oktober 2019 traf er sich mit Ley und dem französischen Großinvestor Nicolas Walewski. Zwei Stunden lang besprachen die drei Männer eines der heikelsten Rüstungsgeschäfte der vergangenen Jahre: die Übernahme des Oberndorfer Waffenherstellers Heckler & Koch.

Der Franzose wollte die Waffenschmiede übernehmen und suchte nach Kandidaten für den Aufsichtsrat. Ley, der zu dem Zeitpunkt als Berater für Wirecard tätig war, hatte Ex-Staatssekretär Fritsche vorgeschlagen. Der hatte erst zwei Monate zuvor seinen Lobbyisten- und Beratervertrag bei dem Konzern in Aschheim unterschrieben. Heckler & Koch war damals ein Sorgenkind der deutschen Rüstungswirtschaft. Das Geschäftsjahr 2018 endete mit einem Minus von acht Millionen Euro. Auf dem Unternehmen lastete ein Schuldenberg von 230 Millionen Euro. Einer der großen Kreditgeber im Hintergrund soll Walewski gewesen sein. Heckler & Koch ist seit Jahrzehnten bevorzugter Ausstatter der Bundeswehr und relevant für die nationale Sicherheit. Will ein Ausländer mehr als zehn Prozent an dem Unternehmen übernehmen, muss die Bundesregierung zustimmen.[44]

Bis Mitte 2019 gab es 18-mal Kontakt zum Bundeswirtschaftsministerium. Ein Durchbruch blieb offenbar aus. Dann kontaktierte Walewski einen besonderen Helfer: Burkhard Ley. In Leys Postfach finden sich Fotos von Walewski und ihm in Indien, als der Franzose 2015 das dortige Wirecard-Büro in Chennai besuchte. Der Vorstand wiederum kümmerte sich persönlich um ein Praktikum für einen Verwandten des Fondsmanagers. In fünf Jahren tauschte Ley mehr als 150 E-Mails mit Walewski oder dessen Mitarbeitern aus.

Als der Franzose ihn Mitte 2019 um Hilfe in Sachen Heckler & Koch bat, sagte Ley nicht Nein. Als Berater immer noch mit einem E-Mail-Account Wirecards ausgestattet, liefen über diese Adresse zahllose Nachrichten zur Übernahme der Aktienmehrheit von Heckler & Koch. Den Mails ist auch zu entnehmen, wo die Anwälte das größte Risiko sahen: Das Ministerium könnte die Übernahme der Aktien durch Walewskis Luxemburger Compagnie de Développement de l'Eau (CDE) ablehnen.

Für dieses Szenario entwickelten die Juristen eine Alternative. Im Mittelpunkt: Ex-Wirecard-Vorstand Ley. Ein komplexes Firmen-Konstrukt könnte aufgesetzt werden mit Ley als Geschäftsführer, hieß es. In diesem Planspiel – später »Project Y« getauft – wollten die Juristen »BL« Aktien übertragen, damit er unabhängig die Stimmrechte ausüben könne. Walewskis CDE hätte als »Limited Partner« eine Art »Call Option« auf die Aktien behalten.

»Project Y« wurde am Ende nie realisiert. Laut CDE signalisierte das Ministerium rechtzeitig eine mögliche Zustimmung in absehbarer Zukunft. Der CSU-Mann habe »zu keinem Zeitpunkt irgendeine Rolle« in dem amtlichen Prüfverfahren gespielt und auch keine Zuwendungen von der CDE oder Walewski erhalten, teilte die CDE mit.

Dennoch sollte Fritsche einen möglichen Posten im Aufsichtsrat von Heckler & Koch erhalten. Im Juli 2020 genehmigte das Wirtschaftsministerium dann die Übernahme der Aktienmehrheit von Heckler & Koch. Der Waffenhersteller teilte am 7. September mit, dass Fritsche als neuer Aufsichtsrat benannt worden sei – wegen seiner Kompetenz in »Governance und Compliance«. Doch Wirecard war inzwischen pleite. Und auch der Stern des CSU-Manns begann zu sinken: Als er wenige Tage später das Kanzleramt über seine geplante Tätigkeit informierte, musste er eine Überraschung erleben. »Gegen die Tätigkeit als Mitglied des Aufsichtsrats der H&K AG bestanden Einwände. Sie wurde untersagt«, teilte das Kanzleramt mit – nachdem es die früheren Nebentätigkeiten von Fritsche alle genehmigt hatte.

## Wirecard-Kunde BND

Es waren nicht nur ausländische Geheimdienste und Großinvestoren, die gerne auf die Dienste und Kontakte der Wirecard-Führung zurückgriffen. Auch der deutsche Bundesnachrichtendienst (BND) nutzte den Konzern. In Zahlen gibt bisher nur eine verhältnismäßig kleine Summe Auskunft über die Zusammenarbeit. Doch weitere Enthüllungen sind nicht ausgeschlossen.

Fakt ist: Wirecard hat für den BND, den deutschen Auslandsgeheimdienst, Zahlungen über knapp 22 000 Euro abgewickelt. Das geht aus einer Mitteilung der Bundesregierung hervor, die in der Geheimschutzstelle des Bundestags liegt, wie das *Handelsblatt* von mit dem Vorgang vertrauten Personen erfahren hatte. Angefordert hatte die Information der Finanzausschuss im Zuge der Aufklärung der Milliardenpleite von Wirecard.[45]

Damit ist erstmals offiziell bestätigt, was Beobachter schon lange vermutet haben: Es gibt eine direkte Verbindung der deutschen Nachrichtendienste zum Skandalkonzern aus Aschheim bei München. Dass ein Zahlungsdienstleister mit seinen verschiedenen Angeboten für Geheimdienste interessant ist, zeigt sich auch im Fall des

BND. Und womöglich hat Wirecard auch Kreditkarten für den Nachrichtendienst ausgestellt – das hatte zumindest Marsalek behauptet.

Oppositionspolitiker vermuten seit langem, es könnte politische Schützenhilfe für den Konzern gegeben haben. »Die Information bestätigt die schon länger vermutete Verbindung zwischen dem BND und Wirecard«, sagte die Grünen-Finanzexpertin Lisa Paus. »Es zeigt sich erneut, wie interessant Wirecard für Geheimdienste gewesen sein muss. Die Bundesregierung mauert bei der Aufklärung.«

Schon das schnelle Untertauchen von Marsalek spreche für die Schützenhilfe der Geheimdienste. »Das lernt man nicht im BWL-Studium«, so FDP-Parlamentarier Florian Toncar. Die Frage ist nun, ob sogar deutsche Dienste Marsalek Schutz und Hilfe gewährten. Bisher fehlen hierzu entsprechende Belege. Aber die Bundesregierung hatte gegenüber dem Bundestag auch in Sachen Zahlungsabwicklung lange auf angebliche Nicht-Kenntnis verwiesen.

»Dem Bundesnachrichtendienst liegen keine nachrichtendienstlichen Erkenntnisse zur Wirecard AG vor«, hieß es dort zunächst. Und: »Dem Bundesamt für Verfassungsschutz und dem Bundesnachrichtendienst liegen keine nachrichtendienstlichen Erkenntnisse zu Jan Marsalek vor.« Den eigenen Zahlungsverkehr über den Finanzkonzern verschwieg man wohlweislich. Nun kommt die Wahrheit in Berlin doch ans Licht – wenn auch scheibchenweise.

Auf eine weitere sonderbare Episode stießen die Staatsanwälte bei ihren Ermittlungen nach dem Untergang. Produktvorständin Susanne Steidl sagte aus, Marsalek sei im Sommer 2019 auf sie zugekommen. Er habe gesagt, er bräuchte Jahresdaten für den BND. Steidl nahm das nach eigener Aussage so hin – und gab ihm eine Kopie der bei Wirecard angefallenen Transaktionsdaten eines Jahres. Datenschutzerwägungen oder die Sorge um Geschäftsgeheimnisse waren dabei offenbar kein Hindernis. Was Marsalek mit dem Informationsschatz anstellte, ob er die Millionen an Daten wirklich dem BND überließ, für die Vortäuschung des Drittpartnergeschäfts nutzte oder für ganz andere dunkle Zwecke auswertete, ist bis heute unklar.

Die heißeste Spur auf der Suche nach Antworten führt nicht in die deutsche oder österreichische Hauptstadt, sondern nach Moskau.

## Sehnsuchtsort Russland

»Ich bleibe hier bei meinen Freunden«: So lautete eine der letzten Nachrichten Marsaleks an einen Vertrauten. Die Freunde kommen offenbar aus Russland. Marsalek hielt sich im Sommer 2020 laut Insidern auf einem Anwesen westlich von Moskau auf. Wo er aktuell ist, bleibt unklar. Der Kreml bestreitet jede Verwicklung in den Fall. Die Flucht hatte der Ex-Vorstand von langer Hand geplant. Unterstützung bekam er zunächst vom russischen Militärgeheimdienst GRU, später dann vom russischen Auslandsgeheimdienst SWR, unter dessen Obhut er nun steht. Das erzählen Bekannte des Geflüchteten in Moskau, die aus Gründen ihrer eigenen Sicherheit anonym bleiben wollen.

Der SWR habe auch darauf bestanden, Marsalek aus Weißrussland wegzubringen, nahe der russischen Hauptstadt sei es für ihn »sicherer als dort«. Marsalek habe die Zusicherung erhalten, nicht ausgeliefert zu werden. Sein Anwalt wollte dies nicht kommentieren und gab nur an:»Ich habe weiterhin Kontakt zum Mandanten.«[46]

In Moskau wird der Fall Wirecard längst diskutiert.»Wir sehen nicht das Ende, sondern den Anfang einer großen Spionage-Geschichte, von letztendlich größerer Bedeutung als die Affäre um den NSA-Überläufer Snowden«, ist das den Geheimdiensten nahestehende Blatt *Versija* überzeugt. Auch Roman Dobrochotow, einer der führenden Investigativjournalisten Russlands, ist überzeugt: Marsalek habe zumindest mit dem Geheimdienst in Russland zusammengearbeitet. Und der Geflüchtete könnte »für Russland eine Art Zahlungskurier gewesen« sein, sagte er dem *Handelsblatt*.

Die russischen Dienste könnten auf mehreren Ebenen an Wirecard Interesse gehabt haben: Marsalek, der nach Angaben seiner Bekannten gut Russisch spricht und in Moskau exzellent vernetzt ist, soll geholfen haben, Gelder für pikante russische Auslandsoperationen zu überweisen, etwa für getarnte russische Investitionen in »failed states« wie Libyen sowie zur Bezahlung von Söldnern in Syrien, der Ukraine und afrikanischen Staaten.

Die Tausenden Söldner müssten finanziert, Zahlungswege verschleiert werden, heißt es in Diplomatenkreisen. Schließlich bestreite Russland zumeist, Söldner einzusetzen. Wenn Marsalek die Transfers für die Russen organisiert habe, sei er »besonders wertvoll« für den Kreml und ein »Geheimnisträger erster Güte«, auch bis in höchste Kreise in Moskau.

Auch in der russischen Geschäftswelt hat Marsalek wichtige Fürsprecher. Er hat über Wirecard für russische Betreiber von Online-Casinos und Glücksspielseiten Geschäfte angebahnt, heißt es übereinstimmend in russischen Medien. Dieser Sektor ist in Russland gesetzlich verboten, russische Finanzdienstleister dürfen keinen Zahlungsverkehr dafür abwickeln, ergo könnten Wirecards Dienste einen Ausweg geboten haben.

Knapp zehn Pässe soll der in den letzten zehn Jahren mindestens 60-mal nach Russland gereiste 40-Jährige genutzt haben, fand die russische Rechercheplattform Bellingcat anhand von Einreisedokumenten Marsaleks heraus, die sich in Russland von korrupten Beamten für wenige Dollar im Netz kaufen lassen. Im September 2017 musste Marsaleks gecharterter Businessjet dabei leer aus Moskau gen Westen zurückfliegen, weil Geheimdienstler offenbar Marsaleks Geschäftsverbindungen auf den Grund gehen wollten.

Kurz zuvor war der skandalträchtige Bankier Robert Musin festgenommen worden. Er ist Vorstandschef der Tatfondbank und Abgeordneter der für die Putin-Partei »Einiges Russland« wichtigen Wolgarepublik Tatarstan sowie früherer Finanzminister der Teilrepublik. Noch im selben Jahr wurde der Tatfondbank die Lizenz entzogen – kurz nachdem Marsalek öfter und länger als bei seinen sonstigen Businesstrips in Tatarstans Hauptstadt Kasan sowie in Nischnij Nowgorod Station gemacht hatte. In dieser Wolgastadt hatte die Radiotechbank ihren Sitz, die laut russischem Firmenregister Interfax-Spark zu 95 Prozent Musin gehört.

Laut dem Online-Magazin *The Bell*, für das führende russische Investigativjournalisten arbeiten, soll Marsalek vor allem über Musins Banken versucht haben, an die Abwicklung von Glücksspielgeschäften zu kommen. Dabei soll er seinen russischen Partnern auch angeboten haben, Geschäfte noch günstiger, nämlich am Wirecard-Konzern und dessen 2019 gegründetem Moskau-Ableger vorbei zu machen. 2019 wurde der Radiotechbank jedoch die Lizenz entzogen.

Kurz darauf bandelte Marsalek noch im selben Jahr mit einem weiteren Institut an: der RFI Bank – die später jedoch von einer entsprechenden Absichtserklärung zurückgetreten sein will. Der Vizechef des Moskauer Ablegers der Antikorruptionsinitiative Transparency International, Ilja Schumanow, rechnet RFI den Geheimdiensten zu. Gegen RFI verfügte der Kreditkartenkonzern Visa im August eine Strafe über 500 000 Dollar wegen Durchführung »hochriskanter Transaktionen illegaler Casinos und Buchmacher, auch mit Krypto-Währungen«.[47]

Die Welt der Spione auf der einen, der dubiosen Glücksspiel-Webseiten auf der anderen Seite: Marsalek bewegte sich in ihnen wie ein Fisch im Wasser. Genau das dürfte ihn für viele Geheimdienste in West wie Ost interessant gemacht haben.

## Doppelagent Marsalek?

Dass Wirecard ein sehr spezielles Unternehmen war, war schon früh bekannt. Dass der Konzern aus Deutschland massenhaft Glücksspiel- und Pornotransaktionen abwickelte, machte ihn zwar für manche Kritiker verdächtig, für zahlreiche Nachrichtendienste jedoch womöglich erst interessant.

Marsalek scheint dabei jedoch eher ein Möchtegern- als ein Profispion gewesen zu sein. Zu offensichtlich prahlte er mit seinen Kontakten. »Jan sagte, Wirecard stellt für alle möglichen Geheimdienste Kreditkarten her, liefert Informationen über Zahlungsflüsse und zur Frage, welche Personen hinter den Transaktionen stecken«, erinnert sich zum Beispiel ein Insider in Russland.

Er spreche täglich mit Nachrichtendiensten, brüstete sich Marsalek auch in seinem Münchner Umfeld. Zu seinen Partnern zählten die sogenannten Five Eyes, also der Geheimdienstverbund aus

US-amerikanischen, britischen, kanadischen, australischen und neuseeländischen Diensten. Außerdem arbeitete er nach eigener Aussage mit dem israelischen Mossad und dem deutschen BND zusammen.

Das letzte große Geschäftsprojekt, das der flüchtige Vorstand betreut haben soll, war die geplante Übernahme der Zahlungsabwicklung für das türkische Mautsystem durch Wirecard. Marsalek reiste hierzu in den Monaten vor dem Absturz wiederholt in die Türkei, die auch als Finanzdrehscheibe des Nahen Ostens dient.

Ist es möglich, dass Marsalek auch für deutsche Dienste spioniert hat – womöglich als Doppelagent? Linken-Parlamentarier De Masi hält eine Zusammenarbeit zwischen Wirecard und BND für zumindest wahrscheinlich:»Zu vermuten ist es, schließlich hat Ex-Geheimdienstkoordinator Fritsche für Wirecard lobbyiert und hatte gute Verbindungen zum österreichischen Geheimdienst. Es würde mich sehr überraschen, wenn Dienste in Wien, München und Berlin einen Geheimdienst-Fan wie Marsalek und die Finanzdaten von Wirecard nicht gerne genutzt hätten.«

Bemüht sich die Bundesregierung ausreichend um Aufklärung? Oppositionspolitiker hegen Zweifel. Unklar ist etwa, ob Bundesaußenminister Heiko Maas (SPD) bei seiner Russlandreise am 11. August 2020 das Thema Marsalek gegenüber seinem russischen Amtskollegen Sergej Lawrow angesprochen hat. Lawrow erklärte auf der anschließenden Pressekonferenz auf die Frage eines Journalisten:»Ich kenne Herrn Jan Marsalek nicht. Ich weiß kaum etwas über seine Aktivitäten, denn er ist kein Gegenstand von außenpolitischen Diskussionen.«

Das Auswärtige Amt will sich zum Inhalt der vertraulichen diplomatischen Gespräche grundsätzlich nicht äußern. Man habe auch keine Erkenntnisse über die Umsetzung des internationalen Haftbefehls (die sogenannte Red Notice) gegen Marsalek durch Russland, heißt es im Haus von Heiko Maas.

»Dass das Auswärtige Amt verschweigt, ob Maas in Russland den Fall angesprochen hat, kann ich überhaupt nicht nachvollziehen«, kritisiert De Masi.»Wenn Marsalek wirklich in Russland ist, muss die Bundesregierung das doch thematisieren.« Offenbar mangele es an Engagement. Zwar habe das Bundeskriminalamt im Sommer 2020 Fahndungsplakate verteilt. »Aber wenn sich Herr Marsalek tatsächlich in Russland aufhalten sollte, müsste doch eher ein Auslieferungsantrag gestellt werden.«

Doch selbst wenn Kanzlerin Merkel zum Telefon greift und Präsident Wladimir Putin persönlich anruft: Eine baldige Ausweisung Marsaleks ist mehr als unwahrscheinlich.


### Flucht, Tod und Wiederkehr

Manche Vertraute machen sich bereits große Sorgen – und fragen, ob Marsalek noch lebt. »Nehmen wir einfach an, er hat 300 Millionen Euro beiseitegeschafft. Aber seine Freunde aus der Halbwelt glauben, er sitzt auf 1,9 Milliarden Euro. Dann ist er in Lebensgefahr«, sagt eine Stimme. Marsaleks Witzchen über seinen angeblichen Reichtum könnten ihm demnach noch gefährlich werden. Im Chat scherzte er, er komme ganz relaxed nach München zurück: »Mit 1,9 Milliarden kann ich mir den Starnberger See jetzt leisten.«

Tatsächlich gab es in der Wirecard-Geschichte bereits ominöse Todesfälle. Ein Beispiel ist das des Philippinen-Statthalters: Christopher B., eine Schlüsselfigur im Wirecard-Skandal, verstarb am 27. Juli 2020 in Manila. So ist es in einer Traueranzeige seiner Familie in einer deutschen Regionalzeitung zu lesen, versehen mit dem Bild eines freundlich-optimistisch blickenden blonden jungen Mannes, der das »Daumen hoch«-Zeichen macht. B. wurde 44 Jahre alt. Seine Familie hat keine rechte Erklärung dafür, warum ihr Sohn nicht mehr lebt. »Er war nicht krank, uns wurde gesagt, es war ein Schwächeanfall«, sagt sein Vater. Gerüchte um Selbstmord oder Fremdeinwirkung seien unverantwortlich.

B. war schon seit einigen Jahren nicht mehr innerhalb des Wirecard-Konzerns aktiv, galt aber als wichtiger Geschäftspartner des Skandalkonzerns. Er und seine Frau führten den philippinischen Zahlungsabwickler PayEasy, über den Wirecard einen wichtigen

Großteil seiner angeblichen Asienumsätze erwirtschaftete. Auf den Philippinen ermittelten sowohl die Bundespolizei als auch eine Anti-Geldwäsche-Einheit gegen B. Vor seiner Selbstständigkeit war B. als Geschäftsführer der Wirecard-Niederlassung auf den Philippinen aktiv.

B. war ein enger Vertrauter von Marsalek, wie interne Nachrichten zeigen. In der Endphase der Bilanzprüfung 2020 tauchte B. zunehmend ab, beantwortete Informationsanfragen aus Aschheim zum Geschäft von PayEasy, immerhin der drittwichtigste Drittpartner des Konzerns, nicht. Die Situation eskalierte mit der Anforderung der Testüberweisungen durch EY. Per Mail teilte der Treuhänder B. am 13. Mai 2020 mit, dass »Wirecard uns angewiesen habe, Bargeld in Höhe von 110 Millionen Euro« abzuheben. B.s Reaktion: »Seid ihr jetzt von allen guten Geistern verlassen worden?«, schrieb er an Jan Marsalek.

B. soll auch Wirecards Kontaktmann zu den russischen Oligarchen Badri Patarkazischwili und Boris Beresowski gewesen sein. Gegen beide ermittelten internationale Behörden wegen Geldwäsche und anderer Delikte. Patarkazischwili war Präsident des Georgischen Olympischen Komitees und starb 2008 mit 53 Jahren. Beresowski starb 2013 im britischen Exil unter unklaren Umständen. Christopher B. soll Männern wie ihnen geholfen haben, ihr Geld zu waschen. Wirecard-Insider behaupten, B. habe in seiner Wohnung 200 Kilo Bargeld gehortet.

Haben ihn seine problematischen Geschäfte ins Grab gebracht? Möglich ist auch eine andere Lesart. Es ist in keinem Land der Welt so leicht wie auf den Philippinen, den eigenen Tod vorzutäuschen. Einen Totenschein samt Leiche fürs Krematorium gibt es für eine dreistellige Euro-Summe. Insider mutmaßen, B. sei womöglich gar nicht tot – und wie Marsalek auf der Flucht.[48]

Marsalek kann sich dabei auf seine russischen Kontakte stützen. Eine Theorie, die in Geheimdienstkreisen diskutiert wird, geht so: Die russischen Dienste haben Zuträger rund um den Globus. Diesen winken vielerlei Belohnungen: Geld, Nervenkitzel, der schmeichelhafte Status als »Westentaschen-James-Bond« – und eine Rückfahrkarte, also die Zusicherung, im Fall des Falles, der Aufdeckung, im großen Einflussbereich Russlands untertauchen zu können.

Liefert Moskau Marsalek aus, wäre diese letztere Zusicherung aus Sicht der internationalen Informationsdealer-Gemeinschaft nichts mehr wert. Das könnte seinen Aufenthalt im russischen Imperium und seiner Peripherie sehr sicher machen. Wenn, ja wenn es überhaupt zu einer Auslieferung durch Russland kommt, dann nur, weil Deutschland ein Gegenangebot macht, das Moskau nicht ablehnen kann.

Möglich ist aber auch, dass Marsalek dann längst woanders ist. Der Mann mit den vielen Gesichtern, der sich in der Vergangenheit einen Vollbart stehen ließ, könnte über plastische Chirurgie oder andere Methoden versuchen, sein Aussehen zu ändern – und mit seinen diversen Reisepässen unerkannt um den Globus jetten, vermuten Vertraute.

Sogar der denkbar verrückteste Ausgang der Wirecard-Saga ist denkbar, zumindest für Jan Marsalek. Die absolute Verjährungsfrist für gewerbsmäßigen Bandenbetrug liegt in Deutschland bei 20 Jahren. Heißt: Der bei seinem Untertauchen 40 Jahre alte Manager könnte 2040, dann 60-jährig, am Flughafen Franz-Josef-Strauß in München auftauchen, sich bei der Polizei melden – und bliebe strafrechtlich unbehelligt, wie selbst Staatsanwälte zu bedenken geben.

Sein Vermögen müsste Marsalek zwar in Sicherheit gebracht haben, um zivilrechtlichen Schadensersatzklagen zu entgehen. Doch das dürfte für den Kryptowährungs- und Schwarzgeld-Experten kein Ding der Unmöglichkeit sein.

Im Anschluss könnte der meistgesuchte Mann der Republik durch die Talkshows tingeln und davon erzählen, wie er und seine Komplizen vor 20 Jahren den deutschen Finanzplatz bis auf die Knochen blamierten. Und ein System betrogen, das betrogen werden wollte. So absurd die Aussicht auf dieses Ende klingt: Unter Ermittlern wird sie bereits diskutiert.

# 6 Enthülltes und Verborgenes: Vom Absturz zur Aufklärung

Es ist ein stattliches Haus. Das Jugendstildomizil liegt in einer ruhigen Straße im reichen Münchner Stadtteil Bogenhausen. Gegenüber steht die denkmalgeschützte Landesversicherungsanstalt von 1905. Hinter einer messingbeschlagenen Flügeltür führt ein Marmortreppenhaus in den vierten Stock zur Wohung des Gesuchten. Es gibt umlaufende Balkone, hohe Decken, viel Licht und Sonne. Im Hochparterre besitzt er eine weitere Wohnung, geeignet für ein Kindermädchen.

Auf der Türklingel steht dezent sein Nachname, doch niemand öffnet bei einem Ortsbesuch Ende 2020. Nur ein Nachbar fragt, wen man denn suche. Als er hört, um wen es geht, kommt die spöttische Antwort: »Der ist umgezogen. Nach Augsburg.«

Die Rede ist von Markus Braun, dem langjährigen Wirecard-Chef. Und mit Augsburg ist die Justizvollzugsanstalt Augsburg-Gablingen gemeint. Hier sitzt Braun ab Ende Juli 2020 in Untersuchungshaft. Sein Vermögen ist weitgehend arrestiert, seine Zelle ist 9,2 Quadratmeter groß. Ende Februar 2021 entscheidet das Landgericht München, dass die Gründe für die Haft fortbestehen. In der zweiten Jahreshälfte 2021 will die Staatsanwaltschaft Anklage erheben. Der Liste an Verdachtsmomenten ist lang: unrichtige Darstellung in Tateinheit mit Marktmanipulation, gewerbsmäßiger Bandenbetrug, Untreue.

Brauns Tagesablauf in der Untersuchungshaft ist klar geregelt. Weckruf um sechs Uhr morgens, anschließend gibt es Frühstück, um elf Uhr Mittagessen. Es ist in der Regel Hausmannskost, nur zu Weihnachten serviert die Anstaltsküche Rinderbraten. Abendbrot wird in Augsburg schon um 16 Uhr gereicht. Braun isst es allein in seiner Zelle. Seine Besuchszeiten sind stark limitiert, nur seine Anwälte dürfen regelmäßig zu ihm. Zugang zum Internet hat der Ex-CEO nicht. Um 21 Uhr beginnt die Nachtruhe.

Es ist ein hartes Los, zweifelsohne, und ein beispielloser Absturz. Hat Braun das alles verdient? Sein Umfeld sagt: Nein. Braun sitze unschuldig in Haft, betrogen und hintergangen von seinem eigenen Asienvorstand Jan Marsalek. Er ist damit ein weiteres Opfer der Causa Wirecard, könnte man sagen.

»Keine Jachten, keine Privatjets, keine berauschenden Partys«: So schrieb noch im Sommer 2020 die österreichische Zeitung *Die Presse* über Braun.[1] Es ist die alte Geschichte vom bescheidenen Visionär, der sein Unternehmen aus der Pornoecke des Internets zum führenden Anbieter im seriösen Zahlungsverkehr entwickelt hat: Hier, in Österreichs führender Tageszeitung, feiert sie selbst nach dem Sturz des Konzerns noch prominent Aufführung.

»Ein unbeschriebenes Blatt« sei Braun, so schreibt es *Die Presse*. Und Menschen, die es gut mit ihm meinen, nennen für Braun Eigenschaften wie »bescheiden« und »nicht an Materiellem interessiert«. Ein enger Bekannter beschreibt ihn als verhaltenen und sensiblen Menschen. »Er lebt eher zurückgezogen, hat einen kleinen Freundeskreis. Die Familie ist ihm sehr wichtig.«

Beruflich Visionär, privat bodenständig: Das ist das Bild, das Braun von sich zeichnet. Spät, mit Ende vierzig, Vater geworden, genieße er das Familienglück mit Frau und Tochter. Seine Frau lernte Braun im Konzern kennen, verheiratet sind die beiden seit den Nullerjahren.

Es ist eine Erzählung, die Markus Braun über viele Jahre hinweg gepflegt hat. Und sie ist nicht ganz falsch: Es gibt diesen Visionär, diesen Nerd mit autistischen Zügen, den seine Doktormutter als »beeindruckend ehrgeizig« beschreibt, tatsächlich. Es ist gut möglich, dass sich Braun selbst in der Untersuchungshaft als schuldlos Eingesperrter sieht.

Sogar bei seinem Auftritt im Untersuchungsausschuss des Bundestags bringt Braun die Rolle seines Lebens zur Aufführung: die des Opfers.

## Vorstandschef und Opfermythos

Er habe Vertrauen in die Münchner Staatsanwaltschaft, den Sachverhalt und den Verbleib der »veruntreuten« Wirecard-Gelder aufzuklären, sagt Braun im November 2020 im Saal 2 600 des Bundestags. Wer die Milliarden veruntreut haben könnte, sagt er nicht. Jeder im Raum weiß dennoch, wen er meint: Jan Marsalek. Auch, dass es die Milliarden höchstwahrscheinlich nie gab, wovon die Staatsanwaltschaft und der Insolvenzverwalter ausgehen, verschweigt Braun.

Dafür spricht er alle weiteren Stellen von ihrer Verantwortung frei. »Ich kann sagen, dass ich zu keiner Zeit Feststellungen getroffen oder Hinweise dazu erhalten habe, dass sich Behörden, Aufsichtsstellen oder Politiker nicht korrekt, pflichtwidrig oder in irgendeiner Form unrechtmäßig verhalten hätten«, so der Ex-CEO. Das gelte auch für den Aufsichtsrat und die Wirtschaftsprüfer, die im Rahmen der Abschlussprüfung umfassend getäuscht worden seien. Für ihn sei es deshalb »nicht nachvollziehbar«, wieso externe Aufsichtsstellen, die viel weiter weg seien, Versäumnisse zu verantworten haben sollten, so Braun.

Danach fällt er in Schweigen. Zwar löchern ihn die Abgeordneten mit Fragen, in fast allen Fällen erhalten sie jedoch die immer gleiche Antwort – in verschiedenen Variationen. Wie lautet der Titel Ihrer Doktorarbeit? »Zu dieser Frage möchte ich mich nicht äußern.« Haben Sie konstruktiv mit dem Aufsichtsrat zusammengearbeitet? »Ich werde über meine Erklärung hinaus keine weiteren Einlassungen bekanntgeben.« Haben Sie als CEO bei Wirecard Fehler gemacht? »Ich berufe mich auf mein Auskunftsverweigerungsrecht.«

Cansel Kiziltepe (SPD) versucht, Braun aus der Reserve zu locken. Er sei ja österreichischer Staatsbürger: »Ist Ihnen bewusst, dass Sie unserem Wirtschaftsstandort einen großen Schaden zugefügt haben? Ist Ihnen bewusst, dass Ihr Schweigen auch Menschen in den Abgrund zieht? Halten Sie Ihr Geschäftsmodell für moralisch, sittlich richtig?« Doch auch darauf spult Braun seinen Standardsatz ab.

Auf die Frage, wie das Drittpartnergeschäft ganz allgemein funktioniert, erklärt Braun: »Ich glaube, dass die Staatsanwaltschaft die richtige Instanz ist, gegenüber der ich mich äußern werde. Es handelt sich alles um verfahrensbezogene Sachverhalte, da läuft ein Ermittlungsverfahren.« Zudem belehrt er die Angeordneten, wenn eine Frage schon gestellt wurde. Als er erneut verkündet: »Zu dieser Frage kann ich mich nicht äußern«, platzt Linken-Finanzpolitiker Fabio De Masi der Kragen: »Sie können schon, Sie möchten nur nicht.« Und selbst auf die simple Frage, ob er eine Tochter habe, doziert Braun: »Ich finde, das ist heute nicht der Verfahrensgegenstand.«

Braun ist Braun, auch vor dem Untersuchungsausschuss. Er ist blasser geworden, etwas dünner, ansonsten tritt er auf wie immer: im schwarzen Rollkragenpullover, mit Sakko und ohne Krawatte – und mit dem Habitus des Vorstandschefs, der er nicht mehr ist. Regelmäßig blitzt sein steifes, statusbewusstes Wesen durch. Braun ist anzumerken, dass er die Befragung durch die Abgeordneten nur mit allergrößtem Widerwillen über sich ergehen lässt.

Die Abgeordneten sind sich schnell einig: So redet jemand, der davon überzeugt ist, auf der falschen Seite des Befragungstisches zu sitzen. Die Erzählung des betrogenen Visionärs und bescheidenen Nerds, die Braun und seine Anwälte spinnen, hat nur ein Problem: Sie blendet große Teile der Realität aus.


## Das andere Gesicht des Markus Braun

Mitarbeiter berichten von einem anderen Braun. Bald nach seinem Start bei Wirecard tauschte Braun demnach die Anzüge von der Stange gegen feineren Zwirn ein. »Er trug eigentlich nur noch Armani, Eton-Hemden, Dolce & Gabbana mit Namensetikett, teure Uhren«, sagt einer. »Sein Statusbewusstsein ist immer größer geworden.«

In den ersten Jahren als CEO geht Braun oft in den Wiener Volksgarten, später in teurere Lokale der österreichischen Hauptstadt. Im Promitreffpunkt »Zum Schwarzen Kameel« und im Luxusitaliener »Fabios« Nähe Stephansdom wird er Stammgast. Hier hält der Wirecard-Chef am Wochenende Hof, bezahlt oft die Rechnung für den ganzen Tisch. Spirituosen für 2 000 bis 3 000 Euro werden entkorkt, erinnern sich Teilnehmer. Im Traditionshotel »Zum Hirschen« am Altaussee feiert Braun das österreichische Oktoberfest, gern in Lederhose und Trachtenjanker im VIP-Bereich. In Kitzbühel besucht er die Ski-Events der Alpenrepublik. Oder er vergnügt sich mitsamt Entourage an der Côte d'Azur.

Auch in Aschheim ist derweil offenbar das Beste gerade gut genug. So etwa bei der Ausstattung der Büros in der Zentrale. Hier engagiert sich vor allem Brauns Ehefrau, die offenbar eine Einrichtung nach Feng-Shui-Prinzipien bevorzugt. »Sie hat Uhren für 500 Euro aufhängen lassen, Vitra-Möbel bestellt, Sitzgruppen für Abertausende Euro. Irgendwann ist sogar dem Chefbuchhalter der Kragen geplatzt«, erzählt ein Manager. Eine Kollegin erinnert sich, wie Frau Braun regelmäßig durch die Teeküchen gegangen sei und Tupperboxen der Mitarbeiter weggeschmissen habe: »Plastikschüsseln waren ihr ein Dorn im Auge.«

Dies, erzählen Augenzeugen, sei ein weiteres typisches Merkmal im System Braun gewesen: Das Geschäftliche und das Private seien ständig miteinander verflochten gewesen. »Ich will es einmal so sagen: Es gab Mitarbeiterinnen, die einen Dienstwagen bekamen, und solche, die keinen bekamen. Bei gleicher Tätigkeit«, sagt jemand, der Einblick hatte.

Eine von denen, die von Braun offenbar besonders behandelt werden, heißt Sandra B.[*] Für viele völlig überraschend sollte die Mitarbeiterin Ende 2018 in eine Führungsposition aufsteigen. Interne Mails zeigen, dass Kollegen davor warnten. Sandra B. bringe keine Leistung -- Kunden hätten sich bereits beschwert. »Auf dieser Grundlage habe ich klare Bedenken hinsichtlich ihrer Ernennung«, heißt es in einer Mail. »Ich bin besorgt, dass dies negative Auswirkungen auf unsere Abteilung, unsere Wachstumsziele und unseren externen Ruf haben wird.«

Sandra B. wird trotzdem befördert, ihr neues Jahresgehalt beträgt 172 000 Euro, inklusive Bonus und Dienstwagen. »Ich finde dies extrem ungerecht und demotivierend«, schreibt eine Mitarbei-

---

[*]  Name geändert

terin an den Finanzvorstand Alexander von Knoop. Es ändert sich nichts. Brauns Anwalt gibt dazu auf Nachfrage an, er gehe davon aus, dass das Gehalt angemessen war.

Insider berichten, Braun hätte schon seit Jahren nicht mehr zwischen sich und dem Unternehmen unterschieden. Das interessiert auch die Staatsanwaltschaft. So »gehen wir natürlich jedem Verdacht auf Untreue, zumal wenn sie eigennützig begangen wurde, nach«, erklärte eine Sprecherin. Die Ermittler bezeichnen Wirecard als »streng hierarchisches System, geprägt von Korpsgeist und Treueschwüren gegenüber dem Vorstandsvorsitzenden«.

»Braun konnte manipulativ sein«, sagt der letzte Aufsichtsratschef Thomas Eichelmann. »Lautstark ist er nie geworden, im Ton war er immer außerordentlich korrekt. Aber er ist mit dem Nimbus des Hauptaktionärs und Vorstandsvorsitzenden durch jede Tür spaziert, das hat andere oft beeindruckt.«

»Ob's um Vorstandsbesetzungen ging oder kleinste Ausgaben: Braun hat den Konzern nach Gutsherrenart geführt. Er hat die Firma wie sein Eigentum behandelt«, sagt ein Manager. »Er hat ein Oligarchenleben gelebt. Geld, normale Restriktionen, spielten bei Wirecard überhaupt keine Rolle mehr. Diese Maßlosigkeit war wie von einem anderen Planeten.«

Brauns Neigung zum Leben auf großem Fuß zeigt sich schon früh. 2004 überträgt er die Verwaltung seines Geldes an die MB Beteiligungsgesellschaft. 2006 kauft Braun im Wiener Nobelstadtteil Hietzing eine Gründerzeitvilla mit hohen Decken, Stuckfassade und Gartenpool. Das Grundstück verbirgt sich hinter hohen Hecken, geschützt von Überwachungskameras. Hier verbringt Braun die Wochenenden.

Unter der Woche residiert Mister Wirecard in München, in der Jugendstilwohnung in Bogenhausen. Ein anderes Haus legt sich Braun 2013 im österreichischen Kitzbühel zu, laut Kaufvertrag für 11,7 Millionen Euro. Der Wirecard-Chef fährt gern Ski – sein Ferienrefugium ist das letzte Grundstück am Ende eines Weges, malerisch am Hang gelegen.

Auch in Frankreich wird Braun Immobilienbesitzer. In Ramatuelle am Golf von St. Tropez kauft er ein Anwesen mit Pool und versenkbaren Glaswänden. Am 10. August 2018 gründet Braun hier eine zweite Beteiligungsgesellschaft, die SMB Ramatuelle. Laut dem französischen Handelsregister ist diese auf »die Vermietung von Grundstücken und anderen Immobilien« spezialisiert. Braun ist alleiniger Geschäftsführer. Nach Auskunft seines Anwalts ist die Gesellschaft inaktiv und hielt nie Vermögenswerte. Braun hält zwei Autos in Südfrankreich bereit – einen Mercedes GLC für eigene Fahrten und einen V-Klasse-Bus, mit dem Freunde vom Flughafen abgeholt werden.

Es ist ein Leben, das Braun sich leisten kann – so denn die Zahlen in der Wirecard-Bilanz stimmen. In seiner privaten Beteiligungsgesellschaft bunkert Braun 2014 ein Anlagevermögen von 34 Millionen Euro, ein Jahr später sind es mehr als 57 Millionen Euro. Mit einer weiteren Beteiligungsgesellschaft, genannt »Holy Ghost«, investiert er in Start-ups.

2017 folgt, was Wirecard-Mitarbeiter den »Sommer ohne Vorstand« nennen. Finanzvorstand Burkhard Ley sei wie üblich ausgedehnt im Urlaub gewesen, Braun und Marsalek für ihre Kollegen nicht aufzufinden. Ein Topmanager: »Der Konzern war wochenlang auf Autopilot.« Wo steckt Braun? Die Antwort findet sich in Schiffsregistern. Brauns Jacht in diesem Sommer heißt »Lady S«, heutiger Name: »Lady E«. 74 Meter lang, Baujahr 2006, mit diversen Extras ausgestattet, darunter einer aufblasbaren Megarutsche. Mietpreis inklusive Besatzung: eine knappe halbe Million Euro pro Woche.

Das *Handelsblatt* hat die Bewegungen der Jacht im Sommer 2017 verfolgt. Braun fährt demnach die ersten zwei Augustwochen eine Traumroute ab: vom südfranzösischen Antibes nach Èze-Bord-de-Mer, Cannes, der Île Sainte-Marguerite, weiter nach Saint-Tropez, Ramatuelle und zurück. Am 13. August geht Braun laut Insidern in Antibes von Bord, am Quai des Milliardaires.[2]

Zu seinem Domizil in Südfrankreich und zu Geschäftsterminen reist Mister Wirecard in den Jahren vor dem Zusammenbruch fast nur noch per Privatjet. Braun missfallen die Enge und die fremden Menschen in Linienmaschinen, berichten Vertraute. In Wien steht ihm ein eigener Fahrdienst zur Verfügung. Zwischen München und

Wien lässt sich Braun von seinem Fahrer im Maybach chauffieren, meist Montagfrüh hin, donnerstagabends zurück.

Mr. Wirecard trifft oft einsame Entscheidungen, im Konzern setzt ihm niemand Grenzen. Als im November 2019 eine US-Sammelklage aufgebrachter Investoren zugestellt werden soll, spricht er gegenüber der Chefjuristin Klartext. »Bitte sorge dafür, dass diese Klage nicht rechtsgültig zugestellt wurde«, schreibt er ihr. »Und ich wäre dir auch dankbar, wenn du solche E-Mails an den gesamtvs nicht mehr ohne Abstimmung schreibst.« Mit »gesamtvs« ist der vierköpfige Gesamtvorstand gemeint. Auf die Antwort der Chefjuristin, sie prüfe, was möglich sei, setzt Braun nach: »Schaut, ob es nicht doch kreative Lösungen gibt, dass das nicht angenommen wurde, zb das war kein Mitarbeiter, der [Mitarbeiter] bekennt er hatte keine Berechtigung den Stempel zu geben etc.«

Seinen 50. Geburtstag begeht Braun im November 2019 noch einmal im großen Rahmen, im Münchner Schickeria-Treffpunkt »Hearthouse«. Sechs Monate zuvor haben 160 Beamte hier mit Drogenspürhunden eine Party beendet und 20 Gramm Kokain beschlagnahmt. Braun ist Mitglied des Privatklubs, einer der Besitzer zählt zu seinem Freundeskreis, an der Modefirma von dessen Frau hält Braun 40 Prozent.

Noch zwei Tage nach seiner Entlassung lässt Braun den großen Dompteur heraushängen, der alles unter Kontrolle hat. Am Sonntag, dem 21. Juni 2020, am Abend vor seiner ersten Verhaftung, schreibt Braun an seinen Aufsichtsratsvorsitzenden Thomas Eichelmann eine Whatsapp-Nachricht: »Ich glaube, ich könnte aus meinem Netzwerk kurzfristig 2 Mrd plus 1 bis 2 Mrd für die Finanzierung zusammenstellen. Falls dir das nützt bzw. die Verhandlungen mit den Banken schwierig sind. LG Markus.«

Es sind genau die zwei Milliarden, die in der Wirecard-Bilanz fehlen. Demnach wäre alles, was seit seinem Rücktritt geschah, eigentlich nicht notwendig. Eichelmann antwortet nicht, sondern lässt die Nachricht an die Staatsanwaltschaft weiterleiten. Braun glaubt er kein Wort mehr.

## Der doppelte Boden der Wahrheit

»Er ist ein Mann mit zwei Gesichtern«, sagt einer, der Braun gut kennt. Eigentlich habe es zwei Markus Brauns gegeben: den bodenständigen Visionär, der sich als bescheidener Familienvater inszenierte, und den machtverliebten Playboy, der seinen Konzern zu absurdem Wachstum trieb und privat das Geld mit beiden Händen ausgab. Beide seien untrennbar miteinander verbunden: »Der eine Braun ist ohne den anderen nicht zu denken.«

Warum ist das alles wichtig? Welche Rolle spielt das Leben Brauns abseits des Konzerns? Eine große. So kam die andere Seite des Wirecard-Vordenkers erst nach dem Untergang seines Konzerns ans Licht.

Und: So wie es praktisch zwei Markus Brauns gab, gab es drei Wirecards: Die erste war der seriöse Konzern mit den Kunden fürs Schaufenster, von Aldi bis Händlmaier Senf. Die zweite war der schmutzige Zahlungsabwickler, mit Porno-, Gambling-, Trading-Kunden von legal bis illegal. Und die dritte Wirecard war die fiktive: der Teil des Konzerns, der auf dem Papier das größte Wachstum brachte und in der Realität doch nur auf gefälschten Excel-Tabellen in Asien basierte.

Realität und Fiktion, Enthülltes und Verborgenes liegen bei Wirecard immer nah beieinander. Der Konzern ist untergegangen, aber die Nachwehen dieses Skandals werden Deutschland noch lange beschäftigen. Was wissen wir Stand jetzt, und welche Fragen sind noch offen? Darum soll es im Folgenden gehen.

Am heftigsten betroffen vom desaströsen Absturz Wirecards, gleichzeitig als Gruppe oft wenig beachtet, sind die Mitarbeiter des Konzerns. Sie sind für die Frage, was bei Wirecard wahr war und was Lüge, besonders wichtige Zeugen.

## Verwertungserfolge und Kündigungswelle

Viele Angestellte trifft das mediale Bild des durch und durch kriminellen Konzerns hart. In seiner Pauschalität ist es tatsächlich ungerecht: Schließlich arbeiteten im Konzern viele redlich bemühte Mitarbeiter, die – gerade auf den unteren Ebenen – nichts vom Betrug wussten. Sie spüren die Folgen der Wirecard-Pleite dennoch am eigenen Leib, und das nicht nur finanziell: Der schlechte Ruf ihres alten Arbeitgebers überschattet die Jobsuche.

Fast 6 000 Angestellte beschäftigte Wirecard kurz vor dem Absturz in der Holding und über 50 Tochtergesellschaften. Ob es alle offiziell aufgeführten Mitarbeiter in den Auslandsgesellschaften wirklich gab, ist zwar offen: Womöglich wurden auch hier Zahlen aufgebläht. Aber klar ist: rund 1 600 Menschen arbeiteten Ende Juni 2020 am Standort München. Von ihnen waren im Frühjahr 2021 noch rund 350 übrig, hinzu kamen rund 40 Mitarbeiter in Dubai und rund 30 im indischen Chennai. Der Rest wurde gekündigt, mit Tochterunternehmen verkauft oder hat sich extern einen neuen Job gesucht.

Insolvenzverwalter Michael Jaffé hat durchaus Verwertungserfolge vorzuweisen: Das europäische Kerngeschäft mit dem Standort München verkaufte er im November 2020 an die spanische Großbank Santander für rund 100 Millionen Euro. Santander wollte dabei offenbar auf Nummer sicher gehen und übernahm Mitarbeiter und Technologie der Wirecard, jedoch keine Kunden. Andere Sparten rund um den Globus wurden ebenfalls erfolgreich losgeschlagen oder hatten sich selbst zum Verkauf gestellt.

Im August 2020 wurden die Brasilien-Einheit und Teile des britischen Geschäfts verkauft.[3] Im September ging die rumänische Tochter über den Tresen, im Dezember die südafrikanische Tochter, der Kaufpreis ist unbekannt.[45] Auch die Österreich-Tochter wurde im September für knapp vier Millionen Euro verkauft, über 100 Mitarbeiter wurden entlassen, 25 konnten bleiben.[6] Besser ging es für die rund 150 Angestellten der Callcenter-Tochter in Leipzig aus: Sie wurden fast komplett von einem Münchner Start-up übernommen.[7]

Den größten Betrag, über 300 Millionen Euro, nahm Jaffé im Oktober für das Nordamerika-Geschäft ein, eine rechtlich und operativ besonders selbstständig geführte – und daher unbelastete – Einheit.[8] Das Geschäft mit 4 000 Kreditkartenterminals bei 2 500 Händlern ging im Oktober an den Konkurrenten Unzer, die frühere Heidelpay, auch hier wurde über den Kaufpreis Stillschweigen vereinbart. Unzer übernahm zudem eine zweistellige Zahl an Wirecard-Mitarbeitern.[9]

Für die Töchter in Indonesien und Vietnam lägen Angebote vor, erklärte Jaffé noch im Herbst, danach stockten die Gespräche.[10] Keinen Käufer fand die Wirecard Bank: Santander hatte an ihr kein Interesse, rund 25 verbliebene Mitarbeiter arbeiten nun an der eigenen Abwicklung. Die Deutsche Bank, die zunächst im Sommer 2020 großmütig und öffentlichkeitswirksam Unterstützung angeboten hatte, warb aus dem laufenden Insolvenzverfahren heraus gute Mitarbeiter ab und zeigte ansonsten kein Interesse mehr.

Die Verwertungszahlen zeigen schon jetzt plastisch: Es ist nicht mehr viel zu holen für den Insolvenzverwalter. Jaffé steht vor der Herausforderung, möglichst viel für die Gläubiger herauszuholen, auf Wirecard lasten 3,2 Milliarden Euro an Schulden. Doch die Preise für die bisher verkauften Einheiten decken schätzungsweise nur gut ein Sechstel der Summe. Hinzu kommen die offenen Schadensersatzforderungen der Aktionäre für den Verlust von Milliarden Euro an Aktienkapital.

Nicht nur finanziell ist Wirecard längst ein Desaster erster Güte. Auch der Flurschaden für den Finanzstandort Deutschland ist riesig, das Vertrauen in zahlreiche Institutionen beschädigt. Viele offene Fragen lassen den Fall zum Menetekel werden.

## Erste Antworten

Schon allein die Masse an Daten und Zeugen macht Wirecard zum Mammutfall. Unter der Ägide von Insolvenzverwalter Jaffé begann ein kaum vorstellbarer Sicherungsprozess rund um den Globus – und die Suche nach den Schuldigen.

Alle Mitarbeiter wurden aufgefordert, sämtliche elektronischen und physischen Dokumente zu erhalten, am Hauptsitz in Aschheim wurden vorsichtshalber sämtliche Schredder entfernt. In den zehn Rechenzentren der 58 Wirecard-Gesellschaften wurden mehr als zwei Petabyte Daten mit Stand 19. Juni 2020 gesichert. Ausgedruckt auf Papier sind das eine Billion Seiten, für die man rund 12 000 Kilometer Regalfläche bräuchte, wenn man sie lagern wollte.

Kurz nach Amtsantritt stellte der Insolvenzverwalter zudem 17 Mitarbeiter von ihren Tätigkeiten frei. Hinzu kamen 14 Mitarbeiter in leitenden Positionen, die aus ihren Ämtern abberufen wurden oder deren Prokura entzogen wurde.

Die Akten der Staatsanwaltschaft München I füllen inzwischen weit über 200 Leitz-Ordner und einen ganzen Raum. Über 400 Vernehmungen haben die Ermittler geführt. Eine zweistellige Zahl an Beschuldigten steht unter Verdacht, drei Manager sitzen in Untersuchungshaft. Den flüchtigen Vorstand Marsalek jagen die Zielfahnder. Das Ehepaar hinter dem Drittpartner Senjo wurde von den Behörden in Singapur festgesetzt und muss noch durch die deutschen Ermittler vernommen werden. Und selbst zum verstorbenen Chef des Philippinen-Drittpartners PayEasy könnten noch weitere Erkenntnisse eingehen.

In der zweiten Jahreshälfte 2021 will die Staatsanwaltschaft Anklage gegen die ersten Beschuldigten in München erheben. Die Anklageschrift dürfte erste Antworten liefern zu den Ergebnissen der Ermittler. Und anderes wissen wir schon heute mit großer Sicherheit.

Wie viel Fiktion bei Wirecard im Spiel war, hat etwa Insolvenzverwalter Jaffé anhand der Umsatz- und Gewinnzahlen für die vergangenen Jahre ermittelt (siehe Kapitel 4.2).

Ein plastisches Beispiel brachte auch die *Financial Times*: Demnach waren im ersten Halbjahr 2017 rund 100 Kunden für die Hälfte des globalen Umsatzes verantwortlich. Insgesamt hatte Wirecard laut interner Dokumente im Oktober 2017 nur rund 107 000 Kunden geführt. Offiziell hatte der Konzern im selben Jahr jedoch von 33 000 großen und mittleren und 170 000 kleinen Händlern gesprochen.

Auch wurde real nur ein Transaktionsvolumen von 18 Milliarden Euro abgewickelt, im Unterschied zu den offiziell berichteten 37,9 Milliarden Euro. Der reale, aus diesen Geschäftsbeziehungen resultierende Umsatz lag damals nur bei 292 Millionen Euro, im Gegensatz zu den berichteten 616 Millionen Euro. Zu den größten Kunden gehörten die Fluggesellschaft Wizz Air und die Online-Bank Monzo, aber auch die halbseidenen zypriotischen Online-Broker Rodeler und Hoch Capital. Besonders lukrativ war für Wirecard ein Portfolio an Pornoseiten-Kunden mit Margen von rund 15 Prozent.

Grob die Hälfte des gesamten Wirecard-Geschäfts war damit schon 2017 »fake« – eine Entwicklung, die sich bis zum Untergang nicht mehr drehen, sondern noch verstärken sollte, wie aus den monatlichen Transaktionsübersichten des »Payment & Risk Monthly Reporting« der Jahre 2019 und 2020 hervorgeht (siehe Kapitel 2.3).

Was heißt das für unser Verständnis des Konzerns? Journalisten beschreiben Wirecard gerne als »potemkinsches Dorf«. Doch nichts könnte entfernter sein von der Realität. In potemkinschen Dörfern stehen Häuser, die nur aus Fassaden bestehen. Doch bei Wirecard gab es mindestens bis zum ersten Stock ganz reales Geschäft – mit seriösen wie halbseidenen Kunden.

Tatsächlich war es wohl genau jene Mischung aus echtem und erfundenem Business, die den langen Erfolg des Konzerns erst ermöglichte: Wirecard war nicht nur heiße Luft, sondern eine erfolgreiche Geldwaschmaschine. Und in der Bilanz des Zahlungsdienstleisters ließen sich zunächst die schmutzigen, später auch die fiktiven Geschäfte gut verbergen.

Verantwortlich für die Etagen ab Stockwerk zwei, für die Schimäre, waren bei Wirecard wenige Manager. Doch viele Verantwortliche haben von dem auf falschen Zahlen basierenden bombastischen Aufstieg des Konzerns ganz persönlich profitiert.

Da wäre etwa Konzernchef Braun. Für ihn galt: Je höher der Aktienkurs von Wirecard stieg, desto mehr wert war sein Sieben-Prozent Anteil am Konzern – und desto kreditwürdiger wurde Braun. Steigende Gewinne erhöhten außerdem seine Dividenden – und auch Brauns Vorstandsboni waren an das Konzernwachstum gekoppelt. Diese Systematik ist der Staatsanwaltschaft nicht verborgen geblieben. Sollte Braun die Geschäftszahlen selbst frisiert haben, hätte er sich persönlich bereichert.

Gleiches gilt für weitere Topmanager, natürlich zuvorderst Asienvorstand Marsalek, der mit einer Bande an Helfern mutmaßlich Hunderte Millionen Euro aus dem Konzern abzweigen konnte. Gegenüber einem Vertrauten behauptete Marsalek einmal angetrunken, er sei 300 Millionen Euro schwer. Ob das stimmt? Unklar. Abwegig wäre die Zahl jedoch nicht.

Zur Wahrheit gehört auch: Tausende ganz normale Mitarbeiter profitierten ebenfalls von der Wachstumsstory. »Wirecard war wie eine Familie«, sagt eine Angestellte. »Wir haben 20 Jahre lang kein Sparprogramm erlebt. Es ging immer nur nach oben.«

Diese »Bürofamilie« nahm der letzte Konzernchef James Freis nach seinem Ausscheiden besonders in die Pflicht. Sowohl das höhere Management als auch die Personen in den Kontrollgremien seien mit dem Unternehmen groß geworden, so Freis. Das habe dafür gesorgt, dass die Verantwortlichen nicht mehr sahen, »dass die Dinge woanders anders laufen. Es fehlte an einer frischen Perspektive, jemandem, der sagt: Ich kann nicht glauben, dass wir etwas nicht anwenden, oder, hey, andere Organisationen funktionieren anders.«

Freis glaubt wie die Staatsanwaltschaft, dass in die eindeutig illegalen Aktivitäten nur eine Handvoll an Personen eingebunden waren. Aber es hätte eben auch viele andere gegeben, die weggesehen und zu lange genug den Mund gehalten hätten. »Manche von denen sind sogar auf mich zugekommen und haben mir erzählt, sie hätten auf Probleme aufmerksam gemacht, ihre Bedenken ausgedrückt.« Er habe sie dann gefragt, warum sie nicht protestiert, sich distanziert hätten, erzählte Freis. »Das ist etwas, das alle tun könnten, die Mitarbeiter, die Compliance-Manager, aber auch externe Berater.« Jede und jeder könne zum Whistleblower werden.

## Viele offene Fragen

Die vielen Geheimnisse bei Wirecard wurden von zahlreichen Wächtern gehütet: aktiv oder durch ausbleibendes Hinterfragen. Viele Mysterien sind noch ungelöst.

So ist bis heute unklar, wann genau der Bilanzbetrug im Drittpartnergeschäft begann – und wer daran alles beteiligt war. Wie viel echtes Geld lag bei der OCBC-Bank in Singapur? Und warum schauten die Wirtschaftsprüfer und Finanzexperten im Konzern nicht genauer hin?

Aufzuklären ist auch, wie eng sich Braun und Marsalek wirklich standen – und wann die beiden womöglich den Untergang ahnten. Ein Vertrauter von Marsalek berichtet, dieser sei im letzten Jahr vor der Pleite plötzlich knausriger geworden. Manche Ausgaben für seine Firmen wurden von seiner Assistentin in der Prinzregentenstraße nicht mehr bewilligt: »Das hat mich gewundert.«

Über Braun erzählt ein anderer, dass das System 2019 noch intakt gewesen sei, zumindest nach außen. »Ich kenne ihn seit 20 Jahren«, sagt der Insider. »Natürlich haben wir über die Firma gesprochen. Aber Markus hat nie den Eindruck vermittelt, dass es irgendwelche Probleme gab. Wenn man ihn nach den Medienberichten fragte, sagte er: ›Ach, irgendwas ist halt immer.‹«

Die Beziehung zwischen dem CEO und seinem Asienvorstand, sie ist der Schlüssel zum Verständnis der Causa Wirecard. Doch bislang schweigt Braun öffentlich, ist Marsalek verschwunden. Insider berichten, dass sich ihre Beziehung über die Jahre verändert habe. Früher saßen sie demnach öfter am besten Tisch beim »Käfer« in München, bestellten Schampus für 350 Euro die Flasche und gaben auch mal 100 Euro Trinkgeld. In den letzten Jahren von Wirecard seien sie nicht mehr privat aus gewesen.

Nie abgerissen sei jedoch das geschäftliche Band. Braun und Marsalek telefonierten häufig miteinander, berichten Mitarbeiter. Wenn der Chef »den Jan« sprechen wollte und der nicht abnahm, ließ Braun seine Sekretärinnen fast minütlich Marsaleks Nummer wählen. Potenziell heikle Telefonate führte Braun mit ihm nie vor seinen Mitarbeitern: »Dann hieß es immer: Ich bin in einer Stunde zu Hause, dann reden wir.«

Es gab offenbar einiges zu besprechen. Auch bei den Privatgeschäften der beiden Frontmänner sind noch viele Fragen offen. Braun, so geht aus einer Geldwäscheverdachtsmeldung vom Februar 2019 hervor, lieh Marsalek 50 Millionen Euro. Das Geld hatte

Braun von der Deutschen Bank im Rahmen seines Darlehensvertrags erhalten. Doch warum gab er es an Marsalek weiter? Einen Bezug zu Wirecard jedenfalls bestreitet Brauns Seite.

Und wusste Braun, dass ein Teil des Kredits über Umwege aus der Konzernkasse zurückbezahlt wurde? Oder war ihm klar, wie viele Millionen Marsalek für mit ihm verbandelte Firmen aus dem Konzern schleuste? Auch da winken seine Anwälte ab.

Wer alles half Marsalek bei der Flucht, und wo befindet sich der Ex-Vorstand heute?

Warum wussten manche Beobachter mehr über die streng vertrauliche finale Bilanzprüfung als andere? Welche Rolle spielte die Deutsche Bank, und wer steckt hinter »Lilalaunebaer«?

Ein Rätsel ist auch, was die Exit-Strategie der Verantwortlichen des Milliardenbetrugs gewesen sein könnte: Wenn Marsalek seine Flucht so lang geplant hatte, warum traf er dann keine besseren Vorkehrungen für das Fortbestehen seiner Firmen? Und wenn Braun wirklich nichts gewusst haben will über den Milliarden-Bilanzbetrug seines langjährigen Vertrauten, warum ist dann ein Großteil seiner Telegram-Chats verschwunden?

Oder gab es gar keine Exit-Strategie, wie Psychologen vermuten? Wiegten sich die möglichen Hintermänner des mutmaßlichen Milliardenbetrugs schlicht in Sicherheit, nach zwei Dekaden der erfolgreichen Täuschung?

Es sind viele brennende Fragen, die die Ermittler in München zu klären haben. Mit Oberstaatsanwältin Hildegard Bäumler-Hösl hat der Freistaat seine Top-Kriminalistin auf den Fall angesetzt. Sie gilt als Expertin für schwierige Fälle und komplexe Wirtschaftsstrafsachen. Als wichtigste Gabe einer guten Staatsanwältin nennt sie: »Zuhören, erst einmal Vertrauen aufbauen, bei der ersten Lüge reingrätschen.« Ein Beschuldigter fühlte sich bei Bäumler-Hösl einst so wohl, dass er bei Plätzchen und Tee en passant eine Bestechung über 50 Millionen Euro ausplauderte. Unter anderem das brachte ihn achteinhalb Jahre in Haft.

Mit der Aufklärung der Multimilliarden-Pleite von Wirecard steht die 57-Jährige nun vor ihrem wohl wichtigsten Verfahren. Aus dem

Untersuchungsausschuss kam bereits deutliche Kritik: Die Staatsanwaltschaft hätte früher gegen Wirecard vorgehen sollen und nicht gegen die Journalisten der FT, die kritisch berichtet hatten. Bäumler-Hösl verteidigte im Bundestag ihre Arbeit: Ohne einen deutschen Tatort oder Tatverdächtigen habe man nicht ermitteln können. Und schließlich sei es die Finanzaufsicht Bafin gewesen, die die FT 2019 angezeigt hatte. 2021 geht es nun darum, genügend Beweise zu sammeln und eine überzeugende Anklage gegen die Wirecard-Verantwortlichen zu zimmern.

Doch die strafrechtliche Untersuchung kann nur die eine Hälfte der Antworten liefern. Die andere, die politische Aufklärungsarbeit wird im Untersuchungsausschuss in Berlin geleistet.

## Organisierte Verantwortungslosigkeit

Dessen Abgeordnete haben bereits bewiesen, welchen Unterschied die Arbeit der parlamentarischen Aufseher machen kann. Ohne ihre kritischen Fragen nach seinen Aktiendeals wäre etwa Apas-Chef Ralf Bose noch im Amt. Ohne ihre beharrlichen Informationsanfragen wären viele vertrauliche Dokumente nie an die Medien gelangt. Und ohne ihren Druck auf die politischen Verantwortlichen im Bundestagswahljahr wäre die Aufklärung in Ministerien und Behörden mit Sicherheit noch stärker verschleppt worden.

Die Hoffnung liegt nun insbesondere auf den unabhängigen Sonderermittlern, die der Untersuchungsausschuss benennen kann. Ein Spionageerfahrener Sonderermittler kümmert sich bereits um die Geheimdienstverbindungen von Wirecard: eine wichtige Verstärkung, ist doch kein Mitglied des Parlamentarischen Kontrollgremiums, das die Geheimdienste beaufsichtigt, Teil des U-Ausschusses. Geht es nach CDU-Parlamentarier Matthias Hauer, soll ein zweiter Sonderermittler dazukommen und die Rolle von EY und KPMG durchleuchten.

Weitere politische Konsequenzen – und Rücktritte – sind im Wahljahr 2021 alles andere als ausgeschlossen. Denn bisher wurde nur zögerlich für die Wirecard-Pleite Verantwortung übernommen. Der Einzige, der sich bei den Aktionären für den Schaden entschuldigt hat, ist ausgerechnet der Kronzeuge der Staatsanwaltschaft, also einer der Mitorganisatoren des Bilanzbetrugs.

Zurückgetreten aufgrund des Skandals, jedoch ohne öffentliches Schuldeingeständnis, sind bislang Bafin-Präsident Felix Hufeld und Bafin-Exekutivdirektorin Elisabeth Roegele. Letztere war unter anderem zuständig für das fatale Leerverkaufsverbot und die Anzeigen gegen die *Financial Times*.

Außerdem seinen Hut nehmen musste der Chef der Wirtschaftsprüferaufsicht Apas, Ralf Bose, wegen seiner umstrittenen Aktiendeals während der laufenden KPMG-Sonderprüfung. Zum Jahresende will zudem der Chef der Deutschen Prüfstelle für Rechnungslegung, Edgar Ernst, sein Amt niederlegen. Seine Stelle hatte viel zu lange und maximal mit lauwarmem Ehrgeiz bei Wirecard geprüft.

Weitere prominente Abgänge sind bisher Fehlanzeige. Der Deutschland-Chef von EY, Hubert Barth, erklärte im Februar zwar, sein Amt abzugeben. Er scheidet jedoch nicht aus der Prüforganisation aus, ganz im Gegenteil: Barth wird wegbefördert und soll ab Sommer 2021 die Einheit Europa-West von EY leiten. Drei weitere personelle Konsequenzen spielten sich auf untergeordneter Ebene ab: Eine Bankerin von Unicredit, die bei der Verwaltung von Markus Brauns Privatvermögen half, schied aus, ebenso die berühmtberüchtigte Commerzbank-Analystin, die kritische Artikel als »Fake News« bezeichnet hatte. Außerdem legt Deutsche-Bank-Aufsichtsrat Alexander Schütz, der Braun empfahl, die *FT* »fertigzumachen«, sein Mandat nieder.

Reichen diese Konsequenzen aus, angesichts des größten Wirtschaftskriminalfalls seit Jahrzehnten? Viele Beobachter haben daran so ihre Zweifel. Die falschen Weichenstellungen bei Wirecard ergaben sich ja nicht nur aus persönlichen Fehleinschätzungen: Das ganze System Deutschland steht bis auf die Knochen blamiert da.

Politisch kommt es daher nun vor allem auf die Reformen an, die bei den Wirtschaftsprüfern, der Finanzaufsicht, der Bilanzierung und der Geldwäschebekämpfung angekündigt worden sind. Sie werden darüber entscheiden, ob sich ein zweiter Fall Wirecard verhindern lässt oder nicht.

Wichtig ist freilich, dass sich die Reformen nicht nur in politischer Symbolik erschöpfen und in Wahlkampfgetöse. Welche tiefgreifenden Schritte wirklich nötig sind, um ein »Wirecard 2.0« zu verhindern, zeigt das folgende Kapitel.

# 7 Eine Frage des Systems: Was sich jetzt ändern muss

Der Ex-CEO: im Gefängnis. Der Ex-Vorstand: auf der Flucht. 24 Milliarden Euro an Börsenwert: vernichtet. Politik und Aufseher: blamiert. Das Vertrauen in den deutschen Finanzstandort: erschüttert. Es braucht nicht viele Beispiele, um die systemsprengende Dimension des Wirecard-Skandals zu umreißen. Die Pleite des Konzerns aus dem Aschheimer Gewerbegebiet hat die Hoffnung auf einen deutschen Digitalkonzern von Weltrang zerschlagen, viele Kleinanleger um ihre Altersvorsorge gebracht – und die erschütternden Kontrollverluste des deutschen Finanzmarkts offenbart.

Bei Wirecard kommt vieles zusammen. Dass der Konzern knapp 20 Jahre auf der Erfolgsspur bleibt, ist kein Zufall. Es ist das Ergebnis eines multiplen Versagens, wie die vergangenen Kapitel gezeigt haben. Wirecards Milliardenbetrug hatte System. Und das System Wirecard wäre ohne die Unterstützung des Systems Deutschland nicht möglich geworden.

Klar ist: Wirecard kann wieder geschehen, wenn wir jetzt nichts ändern. Die Schlupflöcher für Betrüger sind zu weit, die Gier am Finanzmarkt ist zu groß, als dass raffinierte Manager nicht erneut die Republik hinters Licht führen könnten. Es ist höchste Zeit, den Finanzmarkt vom Kopf auf die Füße zu stellen, Geldwäsche und Bilanzmanipulation zu unterbinden, blinder Gier und organisierter Verantwortungslosigkeit einen Riegel vorzuschieben. Die folgenden zehn Vorschläge zeigen in dicken Pinselstrichen zeitnah umsetzbare Maßnahmen auf, um ein »Wirecard 2.0« zu verhindern und skrupellosen Managern das Handwerk zu legen.

## 1. Schutz für Kritiker

Es mag der börsenskeptischen deutschen Öffentlichkeit nicht gefallen, aber scharfe Kritik am Geschäftsgebaren eines Unternehmens ist keine Blasphemie. Im Gegenteil. Natürlich verfolgen gerade Shortseller eigene monetäre Interessen, spielen oft nicht fair. Dennoch helfen sie als Advocati Diaboli dabei, die Selbstreinigungskräfte des Marktes zu stärken. Das muss gesetzlich und im Verwaltungshandeln Niederschlag finden. Staatsanwaltschaftliche Ermittlungen gegen Journalisten wie Investoren benötigen deutlich höhere Eingangshürden. Strafanzeigen durch die Finanzaufsicht gegen kritische Marktteilnehmer sind durch klare Vorgaben deutlich zu erschweren. Bei der Bundesbank wird eine staatliche Whistleblowing-Stelle eingerichtet werden, die organisatorisch und personell von anderen Aufsichtsbehörden entkoppelt sowie weisungsbefugt gegenüber staatlichen Stellen ist und dort Untersuchungen einleiten kann. Sie ist international besetzt, trifft sich aktiv mit Informanten und honoriert Hinweise nach dem Vorbild der US-Finanzaufsicht SEC auch finanziell.

## 2. Ausweitung der Finanzbildung, Förderung unabhängiger Medien

Um Privatanleger besser für die Tücken des Finanzmarkts zu rüsten, wird das Schulfach Wirtschaft in allen 16 Bundesländern verpflichtend eingeführt. Die Lehrer kommen bevorzugt aus der beruflichen Praxis und informieren über die wichtigsten ökonomischen Theorien, die Zusammenhänge des globalen Wirtschaftssystems, Banken, Börsen und Steuern sowie die Praxis der Geldanlage. Der Etat der Stiftung Warentest wird durch Zuwendungen aus dem Bundeshaushalt in Höhe von 60 Millionen Euro jährlich gedeckt. Das ermöglicht der öffentlichen Stiftung, alle Verbraucherschutzpublikationen, insbesondere das Magazin *Finanztest*, kostenfrei anzubieten. Die kritische Berichterstattung über Finanz- und Anlagethemen im Netz und im öffentlich-rechtlichen Rundfunk wird ausgebaut und gefördert.

### 3. Auflösung der FIU, Stärkung der Staatsanwaltschaften

Die *Financial Intelligence Unit*, die Geldwäsche-Spezialeinheit des Zolls, wird aufgelöst. Ihre Kompetenzen werden einer zentralen Geldwäsche-Schwerpunktstaatsanwaltschaft übertragen, die von den 16 Bundesländern personell und finanziell bestückt wird und mit einer einheitlichen Datenbank arbeitet. Die bestehenden Ausnahmen für einzelne Berufsgruppen und Branchen in den Vorschriften zur Geldwäsche-Prävention werden ersatzlos gestrichen. Die regulären Staatsanwaltschaften für Wirtschaftskriminalität werden deutlich aufgestockt und zum ersten Ansprechpartner für Wirtschaftsprüfer, die auf Unregelmäßigkeiten stoßen. Die Liste der evokativen Zuständigkeiten des Generalbundesanwalts in Karlsruhe, also der Verbrechen, bei denen dieser nach eigenem Ermessen die Strafverfolgung übernimmt, wird um schwere und potenziell systemrelevante Wirtschaftsstraftaten erweitert. Der strafrechtliche Durchgriff auf die Geheimdienste des Bundes wird durch eine verdeckt arbeitende Ermittlungsabteilung beim Generalbundesanwalt erhöht. Diese ist gegenüber dem Parlamentarischen Kontrollgremium des Bundestags, das die Nachrichtendienste überwacht, rechenschaftspflichtig.

### 4. Umgestaltung der unternehmensinternen Kontrollsysteme

Das deutsche dualistische System der Trennung von Vorstand und Aufsichtsrat wird bei Kapitalgesellschaften abgeschafft. Ersetzt wird es durch das monistische *One-tier*-System nach Schweizer Vorbild: Vorstand und Aufsichtsrat werden zu einem Verwaltungsrat zusammengelegt, der aus operativ tätigen und kontrollierenden Mitgliedern besteht. Letztere sind somit sehr viel intensiver in die Entscheidungsfindung und die reale Geschäftspolitik eingebunden. Die Stellung des Verwaltungsratsvorsitzenden, der die Interessen der Aktionäre und sonstigen Stakeholder vertritt, wird gegenüber dem CEO, der das Tagesgeschäft verantwortet, gestärkt. Die internen Revisions- und Compliance-Abteilungen berichten ausschließlich an den Verwaltungsratsvorsitzenden, ebenso wie die verpflichtend einzurichtende interne Whistleblowing-Stelle. Die Tätigkeit als Multiaufsichtsrat wird per Gesetz erschwert, um eine Fokussierung zu erzwingen. Die Verwaltungsräte müssen nach gesetzlicher Vorgabe vielfältiger besetzt werden: Es braucht mehr Frauen, mehr Minderheiten, mehr internationale Experten mit einem frischen Blick auf Deutschlands Konzerne.

### 5. Totalreform der Wirtschaftsprüfung

Die Wirtschaftsprüfung in Europa muss grundsätzlich umgestaltet werden. Innerhalb der EU agierende Prüfungs- und Beratungsunternehmen müssen rechtlich, organisatorisch und personell aufgespalten werden. Cooling-Down-Perioden verhindern den Wechsel der Prüfer von einer Gesellschaft zur nächsten, um dort dieselbe Firma zu prüfen. Auf fünf Jahre verkürzte Rotationsregeln für alle Unternehmen sorgen für einen beständigen Wechsel der Prüfexperten. Die Haftungsgrenze der Prüfgesellschaften wird abgeschafft, gleichzeitig eine Sicherungseinrichtung der Branche für entsprechende Klagen aufgebaut, um mittelständische Prüffirmen nicht mit potenziellen Schadensersatzklagen zu überlasten. Joint Audits zwischen großen und kleineren Prüffirmen werden bei den Unternehmen der Dax-Familie gesetzlich vorgeschrieben. Die Deutsche Prüfstelle für Rechnungslegung wird abgeschafft, ihre Kompetenzen werden auf eine der beiden Bafin-Nachfolgebehörden übertragen.

### 6. Trennung von Bankgeschäft und Analyse

Die Analyse von Einzelaktien durch Banken für externe Kunden wird untersagt und an rechtlich eigenständige Gesellschaften ausgegliedert. Diese können sich im Besitz einer oder mehrerer Banken befinden, sind aber personell und organisatorisch unabhängig aufgestellt und erbringen Beratungsleistungen grundsätzlich nur gegen Gebühr. Problematische Interessenkonflikte werden so minimiert. Banken sind vor dem Eingehen von Kundenbeziehungen verpflichtet, eine Regelabfrage nach vorliegenden Geldwäscheverdachtsfällen bei der neuen Schwerpunktstaatsanwaltschaft der Länder durchzuführen. Die bankinternen Geldwäsche-Abteilungen sind per gesetzlicher Vorschrift prozentual zum Umsatz und Transaktionsvolumen personell und materiell auskömmlich auszustatten. Die Aktien insolventer Unternehmen werden automatisch aus Börsenindizes und Fonds entfernt.

### 7. Aufspaltung der Bafin, Aufstockung der Aufsicht

Die Finanzaufsicht Bafin wird nach US-Vorbild aufgespalten in eine Aufsichtsbehörde für Banken und Versicherer sowie eine Aufsichtsbehörde für Markt- und Wertpapierüberwachung. Leerverkaufsverbote sind nur noch nach ausdrücklicher Zustimmung der Bundesbank zu verhängen. Die Ermittlungskompetenzen der Bafin-Nachfolgebehörden werden ausgeweitet, sie erhalten staatsanwaltschaftliche Befugnisse. Das Personal wird deutlich aufgestockt, bevorzugt durch erfahrene Finanzmarktakteure aus der Praxis. Die Bafin-Nachfolgebehörden werden nicht mehr durch Gebühren für Verwaltungshandlungen finanziert, die die zu beaufsichtigenden Firmen tragen, sondern aus dem Steueraufkommen. Die Behördenkultur wird grundlegend umgestaltet hin zu einer »Finanzaufsicht mit Biss« und klarem Auftrag, die ein konsequentes und – wo nötig – aggressives Auftreten ermöglicht. Die Wirtschaftsprüferaufsicht Apas wird dem Bundesfinanzministerium zugeordnet und tauscht sich eng mit den Bafin-Nachfolgebehörden aus. Die europäischen Aufsichtsbehörden erhalten erweiterte Kompetenzen, die internationale Absprache wird ausgebaut.

### 8. Einschränkung des politischen Lobbyings

Es wird ein umfangreiches bundesweites Lobbyregister eingeführt, wie es in anderen Ländern, darunter den USA, Kanada oder Irland längst Standard ist. Die bisherigen Pläne der Großen Koalition reichen hier bei weitem nicht aus. In einem Transparenzregister geben alle Lobbyisten an, mit welchen Ausgaben, in wessen Auftrag und zu welchem Thema sie politischen Einfluss nehmen – und das nicht nur im Bundestag, sondern auch in den Ministerien und im Kanzleramt. Entsprechende Treffen aller Bundestagsabgeordneten, Ministerialbeamten und Kabinettsmitglieder müssen in einer Zentraldatenbank digital einsehbar sein, durchsuchbar von Journalisten wie von normalen Bürgern. Die Cooling-down-Periode, die Karenzzeit, nach der Politiker und hohe Beamte nach ihrem Ausscheiden aus dem aktiven Dienst für Privatunternehmen und -organisationen tätig werden dürfen, wird auf drei Jahre erhöht, um den »Drehtür-Effekt« zu bremsen. Alle Abgeordneten-Nebeneinkünfte müssen transparent offengelegt werden.

### 9. Ausreichende Finanzierung für rechtsstaatliche Korrektive

Viele der bisher aufgezählten Maßnahmen sind nicht zum Nulltarif zu haben. Finanziert werden sie durch die Einführung einer Finanztransaktionssteuer in, frei nach Keynes, »nicht unerheblicher« Höhe. Darüber hinaus wird die Besteuerung von Kapitaleinkommen nach der erfolgten Schließung inländischer wie internationaler Steuerschlupflöcher der Besteuerung von Arbeitseinkommen angeglichen: Kapitalerträge werden grundsätzlich mit dem persönlichen Einkommensteuersatz besteuert. Zeitgleich wird eine moderate Vermögensteuer eingeführt. Ihr Aufkommen ermöglicht eine generelle Senkung der Einkommensteuersätze.

### 10. Keine Nachsicht mit Groß- und Digitalkonzernen

Wirecard konnte auch deshalb so lange so erfolgreich agieren, weil der Konzern von zahlreichen formellen wie informellen Ausnahmen profitiert hat. Diese werden konsequent abgeschafft. Alle Digitalunternehmen mit Finanzgeschäft unterliegen gesamthaft der Aufsicht der Bafin-Nachfolgebehörden. Das gilt auch für die in Deutschland tätigen Konzernriesen des Silicon Valley. Während Genossenschafts- und kleine Privatbanken sowie Sparkassen von Auflagen entlastet werden, gibt es für große Finanz- und Digitalkonzerne klare gesetzliche Grenzen. Steuerflucht, Geldwäsche, Aufsichtsarbitrage und problematisches Lobbying müssen radikal unterbunden werden, um gleiche Regeln für alle Marktteilnehmer durchzusetzen.

Die Liste der vorgeschlagenen Änderungen mag lang erscheinen. Die Maßnahmen sind jedoch keineswegs utopischer Natur, sondern durchaus gangbar. Viele wurden in anderen Ländern bereits erprobt und sind innerhalb eines überschaubaren Zeitraums umzusetzen.

Heftiger Widerstand durch interessierte Kreise ist zu erwarten. Doch der deutsche und europäische Finanzstandort wird durch all diese Maßnahmen gestärkt, nicht geschwächt. Die Politik muss jetzt die Gelegenheit zu umfassenden Reformen nutzen. Verschläft sie den Weckruf, ist der nächste Fall Wirecard, und damit womöglich die nächste große Krise, nur eine Frage der Zeit.

### Das Rädchen im Getriebe

Natürlich gab es nicht nur systemisches Versagen im Fall Wirecard. So, wie sich Systeme auf Individuen stützen, macht individuelles Fehlverhalten systemische Fehler erst möglich. Die lange Wirecard-Geschichte zeigt: Es gab auch glückliche Fügungen, auf die der Konzern bauen konnte, Abzweigungen, die bei einer anders gestellten Weiche den Erfolgszug früher hätten zum Entgleisen bringen können.

Dass, wenn das System versagt, der oder die Einzelne den Unterschied machen kann, zeigt der Fall wie unter dem Brennglas.

Ja, der Finanzkapitalismus unserer Tage wirkt auf Außenstehende oft gesichtslos, wie ein großes mechanisches Uhrwerk, in dem Macht und Geld regieren und der Einzelne keinen Unterschied macht. Doch wie jeder Uhrmacher weiß: Das kleinste Rädchen, das aus der Reihe tanzt, kann das ganze Getriebe ins Stocken bringen. Im Fall Wirecard gab es viele Rädchen, die nicht rundliefen. Nur eines stoppt letzten Endes die Maschine.

Mut machen die positiven Beispiele: Investoren und Anlegerschützer wie Tobias Bosler und Elfriede Sixt, die sich nicht blenden lassen und Einblicke in Wirecards gigantischen Geldwaschsalon zutage fördern. Kritische Journalisten wie Dan McCrum oder Heinz-Roger Dohms, die früh die Erfolgszahlen in den Bilanzen hinterfragen. Und einzelne Banker in Düsseldorf und München, die auf Abstand zu Wirecard gehen, statt lukrative Geschäfte zu machen.

Es sind einfache Referenten wie bei der Bundesbank und der Botschaft in Peking, die dem Konzern ihre Unterstützung versagen. Es sind gewissenhafte Prüfer wie jene in Singapur, die Wirecard das Testat verweigern, statt die Bilanzen mal wieder freizuzeichnen. Und es sind kritische Politiker wie Fabio De Masi, die schon lange vor dem Untergang Wirecards Erfolgsgeschichte hinterfragen.

Schlussendlich ist es ein Compliance-Mitarbeiter bei Wirecards Singapur-Tochter, der sich entscheidet, nicht mehr schweigen zu können über die unhaltbaren Zustände in der wichtigsten Einheit des Konzerns. Er wendet sich an die *Financial Times*, bringt die Aufklärung ins Rollen und das Uhrwerk aus dem Takt.

Es ist ausgerechnet Jan Marsalek, der den Mann aus Singapur im Gespräch mit dem Autor dieses Buches im Februar 2020 explizit erwähnt: Da sei dieser eine Compliance-Mitarbeiter aus Singapur. Aus enttäuschter Liebe zu einer Mitarbeiterin sei er abtrünnig geworden und durchgedreht; er habe das Unternehmen inzwischen verlassen, seine Aussagen seien keiner Rede wert. Auch diese Geschichte ist, wie so viele bei Wirecard, eine Lüge. Weniger als vier Monate später ist der Milliardenkonzern Geschichte.

Der Mann aus Singapur ist bis heute im Schatten geblieben. Aber sein Beispiel zeigt: So gesichtslos sich der Finanzkapitalismus unserer Tage gibt, so machtvoll wie unerbittlich seine Maschine erscheint – am Ende kann ein kleines Rädchen den großen Unterschied machen, bringt ein Einzelner ein verbrecherisches System zu Fall.

Nötig ist wenig und zugleich doch viel: der Mut, das Richtige zu tun.

# Danksagung

Dieses Buch wäre nicht entstanden ohne großzügige Hilfestellung von vielen Seiten. Ich danke den zahlreichen Informanten und Hinweisgebern, die aus verschiedenen Gründen anonym bleiben wollen: Ohne Sie und Euch gäbe es dieses Buch nicht. Außerdem danke ich dem *Handelsblatt* für die Unterstützung bei der Recherche und der Abwehr vielfältiger Anfeindungen in den vergangenen Jahren. Ein besonders herzlicher Dank gilt meinen Kollegen Christian Schnell, Sönke Iwersen, René Bender, Volker Votsmeier, Bert Fröndhoff, Mathias Peer, Mathias Brüggmann, Ina Karabasz und Michael Maisch, dem gesamten Finanz- und Investigativteam des *Handelsblatts*, außerdem Michael Hedtstück, Jakob Blume, Maximilian David und Mr. X für unverzichtbaren Input. Zu guter Letzt bedanke ich mich bei meiner Familie und meinen Freunden für Unterstützung in heiklen Stunden.

Frankfurt am Main, im März 2021

# Anmerkungen

## 1. Auf der Flucht

1 Felix Holtermann, Christian Schnell: »Der Fall Wirecard: wie Ex-Chef Markus Braun den Konzern in die Insolvenz trieb«, 26.06.2020, online unter: www.handelsblatt.com.

2 René Bender: »Wirecard und Marsalek: Neue Spuren führen in die Türkei«, 13.11.2020, online unter: www.handelsblatt.com.

3 Tim Bartz, Martin Hesse: »Der Wireclan«, 20.11.2020, online unter: www.spiegel.de

4 Volker ter Haseborg, Melanie Bergermann: »Versteckt sich Jan Marsalek in der Türkei?«, 12.11.2020, online unter: www.wiwo.de.

## 2. Aufstieg und Absturz der Wirecard AG

1 Melanie Bergermann, Volker ter Haseborg: *Die Wirecard-Story. Die Geschichte einer Milliarden-Lüge*, FinanzBuch Verlag 2021.

2 Sven Montanus: »Wire Card haucht dem E-Commerce Leben ein«, 07.10.2000, online unter: www.welt.de.

3 Felix Holtermann: »Neue Probleme für Wirecard«, 31.05.2019, online unter: www.handelsblatt.com.

4 Edison Investment Research: »Online gaming sector. Diversification and scale for online success«, 10.07.2019, online unter: www.edisongroup.com.

5 Wirecard AG: »Geschäftsbericht 2008. Neue Perspektiven«, 08.04.2009, online unter: https://ir.Wirecard.com.

6 »Unsere Bilanzen sind völlig in Ordnung« (Interview mit Markus Braun) 05.07.2008, online unter: www.faz.net.

7 Thomas Borgwerth, Heinz-Roger Dohms: »Wirecard macht rund viermal (!) so viel Marge wie Adyen – aber warum?«, 04.11.2018, online unter: https://finanz-szene.de.

8 Felix Holtermann, Christian Schnell: »Zahlungsabwicklung für Hochrisikokunden: Die Vergangenheit holt Wirecard ein«, 03.03.2020, online unter: www.handelsblatt.com.

9 Christian Schnell: »Wirecard ändert seine Strategie und hebt Gewinnprognose bis 2025 an«, 08.10.2019, online unter: www.handelsblatt.com.

10 Felix Holtermann, Christian Schnell: »Zahlungsabwicklung für Hochrisikokunden: Die Vergangenheit holt Wirecard ein«, 03.03.2020, online unter: www.handelsblatt.com.

11 Heinz-Roger Dohms: »Das 250-Millionen-Euro-Rätsel des Börsenwunders Wirecard«, 23.02.2017, online unter: www.manager-magazin.de.

12 Sabine Reifenberger: »Wirecard-CFO Burkhard Ley bleibt hart gegen Zatarra«, 17.05.16, online unter: www.finance-magazin.de.

13 https://www.handelsblatt.com/finanzen/banken-versicherungen/banken/bilanzskandal-Wirecards-mr-teflon-wie-ex-finanzchef-burkhard-ley-das-fi nanzressort-steuerte/26986000.html?ticket=ST-1042286-GeBGopbqTZD H5uFY7Ysb-ap2

14 René Bender et al.: »Zwischen Tat und Aufklärung: Das sind die wichtigsten Köpfe im Wirecard-Skandal«, 22.07.2020, online unter: www.handelsblatt. com.

15 Felix Holtermann, Lars-Marten Nagel, Michael Verfürden: »Wie Wirecards Ex-Finanzvorstand bei der Übernahme von Heckler & Koch half«, 21.02.2021, online unter: www.handelsblatt.com.

16 René Bender et al.: »Untreue-Verdacht: Ermittler erhöhen Druck auf verbliebene Wirecard-Vorstände«, 21.08.2020, online unter: www.handelsblatt.com.

17 Peter Brors, Daniel Schäfer, Christian Schnell: »Markus Braun im Interview: Wie der Wirecard-Chef 100 Milliarden Euro Börsenwert erreichen will«, 03.10.2018, online unter: www.handelsblatt.com.

18 Felix Holtermann: »Bilanzskandal bei Wirecard: Die vielen Mitwisser des Markus Braun«, 16.09.2020, online unter: www.handelsblatt.com.

19 Felix Holtermann: »Bilanzskandal bei Wirecard: Die vielen Mitwisser des Markus Braun«, 16.09.2020, online unter: www.handelsblatt.com.

20 Lars-Marten Nagel et al.: »Wirecard-Skandal: Wie der Marsalek-Vertraute Henry O'Sullivan zu ›Corinna Müller‹ wurde«, 12.02.2021, online unter: www. handelsblatt.com.

21 Clara Hesse, Felix Holtermann, Volker Votsmeier: »Bilanzskandal: Millionenschwere Übernahmen und dubiose Partner: Wirecards Geschäft mit überteuerten Zukäufen«, 12.10.2020, online unter: www.handelsblatt.com.

22 Melanie Bergermann, Volker ter Haseborg: »Wirecard-Skandal: Labyrinth in der Wüste«, 11.09.2020, online unter: www.wiwo.de.

23 René Bender et al.: »Wirecard-Skandal: Jan Marsalek und der Coup des Jahrhunderts«, 27.11.2020, online unter: www.handelsblatt.com.

24 Felix Holtermann et al.: »Neue Dokumente und Informationen: Inside Wirecard: Die zwei Gesichter des Markus Braun«, 22.01.2021, online unter: www. handelsblatt.com.

25 Hannes Munzinger, Klaus Ott und Jörg Schmitt: »Wirecard-Skandal: Marsalek soll Braun 14 Millionen Euro schulden«, 15.02.2021, online unter: www. sueddeutsche.de.

26 Olaf Storbeck: »Wirecard: Wie die Oldenburgische Landesbank eine Wette auf Markus Braun einging«, 09.07.2020, online unter: www.capital.de.

27 NTV: »Erlös rund 155 Millionen Euro: Ex-Chef Braun verkauft Wirecard-Aktien«, 23.06.2020, online unter: www.ntv.de.

28 Dan McCrum, Stefania Palma: »Executive at Wirecard suspected of using forged contracts«, 30.01.2019, online unter: www.ft.com.

29 Dan McCrum, Stefania Palma: »Wirecard's law firm found evidence of forgery and false accounts«, 1.02.2019, online unter: www.ft.com.

30 Dan McCrum, Stefania Palma: »Wirecard's problem partners«, 29.03.2019, online unter: www.ft.com.

31 Dan McCrum: »Wirecard's suspect accounting practices revealed«, 15.10.2019, online unter: www.ft.com.

32 Felix Holtermann, Michael Maisch: »Interview: Wirecard-Chef Markus Braun: ›Alle Umsätze sind authentisch‹«, 04.11.2019, online unter: www.handelsblatt.com.

33 Moody's: »Rating Action: Moody's assigns first-time Baa3 rating to Wirecard AG; outlook stable«, 29.08.2019, online unter: www.moodys.com

34 Felix Holtermann, Mathias Peer: »Zahlungsdienstleister: Weitere Unregelmäßigkeiten bei Singapur-Tochter von Wirecard«, 19.11.2019, online unter: www.handelsblatt.com.

## 3. Bananensystem Deutschland: Ein Finanzplatz will betrogen werden

1 Tobias Bosler, Birgit Haas: »Shortseller über Wirecard Aktien: ›Ist es unmoralisch, Betrug aufzudecken?‹«, 24.07.2020, online unter: www.ntv.de.

2 Wirecard AG: »Geschäftsbericht 2010. Die Dynamik des Digitalen«, 14.04.2011, online unter: https://ir.Wirecard.com.

3 Wirecard AG: »Geschäftsbericht 2011. Am Puls der Zukunft«, 17.04.2012, online unter: https://ir.Wirecard.com.

4 Felix Holtermann: »Zahlungsdienstleister: Wirecard: Journalist erstattet Anzeige wegen Beschattungsverdacht«, 11.01.2020, online unter: www.handelsblatt.com.

5 René Bender, Sönke Iwersen: »Fraser Perring: Dieser Mann bringt den MDax-Konzern Grenke in Erklärungsnöte«, 16.09.2020, online unter: www.handelsblatt.com.

6 »Zahlungsdienstleister: Wirecard verklagt ›Financial Times‹ wegen Kursverlusten« (scc, dpa), 28.03.2019, online unter: www.handelsblatt.com.

7 Sönke Iwersen, Felix Holtermann, Michael Maisch: »Zahlungsdienstleister: Wirecard erhebt schwere Anschuldigungen gegen die ›Financial Times‹«, 21.07.2019, online unter: www.handelsblatt.com.

8 Dan McCrum: »Wirecard and me: Dan McCrum on exposing a criminal enterprise«, 03.11.2020, online unter: www.ft.com.

9 Felix Holtermann: »Streit mit Zahlungsdienstleister: ›Financial Times‹ sieht sich im Fall Wirecard entlastet«, 04.10.2019, online unter: www.handelsblatt.com.

10 Horst von Buttlar, Christopher Kirchner: »Interview: Wirecard-CEO Markus Braun im Interview: ›Der Markt ist embryonal‹«, 09.02.2019, online unter: www.capital.de.

11 Johannes Weber: »Wirecard-Aktie: Kommt jetzt die nächste Kursexplosion?«, 23.05.2019, online unter: www.finanztrends.de.

12 @baki_irmakM, 9. Dez. 2020 (www.twitter.com): Wenn #DirkMüller seine »Hausaufgaben macht« und ein »Unternehmen bis ins Detail …bis in die letzte Fußnote« überprüft. #Wirecard.

13 Andreas Neuhaus, Jürgen Röder: »Analyse: Stur und mit gutem Timing: wie Shortseller gegen Wirecard wetten«, 22.06.2020, online unter: www.handelsblatt.com.

14 Felix Holtermann: »Bilanzskandal bei Wirecard: Die vielen Mitwisser des Markus Braun«, 16.09.2020, online unter: www.handelsblatt.com.

15 Global Initiative: »Stolen Innocence: The Online Exploitation of Children«, 07.04.2014, online unter: www.globalinitiative.net.
16 Yasmin Osman: »Fahmi Quadir: Leerverkäuferin: ›Für mich war Wirecard vor allem eine Geldmaschine‹«, 07.03.2021, online unter: www.handelsblatt.com.
17 Klaus Ott et al.: »Geldwäsche-Verdacht bei Wirecard: ›Willst Du zum Feierabend noch mal schmunzeln?‹«, 05.02.2021, online unter: www.sueddeut sche.de.
18 Felix Holtermann: »Zahlungsdienstleister: Bafin zeigt Wirecard-Chefs wegen Verdachts der Marktmanipulation an – Razzia in Konzernzentrale«, 05.06.2020, online unter: www.handelsblatt.com.
19 Felix Holtermann: »Zahlunsgdienstleister: Strafanzeige, Razzia, Jahresbilanz. Wirecard steht unter Dauerstress«, 07.06.2020, online unter: www.handels blatt.com.
20 René Bender: »Zahlungsdienstleister: Bericht: Erneute Durchsuchung bei Wirecard«, 29.09.2020, online unter: www.handelsblatt.com.
21 Bundesfinanzministerium: »Berichtsbitte der BT-Fraktionen BÜNDNIS90/ DIE GRÜNEN und DIE LINKE zum Fall Wirecard«, 10.07.2020, online unter: www. bundesfinanzministerium.de.
22 Generalzolldirektion: »FIU-Jahresbericht 2019«, 18.08.2020, online unter: www.zoll.de.
23 Fabio De Masi: »Ungereimtheiten bei Wirecard«, 08.05.2019, online unter: www.fabio-de-masi.de.
24 Bundesfinanzministerium 2020.
25 Martin Greive, Felix Holtermann: »Bilanzskandal: Finanzministerium zeigt im Fall Wirecard mit dem Finger auf EY«, 16.07.2020, online unter: www.han delsblatt.com.
26 Christian Reiemann: »›Würde ich mit Nichtwissen erklären‹: Bayerischer Spitzenbeamter blamiert sich bei Wirecard-Befragung«, 23.09.2020, online unter: www.spiegel.de.
27 Martin Greive, Jan Hildebrand: »Zahlungsdienstleister: Anti-Geldwäsche-Einheit liegen Dutzende Hinweise gegen Wirecard-Manager vor«, 20.08.2020, online unter: www.handelsblatt.com.
28 Felix Holtermann: »Nach Bilanzskandal: Wirecard-Skandal: Zahlungsabwicklung für betrügerische Trading-Seiten rückt in den Fokus«, 09.07.2020, online unter: www.handelsblatt.com.
29 Rebecca Davis O'Brien, Juliet Chung, Patricia Kowsmann: »Markets: Wirecard Under Criminal Scrutiny by U. S. Authorities as Part of Probe Into Alleged Band-Fraud Conspiracy«, 09.07.2020, online unter: www.wsj.com.

## 4. Kontrolle Fehlanzeige: Wie alle internen Instanzen versagen

1 Domenico Sciurti, Felix Holtermann, Christian Schnell: »Zahlungsdienstleister: Überraschender Wechsel: Thomas Eichelmann wird neuer Aufsichtsratschef bei Wirecard«, 11.01.2020, online unter: www.handelsblatt.com.
2 René Bender: »Der Betrug bei Wirecard soll schon vor 15 Jahren begonnen haben«, 28.07.2020, online unter: www.handelsblatt.com.
3 Wirecard AG: »Geschäftsbericht 2018. Transition To Tomorrow«, 25.04.2019, online unter: https://ir.Wirecard.com.

4 Olaf Storbeck: »McKinsey warned Wirecard a year ago to take ›immediate action‹ on controls«, 14.07.2020, online unter: www.ft.com.

5 Christina E. Bannier et al.: »The Corporate Compliance Function – Effects in Equity and Credit Risk«, 06.04.2020, online unter: www.uni-giessen.de.

6 Sven Clausen: »Der neue Aufsichtsratschef Thomas Eichelmann im Interview: ›Wir wollen Wirecard in die nächste Phase einführen‹«, 22.01.2020, online unter: www.manager-magazin.de.

7 Handelsblatt: »Verdacht auf Bilanzfälschung: Justiz schlägt bei Wirecard zu: Neue Führung verhandelt unter Hochdruck mit Gläubigerbanken« (rb, rut, mgr, feho, mm, scc), 23.06.2020, online unter: www.handelsblatt.com.

8 Sven Afhüppe: » Banken-Gipfel: Axel Weber: ›Eine schnelle Erholung wird es nicht geben – ein Wundermittel gegen das Virus auch nicht‹«, 03.09.2020, online unter: www.handelsblatt.com.

9 René Bender et al.: »Neue Dokumente: Frühe Zweifel an Wirecard: ›EY glaubt nicht an die Unschuld des Managements‹«, 11.02.2021, online unter: www.handelsblatt.com.

10 Melanie Bergermann, Volker ter Haseborg: »Neues Buch über den Wirtschaftsskandal: Die Wirecard-Bande«, 06.11.2020, online unter: www.wiwo.de.

11 Mathias Peer: »Wirecards Milliardenspiel: Das sind die wichtigsten Köpfe in Asien«, 27.11.2020, online unter: www.handelsblatt.com.

12 Christoph Giesen et al.: »Dax-Konzern in der Krise: Die dunklen Tunnel von Wirecard«, 21.06.2020, online unter: www.sueddeutsche.de.

13 René Bender et al.: »Interview: Ex-Wirecard-Chef James Freis: ›Nach einer Stunde war mir klar, dass es Betrug ist‹«, 22.01.2021, online unter: www.handelsblatt.com.

14 Wirecard AG: »Geschäftsbericht 2018. Transition To Tomorrow«, 25.04.2019, online unter: https://ir.Wirecard.com

15 Felix Holtermann et al: »Insolvenzbericht: Die wichtigsten Erkenntnisse der Wirecard-Schlussbilanz«, 28.08.2020, online unter: www.handelsblatt.com.

16 ARD: »Der Fall Wirecard – Von Sehern, Blendern und Verblendeten«, 07.12.2020, online unter: www.ardmediathek.de.

17 Felix Holtermann: »EY an den Pranger zu stellen ist simpel – aber leider gibt es dazu allen Anlass«, 20.03.2021, online unter: www.handelsblatt.com.

18 René Bender et al.: »Neue Dokumente: Frühe Zweifel an Wirecard: ›EY glaubt nicht an die Unschuld des Managements‹«, 11.02.2021, online unter: www.handelsblatt.com.

19 Bert Fröndhoff, Felix Holtermann: »Wirtschaftsprüferaufsicht APAS: Neue Details im Wirecard-Skandal: Das sind die konkreten Vorwürfe gegen EY«, 02.12.2020, online unter: www.handelsblatt.com.

20 Bert Fröndhoff, Felix Holtermann: »Schadenersatz-Klage: So verteidigt sich EY im Wirecard-Skandal«, 14.01.2020, online unter: www.handelsblatt.com.

21 Bert Fröndhoff: »Untersuchungsausschuss in Berlin: KPMG-Manager belastet Wirecard – und indirekt auch EY«, 26.11.2020, online unter: www.handelsblatt.com.

22 Tim Bartz, Martin Hesse: »EY und KPMG streiten wegen Wirecard: Die Schlacht der Wirtschaftsprüfer«, 04.10.2020, online unter: www.spiegel.de.

23 Felix Holtermann: »Wirecard: Unterlagen aus Marsaleks Villa zeigen: KPMG hat dubiosen Mauritiusfonds beraten«, 25.11.2020, online unter: www.handelsblatt.com.

24 Bert Fröndhoff: »Bilanzskandal: Das große Scheitern: Fall Wirecard offenbart

die Schwächen der Wirtschaftsprüfer«, 11.09.2020, online unter: www.han delsblatt.com.

25 Julia Schmitt: »EY rettet Siemens-Mandat«, 06.08.2018, online unter: www. finance-magazin.de.

26 Martin Greive, Jan Hildebrand, Thomas Sigmund: »Wirtschaftsprüfungsgesellschaften: Big Four machen Kasse: Bundesregierung vergibt Aufträge für 400 Millionen Euro«, 20.09.2020, online unter: www.handelsblatt.com.

27 Jo Diercks: »Bei EY macht der CEO Hubert Barth das Employer Branding selbst – über Instagram …«, 19.08.2018, online unter: www.blog.recrutain ment.de.

28 Felix Holtermann, Andreas Kröner, Yasmin Osman: »Nach der Insolvenz: So hart trifft die Wirecard-Pleite die Gläubigerbanden«, 31.08.2020, online unter: www.handelsblatt.com.

29 Michael Maisch, Felix Holtermann: »Philippe Brassac im Interview: Crédit-Agricole-Chef: ›Ein großer Teil der Wirtschaft wird sich von Covid zügig erholen‹«, 04.12.2020, online unter: www.handelsblatt.com.

30 Markus Frühauf: »Internet-Zahlungsdienstleister: So viel trauen Analysten der Wirecard-Aktie zu«, 30.05.2019, online unter: www.faz.net.

31 Meike Schreiber, Nils Wischmeyer: »Wirecard: Die fragwürdige Rolle der Analysten«, 11.01.2021, online unter: www.sueddeutsche.de.

32 Christian Kirchner: »Analyse: Wie DWS und Union Investment bei Wirecard scheiterten«, 11.05.2020, online unter: www.finanz-szene.de.

33 Felix Holtermann, Mathias Peer, Christian Schnell: »Zahlungsdienstleister: Wirecard-Aktionäre fordern Aufklärung: Konzernchef Braun verspricht neue Strukturen«, 23.04.2019, online unter: www.handelsblatt.com.

34 Victor Gojdka: »Leitindex Dax: 40 ist das neue 30«, 24.11.2020, online unter: www.sueddeutsche.de.

## 5. Helfer auf höchster Ebene: Politik im Dienst des Konzerns

1 Sven Afhüppe, Andreas Köner, Yasmin Osman: »Finanzaufseher im Interview: Bafin-Chef Felix Hufeld: ›Einige Banken werden die Krise nicht überstehen‹«, 03.12.2020, online unter: www.handelsblatt.com.

2 Klemens Kindermann: »BaFin-Präsident Felix Hufeld: ›Die akute Krise ist überwunden‹«, 30.07.2017, online unter: www.deutschlandfunk.de.

3 Dadurch sei unbeabsichtigt eine Lage entstanden, in der sich zwei Banken eine nur einmal abgeführte Kapitalertragsteuer erstatten ließen.

4 Olaf Storbeck: »›Cultural Background‹ of Wirecard short-sellers noted by German regulator«, 07.01.2021, online unter: www.ft.com

5 Felix Holtermann, René Bender: »Zahlungsdienstleister: Staatsanwaltschaft stellt Ermittlungen gegen ›FT‹-Journalisten zu Wirecard-Berichten ein«, 03.09.2020, online unter: www.handelsblatt.com.

6 Andreas Neuhaus: »Bilanzskandal: Whistleblower schickte der Bafin schon Anfang 2019 Material zu Wirecard«, 25.06.2020, online unter: www.handels blatt.com.

7 Deutscher Bundestag: »Drucksache 19/21963: Kleine Anfrage – Zur Einstufung der Wirecard AG als Technologieunternehmen und zur Verbindung zum Zahlungsdienstleister«, 31.08.2020, online unter: www.bundestag.de.

8 Christian Schnell: »Zahlungsdienstleister: Bafin verbietet Spekulationen auf

fallende Wirecard-Kurse – Ermittlungen gegen ›FT‹-Journalisten«, 18.02.2019, online unter: www.handelsblatt.com.

9 Jan Hildebrand et al.: »Finanzaufsicht in der Kritik: Bundesbank sprach sich gegen Wirecard-Leerverkaufsverbot aus – Bafin verhängte es dennoch«, 24.11.2020, online unter: www.handelsblatt.com.

10 Sarah Backhaus: »Bafin-Mitarbeiter handelten mit Wirecard-Aktien«, 17.03.2021, online unter: www.finance-magazin.de.

11 Yasmin Osman, Felix Holtermann: »Bankenaufsicht: Bafin-Mitarbeiter machten auffällig viele Derivate-Geschäfte mit Wirecard-Aktien«, 08.10.2020, online unter: www.handelsblatt.com.

12 Yasmin Osman: »Finanzaufsicht: Bafin trennt sich von Mitarbeiter wegen Wirecard-Deals«, 14.12.2020, online unter: www.handelsblatt.com.

13 Ebd.

14 Felix Holtermann, Andreas Kröner: »Bafin: Brisante E-Mails: So löchrig lief die Bilanzkontrolle von Wirecard«, 29.01.2020, online unter: www.handelsblatt.com.

15 Bert Fröndhoff, Jan Hildebrand: »Untersuchungsausschuss: Fall Wirecard: Neue Dokumente bringen Prüferaufsicht Apas in Erklärungsnot«, 09.12.2020, online unter: www.handelsblatt.com.

16 Jan Hildebrand, Thomas Siegmund: »Untersuchungsausschuss: Rücktrittsforderungen: Leiter der Wirtschaftsprüferaufsicht handelte mit Wirecard-Aktien«, 11.12.2020, online unter: www.handelsblatt.com.

17 Felix Holtermann: »Geschäfte mit Wirecard-Aktien: Eine Behörde überwacht sich selbst: So lax waren die Insider-Regeln bei der Wirtschaftsprüfer-Aufsicht«, 04.02.2021, online unter: www.handelsblatt.com.

18 Ruth Berschens, Martin Greive: »Bilanzskandal: Wirecard wird zum Problem für die Bundesregierung«, 23.06.2020, online unter www.handelsblatt.com.

19 European Securities and Markets Authorities (ESMA): »SMSG Advice to ESMA on Initiative Overview Report on Wirecard Case«, 15.02.2021, online unter. www.esma.europa.eu.

20 Jan Hildebrand et al.: »Finanzaufsicht in der Kritik: Bundesbank sprach sich gegen Wirecard-Leerverkaufsverbot aus – Bafin verhängte es dennoch«, 24.11.2020, online unter: www.handelsblatt.com.

21 Martin Reyer: »Interne Dokumente: Kanzleramt hielt Lobbytreffen zwischen Guttenberg und Merkel zu Wirecard geheim«, 26.09.2020, online unter: www.abgeordnetenwatch.de.

22 Clara Hesse, Felix Holtermann, Volker Votsmeier: »Millionenschwere Übernahmen und dubiose Partner: Wirecards Geschäft mit überteuerten Zukäufen«, 12.10.2020, online unter: www.handelsblatt.com.

23 Arne Meyer-Fünffinger: »Guttenberg im U-Ausschuss: ›Wirecard hat uns alle getäuscht‹«, 17.12.2020, online unter: www.tagesschau.de.

24 Dana Heide, Felix Holtermann, Moritz Koch: »Bilanzskandal: Wirecard-Expansion in China: Die Skrupel der deutschen Botschaft«. 20.09.2020, online unter: www.handelsblatt.com.

25 Yasmin Osman: »Wirecard: Finanzstaatssekretär wusste vorab von Bafin-Leerverkaufsverbot«, 07.03.2021, online unter: www.handelsblatt.com.

26 Tim Batz et al.: »Brisante E-Mails: Regierung wollte noch kurz vor der Pleite in Millionen bei Wirecard nachschießen«, 16.03.2021, online unter: www.spiegel.de.

27 John O' Donnel, Tom Sims: »How Germany considered rescuing Wirecard days before ist doom«. 16.03.2021, online unter: www.investing.com.

28 Martin Greive, Felix Holtermann: »Bilanzskandal: Finanzministerium zeigt im Fall Wirecard mit dem Finger auf EY«, 16.07.2020, online unter: www.handelsblatt.com.

29 Philipp Eckstein, Jan Strozyk, Bendikt Strunz: »Glücksspiel-Regulierung: Wirecard schickte Politiker auf Lobby-Tour«, 28.01.2021, online unter: www.tagesschau.de.

30 Tim Bartz: »Skandalunternehmen: Friedrich Merz traf Wirecard-Boss Braun gleich zweimal«, 30.12.2020, online unter: www.spiegel.de.

31 Cerstin Gammelin, Christoph Giesen, Klaus Ott: »Das politische Netz von Wirecard«, 17.12.2020, online unter: www.sueddeutsche.de.

32 Sebastian Hölzle: »Grüne fordern Aufklärung: Wirecard: ›Betrugsveranstaltung seit 2008‹ – Vorwürfe gegen Staatsanwaltschaft«. 16.10.2020, online unter: www.merkur.de.

33 Michael Maier: »Bilanz-Skandal: Wirecard: ›Ansonsten bitte ich um Diskretion‹«, 28.01.2021, online unter: www.berliner-zeitung.de.

34 »Anfrage der Grünen: Münchner Staatsanwälte wurden bei Wirecard kaum selbst aktiv« (rtr), 08.10.2020, online unter: www.handelsblatt.com.

35 Hans-Martin Tillack: »Bankrotter Zahlungsdienstleister: PR-Agentur bot Wirecard an, Journalisten auf eine ›schwarze Liste‹ zu setzen«, 29.01.2021, online unter: www.stern.de.

36 ORF: »Wirecard-Chef laut Kurz ›einer der erfolgreichsten Manager‹«, 17.06.2020, online unter: www.orf.at.

37 Christoph Giesen et al.: »Wirecard-Finanzskandal: Marsaleks Villa Kunterbunt«, 04.01.2021, online unter: www.sueddeutsche.de.

38 Anna Thalhammer: »Geheimdienste: Die Geschäftsbeziehungen von Marsalek und dem BVT«, 05.12.2020, online unter: www.diepresse.com.

39 Anna Thalhammer: »Flüchtiger Wirecard-Manager war geheimer FPÖ-Informant«, 09.07.2020, online unter: www.diepresse.com.

40 Katja Riedel: »Ex-Wirecard-Vorstand: Hat Marsalek Verfassungsschützer bestochen?«, 24.01.2021, online unter: www.tagesschau.de.

41 Fabian Schmid: »Frage und Antwort: Das BVT, Wirecard und die Politik: Ein Überblick über eine unglaubliche Causa«, 03.02.2021, online unter:. www.derstandard.de.

42 Cathrin Kahlweit: »Wirecard: Liebesgrüße aus Bad Vöslau«, 30.09.2020, online unter: www.sueddeutsche.de.

43 Felix Holtermann, Christian Schnell: »Geheimdienstskandal um Marsaleks Flucht: Ausschuss will österreichischen Ex-Spion vernehmen«, 25.01.2021, online unter: www.handelsblatt.com.

44 Felix Holtermann, Lars-Marten-Nagel, Michael Verfürden: »Waffenhersteller: Wie Wirecards-Ex-Finanzvorstand bei der Übernahme von Heckler & Koch half«, 21.02.2021, online unter: www.handelsblatt.com.

45 Felix Holtermann, Christian Schnell: »Wirecard hatte mehr Geheimdienst-Verbindungen als bisher bekannt«, 07.10.2020, online unter: www.handelsblatt.com.

46 Mathias Brüggmann, Jan Hildebrand, Felix Holtermann: »Fluchthilfe für Manager: Marsalek soll auf Anwesen bei Moskau leben – Die Rolle der Geheimdienste im Wirecard-Skandal«, 31.08.2020, online unter: www.handelsblatt.com.

47 Mathias Brüggmann, René Bender: »Geflüchteter Ex-Wirecard-Vorstand: Moskauer Milliarden-Monopoly – Jan Marsaleks Verbindungen in Russlands Finanzwelt«, 08.10.2020, online unter: www.handelsblatt.com.
48 Sönke Iwersen: »Verschollen in Manila: Wirecard: Rätsel um eine Todesanzeige«, 05.08.2020, online unter: www.handelsblatt.com.

## 6. Enthülltes und Verborgenes: Vom Absturz zur Aufklärung

1 Gerhard Hofer: »Markus Braun: Opfer seiner Unfehlbarkeit«, 21.06.2020, online unter: www.diepresse.com.
2 Felix Holtermann et al.: »Neue Dokumente und Informationen: Inside Wirecard: Die zwei Gesichter des Markus Braun«, 22.01.2021, online unter: www. handelsblatt.com.
3 Felix Holtermann: »Insolventer Zahlungsdienstleister: Wirecard verkauft Brasilien-Tochter und Teile des britischen Geschäfts«, 21.08.2020, online unter: www.handelsblatt.com.
4 Christian Schnell: »Insolventer Zahlungsdienstleister: Eine weitere Wirecard-Tochter ist verkauft«, 28.09.2020, online unter: www.handelsblatt.com.
5 »Insolvenzverwalter verkauft südafrikanische Wirecard-Tochter« (dpa), 17.12.2020, online unter: www.handelsblatt.com.
6 Felix Holtermann: »Zahlungsdienstleister: Österreich-Geschäft von Wirecard steht vor dem Verkauf«, 22.09.2020, online unter: www.handelsblatt.com.
7 Handelsblatt: »Nach Insolvenz: Münchener Fintech ID Now übernimmt Wirecard-Tochter«, 01.09.2020, online unter: www.handelsblatt.com.
8 »Zahlungsdienstleister: Wirecard-Insolvenzverwalter verkauft US-Tochter an Finanzinvestor« (rtr), 22.10.2020, online unter: www.handelsblatt.com.
9 Elizabeth Atzler: »Zahlungsdienstleister: Wirecard verkauft das Geschäft mit Kartenlesegeräten an Unzer«, 19.10.2020, online unter: www.handelsblatt. com.
10 https://www.jaffe-rae.de/index.php/DE/presse/